Mastering French Business Vocabulary

A Thematic Approach

Bernard Gillmann
and
Martin Verrel

BARRON'S

Contents

List of Abbreviations

f	feminine noun
fpl	feminine noun plural
inv	unchanged in plural
m	masculine noun
mpl	masculine noun plural
qc	quelque chose
qn	quelqu'un
®	registered trademark

Foreword

1. For whom was *Mastering French Business Vocabulary* written?

This book is intended for both young people and adults who have a vocabulary of about 5,000 words and a good knowledge of grammar. It is geared toward:

— those studying Romance languages and economics
— foreign language secretaries
— foreign language correspondents
— business translators and interpreters
— foreign trade officials
— export sales people
— businesspeople
— those taking part in bilingual training programs
— those taking part in occupational exchange programs

2. What is the purpose of this book?

Mastering French Business Vocabulary allows the learner to expand and strengthen his or her business vocabulary systematically by thematic areas. It serves as a study guide in preparing for examinations for foreign language correspondents, business translators, business interpreters, export salespeople, and foreign trade officials at the International Chamber of Commerce and in adult education classes.

3. Where can this book be used?

The book can be used in trade schools, high schools, in adult and continuing education programs, and for self-teaching. It is compatible with relevant French language textbooks, any course format, and any teaching method.

4. What is in this book?

Mastering French Business Vocabulary is organized according to themes.

It consists of 25 subject areas, each subdivided into chapters in which the individual aspects of the area are presented.

The entries in a chapter are divided into basic and continuing vocabulary and are listed according to thematic associations to provide a meaningful context.

The entire vocabulary consists of 5,402 entries, of which 3,094 constitute the basic vocabulary and 2,308 the continuing vocabulary.

The organization permits theme-oriented learning in small, easily assimilated units that enable learners to express themselves in a particular thematic context, even before they have worked their way through the whole book. Furthermore, the thematic arrangement makes selection possible: Learners can begin with themes that are important for them, related to a particular learning plan or subject or themes that are meaningfully related, and can omit the other themes or consult them later.

5. What makes this book user-friendly and easy to learn from?

— The thematic construction and the concept of small, meaningful learning units.
— The wide choice of themes and comprehensive treatment of the individual thematic areas.
— The understanding of meanings of words through model sentences, dialogues, and corresponding idiomatic English expressions.
— The explanation of important business terms through informative model sentences.
— A list of all the French abbreviations used in the book's entries.
— An alphabetical index of all the French entries. The basic vocabulary entries appear in boldface in the index, those of the continuing vocabulary in lightface.

6. What are the sources for the compilation of this book?

The choice of entries was made on the basis of numerous sources:

— technical dictionaries
— word lists from the most-used textbooks of business French
— word lists of adult education organizations concerned with French for the professional
— original French business texts
— teaching materials in French for the examination "Français Economique" of the International Chamber of Commerce in Paris.

The words from the sources mentioned were evaluated according to frequency of use, usage, and usefulness. The list thus obtained was then expanded by theme-related additions that appeared necessary for coherence of subject matter.

7. How are the basic and continuing business French vocabularies presented?

— Each chapter consists of a basic and a continuing vocabulary list. The basic vocabulary is introduced first; then the continuing vocabulary follows immediately afterward and is clearly indicated by a gray background.

— The French entries are printed in boldface on the left-hand side, while the English terms appear in lightface in the right-hand column. If there is no English expression for an entry, an explanation is given (in italics).
— Explanations in parentheses and italics explain situations that are peculiar to the French.
— Bracketed elements of words or expansions can often be left out in spoken usage, since their meaning is produced by the context.
— In the case of variations in spelling, the most commonly used form is used in the sentence example.
— Grammatical and lexicographic details have been omitted for the most part.
— The gender of the noun is indicated by the article *le* or *la*. With nouns with the article *l'*, the gender is indicated with an italic *m* or *f*.
— For entries that are given in the plural, gender and number are given in italics: *mpl* means masculine plural, *fpl* feminine plural.
— Feminine forms are presented throughout, in the complete form for nouns, by the addition of the corresponding feminine ending for adjectives.
— Irregular or difficult plural formations are given in pointed brackets. In the case of nouns that are unchanged in the plural, this is noted with an italic *inv*.
— The 2,834 model sentences include typical conversations, idiomatic expressions, grammatical peculiarities, and useful information.

8. How can you best learn with *Mastering French Business Vocabulary*?

You should work through the vocabulary by thematic areas, but the order of the themes is optional.

Generally, it is recommended that you learn in the order established within a chapter, since the entries are arranged in a logical sequence. Master the basic vocabulary first, before turning to the continuing vocabulary. Sections that you have mastered should be repeated regularly to establish them firmly. Daily vocabulary practice is advisable, with quota and speed established according to individual preference or learning goal.

Authors and editors

Our special thanks go to Christoph Schnorr for expert help with questions on Banks and Exchanges.

Education

le **brevet (des collèges)**	high school diploma
le **bac(calauréat)**	(high) school-leaving examination
les **études secondaires** *fpl*	further schooling; secondary levels I and II
le **diplôme**	diploma; certificate
Elle a obtenu son diplôme avec mention.	She got her diploma with honors.
obtenir	gain; obtain; receive; get
diplômé, e	qualified; graduate; government certified
Je suis diplômée de l'université Paris Dauphine.	I have a diploma from the University of Paris Dauphine.
l'**équivalent** *m*	equivalent
Quel est l'équivalent de ce diplôme dans votre pays?	What are the equivalent exams for this diploma in your country?
les **études (supérieures)** *fpl*	studies; (course of) study
Qu'est-ce que vous avez fait comme études supérieures?	What did you study?
se **spécialiser**	specialize; major
Je me suis spécialisée en droit des affaires.	I majored in business law.
la **formation**	training, education
Cette école propose une formation au secrétariat en deux ans.	The school offers a two-year course in secretarial training.
J'ai une formation de vendeur, pas de technicien.	I am a trained salesperson, not a technician.
suivre une formation	take a training course
le **brevet de technicien supérieur (BTS)**	special certification; technician's diploma *(in France, practical examinations in technical and business fields are very common)*
le **diplôme universitaire de technologie (DUT)**	degree from technical college
l'**institut universitaire de technologie (IUT)** *m*	two-year professional school *(an independent technical institution, affliliated with a university, that offers two-year occupation-oriented courses in technology, business, and tourism)*

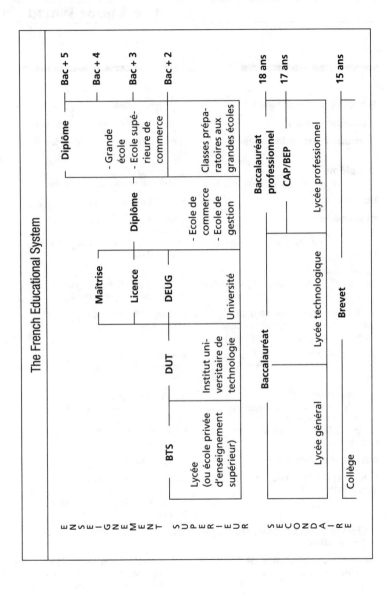

The French Educational System

ENSEIGNEMENT SUPÉRIEUR

	Diplôme	Bac + 5
	- Grande école	Bac + 4
Maîtrise	Diplôme	- Ecole supérieure de commerce	Bac + 3
Licence		Bac + 2
BTS	DUT	DEUG	- Ecole de commerce - Ecole de gestion	Classes préparatoires aux grandes écoles
Lycée (ou école privée d'enseignement supérieur)	Institut universitaire de technologie	Université		

ENSEIGNEMENT SECONDAIRE

| Baccalauréat professionnel | 18 ans |
| CAP/BEP | 17 ans |
| Lycée professionnel |

| Baccalauréat |
| Lycée général | Lycée technologique |

| Brevet | 15 ans |
| Collège |

l'**école de gestion** f

A cette école de gestion, les étudiants passent obligatoirement deux semestres à l'étranger.

school of business and management
Students at this business and management school must spend two semesters abroad.

la **grande école**

graduate school

l'**Ecole des hautes études commerciales (HEC)** f

graduate school of business

l'**Ecole supérieure de commerce (ESC)** f

J'ai fait mes études à l'Ecole supérieure de commerce de Nantes-Atlantique.

business school

I studied at the business school in Nantes-Atlantique.

la **classe préparatoire (aux grandes écoles)**

En général, il faut faire deux années de classe préparatoire pour se présenter aux concours d'entrée à HEC ou aux différentes ESC.

preliminary studies; preparation classes *(for the entrance examinations for the Grandes Ecoles)*
In general, two years of preliminary studies are required before one is allowed to take the entrance examination for the schools of business.

le **concours (d'entrée)**

entrance examination

l'**apprentissage** m

J'ai été en apprentissage pendant deux ans dans le cabinet d'un avocat.

apprenticeship
I completed a two-year apprenticeship in a law office.

l'**apprenti,** l'**apprentie**

Notre entreprise prend une dizaine d'apprentis par an.

trainee, apprentice
Our firm takes on about 10 apprentices every year.

le **certificat d'aptitude professionnelle (CAP)**

professional certificate *(lowest-level official certificate, with two years of training)*

le **brevet de compagnon (BC)**

journeyman's papers; skilled worker's papers

le **brevet de maîtrise (BM)**

master's papers

le **stage (en entreprise)**

J'ai rédigé un rapport de stage que je vous envoie ci-joint.

business internship
I've written an internship report, which I am sending you enclosed.

effectuer

J'ai effectué un stage l'été dernier dans l'entreprise de mon père.

complete, do
Last summer I did an internship in my father's firm.

le, la **stagiaire (en entreprise)**

intern

le **monde du travail**

working world; labor world

la **formation initiale**

basic training, basic education

la **formation continue**

La formation continue s'adresse aux adultes déjà engagés dans la vie active.

continuing education, further training
Continuing education is intended for adults who have already begun a career.

le diplômé, la **diplômée**
L'effort de formation est insuffisant dans notre branche et nous manquons de diplômés.

skilled worker, specialist
Our industry doesn't pay enough attention to training, and so we lack skilled workers.

sur le tas
Elle n'a aucun diplôme universitaire, elle s'est formée sur le tas.
Il a appris son métier sur le tas.

on the job; from the bottom up
She doesn't have any kind of a degree; she learned on the job.
He learned his trade from the bottom up.

le brevet d'études profession-nelles (BEP)

vocational school diploma *(after two years of training in a technical school, advanced technical school, or vocational school; in France it is valued more than a CAP)*

le diplôme d'études universi-taires générales (DEUG)

intermediate examinations; exam for an intermediate diploma

la licence

university degree; bachelor's degree

la maîtrise
En quelle année avez-vous passé votre maîtrise de droit?

master's degree
What year did you get your master's in law?

se **dévaloriser**
Avec l'accélération du progrès technique, certains diplômes se dévalorisent rapidement.

lose value
Because of ever-increasing technological advances, some certificates quickly lose their value.

le recyclage

retraining; on-the-job training; further training

Comme j'ai cherché en vain du travail dans mon domaine, j'ai fini par suivre des cours de recyclage.
Les évolutions techniques de notre métier nous obligent à suivre souvent des stages de recyclage.

Since I haven't been able to find a job in my line of work, I've finally gone back for retraining.
The technological developments in our profession often compel us to undergo further training.

se **recycler**

retrain; get on-the-job or further training

le stage (de formation)
J'ai suivi deux stages, l'un sur les techniques de vente, l'autre sur "Comment s'exprimer en public".

course, (training) seminar
I took two courses, one in sales techniques, the other in public speaking.

le, la **stagiaire (en formation)**

student in a course

The Job Market

la petite annonce
Il ouvre le journal à la page des petites annonces.

classified advertisements; want ads
He opened the paper to the classified pages.

le poste
La banque m'a proposé un poste de conseiller clientèle.

position, post; job
The bank offered me a position as a customer service representative.

l'offre d'emploi(s) *f*

job offer

la demande d'emploi(s)

job application

l'Agence nationale pour l'emploi (ANPE) *f*

national agency for labor, labor department *(corresponds to federal Department of Labor)*

rechercher
Nous recherchons d'urgence des traducteurs H/F de langue maternelle allemande.

look for, seek
We are desperately looking for a translator who is a native speaker of German.

recruter, embaucher
Entreprise du bâtiment embauche de suite une secrétaire.
Agence de presse recrute pour entrée immédiate assistant(e) de rédaction.

take on, hire, engage, employ
Secretary for construction company, hiring immediately.
Press agency seeks editorial assistant to start immediately.

l'embauche *f*
Elle cherche de l'embauche.
Sur la pancarte à l'entrée de l'usine, c'était écrit: Pas d'embauche.

employment; position; opening
She is looking for employment.
The sign at the factory gate reads: No openings.

le recrutement
Il n'y a pas de recrutement d'étudiants cet été.

position; employment; job
There aren't any student jobs this summer.

vacant, e
Le poste sera vacant au début de l'été.

open; unfilled
The position will be open at the beginning of the summer.

le demandeur d'emploi,
la demandeuse d'emploi

job seeker

le cadre
Notre entreprise est à la recherche de cadres commerciaux.

manager; executive
Our firm is looking for commercial managers.

le cabinet de recrutement

employment agency

le chasseur de têtes,
la chasseuse de têtes

headhunter

le reclassement externe
Notre cabinet s'occupe aussi de reclassement pour les cadres dont une entreprise ne veut plus.

outplacement
Our agency is concerned with the placement of executive employees who are no longer needed by a firm.

la définition du poste

job description

The Job Profile and Duties

le **profil (professionnel)**
Votre profil sera celui d'un technicien doublé d'un bon vendeur.

job profile; occupational profile
Your job profile: You are an engineer with sales ability.

le **collaborateur,** la **collaboratrice**
Recherchons collaborateur(-trice) qualifié(e) ayant de l'expérience en PAO.

staff member, employee; co-worker
We are looking for a qualified employee with experience in desktop publishing.

qualifié, e

qualified; capable; able (to do)

débutant, e
Recrutons vendeurs débutants, formation assurée.

beginning
We are looking for an entry-level salesperson, training guaranteed.

bac + 2/+ 3/+ 4/etc

high-school diploma + 2/3/4, etc.
years of further training after graduation.

Vous êtes de niveau bac + 2 (BTS, DEUG, DUT), vous avez une expérience de travail en équipe, vous avez le profil que nous recherchons.

Are you a high school graduate with 2 years of specialized training (BTS, DEUG, DUT) and experience in teamwork? Then you have the work profile we are seeking.

bilingue
Vous êtes bilingue anglais-français.

bilingual
You have command of two languages—English and French.

le **candidat,** la **candidate**
Les candidats devront posséder une expérience professionnelle d'au moins 5 ans.

applicant; candidate
The candidate should have at least five years of job experience.

posséder

possess; have; be equipped with

pratiquer une langue
Vous pratiquez le français de façon courante.

to speak a language
You speak fluent French.

maîtriser
Vous maîtrisez la sténo et l'outil informatique.

have command of; master; know
You know steno and are familiar with data processing.

la **capacité**
Salaire en fonction capacités et motivation.

capability; efficiency; performance
Salary contingent on performance and motivation.

la **motivation**

motivation

la **compétence**
Vous voulez affirmer vos compétences professionnelles et développer vos aptitudes relationnelles.

expert knowledge; capability
You intend to demonstrate your capability and further develop your social abilities.

l'**aptitude** *f*

ability; aptitude; skill

relationnel, le

interpersonal; contact

compétent, e
Bon salaire si compétent.

competent
Good pay if competent.

apte
Vous êtes apte à diriger des équipes de 50 à 500 personnes.

capable; able; suitable
You are capable of managing groups of 50 to 500 people.

avoir à
Vous aurez à prospecter et à développer la clientèle.

must; have to
Your job will be the development and expansion of the customer base.

les **références** *fpl*
Recherchons assistant(e) de direction administrative avec expérience, références exigées.

references
We are seeking an assistant with experience for our headquarters, references required.

évolutif, -ive

Poste évolutif si capable.

capable of development; opportunities for advancement
Job offers opportunities for advancement for able individuals.

les **prétentions (en matière de salaire)** *fpl*
Prière d'envoyer lettre, CV, photo et prétentions sous réf K 1246 à notre service du personnel.

salary in mind; desired salary

Please send application, resumé, photograph, and desired salary to box K 1246 at our human relations department.

la **référence (réf)**

reference; box number

expérimenté, e
Recherchons vendeur(euse) expérimenté(e), dynamique et motivé(e), entrée immédiate ou à convenir.

experienced
We are looking for an experienced, dynamic, motivated salesperson; start immediately or as agreed.

justifier
Vous justifiez d'une expérience de 2-3 ans en comptabilité.

furnish proof; establish
You show 2 to 3 years' experience in bookkeeping.

disposer
Vous êtes autonome, polyvalent et disposez d'une formation bac + 2.

be equipped with
You are self-employed, versatile, and have a high school diploma plus two years of technical training with a certificate.

autonome

self-employed; free-lance

polyvalent, e

versatile

la **mission**

Votre mission consistera à améliorer la qualité des produits au sein de notre entreprise.

task; mission; assignment; function; problem; job
Your assignment is the improvement of the product quality in our firm.

assurer

Vous assurerez l'ensemble des contacts clients.

guarantee; ensure; assume responsibility for
You are responsible for the entire customer service operation.

seconder
Vous seconderez efficacement nos commerciaux dans le déroulement de leur action.

back up; assist
You will actively assist the work of our field service personnel.

gérer
Vous gérerez son agenda avec une rare efficacité.

handle; administer; manage
You manage his calendar with unusual efficiency.

encadrer
Vous encadrerez une équipe de techniciens.

be in charge of; direct; preside over
You will direct a group of technical people.

traiter
Vous traiterez et classerez avec rapidité et précision la correspondance.

handle; deal with; take care of
You deal with the correspondence and filing speedily and carefully.

suivre
Vous mettrez en œuvre les actions de communication et vous suivrez les résultats.

check; examine; supervise; observe; track
You carry out advertising campaigns and track the results.

le sens
Le sens de l'organisation et du service est nécessaire pour réussir à ce poste.

talent; flair; instinct
Success in this job requires a talent for organization and willingness to act.

la souplesse
Pour ce poste, souplesse et sens du contact humain sont exigés.

flexibility
This job requires flexibility and a flair for getting along with people.

pourvoir
Postes à pourvoir rapidement.

fill [a vacancy]; appoint
Immediate vacancies.

kilofrancs (kF)
Sur ce type de poste, vous pouvez facilement faire 240 kF annuels.

a thousand francs
In a job like that you can easily make 240,000 francs a year.

The Application

la demande d'emploi
Nous avons bien reçu votre demande d'emploi et vous en remercions.

application (letter)
We have just received your application and thank you for it.

manuscrit, e
En France, les lettres de demande d'emploi sont en général manuscrites.

handwritten
In France, letters of application are generally written by hand.

le curriculum vitae (CV)

curriculum vitae (CV); resumé

dactylographié, e

typewritten

les **notions** *fpl*
LANGUES
Anglais : langue maternelle
Français : parlé, lu
Allemand : parlé, lu, écrit

Japonais : notions

basic knowledge
language proficiency
English: native language
French: speaking, reading
German: speaking, reading, and writing
Japanese: basic knowledge

la **candidature**
Pour un poste offert, il y a au moins cent candidatures.

application
At least 100 applications came in for the one position available.

poser sa candidature, postuler
Très intéressée par le poste d'assistante commerciale qui a fait l'objet de votre annonce parue dans "Le Figaro" du 8 mars, je pose ma candidature pour cet emploi.

apply
I am very interested in the position you advertised in the March 8 "Le Figaro" for a sales assistant and would like to apply for it.

la **lettre de motivation**
La lettre de motivation accompagne le CV.

comprehensive letter of application
The comprehensive letter of application is accompanied by a resumé.

spontané, e
Nous recevons une centaine de demandes d'emploi spontanées par jour.

unsolicited
We receive about a hundred unsolicited job applications a day.

de vive voix
Dans l'attente de vous voir afin de vous donner de vive voix de plus amples informations, je vous prie d'agréer, Messieurs, mes salutations distinguées.

verbally, orally, in conversation
In hopes of being able to speak with you and give you more detailed information, I send you my best regards.

ample

detailed; full; extensive

The Interview

se **présenter**
Nous avons sélectionné votre candidature, pourriez-vous vous présenter demain à 9 heures à nos bureaux?

to have a (personal) interview
We have selected your application for further consideration; could you come into our office tomorrow morning at 9 o'clock for an interview?

le **test (de recrutement)**
Nous allons d'abord vous faire passer quelques tests.

employment test
First we'll give you some tests.

prendre rendez-vous
Ensuite, vous prendrez rendez-vous avec le chef du personnel auprès de sa secrétaire.

make an appointment
Then have the secretary make an appointment for you with the head of the personnel department.

l'**entretien (d'embauche)** *m*

interview

l'**expérience professionnelle** *f*

(professional, work) experience

la **qualification**
Quelles sont vos qualifications universitaires et professionnelles?

qualification
What are your academic and professional qualifications?

se **débrouiller**

work alone; work on one's own

le **travail en équipe**
Préférez-vous le travail en équipe ou vous débrouiller tout seul?

teamwork
Do you to prefer to work with a team or by yourself?

l'**atout** *m*
Quels sont vos atouts pour ce poste?

special strength
What special strengths can you bring to this position?

extra-professionnel, le
‹extra-professionnels›
Dans la rubrique "Activités extra-professionnelles", vous avez marqué Sports, pouvez-vous préciser quels sports vous pratiquez?

extraprofessional

In the space for "extraprofessional activities" you've listed sports; can you say more precisely which sports you play?

la **carrière**
Pourriez-vous préciser votre objectif de carrière?
Quel est votre plan de carrière?

career; history; background
What professional goals are you striving for?
What is your career plan?

les **attributions** *fpl*
Quelles seront mes attributions à ce poste?

entitlements; prerogatives; privileges
What are the prerogatives of this position?

la **promotion**
Quelles sont mes perspectives de promotion dans votre société?

advancement; promotion
How are my chances for advancement in your company?

le **déplacement**
Je suis souvent en déplacement ces derniers temps.

travel
I've been traveling on business a great deal lately.

se **déplacer**

travel; be on the road

les **avantages sociaux** *mpl*
Vous bénéficierez de tous les avantages sociaux propres à notre entreprise.

social benefits
Of course you're entitled to all the usual social benefits in our company.

bénéficier

gain from; receive; be entitled to

rémunérer
Dernière question, mais non la moins importante: combien me rémunérez-vous?

pay, compensate
A last, but not unimportant question: What is the salary?

faire ses preuves
Bien sûr, vous serez augmentée très rapidement dès que vous aurez fait vos preuves à ce poste.

prove one's value
Of course, as soon as you've proven yourself valuable in the job, you'll very quickly receive a raise.

engager
Ils m'ont engagée à 200 000 F annuels.

hire; engage
They hired me for 200,000 francs a year.

l'**engagement** *m*
J'attends toujours encore ma lettre d'engagement.

hiring, employment, engagement
I keep waiting for the letter telling me I'm hired.

la **situation**
Je crois qu'il s'est fait une bonne situation dans cette entreprise.

position, job
I think he got himself a good position in that company.

la **réadaptation**
Il est évident que quand je rentrerai dans mon pays, il me faudra un temps de réadaptation.

readjustment, reintegration
Obviously, after I return to my country I will need a certain amount of time to readjust.

la **recommandation**
C'est sur recommandation de sa tante qui y travaille qu'il a pu entrer dans cette entreprise.

recommendation
On the recommendation of his aunt, who works there, this firm hired him.

en tant que
En tant qu'agent de marketing, j'ai réalisé une étude de marché de ce produit sur la région.

as
As a marketing expert, I did a market analysis for this product in the region.

en qualité de
J'ai démarré, en qualité de directeur d'usine, la première unité de fabrication de ce produit.

in the function as
In my function as plant manager I started the production of this product.

dans le cadre de
Dans le cadre de mes fonctions de directeur régional, j'ai eu à rechercher les locaux et le personnel.

in the compass; in the course of
Within the compass of my job as regional director, I had to find the office space and the personnel.

au sein de
Vous travaillerez au sein d'une équipe dynamique et performante.

within; in; on
You will be working on a dynamic and efficient team.

monnayer
Elle a durement monnayé son expérience à l'étranger, ce qui fait qu'elle a un très bon salaire.

capitalize on; cash in on; sell
She capitalized on her foreign experience, and that's why she got a very good salary.

entrer en fonction

begin; start work

prendre effet
Je vous confirme les conditions de votre engagement au service de notre entreprise qui prend effet le 1er juin.

become effective
I hereby confirm our employment agreement with you; the starting date is June 1.

l'**autorisation de travail** *f*

work permit

débaucher
Une entreprise concurrente n'arrête pas de débaucher nos meilleurs éléments, ce qui désorganise nos services.

lure away; entice
A competing firm is continually luring away our best workers, which disorganizes the whole firm.

désorganiser

disturb; disorganize; throw into confusion

The Employment Contract

le **contrat de travail**
Le contrat de travail a été signé quelques jours après mon entretien d'embauche.

employment contract
The employment contract was signed a few days after the interview.

l'**employeur**, l'**employeuse**

employer

le **salarié**, la **salariée**
Employeur et salarié sont les deux parties qui signent le contrat de travail.

employee
The employer and the employee are the two parties who sign the employment contract.

salarié, e
Vous avez un emploi salarié?
Combien de travailleurs salariés employez-vous?

employed, wage-earning
Are you employed?
How many employees do you have?

lier
Par quel type de contrat êtes-vous lié à cette entreprise?

tied; bound; committed
What kind of contract commits you to that firm?

le **contrat à durée indéterminée (CDI)**

open-ended contract

le **contrat à durée déterminée (CDD)**
Un contrat à durée déterminée ne peut être renouvelé indéfiniment (au maximum 24 mois en France).

limited contract; term contract

A limited contract may not be renewed indefinitely (in France, two years is the maximum).

renouveler

renew; extend

le **contrat de travail intermittent**
Le contrat de travail intermittent est un contrat à durée indéterminée mais qui comporte des périodes travaillées et des périodes non travaillées.

contract for periodic employment
The contract for periodic employment is an open-ended contract that provides for periods of employment and periods of nonemployment.

le **contrat d'apprentissage**

training contract; articles of apprenticeship

la **période d'essai**

probation period

à temps plein
On m'a engagée à temps plein, c'est-à-dire 39 heures hebdomadaires.

full-time
They hired me full-time, i.e., for a 39-hour week.

à temps partiel
En tant que salarié à temps partiel, vous ne pouvez pas travailler plus de 32 heures par semaine ou 136 heures par mois.

part-time
As a part-time employee you may not work more than 32 hours a week or 136 hours a month.

à mi-temps	half-day
l'**intérimaire** *mf*	temporary; temp

Avec cette épidémie de grippe, il faut téléphoner à l'agence de travail temporaire pour qu'elle nous envoie des intérimaires.

Because of the flu epidemic, we had to call the temp agency to send us some temporary personnel.

le **travail temporaire**	temporary work
l'**agence de travail temporaire** *f*	temporary agency; temp agency
le **travail de nuit**	night work

Entre 22 heures et 6 heures, le travail de nuit est interdit aux jeunes de moins de 18 ans.

Night work from 10 PM to 6 AM is prohibited for young people under the age of 18.

le **travail posté**	shift
l'**équipe du matin/de l'après-midi/de nuit** *f*	early/late/night shift
le **travail à la chaîne**	assembly line work
le **jour ouvrable**	work day

J'ai droit à deux jours et demi ouvrables de congés payés par mois.

I have the right to two and a half work days of paid vacation per month.

les **congés payés** *mpl*	paid vacation
la **présence**	membership; affiliation

Il faut au moins six mois de présence dans l'entreprise pour pouvoir bénéficier de vacances.

At least 6 months of affiliation with the firm are required to be entitled to vacation.

le, la **vacataire**	temporary workers; emergency labor; free-lancers

Dans l'administration, on préfère embaucher des vacataires plutôt que de titulariser du personnel.

The (public) administration prefers to employ temporary help rather than permanent employees.

Je travaille comme vacataire dans différentes écoles de la chambre de commerce.

I worked as a free-lancer in different areas of the Chamber of Commerce.

titulariser	employed permanently; become a civil servant
saisonnier, -ière	seasonal

Engageons étudiant(e)s pour travail saisonnier.

We employ students as seasonal help.

l'**intérim** *m*	temporary employment; temp work

J'aime bien faire de l'intérim, cela me permet de connaître de nombreuses entreprises.

I like temp work; I get to know a lot of companies that way.

Cela fait deux ans que je travaille en intérim, j'aimerais bien une place stable maintenant.

I've worked for two years as a temporary but now I'd really like a permanent position.

le **petit boulot**

odd job, casual labor

le **travail précaire**
Deux formes de travail précaire se développent rapidement: les CDD et le travail à temps partiel.

unsteady work; insecure employment
Two forms of insecure employment are steadily on the increase: the term contract and part-time work.

à la tâche
En tant qu'artisan, je suis payé à la tâche.

by the commission; by the job
As a tradesperson I am paid by the job.

aux pièces

by the piece

le **jour férié**

(legal) holiday

le **jour chômé**

nonworking day

le **congé (individuel de) formation**
Vous pouvez demander un congé formation si vous avez travaillé 24 mois dans la même branche professionnelle.

educational leave of absence
You can request an educational leave of absence if you have worked in the same occupational line for two years.

le **congé sans solde**

unpaid leave

le **congé sabbatique**

unpaid leave; educational leave of absence; sabbatical (*In France, after 6 years, every worker has the right to a sabbatical leave for a duration of up to 11 months or, after 3 years of working for a firm, to an unpaid vacation up to 11 months, which is usually used for occupational re-orientation.*)

Termination

la **rupture**
L'initiative de la rupture du contrat de travail peut être prise soit par l'employeur, soit par le salarié.

termination
A termination can originate with the employer or the employee.

rompre

give notice; quit; discharge; fire

la **démission**
Je suis trop mal payé, je vais leur envoyer ma lettre de démission.
Comme elle n'avait aucune perspective de carrière dans cette entreprise, elle leur a remis sa démission.

give notice (*from the employee's side*)
I am so badly paid, I'm going to give them my notice.
There were no more opportunities for her to move up in this firm, so she quit.

démissionner

quit *(from the employee's side)*

licencier

give notice; let go *(from the employer's side)*

le **licenciement**

dismissal; discharge; termination
(from the employer's side)

On distingue les licenciements pour
motif personnel et les licenciements
pour cause économique.

There is a distinction between termination for personal reasons and termination for business reasons.

le **motif**

grounds, reasons

le **licenciement pour motif personnel**

termination for personal reasons

Manque de compétence, longue maladie, désaccord grave entre employeur
et salarié ou faute professionnelle sont
des causes de licenciement pour motif
personnel.

Grounds for termination for personal
reasons are insufficient qualification,
long illness, serious differences
of opinion between employee and
employer, or breach of professional
duty.

le **désaccord**

disagreement; differences of
opinion

la **faute professionnelle**

professional duty

s'**absenter**

be absent

le **licenciement pour cause économique**

termination for business reasons

En cas de licenciement pour cause
économique, s'il s'agit d'un seul salarié,
on parle de licenciement individuel et de
licenciement collectif s'il s'agit de plus
d'un salarié.

With termination for business reasons, the term "single termination" is
used when only one employee is concerned, and in the case of more than
one employee, we speak of "mass
layoffs."

en cas de

in the case of; with

le **licenciement individuel**

single termination

le **licenciement collectif**

mass layoff

être licencié, e économique

be let go for economic reasons

le **plan social**

social plan

Dans le but d'éviter un nombre encore
plus important de licenciements,
Chabada SA a élaboré un plan social
qui prévoit le recours au chômage
partiel ainsi que des départs en
préretraite.

In order to avoid still larger numbers
of layoffs, Chabada SA has worked
out a social plan that schedules
work furloughs as well as early
retirement.

prévoir

schedule; plan

le **préavis**
J'ai envoyé mon préavis hier.

letter of resignation; term of notice
Yesterday I sent in my letter of resignation.

Si vous avez travaillé au moins deux ans dans l'entreprise, le préavis de licenciement est de deux mois.

If you have worked in the firm at least two years, you must be given two months' notice.

le **délai de préavis**
Le délai de préavis pour quitter une entreprise peut aller jusqu'à 6 mois.

term of notice
The employee's term of notice can amount to 6 months.

sans préavis
Il a été licencié sans préavis ni indemnité de licenciement pour avoir refusé d'effectuer des heures supplémentaires correspondant à des travaux urgents.

without notice
He was fired without notice and without severance because he refused to work overtime on an urgent job.

l'**indemnité de licenciement** *f*

severance pay

le **certificat de travail**

certificate of employment

le **reçu pour solde de tout compte**
Lors de la cessation du contrat de travail, le salarié signe un reçu pour solde de tout compte mentionnant salaires et éventuelles indemnités de licenciement versés.

compensation receipt

At the termination of an employment relationship, the employee signs a compensation receipt in which the earnings received and any severance are itemized.

la **cessation**

termination; stopping; giving up

le **réembauchage**
Un salarié licencié économique a une priorité de réembauchage pendant l'année qui suit le licenciement.

rehiring
A worker who has been laid off for economic reasons has rehiring priority for one year after the layoff.

la **conversion (professionnelle)**
Le salarié licencié a droit à des stages de conversion.

(occupational) retraining
A laid-off worker has a right to retraining.

se **reconvertir**
Il est difficile de se reconvertir dans un métier tout à fait différent à cet âge-là!

retrain
Retraining for an entirely different kind of work is very difficult at this age!

le **licenciement sec**

termination without a benefit package

Unemployment

le **chômage**	unemployment
le **chômeur,** la **chômeuse,** le, la **sans-emploi** *inv*	unemployed; jobless
En mars 1993, la France avait franchi le cap des trois millions de sans-emploi.	In March 1993, in France, the number of jobless passed a threshold of 3 million.
effectif, -ive	actual(ly); real(ly)
le **Bureau international du travail (BIT)**	International Labor Office
l'**indemnité de chômage** *f*	unemployment compensation
En France, en ce qui concerne les demandeurs d'emploi de moins de 50 ans, l'indemnité de chômage est versée pour une période totale de 30 mois.	In France, job-seekers under the age of 50 receive unemployment compensation for a total period of 30 months.
pointer au chômage	collect unemployment
le **plein(-)emploi**	full employment
le **sous-emploi**	underemployment
Selon la définition de l'INSEE, le sous-emploi est la situation où des salariés ont un emploi à temps partiel et recherchent un travail à temps plein.	According to the definition of the national bureau of the INSEE, underemployment exists when those employed have part-time work and are looking for full-time jobs.
le **chômage partiel**	short-time work, shorter work weeks
le **chômage technique**	technological unemployment
le **chômeur de longue durée,** la **chômeuse de longue durée**	long-term unenemployment
sans emploi	jobless, without work
l'**ancienneté du chômage** *f*	previous duration of unemployment
L'ancienneté du chômage donne une indication sur la durée du chômage: si en 1975 les chômeurs ne retrouvaient toujours pas de travail au bout de 7,6 mois en moyenne, cette durée a presque doublé en 1991.	The previous duration of unemployment is an indicator for the duration of unemployment. In 1975 the unemployed had still not found jobs after an average of 7.6 months, but by 1991 this period of time had almost doubled.
l'**indemnisation du chômage** *f*	unemployment benefits
le **taux de chômage (global)**	(total) unemployment ratio

en données corrigées des variations saisonnières (en données CVS)
En France, les chiffres du chômage sont publiés en données corrigées des variations saisonnières pour tenir compte des fluctuations du marché du travail.

in seasonally adjusted figures

In France the published unemployment figures are adjusted seasonally to take into account the changes in the job market.

en données brutes

in raw figures; in uncorrected figures

en moyenne annuelle

on a yearly average

le chômage déguisé
Si, dans une économie, la main d'œuvre est sous-employée, on parlera de chômage déguisé.

hidden unemployment
If, in a national economy, workers are underemployed, we speak of hidden unemployment.

sous-employé, e

underemployed

non satisfait, e
Un certain nombre d'offres d'emploi restent non satisfaites du fait de l'inadéquation entre qualifications, offres et demandes d'emploi.

open; vacant; unfilled
A certain number of available positions remain unfilled because qualifications, jobs, and applicants do not match.

l'inadéquation f

nonmatching; nonagreement

Labor Law

le règlement intérieur

Le règlement intérieur est élaboré par le chef d'entreprise avec l'avis des représentants du personnel; il contient la réglementation en matière d'hygiène et de sécurité ainsi que les règles relatives à la discipline dans l'entreprise.

employment agreement (between employees' council and employer)
The employment agreement is worked out by the employer after hearing the representative of the employees. It contains the rules for health protection and safety as well as for discipline in the firm.

le délégué du personnel, la déléguée du personnel
Les délégués du personnel, obligatoires dans les entreprises de plus de dix salariés, ont pour rôle de présenter les réclamations individuelles ou collectives du personnel à l'employeur en ce qui concerne l'application du code du travail.

employees' representative

The task of the employees' representative—required in a firm with more than ten employees—is to present the employer with individual or collective complaints of the personnel in so far as these relate to application of the labor laws.

le **comité d'entreprise (CE)**
Le comité d'entreprise, obligatoire à partir de 50 salariés, est seulement informé sur l'activité de l'entreprise, est informé et consulté sur les conditions de travail, s'occupe des activités sociales et culturelles.

employees' council
The employees' council—required with 50 or more employees—is only informed about the business activity of the firm, is informed and consulted about the working conditions, and takes care of social and cultural matters.

en matière (de)
En matière culturelle, le comité d'entreprise gère la bibliothèque pour les employés de l'entreprise.

in matters; in respect to; in areas; with, in
In the cultural area, the employees' council manages the library for the employees of the firm.

consultatif, -ive
En France, les comités d'entreprise n'ont qu'un rôle consultatif en matière de politique de l'emploi dans l'entreprise.

advisory
In France, the employees' council has only an advisory funtion in employment policy.

le **comité d'hygiène, de sécurité et des conditions de travail (CHSCT)**
Le CHSCT est composé du chef d'entreprise, d'une délégation du personnel, du médecin du travail, du responsable de la sécurité et veille à l'hygiène et à la sécurité dans l'entreprise.

industrial safety committee

The industrial safety committee consists of the employer, a representative of the employees, the company doctor, and the safety inspector; it oversees the maintenance of health and safety in the factory.

le **médecin du travail**

company doctor

le **conseil de(s) prud'hommes**
En cas de conflit entre employeur et salarié, il faut s'adresser au conseil des prud'hommes.

labor court
In a conflict between employer and employee, they must go to labor court.

paritaire
Le conseil des prud'hommes, composé d'élus salariés et employeurs en nombre égal, est une juridiction paritaire.

with parity of representation
The labor court, which consists half of elected workers and half of employers, has parity of representation.

disciplinaire
Les sanctions disciplinaires, en cas de manquement au règlement intérieur, sont: l'avertissement, le blâme, la mise à pied, la mutation, la rétrogradation, le licenciement.

disciplinary
Violation of the firm's rules and regulations invokes the following disciplinary measures (according to the degree of severity): warning, reprimand, suspension from work, transfer, demotion, termination.

le **manquement**

violation

l'**avertissement** *m*	warning
le **blâme**	reprimand
la **mise à pied**	suspension, temporary expulsion from work
la **mutation**	transfer

muter
transfer
Elle a été mutée pour raison disci-
plinaire.
She was transferred for disciplinary reasons.

la **rétrogradation**
demotion

l'**absentéisme** *m*
absenteeism
L'absentéisme de ce salarié va entraîner son licenciement.
His frequent absences from work are going to lead to the termination of this employee.

la **discrimination**
discrimination

l'**insertion** *f*
enrollment; incorporation, integration
Pour favoriser l'insertion professionnelle des jeunes, l'Etat exonère les employeurs qui embauchent d'une partie des charges sociales.
In order to promote young people's joining the work force, the government has partially freed the employer from social welfare taxes on their employment.

prud'hommal, e
labor court [adj]
Après les élections au comité d'entreprise, nous devons préparer les élections prud'hommales.
After the election for the employees' council, we have to prepare for the labor court election.

Pay

la **rémunération**
pay, remuneration

être de
amounts to, works out to
Le salaire est de 5 800 F par mois.
The pay works out to 5,800 francs a month.

s'**élever à**
amounts to
Votre salaire s'élève à 6 800 F.
Her pay amounts to 6,800 francs.

toucher
get, receive; draw
Elle touche (un salaire de) 14 000 F par mois.
She receives 14,000 francs a month.

percevoir
earn, get, receive
Combien perçoit un ouvrier dans votre pays?
How much does a worker earn in your country?

horaire
hourly
Le salaire horaire est de 87,53 F.
The hourly rate works out to 87.53 F.

mensuel, le
Quel est votre salaire mensuel actuel?

monthly
How high is your monthly pay currently?

le salaire minimum (interprofessionnel de croissance) (SMIC)
Je suis payée au salaire minimum.

(legally guaranteed) minimum wage

They paid me the minimum wage.

la **grille des salaires**
La grille des salaires doit être revalorisée.

pay scale
The pay scale must be raised.

le **bulletin de paie**
Mon salaire a bien été viré mais je n'ai toujours pas reçu mon bulletin de paie.

payroll statement; pay slip
My pay has probably been deposited, but I still haven't received the payroll statement.

le **salaire de base**
Mon salaire de base, correspondant à 169 heures par mois, est de 7 677 F mais à cela viennent s'ajouter diverses primes.

base pay
My base pay, for 169 hours per month, amounts to 7,677 francs, but there are still various bonuses added.

divers, e

different; various; diverse

la **prime**

bonus; extra pay; supplement

la **prime (de rendement)**
Ce mois-ci, nous avons dépassé les objectifs de production et nous avons eu une prime.

merit bonus
This month we surpassed the production goals and are getting a merit bonus.

la **prime d'ancienneté**
A partir de dix ans de présence dans l'entreprise, la prime d'ancienneté devient intéressante.

seniority allowance
After ten years of employment in the firm, the seniority allowance becomes interesting.

le **fixe**
En tant que commercial, vous recevez un fixe plus une prime liée aux résultats.

base salary
As a trade representative you receive a base salary plus commissions.

brut, e
Mon salaire brut est relativement élevé mais il faut en déduire les impôts et les cotisations sociales.

gross
My gross pay is relatively high, but the income taxes and the social welfare taxes still have to be taken out of it.

net, te
Sur votre salaire net, vous devez encore payer vos impôts.

net
From your net earnings you still have to pay income taxes. *(The French net pay = gross pay less social welfare taxes.)*

le **treizième mois**

thirteenth month's pay

les **frais de déplacement** *mpl*
Votre rémunération comporte un fixe, une prime plus les frais de déplacement.

travel expenses
Your pay consists of a base salary and commission plus travel expenses.

l'**indemnité de transport** *f*

travel allowance

l'**avance (sur salaire)** *f*
J'ai des problèmes de fin de mois, est-ce que je peux avoir une avance sur mon salaire?

advance against salary
It's a bit tight at the end of the month, so may I have an advance against salary?

le **traitement**

earnings, salary

les **honoraires** *mpl*

honorarium

---

mensualiser
Avant, on était payé à l'heure, cela fait seulement un an qu'on est mensualisé.

switch to monthly pay
We used to be paid by the hour, but we've been switched to pay by the month for a year now.

le **barème**
En consultant le barème des salaires, tu connaîtras le montant de ce que tu dois recevoir.

table
If you look up in the salary table, you will find the amount you're supposed to receive.

rétribuer
Vous serez rétribué au salaire minimum.

pay
She is paid the minimum wage.

la **rétribution**

remuneration; payment

l'**intéressement** *m*
Plutôt que de donner un salaire fixe important, nous offrons à nos cadres un intéressement lié à la réalisation de leurs objectifs.

profit sharing
Instead of paying our management employees higher fixed salaries, we offer them a profit-sharing plan, which is tied to the realization of targeted goals.

plutôt que (de)

instead of

fixe

fixed

la **participation**
Toute entreprise française de plus de 50 salariés doit distribuer une partie du bénéfice à l'ensemble du personnel, c'est ce qu'on appelle la participation.

employees' profit sharing
Every French firm with more than 50 employees must divide a portion of its earnings among all the employees: this is called employees' profit sharing.

la **gratification**
Généralement, nous recevons une gratification de fin d'année.

special bonus
Usually at the end of the year we receive a special bonus.

le **repos compensateur**

free time in exchange; time off (for overtime)

Au lieu de vous faire payer les heures supplémentaires, vous pouvez toujours prendre des repos compensateurs.

Instead of being paid for overtime, you can also take this time off.

l'**avantage en nature** *m*
En plus de votre salaire, vous bénéficiez d'avantages en nature comme la voiture de service et le logement de fonction.

payment in kind
In addition to your salary you will also have the benefit of payments in kind such as a company car and an official apartment.

de service, de fonction

company, official

le **justificatif**

receipt

défrayer
Nous ne vous défrayons que si vous nous fournissez les justificatifs de dépenses.

defray, reimburse
We will only reimburse you for costs if you provide us with the receipts for your outlay.

l'**attestation de l'employeur** *f*
Pour bénéficier de ces tarifs spéciaux de la SNCF, il faut nous présenter une pièce d'identité et nous fournir une attestation de l'employeur.

employer's certificate
In order to benefit from the special tariff on the train, you must present us with an identity card and an employer's certificate.

les **appointements** *mpl*
Pour désigner le salaire des cadres supérieurs, on parle parfois aussi d'appointements.

compensation, emoluments
The pay of executives is sometimes also referred to as compensation.

la **vacation**
En ce qui concerne votre intervention dans ce stage, vous serez payé à la vacation.

expenditure of time
You will be paid for your training period at the end of it.

Working Conditions

la **collaboration**
Je dois pouvoir compter sur la collaboration de tous pour la réussite de ce projet.

collaboration; cooperation
I have to rely on the cooperation of everyone for the success of this project.

collaborer

collaborate; cooperate

les **horaires de travail** *mpl*

working hours

l'**horaire variable** *m*

flexible working hours; flex time

la **pause**
Comme la pause de midi dure de 12 à 14 h, je rentre déjeuner à la maison.

break
Since lunch break lasts from 12 to 2, I go home for lunch.

la **journée continue**
Nous travaillons en journée continue, ce qui nous fait sortir plus tôt du travail.

working through
We work through so that we can quit earlier.

la **pointeuse**

time clock

affecter
Le chef du service l'a affectée au tri du courrier.

assign; order, direct
The head of the department assigned her to sort the mail.

la **rotation du personnel**
Il y a une très grande rotation de personnel dans ce genre de sociétés.

turnover of personnel
In a business of this kind there is a heavy personnel turnover.

la **durée légale du (temps de) travail**
En France, la durée légale du temps de travail est de 39 heures hebdomadaires.

legal working hours

In France the legal working hours are 39 hours per week.

l'**aménagement du temps de travail** *m*
Des mesures d'aménagement du temps de travail ont été prises pour mieux adapter l'appareil de production aux aléas de la conjoncture.

regulation of working hours

Measures for regulation of the working hours are undertaken to better adapt the production machinery to market fluctuations.

la **flexibilité du travail**

work flexibility

surcharger
Je ne peux pas prendre de vacances, je suis surchargé de travail.

overloaded, overburdened
I can't take a vacation, I'm overloaded with work.

l'**horaire alterné** *m*
Je travaille en horaire alterné, un jour de 6 à 14 h, le jour suivant de 14 à 22 h.

changing shift; varied working hours
I work a changing shift: one day from 6 AM to 2 PM and the next day from 2 to 10 PM.

Social Security

la **retenue**
Les retenues salariales représentent à peu près 20% de mon salaire brut.

deduction
The deduction represents about 20% of my gross salary.

salarial, e ‹-aux›

pay; employee

patronal, e ‹-aux›

employer

la **cotisation sociale**

social security contribution; tax

l'**Union de recouvrement de la Sécurité sociale et des allocations familiales (URSSAF)** *f*

Union of collecting agencies of the social security tax and family allowance funds

cotiser
Pendant mon séjour à l'étranger, je n'ai pas cotisé à la Sécurité sociale.

pay a tax; make a contribution; pay in
During my time abroad I didn't make any contributions to social security.

retenir
Les cotisations salariales sont retenues sur leurs salaires par les employeurs.

withheld; deducted
The employees' contributions are withheld from their salaries by the employers.

les **cotisations salariales** *fpl*

employee's share

les **cotisations patronales** *fpl*

employer's share

la **Sécurité sociale (SS)**

(French statutory) social security

La Sécurité sociale comprend les caisses d'assurance maladie, d'assurance vieillesse et d'allocations familiales.

French social security comprises health and retirement insurance and family allowance funds.

le **numéro de Sécurité sociale**

social security number

l'**assuré social**, l'**assurée sociale**

one who is covered by social security

En tant qu'assuré social, vous avez droit à des prestations maladie.

As someone covered by social security, you are entitled to benefits in case of illness.

la **prestation sociale**

social security benefits

assujetti, e à la Sécurité sociale

obligated to pay social security

En tant que salarié, vous êtes assujetti à la Sécurité sociale, ce qui n'est pas le cas pour les chefs d'entreprise.

As an independent business person you are obligated to pay into social security, which is not the case for corporation executives.

la **caisse d'assurance maladie**

(government) health insurance plan

A quelle caisse d'assurance maladie est-elle affiliée?

Which health insurance plan does she have?

être affilié, e

be a member of; be insured

l'**assurance(-)maladie** *f*
‹assurances(-)maladie› *f*

health insurance

la **feuille de soins**

treatment voucher; health insurance certificate

En France, les frais de médecin et de pharmacie sont avancés par l'assuré et ce dernier n'est remboursé qu'après envoi de la feuille de soins à sa caisse d'assurance maladie.

In France, the costs of medical treatment and prescriptions are paid by the insured patient, who is reimbursed for them only after presenting treatment vouchers to his insurance plan.

prescrire un arrêt de travail

certified sick

Le médecin m'a prescrit 10 jours d'arrêt de travail et j'ai tout de suite informé mon patron que j'étais malade.

The doctor wrote me an excuse for 10 days, and I immediately called in sick to my boss.

le **certificat d'arrêt de travail**

certificate of disability

le **congé (de) maladie**

period of excused illness

Ce mois-ci, j'ai eu une semaine de congé de maladie pour une grippe.

I was out sick with the flu for a week this month and had a note from the doctor.

l'**indemnité journalière** *f*

sick benefit

Quand vous êtes en arrêt de travail, la Sécurité sociale ne paie des indemnités journalières qu'à partir du troisième jour.

If you have an excused illness, the French social security pays a sick benefit after the third day.

35

les **allocations familiales** *fpl*

child support

Vous avez droit aux allocations familiales si vous avez au moins deux enfants.

You have a right to child support if you have at least two children.

avoir droit à

have a right to

l'**allocation** *f*

support (payment); assistance; allowance

la **caisse d'allocations familiales (CAF)**

(government) family allowance fund

La CAF verse des allocations aux personnes enceintes, à la naissance de l'enfant (jusqu'à trois mois), aux personnes qui font garder leur enfant à la maison, aux personnes qui s'arrêtent de travailler pour s'occuper des enfants, etc.

The family allowance fund (CAF) pays support to pregnant women at the birth of their child (up to three months), to people who have their children looked after at home, to people who must stop working in order to look after their children, etc.

le **congé de maternité**

maternity leave

l'**assurance(-)vieillesse**

social security pension fund

‹assurances(-)vieillesse› *f*

Actuellement en France, il faut avoir cotisé 160 trimestres à l'assurance vieillesse pour bénéficier d'une pension de retraite à taux plein.

In order to receive an old-age pension, a person in France must have paid 480 monthly contributions into the social security pension fund at the time of application.

la **pension de retraite**

retirement pension

la **caisse d'assurance vieillesse**

(government) pension fund

la **assurance(-)chômage**

unemployment insurance

‹assurances(-)chômage› *f*

l'**Association pour l'emploi dans l'industrie et le commerce (ASSEDIC)** *f*

Association of Employees in Industry and Commerce *(agency of government unemployment insurance)*

Les ASSEDIC, organismes gérées paritairement par les employeurs et les salariés, versent les allocations de chômage aux salariés privés d'emploi après inscription à l'ANPE.

The organization of the ASSEDIC, which consists of equal numbers of elected employees and employers, pays the jobless workers unemployment compensation after they report to the ANPE.

l'**allocation du régime de solidarité** *f*

unemployment relief

Les chômeurs, inscrits à l'ANPE et qui ne peuvent pas bénéficier de l'assurance chômage, ont droit à des allocations du régime de solidarité prises en charge par l'Etat.

The unemployed who are registered with the ANPE and cannot receive any benefits from unemployment insurance have a right to unemployment relief, for whose cost the state is responsible.

les **charges sociales** *fpl*

social deductions; social burden; social costs

l'**accident du travail** *m*

industrial accident

le **congé parental d'éducation**

(parental) leave of absence for education

Le congé parental d'éducation, congé non rémunéré, dure deux ans après la fin du congé de maternité.

Parental leave of absence for education, an unpaid leave, lasts for two years from the end of pregnancy leave.

la **préretraite**
Les salariés les plus âgés seront mis en préretraite.

preretirement
The oldest employees are transferred into preretirement.

le **préretraité,** la **préretraitée**

one who is about to retire

le **plafond (de la Sécurité sociale)**

contribution ceiling

Au 1er janvier 1994, le plafond de la Sécurité sociale s'élevait à 12 680 F.

The contribution ceiling on January 1, 1994, was at 12,680 F.

plafonné, e
Si le salaire brut est supérieur au plafond, la cotisation plafonnée est égale au taux de cotisation multiplié par le plafond.

defined maximum contribution
If the gross pay is more than the contribution ceiling, the maximum contribution is equal to the rate of contribution multiplied by the contribution ceiling.

déplafonné, e

without maximum contribution; without a maximum

au prorata de
Le montant de votre retraite est calculé au prorata de vos années de travail.

proportional; in relation to
The amount of your pension is figured in relation to the number of years you worked.

le **cotisant,** la **cotisante**
S'il y a moins de cotisants que de retraités, que va-t-il se passer?

contributor
What will happen when there are fewer contributors than there are retirees?

l'**allocataire** *mf*
Etes-vous allocataire de l'assurance chômage?

beneficiary
Are you a beneficiary of unemployment insurance?

la **protection sociale**
Les entreprises et les salariés financent par leurs cotisations plus du tiers de la protection sociale de l'Union européenne.

social security; social safety net
Through their contributions, businesses and employers finance more than a third of the European Union's social safety net.

l'**aide sociale** *f*
Les personnes non assurées sociales peuvent bénéficier de l'aide sociale.

public assistance
People who are not covered by social security can get public assistance.

The Labor Union

le **travailleur,** la **travailleuse**

worker

le **syndicat**
Un salarié peut s'affilier au syndicat de son choix.

union
A worker can join the union of his choice.

syndical, e (-aux)

union

le **syndicalisme**
Comment expliquer cette crise du syndicalisme?

unionism; union movement
How can the crisis in the union movement be explained?

se **syndiquer**
Les conditions de travail étaient telles que les ouvriers ont décidé de se syndiquer.
Dans le secteur tertiaire, on se syndique de moins en moins.

unionize; join a union
The working conditions were such that the workers decided to unionize.

In the service sector, fewer and fewer people are joining unions.

le **syndiqué,** la **syndiquée**
Cette entreprise compte à peine 10% de syndiqués.

union member
In this company barely 10% are union members.

le **non-syndiqué,** la **non-syndiquée**

nonunion

le, la **syndicaliste**

union member

l'**adhérent,** l'**adhérente**
Combien d'adhérents compte ce syndicat?

member
How many members does this union have?

la **section syndicale**
Ça ne peut plus continuer comme ça, nous allons créer une section syndicale dans notre entreprise!

union chapter
This can't go on; we're going to found a union chapter in our factory!

le **délégué syndical,** la **déléguée syndicale**

union representative; shop steward

le **patronat**
Patronat et syndicats vont-ils arriver à se mettre d'accord?

employer(s), management
Will management and labor ever agree?

l'**organisation patronale** f
Les syndicats ont refusé jusqu'à présent de discuter avec les organisations patronales.

employers' association
Until now the unions have refused to talk with the employers' associations.

le **partenaire social**
Les partenaires sociaux vont devoir négocier toute la nuit s'ils veulent arriver à
un accord.

contract negotiators
The contract negotiators must negotiate all night if they intend to come to
an agreement.

la **concertation**
Peut-on parler de concertation tant que
patronat et syndicats restent sur leurs
positions?

agreement; understanding
Can we talk of an agreement as long
as employers and unions maintain
their positions?

la **négociation collective**
Des négociations collectives entre employeurs et syndicats ont lieu chaque
année aussi bien dans l'entreprise qu'au
niveau de la branche professionnelle.

negotiations
Negotiations between management
and labor take place every year on
both company and industry levels.

l'**augmentation de salaire** *f*

pay increase

augmenter
Quand serons-nous augmentés?

increase (pay)
When will we receive a pay increase?

accorder
Ils nous accordent une augmentation de
2,9% du salaire.

guarantee; entitle
They guaranteed us a wage increase
of 2.9%.

la **revendication**
Nos revendications sont claires, nous
voulons 3,9% d'augmentation.

demands
Our demands are clear, we want an
increase of 3.9%.

revendiquer

demand

la **convention collective**
Les conventions collectives peuvent être
conclues au niveau des différentes
branches d'activité ou dans une entreprise.

collective agreement
Collective agreements can be concluded for an entire industry or for a
firm.

l'**accord collectif** *m*
A la différence de la convention collective qui détermine l'ensemble des conditions de travail, l'accord collectif ne
traite que de points particuliers (salaires,
durée du travail, etc).

(single) collective agreement
Unlike the collective agreement,
which establishes all the working
conditions, the single collective
agreement concerns only specific issues (wages and salaries, working
hours, etc.).

interprofessionnel, le
Les accords ou conventions interprofes-
sionnels sont négociés au niveau national et s'appliquent ensuite à tous les
salariés.

universal; whole-industry
Universal collective agreements or
single collective agreements are negotiated on the national level and
then apply to all employees.

la **syndicalisation**
Le taux de syndicalisation a diminué de
moitié de 1980 à 1990.

union organizing
The degree of union organizing has
decreased by half from 1980 to 1990.

l'**appartenance** *f*
L'appartenance à un syndicat ne peut être motif de licenciement.

membership
Membership in a union cannot be a ground for dismissal.

le **crédit d'heures**
Dans une entreprise comptant entre 50 et 150 salariés, le délégué syndical a un crédit de 10 heures par mois pour exercer ses fonctions.

exemption (from work)
In a company with 50 to 150 employees, the union representative is exempt from 10 hours of work a month to take care of his duties.

la **base**
Les permanents du syndicat ont tendance à s'éloigner des réalités de la base.

bottom
The union officials have a tendency to distance themselves from the realities at the bottom.

le **permanent,** la **permanente**

officials

la **centrale syndicale**
Les grandes centrales syndicales ont, en France, pouvoir de signer des conventions collectives de branche.

labor union federations
In France, the large labor union federations are authorized to conclude industry-wide collective bargaining agreements.

avoir pouvoir de

empowered; authorized

intersyndical, e (-aux)
Une réunion intersyndicale a été décidée pour fixer les objectifs de la négociation.

all-union
An all-union congress was called to establish the goals of the negotiations.

sous-payer

underpay

surpayer
Si nous revendiquons, c'est parce que nous sommes sous-payés; on rêve, bien sûr, d'être surpayés.

overpay
We have demands because we are underpaid; naturally we dream of being overpaid.

la **disparité**
La disparité de salaire entre les différentes catégories salariales est si grande que le conflit est inévitable.

discrepancy; difference
The income discrepancies between the different groups of workers are so large that a conflict is unavoidable.

reclasser

Reclasser cette catégorie de personnel déséquilibrerait notre grille de salaires.
A cause de cet accident, elle ne pouvait plus travailler à son poste habituel: l'entreprise l'a donc reclassée.

reclassify; upgrade; employ elsewhere
The reclassification of this group of employees will unbalance our pay scale.
Because of this accident she can no longer work at her former workplace. The firm is therefore employing her elsewhere.

l'**acquis** *m*
Nous devons sauvegarder nos acquis sociaux et ne pas permettre aux patrons de licencier n'importe comment.

achievements, gains
We must safeguard our social gains and not allow the employers to be able to fire people at will.

sauvegarder

safeguard, protect

la **réduction du temps de travail**
Notre objectif pour les années qui viennent est la réduction du temps de travail à 35 heures par semaine.

shortened work hours
Our goal for the coming year will be the reduction of working hours to 35 hours a week.

la **semaine de 35 heures**
Oui à la semaine de 35 heures sans diminution de salaire!

35-hour week
Yes to the 35-hour week for the same pay!

le **sureffectif**
Le patron veut licencier car il y aurait, selon lui, du personnel en sureffectif.

(personnel) surplus
The employer wants to lay people off because in his opinion there's a surplus of personnel.

le **sous-effectif** ‹sous-effectifs›
Nous, nous affirmons que nous travaillons en sous-effectif.

staff shortage; understaffing
However, we think that we'll be understaffed.

l'**autogestion** *f*
L'autogestion donne un pouvoir de décision aux employés dans l'entreprise.

self-management
Self-management gives the employees decision-making power in the firm.

la **cogestion**

having a say; participation in decision making

Labor Disputes

le **conflit (collectif) du travail**
Le conflit entre employeur et salariés de la société Chabada en est à sa quatrième semaine.

labor dispute
The dispute between management and labor at Chabada is going into its fourth week.

l'**issue** *f*
Au point où en sont les choses, personne ne peut prévoir une issue à ce conflit.

outcome; end
In the present state of affairs, no one can foresee an end to this labor dispute.

appuyer
Nos revendications sont appuyées par l'ensemble des salariés.

support
Our demands are supported by the entire work force.

débrayer
Les employés du métro ont de nouveau débrayé pendant une heure ce matin.

walk out (for a short term); stop work
The clerks of the métro stopped work for an hour again this morning.

l'**arrêt de travail** *m*

Des arrêts de travail d'une heure ont été
signalés dans différents bureaux de
poste du pays.

work stoppage; strike, walkout
One-hour walkouts were reported
from several post offices throughout
the country.

la **grève**

Les syndicats ont lancé un ordre de
grève de 24 heures pour jeudi
prochain.
Pourquoi ne font-ils pas grève?

strike
The unions have called for a 24-hour
strike next Thursday.

Why don't they strike?

lancer un (mot d')ordre de grève

call a strike

le, la **gréviste**

striker

la **grève générale**

Tous les ouvriers de Chabada ont cessé
le travail à midi, c'était la grève
générale.

general strike; strike of the entire
work force (of a firm/in an industry)
All the workers at Chabada stopped
work at noon, striking the whole
company.

la **grève du zèle**

rules slow-down

la **grève sauvage**

wildcat strike

l'**occupation des locaux** *f*

Les grévistes ont voté la poursuite de la
grève avec occupation des locaux.

sit-down strike
The strikers have voted to carry out
the strike by occupation of the
premises.

la **poursuite**

carrying out; extension

le **lock(-)out**

La production est tellement désorganisée
que le patron a décidé le lock-out de son
usine.

lockout
Production is so interrupted that the
employer has adopted a lockout in his
factory.

le **médiateur,** la **médiatrice**

Syndicats et patrons se sont mis d'accord
sur le nom d'un médiateur pour trouver
une solution à ce conflit.

mediator
Labor and management have agreed
to a mediator to find a solution for
this labor dispute.

aboutir

Votre grève n'aboutira à rien.

lead to; effect; bring about
Your strike won't lead to anything.

reprendre

Puisque nos revendications ont abouti, je
propose de reprendre le travail.

resume; return
Since we were successful with our
demands, I recommend returning to
work.

la **menace de grève**
Menaces de grève dans les transports en commun!

strike threat
Strike threats in the public transport system!

le **préavis de grève**
Les syndicats ont déposé un préavis de grève de 24 heures pour vendredi prochain.

Strike announcement
The unions have announced a 24-hour strike for next Friday.

déposer un préavis de grève

to announce a strike

le **débrayage**

(brief) walkout

le **comité de grève**
Un comité de grève composé de syndiqués et de non-syndiqués s'est constitué.

strike committee
The strike committee was composed of organized and unorganized workers.

la **grève d'avertissement**
Alors que les négociations vont commencer, les syndicats ont lancé une grève d'avertissement.

token strike
At the beginning of negotiations the unions called a token strike.

la **grève sur le tas**

sitdown strike

la **grève perlée**

slowdown

la **grève tournante**
Chaque matin, pendant 15 jours, une délégation de l'un des 80 établissements de cet organisme est venue occuper le siège social à Paris: il s'agissait là d'une grève tournante.

rotating partial strike
Every morning for two weeks, a delegation from one of the 80 factories of this corporation came to Paris and occupied corporate headquarters. This was a rotating partial strike.

la **délégation**

delegation

la **grève surprise**

wildcat strike, spontaneous work stoppage

Lundi matin, grève surprise! Le patron a même dû demander aux syndicats ce qu'ils revendiquaient.

Monday morning—wildcat strike! The boss even had to ask the union what they were demanding.

la **grève bouchon**
Les ouvriers de l'usine des moteurs font une grève bouchon, ce qui fait que les autres usines sont au chômage technique.

pinpoint strike
The workers in the engine plant are striking to create a bottleneck so that the other plants will be working short.

Primary Sector

le **domaine (d'activité économique)**
(economic) area, line, industry

Dans quel domaine travaille votre entreprise?
What industry is your company in?

le **secteur (économique)**
sector; area, industry

la **branche (d'activité économique)**
branch of economic activity

le **secteur primaire**
primary sector

Le secteur primaire comprend, entre autres, l'agriculture.
Agriculture, among other things, belongs in the primary sector.

l'**agriculture** *f*
agriculture

le **produit**
product, produce

l'**exploitant agricole, l'exploitante agricole**
farmer

Les exploitants agricoles protestent contre ces mesures.
The farmers protest against these measures.

le **producteur,** la **productrice**
producer, grower

Les producteurs de fruits et légumes n'arrivent plus à écouler leur production.
Fruit and vegetable growers can't cut their production back any more.

la **pêche**
fishing; fishery

La France est importatrice de produits de la pêche.
France is an importer of fish products.

producteur, -trice
producer; maker

Quelle a été la réaction des pays producteurs de pétrole?
What was the reaction of the petroleum-producing countries?

l'**extraction** *f*
production; extraction; mining

L'extraction des matières premières est une activité économique comprise dans le secteur primaire.
The extraction of raw materials is an economic activity included in the primary sector.

minier, -ière
mining

L'activité minière a considérablement baissé en Lorraine ces dernières années.
In the last few years, mining has considerably declined in Lorraine.

l'**énergie** *f*
energy

énergétique
energy

Toute la question est de savoir si nos besoins énergétiques vont encore augmenter.
The question is whether our energy requirement will continue to rise.

pétrolier, -ière
La société Schlumberger travaille dans l'industrie pétrolière.

petroleum
The firm of Schlumberger is engaged in the petroleum industry.

le **gaz naturel**

natural gas

la **sylviculture**
La sylviculture n'est pas très développée en France, ce qui explique qu'elle importe une grande part du papier qu'elle consomme.

forestry
Forestry is not very developed in France, which explains why a large portion of the paper used in France is imported.

l'**ostréiculture** *f*
L'ostréiculture française occupe la première place dans la Communauté européenne.

oyster farming
French oyster farming is in first place in the European Community.

les **cultures vivrières** *fpl*
Dans certains pays d'Afrique, l'agriculture ne produit que pour l'exportation et les cultures vivrières disparaissent.

cultures growing their own foodstuffs
In certain countries in Africa, agriculture produces only for export and the cultures that support themselves with food are disappearing.

la **viticulture**

viticulture

l'**élevage** *m*

stock raising

bovin, e
L'élevage bovin se fait surtout dans les régions de l'ouest de la France.

cattle
Cattle raising is carried on primarily in the western regions of France.

porcin, e
L'élevage porcin se concentre en Bretagne, région qui élève plus de la moitié du total français.

swine, pig, hog
Hog raising is concentrated in Brittany, where more than half the total French production occurs.

se **concentrer**

be concentrated

l'**aviculture** *f*
En 1990, la France demeurait le premier producteur de la Communauté européenne en céréales, en vin, en sucre, en viande bovine ainsi qu'en aviculture.

poultry raising
France was also the greatest producer of vegetables, wine, sugar, beef, and poultry in the European Community in 1990.

demeurer

remain; continue

la **filière**
Les agriculteurs doivent se spécialiser dans des filières de production avec des produits de qualité.

area; field
The farmer must specialize in a production area with quality products.

se **spécialiser**

specialize

les **hydrocarbures** *mpl*

Les hydrocarbures occupent toujours
une place importante dans l'approvisionnement énergétique de la France.

petroleum and natural gas; hydrocar-
bons

Natural gas and oil continue to play
an important role in French energy
supplies.

le **combustible**
La consommation de combustibles
solides devrait baisser.

fuel
The use of solid fuels should decline.

Secondary Sector

le **secteur secondaire**
Le secteur secondaire comprend toutes
les activités de transformation.

secondary sector
The secondary sector comprises all
processing businesses.

la **transformation**

processing; refining

l'**industrie** *f*

industry; business

industriel, le
La production industrielle a encore
baissé au cours du dernier trimestre.

industry, industrial; production
Industrial production has declined
further in the last quarter.

l'**industriel**, l'**industrielle**

industrialist, manufacturer

le **fabricant,** la **fabricante**
Les fabricants de meubles connaissent
une forte baisse de leurs ventes.

producer, fabricator
The furniture producers have experienced a severe drop in sales.

fabriquer

produce

le **constructeur,** la **constructrice**
Les constructeurs automobiles européens ne se sont pas mis d'accord sur
l'attitude à prendre face aux constructeurs japonais.

designer; producer, maker
The European automobile makers
cannot unite in a common stance
against the Japanese.

les **industries agro(-)alimentaires
(IAA)** *fpl*
L'agriculture et les industries agroali-
mentaires représentent une part importante des exportations françaises.

food industry

Agriculture and the food industry
make up an important segment of
French exports.

représenter une part/un quart

constitute a part/a quarter

l'**industrie lourde** *f*

heavy industry

la **métallurgie**
Comme les matières premières viennent
de très loin, la métallurgie préfère s'installer près des ports.

metal industry
Since the raw materials arrive from
very far away, metal industries are apt
to be established near a port.

s' **installer**

establish oneself

métallurgique

metal processing

la **sidérurgie**

iron and steel industry

sidérurgique
Plus les prix baissent, moins notre production sidérurgique est compétitive.

ironworks; iron and steel
The more prices fall, the less
competitive our steel production is.

la **pharmacie**

pharmaceutical industry

la **construction automobile**
Ces dernières années, la construction automobile française a fait un gros effort
pour améliorer la qualité de ses voitures.

automobile industry
In recent years the French automobile
industry has made a great effort to
improve the quality of its cars.

gros, se

great; important; substantial; strong

automobile

automobile; motor vehicle

la **construction mécanique**
La construction navale et la construction
mécanique sont en pleine crise alors que
la construction aéronautique connaît un
véritable essor.

machine building
Shipbuilding and machine building
are in deep crisis whereas the airplane industry is booming.

la **construction navale**

shipbuilding

la **construction aéronautique**

aircraft manufacturing

en pleine crise

in deep crisis

l' **informatique** *f*
L'informatique européenne doit se regrouper pour survivre.

data processing; computer science
In data processing, the European
companies must join forces to sur-
vive.

de précision
L'industrie de précision est la principale
activité en Franche-Comté.

precision
Precision mechanics is the most im-
portant line of business in Franche-
Comté.

le **bâtiment**
Quand le bâtiment va, tout va.

construction; building industry
When construction is humming, the
economy is humming.

artisanal, e (-aux)
Ces objets ne sont donc pas artisanaux?

handcrafted; produced by hand
But then these objects aren't
produced by hand?

l' **objet** *m*

object

l' **artisanat** *m*

trade; hand craft

le **matériel**

appliances, tools; equipment;
materials

Nous fabriquons des matériels élec-
triques professionnels.

We produce electric equipment for
the trade.

le **matériau** (matériaux)

materials, construction materials

l'**appareillage** *m*
La société Bosch fabrique de l'appareil-lage électrique.

appliances
The firm of Bosch produces electric appliances.

la **pétrochimie**
Un complexe de pétrochimie s'est in-stallé près de l'étang de Berre.

petrochemicals
A petrochemical complex is to be built near Etang de Berre.

la **parachimie**
La société Rhône-Poulenc est présente aussi bien dans la chimie de base que dans la parachimie.

chemical processing industry
Rhône-Poulenc is active in basic chemicals as well as in the chemical processing industry.

de base

raw material, element; base; starting material

être présent, e

work in; be active in

la **plasturgie**

plastic production; plastic-producing industry

Vu la faiblesse relative de la consomma-tion des matières plastiques en France, la plasturgie a encore un fort potentiel de développement.

Since the consumption of plastics in France is still relatively small, the plastic-producing industry still has a high potential for development.

l'**industrie spatiale** *f*

space industry

le **bâtiment et (les) travaux publics (BTP)**
La croissance a été moindre dans le secteur du bâtiment et des travaux publics.

aboveground and underground con-struction
In aboveground and underground construction, the growth proved smaller.

moindre

smaller; weaker; less

l'**infrastructure** *f*

infrastructure

l'**armement** *m*

arms industry

les **industries du papier et du carton** *fpl*

paper industry; paper and board pro-cessing

les **industries textiles et de l'ha-billement** *fpl*
Les industries textiles et de l'habille-ment ainsi que celles du cuir et de la chaussure s'installent dans les pays à bas salaires.

textile and clothing industry

The textile and clothing industry has relocated to the low-wage countries, as have the leather-processing and shoe industries.

les **industries du cuir et de la chaussure** *fpl*

leather-processing and shoe indus-tries

l'**industrie du luxe** *f*

luxury goods businesses, luxury goods industry

L'industrie du luxe a fait beaucoup pour l'image de la France à l'étranger.

The luxury goods industry has done a great deal for the image of France abroad.

la **confection** C'est dans le Sentier à Paris que vous trouverez beaucoup de magasins de confection.	ready-to-wear clothing In the Sentier quarter in Paris you will find many ready-to-wear clothing shops.

Tertiary Sector

le **secteur tertiaire**

tertiary sector; services sector

les **services** *mpl*
Les services se sont fortement développés ces quarante dernières années dans les pays occidentaux.

service; services area
In the last forty years the services in the western countries have experienced a sharp upswing.

la **prestation (de service(s))**
Ces prestations ne vous serons pas facturées.

(service) performance
This service will not be billed to you.

la **marchandise**
Les commerçants ont étalé leurs marchandises sur les trottoirs.

merchandise, goods
The traders have set out their merchandise on the sidewalk.

le **commerce**
Les ménages économisent et le chiffre d'affaires du commerce a fléchi au dernier trimestre.

trade, commerce
Households are saving, and the returns from trade have dropped in the last quarter.

les **transports** *mpl*
Avec la libre circulation des marchandises dans la Communauté européenne, les transports sont une branche en plein développement.

transport business
Because of the free transport of goods throughout the European Community the transport business is a growth industry.

en plein développement

in full upswing; in full development

le **tourisme**
Existe-t-il une politique européenne du tourisme?

tourism
Is there a European tourism policy?

l'**immobilier** *m*
Une reprise de l'activité a été enregistrée dans l'immobilier.

real estate business
An improvement was recorded in the real estate business.

les **assurances** *fpl*

insurance

les **services financiers** *mpl*

financial services

l'**artisan** *m* Le plombier est un artisan prestataire de service.	tradesman A plumber is a tradesman in the service area.

le, la **prestataire de service(s)**

serviceman, -woman; service company

les **télécommunications** *fpl*

telecommunication

la **communication**
C'est un grand groupe de communication français.

media (and communication)
That is a large French media concern.

l'**ingénierie** *f*

development and planning; engineering; development and planning
Notre domaine d'activité est l'ingénierie de gros projets comme par exemple les constructions d'aéroports.

Our business activity consists of development and planning of large projects, like building airports, for example.

l'**hôtellerie** *f*

hotel business

la **restauration**
Diplômée d'une école hôtelière, j'aimerais travailler dans la restauration.

restaurant business
As a graduate of hotel school, I would love to work in the restaurant business.

le **promoteur (immobilier)**

builder; developer, real estate speculator
Les promoteurs ont racheté tous les vieux immeubles du quartier.

Speculators have bought up all the old buildings in the quarter.

les **services marchands** *mpl*
Les services marchands sont tous ceux pour lesquels on paie un prix: services rendus par les banques, les assurances, l'ingénierie, la publicité, les restaurants, le coiffeur, etc.

market-determined services
Market-determined services are those for which one pays a price: services of banks and insurance companies, development and planning, advertising, restaurants, hairdressers, etc.

les **services non marchands** *mpl*
Les services non marchands comme par exemple la délivrance d'un passeport sont rendus par les administrations publiques.

non-market-determined services
Non-market-determined services, for instance the issuing of passports, are carried out by the government administrative offices.

Economic Activities

le **graphique**

graph, graphic presentation, graphics

connaître
L'agriculture connaît des problèmes de débouchés.

know; have experience; show
Agriculture has marketing problems.

sectoriel, le
Cette faiblesse est sectorielle et ne touche pas l'ensemble de l'activité économique.

industry-specific; concerning a field
This lull is industry-specific and does not affect the whole economy.

la **faiblesse**

weakness; lull

cyclique
Ce secteur connaît une activité cyclique et il est normal qu'il y ait un fléchissement après les fêtes de fin d'année.

cyclical
The business in this industry is cyclical, and it's normal for there to be a slump after the holidays at the end of the year.

le **fléchissement**

slump; decline; falling off

bon an, mal an
Bon an, mal an, l'activité se maintient à ce niveau.

on an annual average; on average
On the average, the business goes along at this level.

se **maintenir**

maintain; keep

les **biens de production** *mpl*
Le secteur des biens de production enregistre une nouvelle baisse des commandes.

producer goods
The producer goods sector registered a new falling off of orders.

les **biens intermédiaires** *mpl*
Les biens intermédiaires comme le fer et le verre ont connu une nouvelle baisse de production.

semi-finished products; raw materials
In semi-finished products such as iron and glass there was a new slump in production.

les **biens d'équipement (professionnel)** *mpl*
Beaucoup d'entreprises travaillant dans les biens d'équipement professionnel vont disparaître dans les prochaines années.

capital goods

Many firms engaged in making capital goods will disappear in the coming years.

les **biens de consommation** *mpl*
Dans le secteur des biens de consommation, la tendance est à la reprise de la demande.

consumer goods
A revival of demand is appearing in the consumer goods sector.

la **tendance**

tendency; trend

les **biens durables** *mpl*

durable consumer goods

les **biens d'équipement ménager** *mpl*

household appliances

les **biens de consommation courante** *mpl*
Le secteur des biens de consommation courante a bénéficié d'une demande dynamique.

daily consumable goods

The daily consumable goods sector has profited from dynamic demand.

les **biens semi-durables** *mpl*
La production de biens semi-durables comme les vêtements et les chaussures est délocalisée dans le Sud-Est asiatique.

semidurable goods
The production of semidurable consumer goods like clothing and shoes has migrated to Southeast Asia.

les **biens non durables** *mpl*
Dans les biens non durables, on classe les produits alimentaires.

nondurable consumer goods
Food is classified as one of the nondurable consumer goods.

51

les **biens de première nécessité** *mpl*

essential goods; food staples

les **biens collectifs** *mpl*
Les biens collectifs sont des services fournis soit par les administrations publiques, soit par des sociétés privées.

public goods; collective goods
Public goods are services that are furnished either by government institutions or by private enterprise.

le **marasme**
Commandes, production, livraisons, prix de vente, effectifs, tous les indicateurs sont à la baisse dans cette branche, bref, c'est le marasme.

lull; stagnation; standstill
Orders, production, services, selling prices, employment figures—all indicators are declining in this industry. In brief, there is stagnation.

être à la baisse

be in decline; pointing down

être à la hausse

pointing up; going up

les **performances** *fpl*
Le trimestre précédent, les performances à l'exportation de la branche automobile étaient déjà médiocres.

performance; outcome, results
In the previous quarter the export performance in the automobile industry was moderate.

la **contribution**
Les services marchands sont en expansion puisque leur contribution au PIB de la France, qui s'élevait à 16,6% en 1985, est de 21% en 1992.

contribution
The market-determined services are on the upswing: Their contribution to the French gross domestic product came to 16.6% in 1985 but in 1992 was 21%.

incertain, e
Dans un climat conjoncturel incertain, les chefs d'entreprise hésitent à investir.

uncertain; unstable
In periods of uncertain economic outlook, company leaders hesitate to invest.

instable
Dans les industries du papier et du carton, la demande s'essouffle et la conjoncture devient plus instable.

unstable; wavering; uncertain
Orders have declined in the paper industry, and the business outlook is beginning to be uncertain.

s'**essouffler**

decline; weaken, fall off

l'**accentuation** *f*
Une éventuelle accentuation de cette tendance dans la branche pourrait faire craindre une récession générale.

tightening, sharpening; strengthening
Possible strengthening of the trend in this industry can generate fears of a general recession.

bénéficier à
Ces mesures de relance doivent bénéficier principalement au bâtiment qui est en train de s'enfoncer dans la crise.

to be of benefit; use
The measures for jump-starting the economy should first of all benefit the construction industry, which continues to sink deeper into crisis.

s'**enfoncer**

sink; plunge

Establishing a Business

l'**homme d'affaires,** la **femme d'affaires**

businessman, -woman

débuter
Il débute dans les affaires.

begin, start
He's starting out in business.

se **mettre à son compte**

become independent, go out on one's own

Un beau jour il en a eu assez d'être salarié, il a décidé de se mettre à son compte.

One fine day he had enough of being an employee and went out on his own.

l'**entreprise** *f*
Quelles sont les formalités pour créer une entreprise?

enterprise; firm; company
What are the formalities of starting a business?

créer

setting up; starting; establishing

le **créateur d'entreprise,** la **créatrice d'entreprise**

the founder of the firm

fonder
Renault a été fondée à la fin du siècle dernier.

found
Renault was founded at the end of the last century.

le **fondateur,** la **fondatrice**
Le fondateur de l'entreprise s'appelait Louis Renault.

founder
The founder of the firm was named Louis Renault.

la **maison**
C'est dans la tradition de notre maison de ne vendre que des tissus de première qualité.

business; firm, company
It's a tradition in our firm to sell only materials that are of first-class quality.

la **firme**

firm

la **société**
C'est une société italienne qui a remporté le marché pour la construction de la nouvelle gare.

corporation, company
An Italian corporation has received the commission to build the new railroad station.

les **fonds** *mpl*
Nous avons demandé de l'argent à toute la famille et c'est ainsi que nous avons réuni les fonds nécessaires.

capital; funds
We asked for money from the entire family, and so we got the necessary capital together.

réunir

get together; raise

le **bailleur de fonds**

investor; silent partner; backer

la **mise (de fonds)**
Pour ouvrir une boutique au centre ville, il faut déjà une bonne mise de départ.

start-up money; capital
In order to open a store in the center of the city, you need a lot of start-up capital.

le **capital** ‹capitaux›
Notre capital initial était de 60 000 F.

capital
Our initial capital amounted to 60,000 F.

initial, e ‹-aux›

initial; start-up; beginning

accomplir
Quelles sont les formalités à accomplir pour la constitution d'une société?

carry out, go through, fulfill
What formalities have to be gone through for founding a company?

la **constitution**

founding; establishment

constituer

found; establish

les **statuts** *mpl*

articles; bylaws; legal conditions

le **contrat de société**

Les statuts signés forment le contrat de société.

articles of incorporation; deed of partnership
The signed articles constitute the articles of incorporation.

social, e ‹-aux›

corporate; of the firm; of the business

la **dénomination (sociale)**
Dans les statuts sont précisés le montant du capital, la dénomination, l'objet et le siège de la société.

firm; corporation name
In the bylaws, the number of capital shares, corporation name, object, and place of business are laid out exactly.

préciser

lay out exactly; specify

le **siège (social)**

location, place of business, firm headquarters

l'**objet (social)** *m*

object of the business

le **registre du commerce et des sociétés (RCS)**
En France, il faut aller au tribunal de commerce pour s'immatriculer au registre du commerce et des sociétés.

commercial register

In France, you must go to the commercial court in order to be entered in the commercial register.

publier
Les statuts sont publiés dans un journal d'annonces légales pour faire connaître la naissance de la personne morale.

publish; make public; announce
The articles are published in a journal of official announcements to publicize the establishment of the legal entity.

le **capital-risque**
Je n'avais pas assez de fonds, j'ai alors convaincu une société de capital-risque de mettre de l'argent dans mon entreprise.

risk capital; venture capital
I hadn't enough capital, but I was able to persuade a venture capital firm to invest money in my company.

l'**établissement** *m*

En vingt ans, nous avons créé dix établissements de vente en Europe.

branch office; firm; business; company
Within 20 years we have established ten branch sales offices in Europe.

l'**affaire** f
Il est propriétaire d'une affaire de meubles dans le centre ville, je crois.

firm, company; business, trade
He is the owner of a furniture business downtown, I believe.

la **boîte**
Alors, quand vas-tu créer ta propre boîte?

firm, company, store
When are you going to open your own store?

la **petite entreprise**

small business

la **moyenne entreprise**

medium-sized enterprise

la **PME (petite et moyenne entreprise)**
En France, une entreprise de moins de 500 personnes est une PME.

middle-class businesses, small and medium-sized businesses
In France, a business with less than 500 employees is considered a medium-sized business.

l'**effectif** m

Chabada SA emploie un effectif de 900 personnes.

manpower; number of persons employed
Chabada SA employs 900 people.

la **grande entreprise**

big business

l'**exemplaire** m
Un exemplaire des statuts doit être déposé au greffe du tribunal de commerce.

copy
A copy of the articles must be deposited at the business office of the court.

le **nom commercial**
Notre entreprise a pour dénomination "Chabada et compagnie" mais son nom commercial est "Pritoufou".

commercial name
Our company has taken the corporate name "Chabada and Company" but its commerical name is "Pritoufou."

libérer
Le capital n'a pas été entièrement libéré à la constitution de la société.

deposit, pay in
The capital wasn't fully deposited at the founding of the company.

exploiter

L'objet de la société est d'exploiter la marque Rodier dans la région.

work for; utilize; exploit; use; develop; gain
The object of the business is the marketing of the brand name of Rodier in this territory.

distinct, e
La personne morale a un patrimoine distinct de celui de chacun de ses membres.

various, different
The assets of a legal corporation are not identical with those of its individual employees.

encourageant, e
Cela fait six mois que notre entreprise fonctionne et les premiers résultats sont encourageants.

encouraging
Our firm has been working for six months, and the first results are encouraging.

la **succession**
A la mort du fondateur de l'entreprise s'est posé le problème de sa succession.

successor
The death of the company's founder has posed the problem of his successor.

succéder
Ni son fils, ni sa fille n'ont voulu lui succéder.

become a successor
Neither his son nor his daughter
wanted to become his successor.

**la reprise d'entreprise par les
salariés (RES)**
Cette opération de reprise d'entreprise
par les salariés a été rendu possible
grâce à notre banque.

takeover of a firm by the employees,
management buyout
This buyout by the employees was
made possible by our bank.

l'opération f

business, trade, transaction

poursuivre
Votre successeur poursuivra-t-il la même
politique?

pursue, carry out
Will your successor pursue the same
policies?

le successeur

successor

le prédécesseur
Mon prédécesseur n'a fait que poursuivre, sans innover, la politique du fondateur de l'entreprise.

predecessor
My predecessor only carried out the
policies of the company founder,
without any innovations.

Unincorporated Firms

la forme juridique
Quels sont les critères pour choisir la
forme juridique d'une entreprise?

legal form
What are the criteria for choosing the
legal form of a business?

le critère

criteria

l'entreprise individuelle f

On trouve beaucoup d'entreprises individuelles dans le commerce et les
prestations de services aux particuliers.

one-man company; sole merchant;
sole proprietorship
You find many one-man companies in
commerce and in services for private
households.

l'associé, l'associée
Dans les statuts de la société sont indiqués les noms des associés.

partner, joint owner, principal
The names of the principals are given
in the deed of partnership.

le capital social
Quel est le montant du capital social?

founding capital; share capital; capital
How much capital is there?

la société commerciale

Les avocats et les médecins ne peuvent
pas créer de société commerciale.

trading company, commercial company
Lawyers and doctors cannot form
commercial companies.

répondre, être responsable
Les associés d'une société de personnes
répondent indéfiniment et solidairement
des dettes de celle-ci sur leur patrimoine
propre.
Les associés sont responsables des
dettes sur la totalité de leur patrimoine.

be liable
The principals in an unincorporated
firm are liable jointly and unlimitedly, personal property included, for
their debts.
All the principals' property is liable
for their debts.

la **société de personnes**

unincorporated company

indéfiniment

unlimited

solidairement

jointly liable

la **totalité**

entirety

la **société en nom collectif (SNC)**
Une société en nom collectif n'a pas de capital minimum légal.

general partnership
A general partnership has no legally established minimum capital.

la **raison sociale**

Nous avons choisi la forme de la société en nom collectif et notre raison sociale est: "Transports Chabada et frères".

firm name, firm designation, firm *(only for unincorporated firms)*
We have chosen the form of a general partnership, and the firm name is "Transports Chabada et frères."

la **part sociale**
En échange de leurs apports, les associés d'une société de personnes détiennent des parts sociales.

share, interest
As a valuable consideration for their investment, the shareholders receive a share in a company.

en échange de

as a valuable consideration for, quid pro quo

l'**apport** *m*

investment

céder
Un associé ne peut céder ses parts qu'avec l'accord unanime des autres associés.

sell; transfer; dispose of
A partner can only sell his or her share with the unanimous agreement of the other owners.

unanime

unanimous

le **gérant,** le **gérante**
Le dirigeant d'une société de personnes s'appelle le gérant.

managing partner, managing director
The head of an unincorporated company is termed the managing partner.

la **société à responsabilité limitée (SARL)**
En France, la société à responsabilité limitée a un capital minimum légal de 50 000 F.

company with limited liability

In France, the legal minimum capital for a business with limited liability is 50,000 F.

la **responsabilité**

responsibility

limité, e

limited

majoritaire
Les parts sociales ne peuvent être cédées qu'avec l'accord unanime ou au moins majoritaire des autres associés.

majority
The stock can only be sold with unanimous or at least majority agreement of the other stockholders.

le **consentement**

consent; agreement; approval; permission

Les parts ne peuvent être cédées à un tiers qu'avec le consentement de la majorité des associés.

The shares can only be transferred to a third party with the approval of a majority of the partners.

le **tiers**

third party

en nature

contributions, payments in kind

Le capital social est composé d'apports en nature et d'apports en numéraire.

The starting capital consists of cash deposits and payments in kind.

en numéraire

cash

être composé, e de

consists of

l'**apporteur (de capital)**, l'**apporteuse (de capital)**

investor

Les parts sociales sont attribuées aux apporteuses en échange de leurs apports.

The shares are granted to the investors as the valuable consideration for their investment.

la **société en commandite simple (SCS)**

limited partnership

Dans une société en commandite simple, ce sont uniquement les commandités qui sont responsables indéfiniment et solidairement.

In the limited partnership, only the general partners are jointly and unlimitedly liable.

le **commandité**, la **commanditée**

general partner, the fully liable partner in a limited partnership

le, la **commanditaire**

limited partner

Le commanditaire n'est responsable des dettes de la société que sur son apport.

The limited partner is liable for the debts of the business only to the extent of his investment.

l'**entreprise unipersonnelle à responsabilité limitée (EURL)** *f*

One-person company with limited liability

Un seul associé, appelé associé unique, suffit pour constituer une entreprise unipersonnelle à responsabilité limitée.

A single shareholder, called the sole owner, is enough to establish a one-person limited liability company.

la **société en participation**

silent partnership

Dans une société en participation, seul le gérant est connu des tiers.

In a silent partnership, only the director of the firm is known to third parties.

la **cession**

sale; transfer; disposal of

La cession des parts est libre entre associés.

The sale of shares among partners does not require approval.

cessible

salable; transferable; disposable

Les parts de SARL ne sont cessibles à un tiers qu'avec l'accord de la majorité des associés.

Shares in a limited liability company are only transferable to a third party with the approval of a majority of the partners.

l'**unanimité** *f*
Les titres ne peuvent être cédés qu'à l'unanimité des associés.

unanimity
The securities can only be sold with the agreement of all the partners.

le **titre**

stock

la **gérance**
La gérance d'une SARL peut être assurée par deux personnes.

management
Management of a limited liability company can be undertaken by two people.

la **société coopérative**
Le but de la société coopérative est la fourniture de produits ou de services meilleurs et moins chers.

cooperative
The purpose of a cooperative is to supply products or services of better quality at lower prices.

le, la **sociétaire**
Notre coopérative compte plus de mille sociétaires.

member; shareholder; partner
Our cooperative has more than a thousand members.

la **société civile**
En tant que médecins, vous ne pouvez créer qu'une société civile.

company under the civil code
As a doctor, you can only establish a company under the civil code.

lucratif, -ive
Les sociétés commerciales ont pour but de faire des bénéfices, elles ont donc un but lucratif.

lucrative, profitable, fruitful
The purpose of trading companies is the realization of profit; therefore their goal is profit-making.

l'**association** *f*
Les associations, qui sont régies par une loi de 1901 en France, sont à but non lucratif.

association; federation; society; union
Associations, which in France are governed by a 1901 law, do not have the goal of making a profit.

régir

govern; regulate

à but non lucratif

nonprofit, not profit-oriented

The Corporation

la **société de capitaux**
Dans la société de capitaux, la responsabilité des associés est limitée aux apports.

corporation
In a corporation, the shareholders' liability is limited to their investment.

la **société anonyme (SA)**
Strafor Facom est une société anonyme au capital de 196 307 550 F.

(stock) corporation
Strafor Facom is a corporation with capital of 196,307,550 F.

Types of Companies

Caractéristiques	Entreprise individuelle		SA	SNC
Nombre minimum d'associés	Pas d'associés	SARL: 2 minimum 50 maximum EURL: 1 (associé unique)	7	2
Capital minimum	—	50 000 F	250 000 F 1 500 000 F si appel public à l'épargne	—
Titres représentant le capital		Parts sociales	Actions	Parts sociales
Qui gère?	L'entrepreneur	Le ou les gérant(s)	• ou le conseil d'administration et le PDG • ou le directoire	Le ou les gérant(s)
Qui contrôle la gestion?	L'entrepreneur propriétaire	Les associés	• ou les actionnaires en assemblée générale • ou le conseil de surveillance	Les associés
Responsabilité des associés	Sur la totalité de son patrimoine	Sur leurs apports	Sur leurs apports	Sur la totalité de leur patrimoine
Cession des parts ou des acions à un tiers	Cession libre du capital à une autre personne	Cession avec accord de la majorité des associés	Cession libre	Cession avec accord de tous les associés

l'action *f*
Le capital social s'élève à 250 000 F et est divisé en 2500 actions de 100 F chacune.

share
The capital amounts to 250,000 F and is divided into 2,500 shares at 100 F each.

diviser

divided

répartir
Le capital de la société est réparti entre les membres de la famille du fondateur et une banque.

distribute; transfer; apportion
The capital of the firm is distributed among the members of the founding family and a bank.

la **répartition**

distribution; transfer; apportionment

distribuer
Combien de dividende a distribué la société cette année?

distribute
How much did the firm distribute in dividends this year?

l'assemblée générale (des actionnaires) (AG) *f*
L'assemblée générale des actionnaires a été convoquée pour le 25 juin 1995.

general stockholders' meeting

The general stockholders' meeting was called for June 25, 1995.

convoquer

called; convened; summoned

la **convocation**

call; summons

l'avis *m*

notice, notification

ordinaire
L'assemblée générale ordinaire (AGO) va nommer un nouveau conseil d'administration.

regular
The regular stockholders' meeting elected the new board of directors.

extraordinaire
Seule une assemblée générale extraordinaire (AGE) peut voter une modification des statuts.

special
Only a special stockholders' meeting can vote for a change of the articles.

la **modification**

change, modification

l'organe *m*
Quels sont les organes de gestion d'une société anonyme?

organ; agent; element
What are the organs of management in a corporation?

le **conseil d'administration (CA)**

(inside) board of directors, management

Le conseil d'administration est élu par l'assemblée générale ordinaire.

The board of directors is elected by the general stockholders' meeting.

le **président,** la **présidente**
Le conseil d'administration élit son président.
Le conseil de surveillance désigne le président du directoire.

president, chairman
The board of directors chooses its own president.
The board of trustees appoints the chairman of the directorate.

Corporations in France

Assemblée générale des actionnaires

nomme   nomme

Le conseil d'administration
organe de gestion
(3 à 12 administrateurs)

Le conseil de surveillance
organe de contrôle
(3 à 12 administrateurs)

nomme

Le directoire
organe de gestion
(2 à 5 directeurs)

nomme

Le président-directeur général
parmi les administrateurs

Le président du directoire
est désigné par le conseil de surveillance

le **président-directeur général (PDG),** la **présidente-directrice générale**

chairman of the administrative board of directors; general manager

la **direction**
Dans cette forme de société anonyme, la direction est assurée par le PDG.

management, administration
In this type of corporation, management is undertaken by the chairman of the administrative board of directors.

le **conseil de surveillance**
Le conseil de surveillance est composé de 3 à 12 membres.

board of trustees
The board of trustees consists of 3 to 12 members.

le **directoire**

managing board of directors, directorate

Les membres du directoire sont nommés par le conseil de surveillance.

The members of the directorate are appointed by the board of trustees.

collégial, e (-aux)
Le directoire prend les décisions collégialement.

collegially
The managing board of directors arrives at its decisions collegially, on the principle of collective responsibility and competence.

le **pouvoir**
Le conseil de surveillance a un pouvoir général de contrôle du directoire.

full power; authority; authorization
The board of trustees has general authorization for control of the managing board of directors.

le **commissaire aux comptes**

auditor, comptroller

la **société d'économie mixte (SEM)**
Cette société d'autoroutes est une société d'économie mixte puisque le capital est pour une part d'origine privée et pour l'autre, d'origine publique.

mixed ownership company

This turnpike corporation is a mixed ownership company, since the capital is partly from private and partly from government sources.

la **société en commandite par actions (SCA)**
Dans la société en commandite par actions, la responsabilité des commanditaires est limitée aux apports.

partnership limited by shares

In the partnership limited by shares, the liability of the partners is limited to their investment.

la **société coopérative ouvrière de production (SCOP)**
Parmi les sociétés de capitaux, il y a, dans l'industrie, les sociétés coopératives ouvrières de production: comme pour toute coopérative, l'assemblée générale y prend les décisions selon le principe un homme, une voix.

production cooperative

Besides the corporations, there are the production cooperatives in industry; as in every cooperative, shareholders' meetings make decisions on the principle of one person, one vote.

délibérer
Les actionnaires sont convoqués en assemblée générale pour délibérer et statuer sur l'ordre du jour suivant:

consider
The shareholders are invited to the shareholders' meeting to consider and to act on the following agenda:

statuer

decide; act on

le **quorum**

quorum

approuver
L'assemblée générale sous la présidence de monsieur Jules Chabada a approuvé les comptes de l'exercice 1994.

approve; agree; authorize
The general stockholders' meeting under the chairmanship of Jules Chabada has approved the treasurer's report for fiscal year 1994.

la **présidence**

chairmanship

adopter
L'assemblée générale extraordinaire a adopté de nouveaux statuts.

accept; adopt; pass
The special stockholders' meeting has adopted the new articles.

la **délibération**
Après délibération, l'assemblée a voté.

deliberation
After deliberation, the meeting voted.

l'**approbation** *f*
L'assemblée a donné son approbation pour les comptes de l'exercice 1994.

approval; agreement
The meeting gave its approval to the treasurer's report for fiscal year 1994.

le **quitus**
L'assemblée générale a donné quitus au conseil d'administration et aux commissaires aux comptes.

formal approval, ratify
The general meeting gave formal approval to the board of directors and the accountants.

le **rapport d'activité**
Le rapport d'activité 1994 a été approuvé par l'assemblée générale.

annual report
The annual report for 1994 was accepted by the shareholders' meeting.

le **procès-verbal** ⟨procès-verbaux⟩

minutes

l'**administrateur (de société)**, l'**administratrice (de société)**

member of the board of directors

siéger

Quand on siège à plusieurs conseils d'administration, il est difficile d'être au courant de tout.

be a member (of a group), sit (on a board)
When someone sits on several boards of directors, it is difficult to remain up-to-date on everything.

les **jetons de présence** *mpl*

attendance fee; per diem

présider
En cas d'absence du président, le conseil d'administration désigne un administrateur délégué pour présider le conseil.

chair; take the chair
In the absence of the chairman, the board of directors appointed a colleague to be acting chair.

délégué, e

acting

le **tantième**
En plus des jetons de présence, je touche des tantièmes.

director's fee
Besides the per diem, I also get a director's fee.

révoquer
L'assemblée générale peut révoquer le conseil d'administration.

dismiss, remove; relieve; discharge
The shareholders' meeting can remove the board of directors.

Business Expansion

le **développement**
C'est grâce à ce nouveau produit que la société a connu un fort développement.

development, growth
Thanks to this new product the company has experienced strong growth.

l'**expansion** f

expansion; upswing

la **diversification**

diversification

se **diversifier**
Dans quels domaines était-il le plus intéressant de se diversifier?

diversify
Into what areas would it be most profitable to diversify?

racheter
Nous avons d'abord racheté une entreprise du même secteur en Espagne.

buy up
First we bought up a company in the same industry in Spain.

le **rachat**

buying up

reprendre
Puis nous avons repris une firme suédoise.

take over
Then we took over a Swedish firm.

la **reprise**
Avec cette reprise, nous avions atteint notre objectif.

takeover
We reached our goal with this takeover.

coopérer
En ce qui concerne le développement de nouveaux produits, nous coopérions avec une firme italienne.

work together; cooperate
We worked together with an Italian firm in the development of new products.

s'**allier**
La question était maintenant de savoir s'il fallait s'allier avec notre plus grand concurrent, une entreprise allemande.

ally with, enter into an alliance
Then the question arose as to whether we should ally ourselves with our biggest competitor, a German firm.

le **rapprochement**
En ce qui concerne les ventes aux Etats-Unis, nous avons opéré un rapprochement avec nos partenaires allemands et italiens.

approach; agreement, understanding
We have an understanding with our German and Italian partners regarding sales in the United States.

opérer

carry out; undertake, get busy on; bring about, cause

le **site**
Le regroupement de la production sur un seul site était devenu nécessaire.

location
The consolidation of production in one location became necessary.

le **regroupement**

consolidation; regrouping; restructuring

se **regrouper**
Les PME doivent se regrouper pour mettre leurs moyens de recherche en commun.

combine, amalgamate
Small and middle-sized businesses must combine to pursue their research in common.

la **fusion**
C'est en 1991 que nous avons procédé à la fusion des trois entreprises.

merger, amalgamation
Our three companies merged in 1991.

procéder à

proceed; act; undertake

la **concentration**
Tout ce développement s'explique par les mouvements de concentration qu'il y a dans notre secteur.

concentration, amalgamation
The entire development is explained by the movement toward concentration that is taking place in our field.

concentrer
En Europe, les transports aériens sont encore très peu concentrés.

concentrate; consolidate
In Europe there is still very little consolidation among the airlines.

la **taille critique**
Nous n'avons pas la taille critique pour faire face à la concurrence d'entreprises beaucoup plus grandes.

critical size; necessary size
We haven't the size necessary to stand up against the competition of very much larger firms.

faire face à

stand up against; hold one's own

l'**acquisition** *f*
Elle travaille dans le département Fusions et Acquisitions d'une grande banque londonienne.

aquisition, purchase
She works in the mergers and acquisitions department of a large London bank.

l'**essor** *m*

L'essor des banques d'affaires date du milieu du dix-neuvième siècle.

stimulus, upswing; upward movement, improvement; expansion
The expansion of industrial credit banks began in the middle of the 19th century.

prospère
C'était une affaire prospère jusqu'à la mort de son fondateur.

successful, flourishing, thriving
Until the death of its founder it was a flourishing business.

la **synergie**

synergy

se **recentrer**
Il est préférable de nous recentrer sur notre métier, nous perdons trop d'argent dans nos autres activités.

reconcentrate
We should reconcentrate on our true business; we are losing too much money in the other areas.

le **métier**

occupation; business; métier; province

se **séparer**
Nous nous sommes séparés de nos activités les moins rentables.

separate, spin off
We have spun off our less productive enterprises.

la **scission**	division, split
Notre entreprise est tellement grande que nous pensons à une scission en trois entreprises plus petites.	Our company is so large that we are considering a split into three smaller companies.
délocaliser	shift, move
Nous avons l'intention de délocaliser notre production en Pologne.	We are planning to move our production to Poland.
l'**internationalisation** *f*	internationalization

■ Forms of Expansion ■

la **stratégie**	strategy
Chabada veut poursuivre sa stratégie de croissance interne.	Chabada intends to stick with its strategy of internal growth.
la **croissance interne**	internal growth
la **croissance externe**	external growth
stratégique	strategic
Des alliances stratégiques se nouent entre firmes européennes pour résister à la concurrence américaine et japonaise.	European companies are entering into strategic alliances in order to be able to better withstand American and Japanese competition.
se **nouer**	tie up with; enter into
l'**alliance** *f*	alliance, league
l'**augmentation de capital** *f*	capital increase
Cette augmentation de capital va nous donner de nouveaux moyens financiers pour croître.	This capital increase gives us new funds to expand further.
la **succursale**	branch; branch office; regional office
L'installation d'une succursale à Sarrebruck nous a permis d'entrer sur le marché allemand.	The establishment of a branch office in Saarbrücken has opened the doorway to the German market for us.
la **société(-)mère** ‹sociétés(-)mères›	parent company
Chabada SA, la société mère, détient 51% du capital de sa filiale.	Chabada SA, the parent company, holds more than 51% of the capital of its subsidiary company.
la **filiale**	subsidiary, subsidiary company
le **groupe (de sociétés)**	group; combination; concern
le, la **holding**	holding company
A la tête du groupe, il y a une holding qui prend les décisions stratégiques.	At the top of the group is a holding company, which makes the strategic decisions.

être à la tête de

la multinationale

le conglomérat
La stratégie d'un conglomérat est de racheter les entreprises les plus rentables dans le monde entier.

la participation
Dubidu GmbH a cédé à Chabada SA sa participation de 25,34% dans la société suisse Alpoho.

minoritaire
Nous avons pris une participation minoritaire dans cette société.

la minorité de blocage
Le groupe Chabada détient une minorité de blocage dans cette société.

la prise de participation
Avec cette prise de participation dans Chabada, Dubidu joue un rôle de plus en plus stratégique dans sa branche.

les participations croisées *fpl*
Nos deux sociétés détiennent des participations croisées de 10%.

l'entreprise conjointe *f*

le groupement d'intérêt économique (GIE)
Le groupement d'intérêt économique permet à plusieurs entreprises de mettre en commun leur recherche, leurs achats ou leurs ventes, ou aussi leur fabrication.

le groupement européen d'intérêt économique (GEIE)

l'entente *f*
Les fabricants de cette branche auraient-ils constitué une entente sur les prix de vente de leurs produits?

le consortium

l'intégration *f*
Quand un producteur de boissons rachète un fabricant de verre, c'est une intégration vers l'amont.

be at the top

multinational company, multinational corporation

conglomerate
The strategy of a conglomerate consists of buying up the most profitable companies all over the world.

participation, share, interest
Dubidu GmbH has conveyed its 25.34% interest in the Swiss firm of Alpoho to Chabada SA.

minority
We have accepted a minority share in this company.

blocking minority
The Chabada group holds a blocking minority in this company.

takeover of a share
With this participation in Chabada, Dubidu plays an increasingly stronger strategic role within the industry.

reciprocal interest
Our two companies have a reciprocal interest of 10%.

joint venture, joint undertaking

(economic) interest group

The economic interest group makes possible the cooperation of various firms in the areas of research, buying, and selling, or production.

European economic interest group

cartel; agreement
Have the producers in this industry in fact made a pricing agreement for their products?

consortium; combination of interest

integration; amalgamation
When a drink manufacturer buys a glass producer, it is production-sided integration.

vers l'amont	upstream; production-sided
vers l'aval Quand une société pétrolière rachète des stations-service, c'est une intégration vers l'aval.	downstream; market-sided When the petroleum company buys up gas stations, it is market-sided integration.

Business Crises

la **défaillance**
Chaque année, il y a plus de 40 000 défaillances d'entreprises en France.

collapse; failure; insolvency
There are more than 40,000 business failures in France annually.

insolvable
Nous ne pouvons plus payer nos dettes: nous sommes insolvables.

insolvent
We can no longer pay our debts; we are insolvent.

l'**insolvabilité** *f*

insolvency

le **débiteur,** la **débitrice**

debtors

la **cessation de paiement(s)**
En effet, nous sommes en état de cessation de paiements.

suspend payments
We have in fact suspended payments.

être en état de

to be in the situation

déposer le bilan
C'est dans les 15 jours après la cessation de paiements qu'il faut déposer le bilan au tribunal de commerce.

file for bankruptcy
Bankruptcy must be filed in commercial court 15 days after suspension of payments.

le **dépôt de bilan**

bankruptcy petition

le **redressement judiciaire**
En cas de dépôt de bilan, le tribunal de commerce ouvre une procédure de redressement judiciaire.

judicial settlement
Upon a petition for bankruptcy, the commercial court opens judicial settlement procedings.

l'**administrateur judiciaire,** l'**administratrice judiciaire**
Le tribunal nomme un administrateur judiciaire qui assiste ou surveille les dirigeants de l'entreprise.

receiver

The court appoints a receiver, who assists or supervises the administration of the company.

le **plan de redressement (judiciaire)**
L'administrateur élabore également un plan de redressement de l'entreprise.

proposal for settlement

The receiver also works out a settlement plan for the company.

69

le **repreneur,** la **repreneuse**

buyer

L'administrateur cherche par exemple des repreneurs intéressés par certaines activités de l'entreprise.

For instance, the receiver looks for a buyer who is interested in particular segments of the company.

arrêter

settle; conclude; complete; determine

Au bout de quelques mois, le tribunal arrête un plan de redressement: ou l'entreprise continue, ou il y a cession totale ou partielle de l'entreprise.

After a few months the court determines a settlement arrangement: either the company remains in existence or it is sold off in its entirety or piecemeal.

l'**échéancier** *m*

settlement plan, payment plan

Un échéancier est fixé pour payer les dettes de l'entreprise.

A settlement plan determines the payment of the obligations of the company.

la **liquidation (judiciaire)**

(judicial) liquidation

Si le plan de redressement échoue, le tribunal ouvre alors une procédure de liquidation judiciaire.

If the settlement arrangement is not successful, the court then initiates a process of judicial liquidation.

le **liquidateur,** la **liquidatrice**

receiver; liquidator

Le tribunal nomme un liquidateur qui va réaliser l'actif de l'entreprise.

The court named a liquidator who will sell the assets of the company.

l'**actif** *m*

assets

réaliser

sell, dispose of; convert to cash

l'**adjudication** *f*

compulsory auction, bankruptcy sale

La vente est effectuée par adjudication.

The sale is managed through an auction.

vendre aux enchères

auction

le **passif**

total liabilities

l'**apurement** *m*

auditing; verification

L'apurement du passif consiste à vérifier les créances et à établir l'ordre des créanciers.

Auditing the total liabilities means to review the claims and establish the priority of the creditors.

établir

establish; draw up

la **créance**

debt

le **créancier,** la **créancière**

creditor

la **dissolution**

dissolution, breakup

Finalement, la dissolution de la société a été décidée.

Finally the breakup of the company was concluded.

supprimer
La direction a décidé de supprimer 48 emplois.

dismiss, discharge; drop, wipe out
The administration has decided to eliminate 48 positions.

la **suppression**

closing out; dismissal; discharge

la **restructuration**
Dans cette branche, avec la concurrence de plus en plus vive, les restructurations sont à l'ordre du jour.

restructuring
Restructurings are on the agenda because of the increasingly strong competition in this industry.

le **redressement (d'entreprise)**
Spécialiste du redressement d'entreprises, il a racheté cette société en déclin.

reorganization
A reorganization specialist, he sold this declining company.

le **déclin**

decline, downswing

redresser
Il a l'habitude de racheter des entreprises déficitaires, de les redresser et de les revendre ensuite.

restructure, rehabilitate
He habitually bought unprofitable companies, rehabilitated them, and subsequently sold them again.

les **difficultés de trésorerie** *fpl*

Ces difficultés de trésorerie sont dues à un développement trop rapide de notre entreprise.

liquidity problems; financial difficulties
These financial difficulties are due to the too-rapid growth of our company.

péricliter
L'affaire périclitait depuis quelques années déjà.

going downhill, slide into the red
The company has been going downhill for several years.

le **règlement amiable**
Le règlement amiable qui permet d'éviter le dépôt de bilan se fait en France sous le contrôle du tribunal de commerce.

extrajudicial settlement
The extrajudicial settlement, through which a declaration of bankruptcy can be avoided, takes place in France under the supervision of the commercial court.

préventif, -ive
Il aurait fallu prendre des mesures préventives pour éviter le dépôt de bilan.

preventive
To avoid a declaration of bankruptcy, one must have taken preventive measures.

criblé, e de dettes
Les banques ne lui accordaient plus de crédits, il était criblé de dettes.

heavily in debt
The banks wouldn't give him any more credit; he was heavily in debt.

ruiner

ruin, bring to ruin

la **faillite**
Les banques demandent une réforme du droit des faillites.

bankruptcy, failure
The banks are demanding reform of the bankruptcy laws.

la **faillite personnelle**

loss of competency and rights *(suspension of civil rights and prohibition against pursuing one's occupation)*

Si les dirigeants d'une entreprise en dépôt de bilan ont commis des fautes graves, le tribunal peut déclarer leur faillite personnelle.

If the administration of a firm in bankruptcy proceedings have committed severe offenses, the court can order suspension of their civil rights and the pursuit of their occupation.

la **réhabilitation**

reinstatement of competency and rights

La réhabilitation d'un failli est automatique s'il a payé toutes ses dettes.

The reinstatement of competency and rights of a declared bankrupt occurs automatically when he has paid his debts.

le **failli**, la **faillie**

bankrupt

la **banqueroute**

bankrupt

Les juges ont trouvé ses dépenses personnelles trop importantes et ont déclaré ce commerçant en état de banqueroute.

The judges judged his personal expenditures too extensive and declared this merchant bankrupt.

superprivilégié, e

especially privileged

En cas de liquidation judiciaire ou de redressement, les salariés ont priorité et sont des créanciers superprivilégiés.

In a judicial liquidation or in a settlement, the employees have preference; they are especially privileged creditors.

privilégié, e

privileged

Les créanciers qui bénéficient d'une hypothèque sur un immeuble de leur débiteur sont privilégiés.

Creditors who are secured by a mortgage on a building of their debtors are privileged.

chirographaire

unprivileged

Les créanciers chirographaires sont, en cas de liquidation, payés s'il reste quelque chose.

The unprivileged creditors are paid, in cases of liquidation, if there is anything left.

désintéresser

pay off; repay; satisfy

Notre plan de redressement permet de désintéresser la majorité des créanciers.

Our settlement plan allowed us to satisfy the majority of our creditors.

la **clôture**

conclusion; closure; termination; settlement

Le tribunal vient de prononcer la clôture de la liquidation judiciaire.

The court has declared the judicial liquidation closed.

prononcer

to pronounce; say; declare

l'**extinction** *f*

repayment, discharge; cancellation

La procédure de liquidation judiciaire dure jusqu'à l'extinction du passif sauf s'il n'y a pas assez d'actif.

The judicial liquidation procedure continues until the repayment of all the liabilities, unless there aren't sufficient assets available.

Departments

le service
Au cours de mon stage, j'ai travaillé dans plusieurs services.

departments, offices
During my internship I worked in different departments.

la direction
La direction se trouve au dernier étage.

administration; management; board
The administration is located on the top floor.

commercial, e (-aux)
Le service commercial occupe les trois premiers étages de l'immeuble.

sales; business; trade; commercial
The sales department is located on the first three floors of the building.

le département
Dans les grandes entreprises, pour indiquer qu'un service bénéficie d'une certaine autonomie ou qu'il est spécialisé dans un type de produits, on parlera de département.

sphere, area, field, province
In large firms, in order to make clear that a department enjoys a certain autonomy or specializes in a particular type of product, we speak of spheres.

le service (des) ventes

sales (department)

le service (d')administration des ventes
Le service d'administration des ventes enregistre les commandes des clients et établit les documents concernant les ventes.

sales accounts department

The sales accounts department takes the orders of the customers and makes up the sales records.

le service (de) marketing

marketing department

le service après-vente (SAV)
Vous seconderez Mme Péguy au service après-vente.

customer service
You will assist Mrs. Péguy in customer service.

le service export(ation)
Notre service export est très petit, il n'est constitué que de trois personnes.

export (department)
Our export department is very small; it consists of only three people.

être constitué, e de

consist of

technique
Il a été nommé à la direction technique d'une entreprise industrielle.

technical
He's was appointed to the technical management of an industrial firm.

le service de production
Qui est-ce qui dirige le service de production de cette PME?

production department
Who is responsibile for production in this medium-sized company?

le **service (du) contrôle (de la) qualité**

quality control department

Ils viennent de créer un service contrôle qualité car il y avait trop de produits défectueux.

They have recently set up a quality control department because there were too many defective products.

contrôler

inspect, check

Notre fonction est de contrôler à tout moment la qualité de la production.

Our job is to constantly inspect the quality of production.

le **service (des) achats**

purchasing department

Le service des achats a pour tâche de fournir toutes les matières nécessaires à la fabrication.

The job of purchasing is to acquire all materials necessary for production.

fournir

furnish; provide; procure; supply

le **service (du) magasin**

warehousing (department)

Le stockage des matières et des produits est assuré par le service magasin.

Warehousing provides for the storage of materials and products.

la **logistique**

logistics; procurement

Nous avons un département de la logistique qui s'occupe, entre autres, de l'achat au meilleur prix des matières nécessaires à la production.

Our logistics department is concerned, among other things, with the purchase of the necessary materials at the most favorable price.

administratif, -ive

administrative

Dans cette petite entreprise, il n'y a pas de service administratif, c'est le secrétariat général qui a cette fonction.

In this small company there is no one administrative department; the general clerical staff assumes this job.

le **secrétariat général**

general clerical staff, secretaries, general secretariat

le **service comptable**

bookkeeping, accounting

le **service du contentieux**

legal department

Pour tout litige, adressez-vous à notre service du contentieux.

In the event of litigation, we turn to our legal department.

la **réorganisation**

restructuring; reorganization

La société qui nous a rachetés va procéder à une réorganisation de tous les services.

The company that bought us is going to undertake a reorganization of all departments.

réorganiser

reorganize; restructure

la **division**

division; section; branch; product line

Chabada va vendre sa division "Produits électroménagers" et se recentrer sur l'armement.

Chabada will sell the household appliance division and concentrate on arms manufacturing.

le **service des études marketing**
On l'a engagée au service des études
marketing pour faire des enquêtes.

market research (department)
She was hired by the market research
department to do opinion polls.

la **direction de la communication**

public relations; PR department; publicity

le **service de l'exploitation**
Le service de l'exploitation de notre
banque gère plus de 5 000 agences à tra-
vers le pays.

headquarters; main office
The more than 5,000 branch offices
of our bank all over the country are
managed from the main office.

le **service (de la) recherche et (du)
développement (service R & D)**

research and development department

l'**approvisionnement** *m*

procurement; materials management

approvisionner en
C'est la tâche du service des achats d'approvisionner la production.

provide with; procure; supply; provide
Purchasing's job is supplying the materials for production.

le **contrôle de gestion**
A la direction du contrôle de gestion,
vous réaliserez des études dans le domaine de la production.

control
As the director of the control department you will carry out investigations
in the production segment.

réaliser

carry out; accomplish

le **service (du) recouvrement**
Grâce aux mesures prises par le service
du recouvrement, le nombre des impayés a considérablement baissé.

collections department
Thanks to measures taken by the collections department, the number of
outstanding accounts has been sub-
stantially diminished.

la **sécurité (des biens et des personnes)**
Au département de la sécurité, nous
nous occupons des contrats d'assurances
pour les choses et les personnes mais
aussi des mesures qu'il faut prendre pour
éviter les accidents.

(department of) security (of property
and personnel) and work safety
In the security and work safety department we are concerned with pro-
tecting property and personnel, but
we also take whatever measures are
necessary to avoid accidents.

le **service du courrier**
Le service du courrier de notre société
reçoit plus de 2 000 lettres par jour.

mailroom
More than 2,000 letters are received
at our mailroom daily.

le **service de la reprographie**

reproduction department; copying department

le **pool (des) dactylo(s)**
Envoyez-moi ces lettres au pool dactylo,
il me les faut pour midi.

typing pool
Send this letter to the typing pool; I
have to have it by noon.

le **service du personnel**
Le service du personnel est fermé pendant tout le mois d'août.

personnel department
The personnel department is closed for the month of August.

les **relations (sociales et) humaines** *fpl*

personnel department; personnel management; human resources department

Si cette annonce vous intéresse, écrivez à la direction des relations humaines de notre groupe.

If this advertisement interests you, write to our company's human resources department.

les **ressources humaines (RH)** *fpl*
Le département des ressources humaines s'occupe des besoins en personnel de l'entreprise à long terme

human resources
The human resources department is concerned with the long-range personnel requirements of the firm.

The Organization Chart

l'**organigramme** *m*

organization chart

exercer
C'est donc monsieur Charles Bada qui exerce la fonction de président de la société.

practice; hold; be
Mr. Charles Bada is thus president of the company.

être placé, e sous
Les cinq directeurs sont directement placés sous l'autorité du président.

are subordinate to; report to
The five managers report directly to the president.

le **directeur général (DG),**
la **directrice générale**
Dans les grandes sociétés, on trouve souvent un directeur général entre le président et les autres directeurs.

general manager, chief operating officer
Large companies often have a general manager between the president and the other managers.

adjoint, e
Chez nous, le président est secondé par deux directeurs généraux adjoints.

deputy, vice-president
In our company the president is assisted by two vice-presidents.

le **directeur du marketing,**
la **directrice du marketing**

director of marketing

le **directeur commercial,**
la **directrice commerciale**

business manager

le **directeur des ventes,**
la **directrice des ventes**
Le directeur commercial est assisté d'un directeur des ventes.

sales manager, sales director

The business manager is assisted by a sales manager.

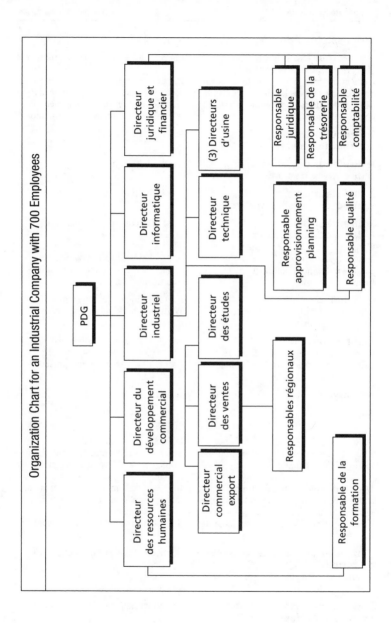

Organization Chart for an Industrial Company with 700 Employees

PDG

Directeur des ressources humaines
Directeur du développement commercial
Directeur industriel
Directeur informatique
Directeur juridique et financier

Directeur commercial export
Directeur des ventes
Directeur des études
Directeur technique
(3) Directeurs d'usine

Responsable de la formation
Responsables régionaux
Responsable approvisionnement planning
Responsable qualité
Responsable juridique
Responsable de la trésorerie
Responsable comptabilité

être assisté, e de

to be assisted by

**le directeur industriel,
la directrice industrielle**

manager of production operations

Dans notre groupe, il y a un directeur industriel pour toutes les filiales et divi-
sions et des directeurs techniques dans
chacune d'elles.

In our company there is a manager of
industrial operations for all the subsidiaries and product lines, each of
which has its own technical director.

**le directeur technique,
la directrice technique**

technical director

**le directeur des achats,
la directrice des achats**

purchasing agent

**le directeur administratif,
la directrice administrative**

administrative director

**le directeur financier,
la directrice financière**

head of accounting/of the finance
department

C'est une petite PME avec juste un directeur technique, un directeur commercial et un directeur administratif et
financier.

This is a small-sized firm with just
one technical director, a business
manager, and a director of administration and finance.

national, e (-aux)

national; domestic; transregional

Nous avons un directeur national des
ventes et un directeur commercial export.

We have a national sales manager and
a manager for export business.

le, la responsable

person responsible; director, manager

Le responsable régional des ventes
anime un groupe de dix représentants.

The regional sales manager is in
charge of a group of ten representatives.

régional, e (-aux)

regional

animer

set in motion; bring to life; lead, be in
charge of

le, la chef

boss, chief executive, director

Elle est chef de projet au service informatique d'une banque.

She's the project director of the electronic data processing department of
a bank.

Dans le département marketing, il y a
trois chefs de produit ainsi qu'un responsable des études de marché.

In the marketing department there are
three product managers as well as a
director of market research.

C'est elle la chef, c'est donc à elle de décider.

She's the boss, so she has to decide.

**l'employé de bureau, l'employée
de bureau**

office employee, office worker

Toute sa vie, il a été simple employé de
bureau.

His whole life long he was only a
simple office worker.

**l'ouvrier professionnel (OP),
l'ouvrière professionnelle**

skilled worker, specialist, technician

l'**ouvrier spécialisé (OS)**, l'**ouvrière spécialisée**

semiskilled worker

la **structure**
L'organigramme représente la structure de l'entreprise avec le titre et la position des dirigeants.

structure, organization, system, setup
The organization chart shows the structure of the firm with job descriptions and the position of the top executives.

coordonner
La tâche du directeur général est de coordonner les activités des différents services.

coordinate; synchronize
The job of the general director consists of coordinating the activities of the individual departments.

la **hiérarchie**
A 35 ans, il est au sommet de la hiérarchie.

hierarchy; ranking
After 35 years, he's at the top of the hierarchy.

hiérarchique

hierarchical

le **fondé de pouvoir**, la **fondée de pouvoir**
Vous trouverez les noms des fondés de pouvoir de la société dans le registre du commerce et des sociétés.

proxy; authorized signatory; authorized clerk
You will be able to find the name of the authorized clerk of the company in the commercial register.

le **secrétaire général**, le **secrétaire générale**
Dans notre banque, le secrétaire général supervise l'informatique et les services administratifs.

general secretary; administrative director
In our bank, the administrative director oversees the administrative departments and the electronic data processing.

superviser

supervise; oversee

le **directeur (d')exploitation**, la **directrice (d')exploitation**
Le PDG a nommé Paulette Bada directrice d'exploitation de la banque.

director of management; managing director
The president named Paulette Bada managing director of the bank.

l'**attaché de direction**, l'**attachée de direction**
Il travaille au siège social comme attaché de direction.

advisor/consultant to the management

He works in the main office as a consultant to the management.

le **directeur d'usine**, la **directrice d'usine**

plant manager

l'**acheteur**, l'**acheteuse**
Je suis devenu acheteur chez Pritoufou en 1992.

purchasing agent
In 1992 I became a purchasing agent for Pritoufou.

le, la **secrétaire de direction**

executive secretary, secretary to the management

Dans le cadre de vos fonctions de secrétaire de direction, vous faites du secrétariat, gérez les agendas, organisez les voyages.

In the course of your duties as executive secretary, you run the secretary's office, make up the schedules, and make the travel arrangements.

l'adjoint, l'adjointe
Je vous présente mon adjointe, Madame Péguy.

deputy
May I introduce Mrs. Péguy, my deputy?

Nous recherchons un adjoint au directeur de l'administration des ventes.

We are looking for a deputy director for the sales account department.

l'assistant de direction, l'assistante de direction

administrative assistant

le chargé, la chargée

person in charge; responsible person; official in charge

En tant que chargée de clientèle, je me suis occupée des clients entreprise de cette banque.

As customer advisor, I have been concerned with the business clients of this bank.

l'agent *m*
Avec le progrès, les ouvriers sont devenus des agents de production.

white-collar worker
Because of technical advances, the workers in production have become white-collar workers.

Nous recherchons un agent administratif qui s'occupera des salaires.

We are looking for an administrative employee for the payroll office.

l'agent de maîtrise *m*
Les entreprises françaises ont, en général, un plus grand nombre d'agents de maîtrise que les entreprises allemandes.

foreman, master craftsman
Generally you find more master craftsmen in French factories than in German ones.

le, la chef d'atelier

foreman, master mechanic

le contremaître, la contremaîtresse

boss, foreman, headman

le, la chef d'équipe
Les chefs d'équipe se sont réunis avec le chef d'atelier pour parler des problèmes de production.

group leader
The leaders of the work groups met with the foreman to talk about the problems in the production line.

Functions

le patron, la patronne
Sylvie Bada est patronne d'une petite entreprise dans la Mayenne.

chief exective, head
Sylvie Bada is chief executive of a small firm in the Mayenne.

le dirigeant, la dirigeante
Parmi les dirigeants de grandes entreprises françaises, combien ont fait les grandes écoles?

manager; executive; director
How many of the executives in French companies went to graduate school?

le **cadre dirigeant,** la **cadre dirigeante**

executive officer

le **manageur,** la **manageuse**

manager

le **décideur,** la **décideuse**
Il est intéressant de voir quels sont les vrais décideurs dans une grande entreprise car ce n'est pas nécessairement au sommet de l'organigramme qu'ils se trouvent.

decision maker
It is interesting to see who it is in a large company that is actually the decision maker, for it isn't necessarily those who are at the top of the organization chart.

la **directive**
De qui avez-vous reçu les directives?

order, instruction; guideline
From whom have you received the instructions?

directorial, e ‹-aux›
Le bureau directorial se trouve au dernier étage.

management, administrative
The administrative offices are on the top floor.

le, la **gestionnaire**
Voilà ce qui arrive quand il n'y a pas de véritable gestionnaire à la tête de l'entreprise: elle dépose son bilan.

chief executive; director
This happens if there isn't a proper chief executive running the firm: it must file for bankruptcy.

le **management**
En management, les modes passent plutôt vite.

managment; corporate leadership
Methods change rather quickly in the management sphere.

élevé, e

Elle travaille à un poste relativement élevé dans la hiérarchie de l'entreprise.

high; highly placed; way up in the hierarchy
She has a position that is quite high up in the corporate hierarchy.

(-)clé ‹(-)clés›
Dans ce genre d'entreprises, directeur du marketing est un poste clé.

key
In this type of company the marketing director has a key position.

le **supérieur,** la **supérieure**
C'est uniquement votre supérieur hiérarchique qui est compétent pour ce genre de problèmes, c'est à lui qu'il faut s'adresser.

superior, senior, chief, boss
Your boss is solely responsible for this kind of problem: you need to go to him!

compétent, e

responsible

entrer dans la compétence de qn
Je regrette, je ne peux pas vous aider, cela n'entre pas dans ma compétence.

be someone's responsibility
I'm sorry, I can't help you, that's not my responsibility.

le **ressort**

Ce n'est pas de notre ressort, il faut qu'elle s'adresse au service après-vente.

sphere, department, province; area of responsibility
That's out of our department; she must ask customer service.

le **personnel d'encadrement**
Le personnel d'encadrement n'est pas
assez formé à ces nouvelles tâches.

top executives
The top executives aren't trained ade-
quately for these new duties.

de service
Quel était le chef d'équipe de service ce
matin-là?

service; responsibility; on duty
Who was the group leader on duty
that morning?

déléguer
Un bon manageur doit éviter de tout
vouloir faire lui-même, bref il doit aussi
savoir déléguer.

delegate
A good manager should avoid trying
to do everything himself; he must
also delegate.

motiver
Vous saurez motiver vos équipes de
vente.

motivate; inspire
You know how to motivate your sales
teams to get things done.

l'**efficacité** *f*
Dites, Duchamp, j'aimerais un peu plus
d'efficacité dans vos services.

efficiency; effectiveness; performance
Listen here, Duchamp, I'd like to see
some more performance in your department.

la **gestion (d'entreprise)**

Dans quelle école avez-vous fait vos
études de gestion?

company management; management;
business management
Where did you study business management?

l'**économie d'entreprise** *f*
Je voudrais un manuel d'économie d'entreprise pour préparer le BTS.

business management
I'd love to have a textbook on busi-
ness management to prepare for the
BTS.

le **vice-président,** la **vice-prési-
dente**

vice-president, deputy chair

le **sous-directeur,** la **sous-direc-
trice**

deputy manager/ director

le **challenge**
Ce poste est pour moi un véritable challenge: je vais l'accepter.

challenge
The position is a real challenge for
me. I will accept it.

prépondérant, e

L'organigramme ne le dit pas, mais le directeur du marketing joue un rôle
prépondérant dans l'entreprise.

decisive; determining; substantial,
considerable
The organization chart doesn't show
it, but the marketing director plays a
decisive role in the company.

le **consultant,** la **consultante**

Je travaille comme consultant chez Auguste Maigret SA.

personnel consultant; personnel con-
sulting firm
I work as a personnel consultant at
Auguste Maigret SA.

le **conseil**
Il a ouvert un cabinet de conseil en ressources humaines.

le **cabinet**

le **conseil en recrutement**

l'**échelon** *m*
Elle a gravi peu à peu les différents échelons pour devenir finalement directeur général de l'entreprise.

gravir

le **conseiller,** la **conseillère**
Elle a été nommée conseillère auprès du PDG et s'occupe de la stratégie de Chabada.

le **grade**
Il est vite monté en grade, il est déjà directeur de service.

hiérarchisé, e

rattaché, e

Directement rattaché au directeur général de l'entreprise, le directeur d'établissement que nous recherchons s'occupera d'une unité de 60 personnes.

incomber
C'est à vous qu'a été confiée cette responsabilité, c'est donc à vous qu'il incombe de faire ce travail.

être mandaté, e
J'ai été mandaté par Chabada SA pour négocier avec vous les conditions de reprise de l'entreprise.

le **cercle de qualité**

l'**incompétent,** l'**incompétente**

convivial, e (-aux)
J'aimerais bien travailler dans une ambiance un peu plus conviviale.

consulting
He's opened a personnel consulting office.

office

personnel placement agency; personnel consulting

level; step; grade; rank
After she gradually was promoted up the various levels, she finally became general director of the company.

rise, be promoted; climb, ascend

consultant
She was named consultant to the executive committee chairman and was involved in Chabada's strategic planning.

service grade; rank
He advanced quickly; he's already a department head.

develop hierarchically

affiliated; linked up; assigned to, reporting to
Reporting directly to the general director of the company, the manager we seek will be in charge of a branch office with 60 employees.

be incumbent upon
This responsibility is entrusted to you, and it's your duty to carry out the job.

be entrusted with; be instructed
I have been instructed by Chabada SA to negotiate the conditions for the takeover of the company with you.

quality control circle

incompetent, incapable, inefficient, inept person

friendly; open; comfortable
I like a somewhat friendlier work climate.

Revenue

le **compte**

account, bill

les **comptes (annuels)** *mpl*

(annual) accounting; (year end) closing

Nos comptes sont publiés fin juin, nous vous enverrons à ce moment-là notre rapport annuel.

Our closing is made public the end of June, when we will send you our annual report.

le **rapport annuel**

annual report

le **chiffre d'affaires (CA)**

revenue, return, turnover, business

Notre chiffre d'affaires annuel est de 450 millions de francs.

Our annual revenues amount to 450 million francs.

le **doublement**

doubling

Par rapport à l'année passée, nous avons déjà enregistré un doublement de notre chiffre d'affaires.

In comparison to last year, we have already recorded a doubling of our revenues.

par rapport à

in comparison to, compared with; in proportion/ relation to

passé, e

past; last

moyen, ne

average; moderate

Les années précédentes, la conjoncture était moins favorable et le chiffre d'affaires plutôt moyen.

In previous years the economic situation was less favorable and the return rather moderate.

précédent, e

previous, foregoing; earlier

réaliser

achieve; realize

Nous avons réalisé plus de 500 millions de francs de chiffre d'affaires.

We have realized a return of 500 million francs.

plus de

more than

tabler sur

reckon on; stake on

Pour la première année, nous tablons sur un chiffre d'affaires de 80 millions d'écus.

For the first year we are reckoning on a revenue of 80 million écus.

l'**augmentation** *f*

increase; growth; expansion; gain

Exprimée en pourcentage, c'est une augmentation de 20% par rapport à l'année dernière.

Expressed in percent, this is an increase of 20% over last year.

exprimer

expressed

le **pourcentage**

percentage

passer de... à...
Notre chiffre d'affaires est passé de 10 millions à 15 millions de francs, il a donc augmenté de 50%.

increase from. . .to. . .
Our revenues have increased from 10 million to 15 million francs; thus they have grown by 50%.

progresser
En cinq ans, le chiffre d'affaires a progressé de près de 500%.

increase, grow; gain, augment
In five years, revenues have grown almost 500%.

la **baisse**
La baisse du chiffre d'affaires est due à des difficultés conjoncturelles dans notre secteur.

decline; drop; reduction; shrinkage
The drop in revenue is attributable to economic difficulties in our industry.

être dû, due à

be attributable to, be due to; depend on

l'**exercice (comptable)** *m*

Les résultats de l'exercice clos le 31 décembre sont publiés entre avril et juin.

accounting year; fiscal year; business year
The results of the fiscal year closing December 31 are made public between April and June.

clos, e

closing

bénéficiaire
Après plusieurs exercices déficitaires, notre entreprise est, cette année, de nouveau bénéficiaire.

profit; profit-producing
After several losing years, this year our company is again showing a profit.

de nouveau

again; renewed

les **ventes** *fpl*
D'une année à l'autre, nos ventes ont augmenté de 60%.

sales; proceeds
From one year to the next our sales rose about 60%.

d'une année à l'autre

from one year to the next

la **progression**
Sur les cinq dernières années, la progression du chiffre d'affaires de la branche a été en moyenne très faible.

growth; gain; progression
For the last five years, the growth of revenues in this industry has been very weak, on average.

générer
Ce médicament génère plus de la moitié du chiffre d'affaires total de notre société.

bring in; produce
This medication brings in more than half of the total business of our firm.

total, e

total; whole

soit
Cette année, nos ventes s'élèvent à un milliard deux cents millions de francs, soit 70% du chiffre d'affaires de la branche.

that is (i.e.)
This year, our sales returns amount to 1 billion 200 million francs, i.e., 70% of industry revenues.

stagner
Au cours du dernier trimestre, notre chiffre d'affaires a stagné.

stagnate; get stuck
In the last quarter our business has stagnated.

le **trimestre**	quarter
la **stagnation**	stagnation; lull, slack period; standstill
trimestriel, le	quarterly
le **semestre** Le premier semestre de cette année ne nous a pas été très favorable.	half year In the first half year, this year did not look very favorable for us.
défavorable	unfavorable
semestriel, le	semiannual
sensible En ce qui concerne les ventes, le dernier trimestre a apporté une amélioration sensible.	marked; considerable As far as sales are concerned, the last quarter has brought a marked improvement.
net, te Notre filiale aux Etats-Unis a enregistré une nette amélioration de son chiffre d'affaires.	distinct, marked Our U.S. subsidiary has exhibited a marked improvement in revenues.
la **clôture (de l'exercice)** La clôture de l'exercice a été faite 18 mois après la création de l'entreprise.	year-end closing, annual closing of accounts The year-end closing took place one and a half years after the founding of the company.
boucler Nous n'allons pas boucler les comptes de l'exercice six mois après la création de notre entreprise.	close We weren't going to close the books six months after founding the company.

Profit and Loss

le **profit**	profit
le **bénéfice (net)** A la fin d'un exercice, on calcule le bénéfice en déduisant du chiffre d'affaires les frais généraux, les charges, les amortissements et les provisions.	(clear) profit; net profit At the end of the fiscal year, the profit is calculated by subtracting the operating costs, expenditures, depreciation, and reserves from the revenues.
calculer	calculate; figure
les **frais généraux** *mpl* Les frais généraux comprennent les dépenses administratives, les salaires du personnel et les loyers de l'entreprise.	operating costs Operating costs consist of administrative expenses, payroll, and cost of rent for the company.

la **perte (nette)**
Si frais généraux, charges, amortissements et provisions sont supérieurs au chiffre d'affaires, il en résultera une perte.

(net) loss, (clear) loss; deficit
If the operating costs, expenditures, depreciation, and reserves are higher than the revenues, it results in a loss.

résulter de

result in

annoncer
Chabada doit annoncer des pertes importantes pour l'exercice écoulé.

announce; disclose
Chabada is forced to disclose considerable losses for the fiscal year just ended.

écoulé, e

just ended

afficher
Chabada affichait pourtant l'an dernier 100 millions de bénéfice.

disclose; report
Yet Chabada still reports a net profit of 100 million in the last year.

être en hausse
Le bénéfice 1994 est en hausse de 41% sur celui de 1993.

rise; increase
The profit for 1994 has risen 41% compared to that of 1993.

l'**accumulation** f
L'accumulation des pertes a entraîné le dépôt de bilan de l'entreprise.

accumulation
The accumulation of losses led to the company's filing for bankruptcy.

entraîner

lead to; result in; have a consequence

rentable
Si une entreprise dégage des bénéfices, elle est rentable.

profitable; economically efficient
When a firm achieves a profit, it is economically efficient.

la **rentabilité**

profitability; economic efficiency

se **solder par**
L'exercice écoulé s'est soldé par un bénéfice de 70 millions de francs.

show, produce; close with
The fiscal year just ended closed with a profit of 70 million francs.

dégager
Cette année-là, Alpoho a dégagé un million de francs de bénéfice, soit un accroissement de 20% par rapport à l'année précédente contre 7% pour la moyenne de l'industrie suisse.

take in; realize; get
That year Alpoho realized a profit of 1 million francs, which means an increase of 20% over the previous year, in contrast to the 7% Swiss industry average.

se **chiffrer à**
Nos pertes se chiffrent à plus de 500 millions d'écus.

amount to; come to, run to
Our losses come to more than 500 million écus.

se **détériorer,** se **dégrader**
D'une année à l'autre, nos résultats se sont détériorés, le chiffre d'affaires et le bénéfice ont nettement baissé.

deteriorate
Our yields have deteriorated from one year to the next; revenues and profits have markedly declined.

accuser
La société informatique Chabada accuse
4 milliards de déficit pour l'année
écoulée.

show; record
The computer firm of Chabada shows
a deficit of 4 billion for the past year.

cumulé, e
Ce constructeur automobile enregistre
768 millions de francs de pertes cu-
mulées.

cumulative
This auto manufacturer records a cumulative loss of 768 million francs.

injecter
La société mère injectait de l'argent dans
la filiale, ce qui ne faisait qu'alourdir son
propre bilan.

inject, pump in (new resources)
The parent company pumped money
into its subsidiary; however, this led
to a heavier burden on its own balance sheet.

combler
Les dirigeants de la société ont demandé
à l'Etat de renflouer leur entreprise et de
combler leur déficit.

cover; assume; take over
The directors of the company asked
the government to refloat their firm
and cover the deficit.

renflouer

refloat; put back on its feet; rehabilitate

être dans le rouge
Cela fait la troisième année que cette entreprise est dans le rouge.

be in the red; sustain losses
This is the third year the company
has been in the red.

Investment and Operation

la **dépense**
Pour exercer son activité, l'entreprise
doit d'abord engager des dépenses avant
de percevoir des recettes.

expenditures; expense; outlay
To operate its business, a company
must first undertake some expenditures before it collects any receipts.

la **recette**

receipts, income

engager

invest, risk, spend, undertake

les **capitaux** *mpl*
L'entreprise a des besoins de financement qu'elle va couvrir par des capitaux.

capital; monies; funds
The company has some financing
needs, which it covers with capital.

couvrir

cover

l'**investissement** *m*
L'entreprise doit financer ses investissements et son exploitation.

investment
The company must finance its investments and current operations.

financer

finance

immobiliser
Un investissement immobilise de l'argent pour une certaine durée (plus d'un an).

tie up; freeze; immobilize
An investment ties up the money for a certain term (more than a year).

l'immobilisation *f*

freezing; immobilization

investir
Dans quoi l'entreprise doit-elle investir?

invest
Where should the company invest?

l'investissement matériel *m*
Acheter une nouvelle machine est un investissement matériel.

tangible investment
Buying a new machine is a tangible investment.

global, e
L'investissement global pour cette machine s'élève à 100 millions de francs.

total; global
The total investment for this machine amounts to 100 million francs.

l'investissement immatériel *m*
Dépenser de l'argent pour la recherche, la formation ou acheter un brevet sont des investissements immatériels.

intangible investment
Expenditure for research, training, or the aquisition of a patent are intangible investments.

l'investissement financier *m*
Prendre une participation dans une autre entreprise est un investissement financier.

financial investment
The purchase of a share in another company is a matter of financial investment.

l'exploitation *f*

(current) operation

le cycle

cycle, process

le cycle d'exploitation
Le cycle d'exploitation se décompose en cycle de production (où le produit est fabriqué) et en cycle de commercialisation (où la marchandise est vendue).

cycle of operations
The cycle of operations is divided into a production process, in which the product is manufactured, and a marketing process, in which the product is sold.

se décomposer

be divided into

le crédit(-)client ‹crédits(-)clients›
Dans le cycle de commercialisation, l'entreprise doit financer les crédits qu'elle accorde à ses clients, bref le crédit client.

consumer credit
In the marketing process, the company must finance the credit it extends to its customers, called short consumer credit.

la trésorerie

funds; liquid assets; liquidity; cash position

Les grandes surfaces ont l'habitude de payer à 2 ou 3 mois leurs fournisseurs alors que leurs clients les payent tout de suite, ce qui fait qu'elles ont une bonne trésorerie.

The consumer markets normally pay their suppliers in 2 to 3 months, while their customers pay immediately, which provides them with an excellent cash position.

les **besoins de trésorerie** *mpl*

money needs; liquidity requirement

l'**encaisse** *f*

cash balance, cash in hand

Pour faire face à ses besoins de trésorerie, l'entreprise doit disposer d'une
encaisse ou d'argent immédiatement
disponible.

To cover its liquidity requirements,
the company must have a cash balance or other readily available
money.

disponible

available, disposable

équilibrer

balance, adjust; bring into balance

Les dépenses sont quelquefois
supérieures aux recettes, il faut donc
trouver des moyens pour équilibrer la
trésorerie.

Sometimes the payables are higher
than the receivables, so one must find
money to balance the cash position.

circulant, e

current, working

Le cycle d'exploitation et les besoins de
trésorerie sont financés par des capitaux
circulants.

The cycle of operations and the cash
flow needs are financed by working
capital.

rentrer

come in

L'argent ne rentre plus, notre trésorerie
est à sec.

There's no more money coming in,
our coffers are empty.

être à sec

be empty

restreindre

retrench; cut down; economize; limit

Si nous voulons arriver à la fin du mois,
il faudra restreindre les dépenses.

If we intend to get to the end of the
month, we have to limit the expenditures.

l'**investissement de remplacement** *m*

investment in replacement

Si une machine est usée ou obsolète,
l'entreprise en achète une nouvelle et effectue un investissement de remplacement.

When a machine wears out or becomes obsolete, the company buys a
new one and thus makes an investment in replacement.

obsolète

obsolete

l'**investissement de capacité** *m*

investment in expansion

Pour répondre à la demande, l'entreprise
doit s'agrandir, elle réalise un investissement de capacité.

To keep up with demand, the company must enlarge; it makes an investment in expansion.

l'**investissement de productivité**
m

investment in productivity

Les entreprises du textile réalisent des
investissements de productivité en
achetant des machines qui font le travail
de 10 ouvrières ou plus.

The clothing firm makes investments
in productivity when it buys machinery that can do the work of ten or
more workers.

l'**investissement net** *m*
Investissement net = investissement brut
– investissements de remplacement.

net investment
net investment = gross investment –
investments in replacement *(read as:
investissement net égale investissement brut moins investissement de
remplacement)*

l'**investissement brut** *m*

gross investment

égale(nt)

equals

moins

minus

les **immobilisations** *fpl*

fixed assets

corporel, le

tangible

incorporel, le
Les bâtiments d'une entreprise font partie
des immobilisations corporelles, les brevets des immobilisations incorporelles.

intangible
A company's building is considered a
fixed or tangible asset, whereas its
patents are intangible assets.

se **déprécier**
Un matériel se déprécie du fait de
l'usure ou de l'obsolescence.

depreciate, lose value
A piece of equipment depreciates with
wear and tear or because it is outdated.

du fait de

because of, by (means of), as a result
of

l'**obsolescence** *f*

obsolescence

l'**usure** *f*

usage; wear and tear

la **dépréciation**

depreciation; write-down

amortir
C'est pourquoi une entreprise doit amortir ses machines.

depreciate, write down, write off
This is why a company ought to depreciate its machines.

l'**amortissement** *m*

write-off

linéaire
Avec l'amortissement linéaire, si on a
une machine de 100 000 F d'une durée
de vie de 10 ans, l'amortissement annuel
sera de 10 000 F.

linear
With linear depreciation, if a machine
with a value of 100,000 F has a service life of 10 years, the yearly depreciation will be 10,000 F.

dégressif, -ive
Avec l'amortissement dégressif, si vous
avez une machine de 100 000 F d'une
durée de vie de 4 ans, vous aurez des
amortissements de 40 000 F, 30 000 F,
20 000 F, 10 000 F.

degressive
If a machine with a value of 100,000
F has a service life of 4 years, it results in a degressive depreciation of
the following amounts: 40,000 F,
30,000 F, 20,000 F, 10,000 F.

le **trésorier (d'entreprise)**,
la **trésorière (d'entreprise)**
L'une des tâches du trésorier est de calculer mois par mois et pour toute l'année
les recettes et dépenses courantes.

treasurer (of the company)
One of the duties of the treasurer is to
calculate the current intake and expenditures month by month and for
the entire year.

courant, e

current

Sources of Financing

la **ressource de financement**
Le rôle de la fonction financière d'une
entreprise est de trouver les ressources
de financement pour les investissements
et pour l'exploitation.

sources of financing
The task of the financial officers of a
company is to find sources of financing for the investments and current
operations.

autofinancer

Pour garder notre indépendance, nous
autofinançons nos investissements à plus
de 80%.

financing from one's own resources;
self-financing
To preserve our independence we financed more than 80% of our investments with our own resources.

réinvestir

reinvest

l'**autofinancement** *m*

self-financing

propre
Les capitaux propres d'une société comprennent le capital social, les bénéfices
non distribués et les subventions.

own
A company's own capital comprises
the original capital, the undistributed
profits, and subventions.

non distribué, e

retained; undistributed

à long terme
Les emprunts que fait l'entreprise à
moyen terme (de 1 à 7 ans) ou à long
terme (jusqu'à 15 ans) financent aussi
les investissements.

long-term
The firm also finances its investments
with medium-term (1 to 7 years) and
long-term (up to 15 years) borrowing.

à moyen terme

medium-term

les **capitaux permanents** *mpl*
Capitaux propres et emprunts à moyen
et long terme sont des capitaux permanents.

permanent capital
The firm's own capital and medium-
and long-term borrowing make up the
permanent capital.

avoir recours à qc

Pour ses investissements, une entreprise
peut avoir recours au marché financier
en émettant des obligations ou emprunter auprès des banques.

make use of; resort to; have recourse
to something
A firm can have recourse to the capital market for its investments by issuing bonds or borrowing money from
the bank.

les **capitaux empruntés** *mpl*

borrowed capital

s'**endetter**
Vaudrait-il mieux augmenter le capital
ou s'endetter?

go into debt; incur debt
Would it be better to increase the capital or go into debt?

l'**endettement** *m*

debt

le **fonds de roulement**
Notre chiffre d'affaires a augmenté, nos bénéfices aussi: nous pouvons donc autofinancer l'augmentation du fonds de roulement.

working capital; current assets
Our revenues have increased as well as our profits, so we can finance the increase of our working capital out of our own resources.

à court terme
Une autre partie du financement de l'exploitation est assurée par des crédits à court terme.

short-term
Another part of financing of working capital is secured by short-term borrowing.

le **crédit(-)fournisseur**
‹crédits(-)fournisseurs›
Quand les fournisseurs accordent des délais de paiement à l'entreprise, on parle de crédit fournisseur.

supplier credit

When suppliers grant a company time for payment, we speak of supplier credit.

interentreprises
La durée du crédit interentreprises est en moyenne d'environ 3 mois en France.

inter-company; from firm to firm
In France, the duration of an inter-company credit is about three months on the average.

la **mobilisation**

L'escompte est un crédit de mobilisation de créance.

mobilization; increasing liquidity; making available
Cash discounting is a credit through mobilization of claims.

le **manque**
L'important endettement de cette société s'explique par son manque de fonds propres.

lack; deficit
This company's high debt is explained by the lack of its own capital.

l'**argent frais** *m*
Cette société a un énorme besoin d'argent frais, c'est pourquoi elle augmente son capital.

fresh capital
This firm has a great need for fresh capital, which is why it is increasing its capital.

la **dotation**
Chaque année, l'entreprise effectue des dotations aux amortissements et aux provisions.

assignment, allocation
Every year the company makes an allocation for depreciation and reserves.

la **réserve**
Une partie du bénéfice est affectée aux réserves, l'autre aux dividendes.

reserve
A part of the profit is assigned to reserves and the rest is distributed.

affecter

assign; use; allocate; determine

l'**affectation** *f*
Cette affectation du bénéfice net est décidée par le conseil d'administration et doit être approuvée par l'assemblée générale des actionnaires.

assignment; use; determination
This use of the profit balance is decided by the board of directors and must be approved by the general stockholders' meeting.

incorporer
Les bénéfices non distribués sont incorporés aux réserves.

add to; include; place in
The undistributed profits will be added to the reserves.

l'**incorporation des réserves** *f*

conversion of reserves to capital

se **désendetter**

pay, pay off, reduce one's debts; make free of debt

Les entreprises préfèrent augmenter leurs fonds propres et se désendetter.

The firm prefers to raise its own capital and reduce its debt.

le **remboursement**

reimbursement

la **capacité d'autofinancement (CAF)**

cash flow (*indicator of internal financial strength, i.e., capacity for self-financing*)

Si on ajoute au bénéfice net les dotations aux provisions et aux amortissements, on obtient la capacité d'autofinancement qu'a dégagée une entreprise au cours d'un exercice.

When you add to the net profit the allocations for reserves and for depreciation, you get the cash flow position a firm has achieved in the current business year.

le **crédit-bail** ‹crédits-bails›
Dans un contrat de crédit-bail, l'option d'achat permet de devenir propriétaire du bien loué en payant une somme résiduelle.

leasing
In a leasing agreement, the buying option allows the lessor to become the owner of the leased object by payment of the residual value.

l'**option d'achat** *f*

buying option; option to buy

résiduel, le

residual

le **crédit (de) relais**
Le découvert est un type de crédit relais puisque l'entreprise attend une rentrée précise et exceptionnelle: par exemple, de l'argent provenant de la vente d'un immeuble.

interim credit, temporary loan
Overdrawing an account is a kind of interim credit, because the firm expects the deposit of a specific, one-time payment, for instance, money from the sale of real estate.

l'**affacturage** *m*
L'affacturage est un mode de financement à court terme par lequel une entreprise cède des créances à une société d'affacturage qui s'occupe de leur encaissement.

factoring
Factoring is a method of short-term financing in which the firm hands its claims over to a factoring company, who takes over the collection.

Bookkeeping

comptable

bookkeeping; according to the books; accounting

le **document**
La facture est le document de base pour l'enregistrement comptable.

receipt, voucher; record; document
The basic document for the bookkeeping record is the invoice.

l'**enregistrement comptable** *m*

bookkeeping record; entry

la **comptabilité**
La comptabilité enregistre tous les mouvements de valeurs de l'entreprise.

bookkeeping
Bookkeeping records all the value movements of the company.

enregistrer

enter; record; register

le **mouvement (de valeurs)**

movement (of value); turnover; revenue (movement)

ventiler
Les informations collectées sont ventilées entre des comptes.

classify; distribute; assign
The information gathered is classified according to accounts.

le **débit**
Un compte est un tableau à deux colonnes: celle de gauche est appelée débit, celle de droite crédit.

debit; decrease, deficit; debit entry
An account is a table with two columns: the left is called the debit side, the right the credit side.

le **crédit**

credit; increase; credit entry

le **tableau** ‹tableaux›

table

la **colonne**

columns

le **solde**
Le solde du compte est débiteur si les débits excèdent les crédits et il est créditeur dans le cas contraire.

balance
The account balance is in debit when the deficits exceed credits, and in the opposite case it is in credit.

excéder

exceed; be higher than

l'**écriture** *f*
En comptabilité, les opérations de l'entreprise sont des écritures passées au débit et au crédit.

bookkeeping; posting; record
A company's business transactions appear in the accounts as debits and credits.

l'**opération** *f*

transactions, dealings, operations

l'**écriture (passée) au crédit** *f*

credit entry

l'**écriture (passée) au débit** *f*

debit entry

le, la **comptable**

bookkeeper

les **livres (de commerce)** *mpl*

account books; books and balance sheets

la **comptabilité en partie double**
Dans la comptabilité en partie double, chaque mouvement de valeur est saisi deux fois.

double-entry bookkeeping
In double-entry bookkeeping, every transaction is entered twice.

l'**équilibre** *m*
Autrement dit, il y a équilibre entre les débits et les crédits.

balance
Expressed differently: debit and credit transactions are in balance.

---

comptabiliser
Toutes les opérations d'une entreprise doivent être comptabilisées.

enter, record in the books
All the business transactions of a company must be entered in the books.

le **journal (comptable)** ⟨journaux⟩
La comptabilité d'une entreprise est tenue sur des journaux: journal d'achats, journal de ventes, journal de caisse, etc.

journal, daily account book
A company's books are kept in journals: the purchases journals, sales journals, cash journal, etc.

le **grand livre**
Chaque opération enregistrée sur un journal comptable est reportée dans le grand livre.

ledger
Each transaction recorded in a journal is transferred into the ledger.

reporter

transfer

le **livre d'inventaire**
La tenue du livre d'inventaire est obligatoire.

inventory
Keeping an inventory is obligatory.

la **comptabilité d'entreprise**
La comptabilité d'entreprise concerne les entreprises industrielles et commerciales.

business accounting
Business accounting concerns both industrial and commercial firms.

la **comptabilité générale**
La comptabilité générale consiste à enregistrer sur des journaux les opérations d'une entreprise et à établir au moins une fois par an des documents comme le bilan et le compte de résultat.

financial accounting
Financial accounting consists of recording the transactions of a company in journals and at least once a year drawing up a balance sheet and a profit and loss statement.

consister à faire qc

consist of doing something

l'**an, par an**

yearly, per year

la **comptabilité analytique (d'exploitation)**
La comptabilité analytique consiste à calculer des coûts, à établir des prévisions de coûts et à les comparer avec les chiffres réalisés.

cost accounting
Cost accounting consists of computing the costs, drawing up cost planning predictions, and comparing them with the actual numbers.

le **coût**

costs

la **prévision**

predictions; preliminary estimates; target figures

réalisé, e

real, actual

le **plan comptable général (PCG)**
Le plan comptable général présente l'ensemble des règles comptables selon la quatrième directive de la CEE (PCG 1982).

universal standard form of accounts
The universal standard form of accounts contains all the rules for bookkeeping according to the fourth EEC guideline (PCG 1982).

l'**ensemble** *m*

entirety; total, all

l'**expert-comptable**
‹experts-comptables› *m*
Elle a un diplôme d'expert-comptable.

financial accountant

She is a certified financial accountant.

l'**audit** *m*
En certifiant les comptes d'une entreprise, les commissaires aux comptes font de l'audit externe.

audit
When auditors examine the books of a company, they do an outside audit.

certifier

validate; certify

externe

external, outside

The Balance Sheet

le **bilan**
Le bilan donne une image du patrimoine de l'entreprise à un moment donné.

balance; balance sheet
The balance sheet gives an overview of the assets of a company at a particular moment.

le **patrimoine**

assets

donné, e

establishes, gives

les **ressources** *fpl*
Le bilan indique les ressources et les emplois de l'entreprise.

origin of resources
The balance sheet indicates the origin and use of the company's resources.

les **emplois** *mpl*

use of resources

le **passif**
Pour établir le bilan, l'entreprise fait l'inventaire des éléments, passif et actif, de son patrimoine.

liabilities, debit items, debit side
To establish a balance, the company makes an inventory of the items that are debits and assets to its properties.

l'**actif** *m*

assets, asset items, asset side

l'**inventaire** *m*

inventory, stock taking

faire l'**inventaire**

making an inventory, taking stock

le **poste**
Le bénéfice ou la perte de l'exercice
écoulé apparaît dans la colonne du passif sous le poste "Résultat de l'exercice".

posting
Profit or loss in the current fiscal year
appear on the debit side under the
posting "Annual Surplus/ Annual
Deficit."

le **résultat (de l'exercice)**

yield, profit, return; annual surplus/
annual deficit; profit or loss balance

apparaître

appear, emerge

les **provisions pour risques** *fpl*

reserves against potential losses
(from pending transactions)

Une entreprise s'attend à ce qu'un de ses
débiteurs ne la paie plus: elle va constituer des provisions pour risques.

A company prepares itself for the fact
that one of its debtors may not pay. It
will set aside reserves against the potential losses.

les **provisions pour charges** *fpl*
Une entreprise va devoir procéder à des
licenciements: elle va constituer des provisions pour charges.

reserves for (undetermined) liabilities
A company has to undertake layoffs
and will therefore create reserves for
liabilities.

la **dette financière**
Si l'entreprise a émis des obligations ou
a emprunté auprès des banques, ce
seront des dettes financières.

financial liabilities, pecuniary debt
If a firm has issued bonds or taken a
loan from a bank, it has a financial
liability.

les **dettes d'exploitation** *fpl*

liabilities from current operations

les **dettes fournisseurs** *fpl*

liabilities from deliveries and services; supplier debt

les **avances clients** *fpl*

payments received in advance on
orders

la **dette fiscale**
Dans les dettes diverses, on trouvera le
poste "Dettes fiscales et sociales".

liabilities for taxes; tax liability
Among other liabilities, there is a
posting "Liabilities for Taxes and
Social Security."

la **dette sociale**

social security liabilities

divers, es

other

l'**actif immobilisé** *m*

les **frais d'établissement** *mpl*
Les frais d'établissement sont le premier poste de l'actif immobilisé. Ils concernent toutes les dépenses nécessaires au moment de la constitution d'une entreprise.

le **fonds commercial**
Le fonds commercial est un actif immobilisé qui concerne des éléments incorporels comme le nom commercial ou l'enseigne.

l'**actif circulant** *m*

les **matières premières** *fpl*

Les intitulés "Matières premières", "En-cours de production", "Produits finis", "Marchandises" correspondent aux différentes étapes du cycle d'exploitation de l'entreprise.

l'**intitulé** *m*

l'**en-cours (de production)** *m inv*

fini, e

les **valeurs mobilières de placement** *fpl*
Le poste "Valeurs mobilières de placement" concerne les titres qu'achète l'entreprise pour réaliser rapidement des gains.

les **disponibilités** *fpl*

le **compte de régularisation**
Le compte de régularisation actif figure dans le bilan après l'actif circulant.

figurer

le **report à nouveau**

exigible
Une dette vis-à-vis d'un fournisseur est plus rapidement exigible qu'un emprunt effectué sur plusieurs années.

investment assets

founding costs
The founding costs appear as the first posting under investment assets. They refer to all the expenditures necessary for founding of a company.

goodwill of a company
The company's goodwill is a fixed asset that is one of the items of intangible property, like the firm name or the firm logo.

current assets

production materials; raw and auxiliary materials and fuel
The account titles "Raw and Auxiliary Materials and Fuel," "Unfinished Products and Services," "Finished Products," and "Merchandise" correspond to the individual steps in the production process.

account title

unfinished products and services (from current production)

finished

securities (in current assets)

The posting "Securities" refers to the paper that the company buys to realize quick profits.

liquid funds, available assets

accounting apportionment item
The asset accounting apportionment items appear on the balance sheet after the current assets.

appear; are entered; are found

carry-over to a new account; profit/loss transfer

due, payable, collectible
An obligation to a supplier is collectible sooner than a credit running for several years.

l'**exigibilité** *f*

collectibility

la **liquidité**
Les postes "Valeurs mobilières de placement" et "Disponibilités" sont d'une très grande liquidité.

liquidity
The postings under "Securities" and "Liquid Assets" are of very high liquidity.

patrimonial, e (-aux)
Le bilan donne une idée de la situation patrimoniale de l'entreprise.

property; asset
The balance sheet gives an idea of the company's asset situation.

le **total** (totaux)
Comme il s'agit de comptabilité en partie double, total de l'actif et total du passif sont équilibrés.

total; sum
In double-entry bookkeeping, the totals of the assets and the liabilities are balanced.

consolider
Les groupes établissent des bilans consolidés.

consolidate
Groups prepare consolidated balance sheets.

le **ratio**

ratio; index number; coefficient

solvable
Une entreprise est solvable si elle peut faire face à l'ensemble de ses dettes avec l'ensemble de ses biens.

solvent
A business is solvent when its total obligations can be satisfied from its total assets.

les **biens** *mpl*

assets, property; goods

hors
Le bien loué par crédit-bail est un investissement non inscrit à l'actif, en ce sens il est hors bilan.

outside, off
Leasing of goods is an investment that is not entered on the asset side; in this sense it is off the balance sheet.

inscrire

entered, recorded, set down

le **survaloir**
Le survaloir est un ensemble d'éléments incorporels de l'entreprise: image de marque, savoir-faire, position sur un marché, etc.

goodwill, good reputation
All the intangible value of a company constitutes its goodwill: the image of its trademark, know-how, market position, etc.

Profit and Loss Accounting

le **compte de résultat**
Le compte de résultat est un document comptable qui, pour un exercice, récapitule l'ensemble des charges et des produits.

profit and loss summary
The profit and loss summary is a bookkeeping document that summarizes all the expenses and income of a fiscal year.

les **charges** *fpl*

costs, expenditures, expenses

les **frais** *mpl*

costs, expenses, expenditures

les **produits** *mpl*

yield, profit, return, income, receipts

récapituler

summarize

déséquilibré, e

be unbalanced; not be in balance

Le compte de résultat est déséquilibré: la différence entre le total des charges et le total des produits constitue le résultat (bénéfice ou perte).

The profit and loss summary is not balanced: The difference between the total expenditure and the total return constitutes the result (profit or loss).

d'exploitation

operating; operation; regular business activity

L'entreprise vend ses produits ou ses services et réalise ainsi son chiffre d'affaires annuel: ce sont les produits d'exploitation.

The company sells its products or its services and thus achieves its annual return. This is the income from operations.

la **variation des stocks**

decrease or increase of the inventory (either finished or unfinished products)

les **autres charges externes** *fpl*

other operating expenses

L'entreprise doit payer son assureur, son transporteur, son personnel intérimaire, etc: ce sont des frais d'exploitation, autrement dit le poste "Autres charges externes" du compte de résultat.

The company must pay it insurer, its forwarding agents, its temporary help, etc.; i.e., these are the costs of doing business, or put another way, posted as "Other Operating Expenses."

financier, -ière

financing; financial; finance

L'entreprise doit payer les intérêts de ses emprunts: ce sont des charges financières.

The company must pay interest to its creditors: these are financial expenses.

exceptionnel, le

extraordinary; special

Un débiteur de l'entreprise est insolvable: celle-ci enregistre cette perte au poste "Charges exceptionnelles".

A debtor of the company is insolvent. It enters this loss under "Extraordinary Expenses."

le **calcul des coûts**

cost accounting

la **charge directe**

direct costs; itemized costs

Dans l'optique du calcul des coûts, les charges directes peuvent être affectées directement au coût d'un produit.

From the standpoint of cost accounting, the direct costs can be directly added to the cost of a product.

dans l'optique de

In the light of; from the standpoint of

la **charge indirecte**

indirect costs; overhead costs

Il faut une clé de répartition pour pouvoir imputer les charges indirectes au coût d'un produit.

A distribution code is necessary to be able to ascribe the indirect costs to a product.

la **clé de répartition**

distribution code; overhead cost key

imputer à/sur qc

count toward; ascribe a thing to; to enter something as; charge a thing to

le **seuil de rentabilité**
Le seuil de rentabilité correspond au chiffre d'affaires à partir duquel le montant des ventes couvre les charges fixes et variables nécessaires à la réalisation de ces ventes.

break-even point, profit threshold
The break-even point is reached when the income, the fixed costs, and the variable costs required to execute this sale are covered by the return.

la **charge variable**

variable costs, changing costs

la **charge fixe**

fixed costs

la **marge sur coût variable**
Autrement dit, un produit atteint le seuil de rentabilité quand la marge sur coût variable couvre les charges fixes.

variable cost margin
Said another way, a product reaches the profit threshhold when the variable cost margin covers the fixed costs.

marginal, e (-aux)
Si l'on a produit 100 000 pièces, le coût des 1 000 suivantes est un coût marginal.

marginal
If one has produced 100,000 pieces, the costs for the next 1,000 are marginal costs.

le **coût moyen**
Si la production augmente, le coût moyen est généralement décroissant.

average cost
If production increases, as a rule the average cost will then decrease.

décroissant, e

decrease, fall, drop

consommer
L'entreprise consomme des matières premières et des services pour produire et vendre.

use, consume
A company uses raw materials and services to be able to produce and sell.

la **valeur ajoutée**

creation of value; appreciation in value

l'**excédent brut d'exploitation (EBE)** *m*

gross profit; gross surplus

prévisionnel, le
Mon banquier m'a demandé si j'avais fait un compte de résultat prévisionnel.

estimated; looking ahead
My bank asked me if I had done a profit and loss estimate.

budgét(is)er
Premièrement, ce jeune chef d'entreprise doit budgétiser ses dépenses et ses recettes.

budget
This young entrepreneur ought first to budget his expenses and income.

Production Facilities

produire, fabriquer	produce, manufacture, make, fabricate
la **production**, la **fabrication**	production, manufacture, fabrication
l'**unité de production** *f* Notre entreprise possède deux unités de production en Afrique.	factory, works, plant Our company has two factories in Africa.
journalier, -ière Dans notre ancienne usine, la production journalière était de 500 voitures.	daily In our old factory, the daily production was 500 cars.
la **capacité (de production)** Pour accroître notre capacité de production, nous avons agrandi et modernisé nos ateliers.	(production) capacity To increase our production capacity, we expanded and modernized our shops.
accroître	increase; expand; enlarge; raise
agrandir	enlarge; expand
moderniser	modernize
l'**atelier (de production)** *m*	workshop; factory shop; machine shop
les **ateliers (de production)** *mpl*	factories; plants; shops, shop floors
l'**appareil de production** *m* Quand nous avons racheté cette entreprise, l'appareil de production était vétuste et peu performant.	production plants or facilities When we bought this company, the production facilities were outmoded and inefficient.
vétuste	outmoded, obsolete; run down, dilapidated
performant, e	efficient
l'**outillage** *m* Les installations techniques et les outillages devaient être améliorés ou remplacés.	(technical) equipment; tooling The technical setup and the tooling must be improved or replaced.
la **fermeture** Malgré l'opposition des syndicats, la direction a décidé la fermeture de la vieille usine.	closing, shutdown Despite the opposition of the unions, management has decided on closing down the old plant.
le **complexe industriel** La vallée du Rhône à partir de Lyon vers le sud est devenue un immense complexe industriel.	industrial complex, industrial area The Rhone valley south of Lyon has become a gigantic industrial complex.

la **fabrique**
La fabrique de chaussures a été fermée et les 40 employés licenciés.

factory; works
The shoe factory was closed and the 40 employees let go.

la **manufacture**
Les tapis que fabrique cette manufacture sont beaux et chers.

factory
The carpets that this factory produces are beautiful and expensive.

l'**usine-tournevis,** ‹usines-tournevis› *f*
Les usines-tournevis permettent à une entreprise internationale d'être présente sur un marché sans trop investir.

assembly plant

Assembly plants allow an international company to be present in a market without investing too much.

la **surcapacité (de production)**
La demande de voitures a nettement fléchi et l'industrie automobile est pour le moment en surcapacité.

(production) overcapacity
The demand for passenger cars has clearly declined, and at the moment the automobile industry is experiencing overcapacity.

tourner à 50%/100% de sa (ses) capacité(s)
La nouvelle usine ne tourne qu'au quart de ses capacités.

be utilized to 50%/100% of its capacity
The new factory is only utilized to a quarter of its capacity.

à plein rendement
Nos usines travaillent à plein rendement.

fully utilized
Our factories are fully utilized.

démarrer

La production de cette nouvelle voiture va démarrer ce printemps.
En tant que directeur de cette unité de production, j'ai démarré la fabrication de ce nouveau produit.

begin; start up; put into operation; get underway
The production of this new car is going to get underway in the spring.
As the manager of this factory, I have started up the production of this new product.

l'**adaptation** *f*
Sur deux ans, nous avons consacré plus de 100 millions de francs à l'adaptation de l'appareil de production aux conditions actuelles du marché.

adaptation, conversion
In two years we have devoted more than 100 million francs to the adaptation of production facilities to present market conditions.

se **doter**
Ce vaste programme d'investissements nous a permis de nous doter d'un outil de production performant.

equip oneself
This extensive investment program allows us to equip ourselves with efficient production machinery.

vaste

extensive

fermer
La seule usine de la région a été fermée car trop vétuste.

close, shut down
The only plant in the region was shut down because it was completely outmoded.

regrouper Toutes les activités de production vont être regroupées sur un seul site.	consolidate; integrate; reorganize; restructure All the production lines are consoliated in one location.

Automation

la **technologie**
Nous avons choisi une technologie de pointe, nos ateliers sont équipés des machines les plus perfectionnées.

technology
We have chosen state-of-the-art technology; our shop is equipped with machines that embody the latest technological developments.

de pointe

state-of-the-art; leading; most modern

perfectionné, e

improved; further developed

l'**équipement** *m*
Combien avez-vous investi dans ces équipements?

equipment
How much have you invested in this equipment?

la **mécanisation**
Si la mécanisation de l'industrie textile date du début du dix-neuvième siècle, l'automatisation de ce secteur n'a commencé que dans les années 1980.

mechanization
While the mechanization of the textile industry had already taken place at the beginning of the 1900s, automation of this industry only occurred around 1980.

l'**automatisation** *f*

automation

la **mise en service**
La mise en service de cette nouvelle unité de production nous permettra de rester compétitifs dans notre secteur.

putting into operation
By putting this new plant into operation, we have maintained our competitiveness in the industry.

compétitif, -ive

competitive capability; competitive

robotiser

L'usine a été progressivement robotisée: les effectifs ont diminué et la productivité a augmenté.

automate; switch to (industrial) robots
The factory has been converted to robots step by step. Manpower has decreased and productivity has increased.

progressif, -ive

progressive; gradual; step-by-step

l'**automate (programmable)** *m*
L'usine qui vient d'être construite est entièrement équipée d'automates.

(programmable) robot
The newly erected factory is entirely equipped with programmable robots.

équiper

equipped; furnished; supplied

l'**usinage** *m*

(machine) production; (machine) treatment

L'usinage des pièces se fait avec des MOCN, c.-à-d. des machines entièrement commandées par des programmes informatiques.

The production of the components is accomplished with automated systems, i.e., by machines that are entirely controlled by computer programs.

commander, piloter

controlled; piloted

se **faire**

accomplish; do

informatique

computer; data processing

la **machine-outil à commande numérique (MOCN)** ‹machines-outils›

computer-operated machine tools; automated systems

technologique

technological, technical, engineering

automatiser

automate; convert to automated operation

le **robot (industriel)**

industrial robot, production robot

l'**atelier flexible** *m*

flexible production unit; resettable machining center

Les ateliers flexibles ont pour avantage, grâce à l'ordinateur central qui les commande, de permettre le changement rapide de types de pièces à usiner.

Flexible production units have the advantage that the type of job can be changed quickly, thanks to the central computer that controls them.

usiner

machine; manufacture (industrially); (machine) produce

la **pièce à usiner**

piece, job; machined part

la **fabrication assistée par ordinateur (FAO)**

computer-assisted manufacturing (CAM)

Nous embauchons deux ingénieurs chargés de la mise en place d'un système de FAO dans notre entreprise.

We are hiring two engineers to set up a CAM production system in our company.

la **mise en place**

setting up; installing

la **productique**

technology of computer-controlled production

La productique est l'ensemble des techniques informatiques liées à la production.

The technology of computer-controlled production includes all programming systems that have to do with production.

standardiser

standardize

L'introduction de l'informatique nous a obligés à standardiser toute notre production.

The introduction of data processing has compelled us to standardize the entire production line.

obliger qn à faire qc | oblige one to do something; compel one to do something

être en pointe | be leading; to be at the top
Avec ses usines entièrement automatisées, cette société est en pointe dans sa branche. | Because of its fully automated factories, this company is leading its industry.

Companies and Production

la **compétitivité** | competition
Pour assurer la compétitivité de l'entreprise sur son marché, le service de la production doit satisfaire la demande et minimiser les coûts de production. | To ensure the company's competition in the marketplace, the production department must satisfy the demand and minimize the cost of production.

satisfaire | satisfy

minimiser | minimize, lower

adapté, e au marché | adapted to market conditions
Il s'agit donc de fabriquer au meilleur coût un produit adapté au marché. | Thus the point is to produce a product adapted to the market at the best possible price.

au meilleur coût | cheapest; best possible price

l'**impératif** *m* | necessity; demand
La production doit s'adapter aux impératifs du marché. | Production must adapt to the demands of the market.

s'**adapter** | adapt oneself

la **productivité** | productivity
La productivité globale est le rapport de la production à la somme des coûts de production. | The total productivity is the ratio of production output to the sum of the production costs.

le **rapport** | ratio

le **gain** | growth; increase; gain
Nous n'abaisserons les coûts de production que si nous réalisons des gains de productivité. | We will only decrease production costs when we realize gains in productivity.

le **coût de revient**, le **prix de revient** | production costs

viable | viable; practicable; feasible
Ce projet n'est viable que si nous serrons les prix de revient. | This project is only feasible if we force down the production costs.

serrer | force down

abaisser
Il faut non seulement stabiliser nos coûts mais aussi les abaisser.

lower
We must not merely stabilize our costs but lower them as well.

le **surcoût**
Pour bien mesurer la productivité, il faut tout de même savoir si l'achat de cette machine n'entraîne pas un surcoût.

additional costs
To be able to really measure productivity, we must at least know if buying this machine won't result in additional costs.

la **recherche**
Les frais de recherche entrent pour 30% dans le coût de revient de nos produits, ce qui constitue un pourcentage minimal pour une entreprise de notre branche.

research
Research amounts to 30% of the production costs, which is the minimum percentage for a company in our industry.

minimal, e ‹-aux›, **minimum**

minimum

maximum

maximum

entrer dans qc

be included in something; be figured into something; amount to something; consist of something

la **rationalisation**

simplification; rationalization; streamlining

Cette rationalisation nous permettra d'optimiser notre capacité de production.

Through this simplification we can optimize our production capacity.

optimiser

optimize

Production Planning

le **cahier des charges**
Le cahier des charges contient les besoins auxquels doit répondre le produit et les caractéristiques techniques de celui-ci.

specifications
The specifications contain the qualifications to which the product should correspond as well as the technical data.

les **caractéristiques techniques** *fpl*

technical data

le **bureau d'études** ‹bureaux›
Avant d'établir un cahier des charges, il vaudrait peut-être mieux que le bureau d'études nous présente un avant-projet avec une maquette.

drafting room; design department
Before we establish the specifications, it would perhaps be better if the design department prepared a preliminary draft with a model.

l'**avant-projet** ‹avant-projets› *m*

preliminary draft

la **maquette**

model

la **nomenclature**
Le dossier du bureau d'études comprendra une nomenclature de tous les éléments du produit à fabriquer.

parts list; specifications
Included in the file provided by the design department is a total parts list for the planned project.

le **bureau des méthodes** ⟨bureaux⟩

La préparation et le suivi de la fabrication sont assurés par le bureau des méthodes.

process department, production engineering department
The process engineering department sees to the preparation and supervision of production.

la **préparation**

preparation

le **suivi**

supervision, control; follow-up

déterminer
Le bureau des méthodes détermine les postes de travail, les équipements, les outillages, les matières et le personnel nécessaires ainsi que les opérations à accomplir.

determine; establish
The production engineering department determines what jobs, equipment, tools, materials, and workers are required, as well as the operations to be carried out.

la **matière**

material

les **opérations (d'une fabrication)** *fpl*

(manufacturing) operations

le **poste de travail**

job

le **bureau d'ordonnancement** ⟨bureaux⟩
Le bureau d'ordonnancement est chargé d'établir le planning de fabrication et de lancer la production.

operations scheduling department

The operations scheduling department has the job of establishing the manufacturing plan and getting production started.

le **planning de fabrication**

manufacturing plan; production process plan

lancer

getting started

étudier
Nous avons étudié la faisabilité du projet et testé le prototype.

study; examine; analyze
We have analyzed the feasibility of the project and tested the prototype.

la **faisabilité**

feasibility

tester

test

le **prototype**

prototype

la **conception assistée par ordinateur (CAO)**
Pour la mise au point de nouveaux produits, la CAO nous permet d'économiser maquettes et prototypes.

computer-aided design (CAD)

Using CAD we can economize on the production of new product models and prototypes.

la **mise au point**	development (up to release of production)
la **conception et fabrication assistées par ordinateur (CFAO)**	computer-aided engineering (CAE)
La CFAO permet, par exemple, de réaliser des gammes de production à partir des plans et des nomenclatures des bureaux d'études.	For instance, CAE allows work routines to be changed during operation from the design department's plans and parts lists.
la **gamme de production**	work routines
la **gestion de la production assistée par ordinateur (GPAO)**	computer-aided production (CAP)
La mise en œuvre de la GPAO dans notre entreprise concernera l'ordonnancement et les approvisionnements sans oublier, bien sûr, la fabrication.	The use of CAP in our company will affect operations scheduling and materials management and, of course, manufacturing as well.
la **mise en œuvre**	use; employment; application
l'**industrialisation** *f*	starting up production
La question est de savoir comment diminuer les coûts inhérents à l'industrialisation d'un nouveau produit.	The question is how to lower the costs inherent in starting up production of a new product.
inhérent, e	inherent in

Production Cycles

à l'unité, **unitaire**	unit
sur commande	to order
Les artisans travaillent souvent sur commande, c'est une fabrication à l'unité.	Craftsmen often work to order, which thus becomes a matter of unit manufacturing.
la **série**	series; production type
les **petites séries** *fpl*	small series
Comme nous produisons des voitures de luxe, nous ne faisons que des petites séries.	Since we are producing luxury cars, we are only making small series.
la **production en petites séries**	series production; series manufacturing
la **production en (grande) série,** la **production de masse**	mass production, large-scale production
la **ligne de production**	production line

à la chaîne
Dans la production à la chaîne, il y a autant de machines qu'il y a d'opérations d'usinage.

conveyor; assembly line
In assembly line production there are exactly as many machines as there are manufacturing operations.

la chaîne (de production/de montage)

conveyor (production/belt assembly)

en continu
La production en continu concerne la transformation des minerais ou du pétrole.

around-the-clock
Around-the-clock production is found in smelting or petroleum processing.

sous-traiter

subcontract; give commissions to ancillary suppliers; work as a subcontractor

Nous sous-traitons (pour) la fabrication des pare-brise de nos voitures.
Nous sommes une PME qui sous-traitons (des contrats) pour l'industrie sidérurgique.

We have the windshields of our cars produced by subcontractors.
We are a middle-class company and operate as a subcontractor to the iron and steel industry.

le sous-traitant (sous-traitants)

subcontractor; ancillary supplier

à façon

paid (hourly); by hired labor; by wage work

Dans l'industrie de la mode, les entreprises travaillent souvent à façon.

In the fashion industry, many companies work as hired labor.

produire en série, produire en masse
Ce sont des articles pour touristes qui sont produits en série: ils n'ont rien de très original.

manufacture by series/mass production
These are articles for tourists that are produced in series; they aren't particularly original.

le produit de grande série
Pour des produits de grande série comme les chaussures de sport, les entreprises préfèrent délocaliser leur production dans le Sud-Est asiatique.

mass-produced article, mass product
For mass products such as athletic shoes, companies preferred to relocate production to Southeast Asia.

de série
C'est une petite entreprise qui transforme des modèles de série en voitures adaptées à la montagne.

series, serial; in series
This is a small company, which converted the series model to a vehicle adapted for the mountains.

hors(-)série *inv*
C'est un article hors série, vous ne le trouverez pas dans tous les magasins.

special; produced as a special model
That is a special model that you aren't going to find in every store.

l'ergonomie *f*

ergonomics

la division du travail
L'absentéisme dans cette entreprise s'explique par une division très poussée du travail.

division of labor
The absenteeism in this company is due to the extreme division of labor.

poussé, e	extreme
la **rotation des postes**	job rotation
La rotation des postes permet aux ouvriers d'occuper successivement différents postes, ce qui réduit la monotonie du travail.	Job rotation allows workers to work at different work stations successively, which reduces the monotony of the work.
réduire	reduce; diminish; decrease
la **monotonie**	monotony
le **groupe autonome de production**	autonomic work groups
Au sein des groupes autonomes de production, les ouvriers sont polyvalents, le groupe décidant de l'organisation du travail.	In autonomic work groups, all the workers are interchangeable and the group itself determines the organization of the work.

Manufacturing

le **savoir-faire** *inv*	know-how
Il valait mieux se spécialiser dans ce domaine puisque nous y possédions déjà un grand savoir-faire.	It was more reasonable to specialize in this area, since we already had a lot of know-how there.
le **procédé de fabrication**	manufacturing process
Avec la maîtrise de ce procédé de fabrication, nous devenions le numéro un dans notre branche.	Since we control this manufacturing process, we have become number one in our industry.
la **maîtrise**	control; dominate
l'**étape** *f,* la **phase,** le **stade**	stage; phase; step
Pour bien comprendre les différentes étapes de notre production, il faut d'abord décrire le processus de fabrication.	To clearly understand the different steps of our production, the manufacturing process must be described first.
le **processus**	process
la **pièce**	piece; part; component; unit
Commençons par l'assemblage des pièces, continuons par leur montage, terminons par la finition et nous en sommes déjà au stade du produit final.	We begin with the gathering of parts, then go on with the assembly, finally ending with finishing, and with that we are already at the final product stage.
l'**assemblage** *m*	gathering; collection
le **montage**	assembly; putting together
en être à qc	to be at something
monter	assemble; set up; install

Une fois que les pièces du moteur sont usinées dans nos établissements en Espagne, elles reviennent en France où elles sont assemblées et les moteurs montées sur les voitures.

As soon as the engine parts are produced in our Spanish plants, they come to France, where they are assembled into engines and installed in the cars.

assembler

assemble

une fois que

when (once); as soon as; at the moment

le **goulot d'étranglement,** le **goulet d'étranglement**
Au stade de l'assemblage, nous avions des goulets d'étranglement qui ralentissaient le rythme de la production.

bottleneck

During the assembly we had bottlenecks that slowed the production time.

ralentir

slow; stall

le **déroulement**
Le déroulement de la production et l'implantation des machines dans les ateliers ont été modifiés.

cycle; flow
The production cycle and the placement of the machines on the shop floor were changed.

l'**implantation** f

placement; arrangement

modifier

change; modify

marcher
Vous pouvez m'expliquer comment marche cette machine?

function; work
Can you explain to me how this machine works?

arrêter
Quand la production de cette voiture a-t-elle été arrêtée?
En cas de panne, toutes les machines de la chaîne sont arrêtées.

stop; discontinue; halt; drop
When was the production of this car discontinued?
In case of an accident, all the machines on the assembly line are stopped.

le **module**

module

le **composant**

component; part; unit

la **mise en route**

putting into service; switching on; starting up

L'opérateur a un type de pièces à usiner, il programme donc la machine lors de la mise en route.

With a particular type of part to work on, the operator programs the machine acccordingly, then turns it on.

l'**opérateur,** l'**opératrice**

operator; worker (at a machine)

traiter
La machine peut traiter 1 000 pièces à l'heure et effectuer les opérations les plus variées sans grandes manipulations de la part de l'opérateur.

work on; make; machine
The machine can make 1,000 pieces per hour and execute the most varied operations without much manipulation on the part of the operator.

effectuer	carry out; execute
la **manipulation**	intervention; manipulation; operation
de la part de	on the part of; by
à l'heure	per hour
exécuter La machine exécute le travail de 5 personnes, les cadences ont nettement augmenté.	execute; do The machine did the work of five men, and the production time was markedly increased.
la **cadence (de production)**	work cycle; production time/speed
la **préfabrication** La préfabrication est courante dans la construction des maisons et des ponts.	prefabrication; manufacture with prefabricated parts Prefabrication is common in the construction of houses and bridges.
courant, e	ordinary, normal; common; frequent
la **préproduction** Les ouvriers donnent leur avis sur la nouvelle voiture dès la phase de préproduction.	preproduction The workers gave their opinion of the new car in the preproduction stage.
la **présérie** Nous en sommes au stade de la présérie, nous testons encore l'organisation de la production.	pilot production We are in the pilot production phase; we're still testing the production setup.
le **cap** La production dans notre plus vieille usine a franchi le cap des deux millions de voitures.	threshold; point The production in our oldest factory has exceeded the threshold of 2 million cars.
se **fixer** Ces chiffres dépassent largement les objectifs de production que nous nous étions fixés.	set, fix These numbers surpass by a great deal the production goals we set for ourselves.
dépasser	surpass; excel; exceed
la **veille technologique** La veille technologique constitue un plus pour une entreprise qui veut rester compétitive.	monitoring technological developments For a company that wants to remain competitive, it's a point gained to monitor technological developments.
le **plus**	plus; point gained
l'**espionnage industriel** *m*	industrial espionage

■■■■■ Maintenance and Quality Control ■■■■■

le **fonctionnement**
En un an de fonctionnement, cette machine n'a jamais connu de panne.

running, operation
This machine has never had a breakdown in its one year of operation.

la **maintenance,** l'**entretien** m
Qui est-ce qui est chargé de l'entretien des machines dans cet atelier?

maintenance
Who is responsible for the maintenance of the machines in this shop?

survenir
La panne est survenue peu après la pause de 9 h.

occur; take place; happen
The breakdown occurred shortly after the 9 o'clock break.

la **panne**

breakdown; accident

diviser qc par deux/trois/quatre

En un an, nous avons divisé par quatre le nombre des pannes.

decrease or lower or reduce by one half/by one third/by one quarter
Within a year we have reduced the number of accidents by one quarter.

entretenir
Les machines sont bien entretenues.

maintain
The machines are well maintained.

le **contrôle (de la) qualité**
Le contrôle de la qualité se fait dès le début et tout au long du processus de production.

quality control
Quality control is in effect from the beginning and all during the manufacturing process.

au long de

during

soigneux, -euse
Tous nos produits sont soigneusement vérifiés.

carefully
All our products are carefully inspected.

le **soin**
Nous apportons le plus grand soin à la fabrication de nos chocolats.

care
We use the greatest care in the production of our chocolates.

le **dispositif**

Nous avons instauré un dispositif pour prévenir les pannes.

(series of) measures; apparatus, equipment
We have established measures to prevent breakdowns.

instaurer

establish

prévenir

prevent; avoid

l'**anomalie** f
Dès qu'une anomalie de fonctionnement est détectée, le service de maintenance effectue des vérifications sur la machine.

abnormality; irregularity; anomaly
As soon as any irregularity in function is discovered, the maintenance department gets busy on an inspection of the machine.

détecter	ferret out; uncover; discover
le service (de) maintenance	maintenance department
le rebut La non-qualité a notablement augmenté ces derniers temps: il y a en effet trop de rebuts.	reject Defects in quality have increased notably recently. Really, there are too many rejects.
la non-qualité	defect in quality; quality flaws
notable	notably

Warehousing

le stock
Grâce à cette action de promotion, tout le stock a été vendu.
Nos stocks se trouvent dans un entrepôt près du port.

stock; supplies; stores; goods
The entire stock was sold through this special promotion.
Our supplies are in a warehouse near the port.

avoir en stock

Vous n'avez plus cet article en stock?

to have stock; to have available; have in stock
You don't have this article in stock anymore?

l'article *m*

article

garder en stock

keep, maintain; have in stock

mettre en stock
Les marchandises qui sont arrivées ce matin ont déjà été mises en stock.

put into stock; store
The merchandise that arrived this morning is already put into stock.

constituer
Lors de la création de votre entreprise, vous devrez constituer des stocks.

get in, lay in
At the time of founding your company you must also get in supplies.

reconstituer
L'hiver n'est pas loin, il faut reconstituer notre stock de mazout.

restock; replace; replenish
Winter is coming; therefore we must replenish our supply of heating oil.

s'approvisionner (auprès de/chez qn)
Auprès de quels fournisseurs vous approvisionnez-vous?

be furnished by someone; be supplied by someone; buy from someone
Which distributors supply you?

la source d'approvisionnement
Il est nécessaire de diversifier nos sources d'approvisionnement.

source of supply
It's necessary to spread our sources of supply.

se réapprovisionner

replenish the stock

liquider
Liquidons d'abord le stock, quand il sera épuisé, nous verrons quelle décision prendre.

clear out; (completely) reduce
Let's clear out the warehouse first; when it's empty, we'll see what decision to make.

être épuisé, e	be sold out
écouler Notre priorité, c'est d'écouler ce stock de tissu.	sell; dispose of The priority for us is the sale of this supply of fabric.
le **stockage** Non seulement le stockage entraîne des frais mais immobilise des capitaux.	warehousing Warehousing not only entails expense but also ties up capital.
les **frais de magasinage** *mpl* Le transitaire va vous facturer des frais de magasinage puisque le bateau ne partira que dans dix jours.	storage fee; warehousing charges The forwarding agent is going to bill you for storage fees, since the ship doesn't leave for ten days.
les **fournitures** *fpl* Vous aviez commandé des outils pour le service de maintenance? Eh bien, ces fournitures viennent d'arriver.	material; auxiliary materials and fuel Did you order tools for the maintenance department? Good, these things have just arrived.
le **local (de stockage)** ⟨locaux⟩ En France, le local de stockage est souvent appelé magasin dans les entreprises de production, entrepôt chez les grossistes, réserve chez les détaillants et dépôt chez certains intermédiaires du commerce.	storeroom; warehouse building In France, the warehouse building is commonly called *magasin* in factories, in wholesale businesses *entrepôt*, in retail stores *réserve*, and *dépôt* in some businesses acting as middleman.
le **magasin**	warehouse; storehouse
l'**entrepôt** *m*	warehouse; storehouse; delivery stores; supply depot
la **réserve**	storeroom; stockroom; supply room
le **dépôt**	warehouse; depot
stocker O157 est-ce que vous stockez les marchandises?	store Where are you storing the merchandise?
entreposer	store; keep in a storeroom
le **magasinier,** le **magasinière** C'est un des magasiniers qui a réceptionné ces marchandises.	stock clerk; warehouse clerk One of the stock clerks received this merchandise.
réceptionner	receive
empiler Ces caisses sont mal empilées, elles risquent de tomber.	stack, pile up These cases are badly stacked—they could fall down.
la **manutention**	loading and unloading; reloading; transloading
le, la **manutentionnaire**	warehouse worker; loader; freight handler
les **frais de manutention** *mpl*	handling charges; transloading costs

117

Storage Costs

la **gestion de l'approvisionnement**
L'un des problèmes de la gestion de l'approvisionnement, c'est de savoir à quelles quantités et à quelle période il convient de se réapprovisionner.

materials management
One of the problems of materials management is to find out in what quantities and how often it is advisable to replenish the stock again.

convenir

be advisable; be necessary; must

la **gestion (économique) des stocks**

(economic) stock management

la **gestion (administrative) des stocks**

stock administration

la **tenue des stocks**
La tenue des stocks répond, entre autres, à une obligation légale: celle, pour la comptabilité générale d'établir chaque année compte de résultat et bilan.

stock accounting
Among other things, stock accounting fulfills a legal obligation, namely, as in financial accounting, to produce an annual profit and loss account and a balance sheet.

le **coût de stockage**

warehouse costs, storage charges

le **magasinage,** l'**entreposage** m
Les frais liés au magasinage varient avec le niveau des stocks et le nombre de commandes.

warehousing; storage
The storage charges vary with the level of stock and the number of orders.

le **niveau** ‹niveaux›

level

varier

vary

la **rupture de stock**

decrease of supplies or stock of merchandise; exhaustion of supplies or stock; interruption of supplies or delivery of materials

Le produit se vend bien à tel point que nous sommes en rupture de stock.
La production a été arrêtée à cause d'une rupture de stock.

The product sold so well that we are out of stock.
Production was stopped because the delivery of materials was interrupted.

le **coût de pénurie**
La rupture de stock engendre un coût de pénurie.

downtime costs
The interruption of the material supplies leads to downtime costs.

le **réapprovisionnement**

reprovisioning; replenishment of stock; (stock) replacement

La gestion des stocks a donc pour objectif de déterminer s'il existe un nombre optimal de commandes et à quelle date le réapprovisionnement doit se faire.

The goal of stock management is thus to determine whether there is an optimal number of orders and when reprovisioning must take place.

optimal, e ‹-aux›, **optimum**

optimal, optimum

la **rotation des stocks**
La vitesse de rotation des stocks est le nombre de renouvellements d'un stock dans une période donnée.

stock turnover
The frequency of stock turnover is the number of turnovers of a supply within a given period.

le **renouvellement**

turnover, sales; replacement

les **flux tendus** *mpl*

production-synchronized delivery

le **juste à temps (JAT)**

just-in-time (principle); production on call

Le juste à temps a pour objectif de réduire les délais entre les approvisionnements et la mise en œuvre du processus de production.

The goal of the just-in-time principle is to shorten the interval between the delivery of materials and the beginning of the production process.

le **stock initial**

initial stock

le **stock final**

final stock

le **stock moyen**

average warehouse stock

le **stock d'alerte**
Le stock d'alerte est le niveau de stock qui déclenche une nouvelle commande.

stock alert level
The stock alert level is the level of stock that triggers a new order.

le **point de commande**

time to order

déclencher

trigger; prompt

le **stock de sécurité**
Le stock de sécurité pallie les retards dans les livraisons, il fait face aux aléas.

backup stock; reserve stock
The backup stock mitigates suppliers' delays, i.e., it cushions against unforeseen difficulties.

pallier

mitigate; remedy; compensate

l'**aléa** *m*

accident; unforeseen difficulty

la **fiche de stock**
Une fiche de stock est tenue par article, ce qui permet de tenir à jour l'inventaire du stock.

stock card
A stock card is made out for every article, which allows the inventory of stock to be kept up to date.

tenir à jour

keep up to date

l'**inventaire du stock** *m*

stock list; inventory

l'**inventaire (physique)** *m*
Magasin fermé pour cause d'inventaire.

inventory (physical)
Store closed for inventory.

informatiser

change over to electronic data processing; computerize

Dans notre entreprise, la gestion des stocks est totalement informatisée.

In our company, stock management has been entirely computerized.

Products

les **produits alimentaires** *mpl*	foods, foodstuffs
les **produits agroalimentaires** *mpl* La France est connue pour exporter beaucoup de produits agroalimentaires.	products of the food industry France is known for exporting many food industry products.
végétal, e ‹-aux› L'Union européenne est l'un des grands exportateurs mondiaux de produits végétaux et animaux.	vegetable The European Union is one of the large worldwide exporters of vegetable and animal products.
animal, e ‹-aux›	animal
le **produit de base**	source material, raw material
le **produit dérivé** Les produits dérivés du pétrole se sont énormément développés ces cinquante dernières années.	by-product; waste product A huge number of by-products have been developed from oil over the last 50 years.
le **produit chimique**	chemical product; chemical material; chemical
la **matière plastique** Nous mettons au point de nouvelles matières plastiques.	plastic We are developing new plastics.
mettre au point	develop; formulate
les **produits du cuir** *mpl* La plupart des textiles et des produits du cuir proviennent d'Afrique du Nord.	products of the leather producing and processing industry; leather products Most textiles and leather products come from North Africa.
provenir de	stem from; come from
les **produits d'entretien** *mpl*	cleaning and maintenance materials
le **produit de grande consomma-tion** Les prix des produits de grande consommation vont être bloqués pour six mois.	commodities for daily needs The prices of daily commodities are frozen for six months.
bloquer	freeze; lock in
l'**appareil électroménager** *m*	electric household appliances
le **produit d'hygiène**	hygienic products
le **produit de luxe**	luxury goods; high-quality articles

les **denrées alimentaires** *fpl*
Les prix des denrées alimentaires ont augmenté de 80% en un an.

food, food products
Food prices have risen about 80% in one year.

les **denrées périssables** *fpl*
On ne peut pas entreposer des denrées périssables ici.

perishable goods
Perishable goods cannot be stored here.

le **produit naturel**
Nous préférons manger des produits naturels même si c'est plus cher.

natural product; bioproduct
We prefer to eat natural products, even if they are more expensive.

de synthèse
Pour le moment, les recherches sur ce nouveau produit de synthèse sont restées infructueuses.

synthetic; artificial
Up to now, research on this new synthetic has been unproductive.

infructueux, -euse

unsuccessful; unproductive; useless; in vain

brut, e
On peut classer les produits industriels selon leur nature: matières premières brutes, produits semi-ouvrés, équipements de base, équipements accessoires, pièces détachées et accessoires d'équipement et enfin produits de consommation et d'entretien.

untreated; unfinished; raw; original
Industrial products can be classified according to their state: raw materials, semi-finished products, basic equipment, ancillary equipment, components and accessory equipment, and finally, consumer goods and cleaning and maintenance materials.

classer

classify; arrange; sort; categorize

la **nature**

condition; state; kind

semi-ouvré, e

semi-finished

les **accessoires** *mpl*

accessories

les **pièces détachées** *fpl*

components

la **pièce de rechange**

replacement part

■■■■■■■■■ **Product Characteristics** ■■■■■■■■■

la **composition**

composition; makeup

Pourriez-vous m'indiquer la composition et les caractéristiques techniques de ce nouveau matériau?

Can you give me the composition and technical data for this new material?

la **spécification**

Je vous ai noté les spécifications du produit sur ce papier.

exact description/ details; specifications
I've noted the specifications on this piece of paper for you.

la **dénomination commerciale**
La dénomination commerciale d'un produit alimentaire est fixée soit par la loi, soit par les producteurs eux-mêmes.

trade name
The trade name of a food product is either established by law or by the producers themselves.

soit ..., soit...

either. . . or. . .

l'**appellation d'origine** *f*
Commercialement, seul le vin de la région de la Champagne peut être appelé champagne car c'est une appellation d'origine.

name of the place of origin
According to commercial law, only wine from Champagne may be called champagne because that is the name of the place of origin.

le **code-barres** ‹codes-barres›
Tout produit est muni d'un code-barres.

bar code
Every product is provided with a bar code.

munir

provided

la **marque**
En France, vous déposez votre marque auprès de l'INPI et elle est protégée pendant dix ans.

trademark; brand name
In France you register your trademark with the INPI and it is protected for ten years.

déposer

register; file; deposit

l'**Institut national de la propriété industrielle (INPI)** *m*

national institute of commercial property *(responsible for laws concerning patents, trademarks, and designs)*

le **dépôt**
Ce dépôt peut être renouvelé tous les dix ans.
Quand le dépôt du brevet a-t-il été effectué?

registration; filing
This registration can be renewed every ten years.
When was the patent filed?

le **logo(type)**

logo

le **brevet (d'invention)**
Quelles sont les formalités pour l'obtention d'un brevet?

patent
What forms must be filled out to get a patent?

l'**obtention** *f*

obtaining; getting; receipt

la **demande de brevet**
Il faut déposer une demande de brevet.

patent application
A patent application must be filed.

breveter
Avez-vous fait breveter votre procédé de fabrication?

patented
Have you had your production process patented?

la **licence (d'exploitation)**
Cette entreprise suisse voulait exploiter ce brevet, nous lui avons donc concédé une licence pour 5 ans.

license (to exploit)
This Swiss firm wanted to exploit the patent. We therefore granted them a license for five years.

concéder

grant; accord; give

la **norme**
La mention NF sur un produit indique que celui-ci est conforme aux normes françaises.

norm; standard; regulation
The stamp NF on a product says that this conforms to the French standard.

conforme à qc

conform to something; correspond to something; agree with something

la **mention**

stamp; marking

homologuer
En France, c'est l'AFNOR qui est chargée d'homologuer les normes.

approve; officially recognize
In France, the French standards association is entrusted with approval of standards.

l'**Association française de normalisation (AFNOR)** f

French standards association

la **normalisation**

standards

l'**étiquette (informative)** f

product label, product information (accompanying the product)

Les caractéristiques techniques et les conseils d'entretien doivent être indiqués sur l'étiquette du réfrigérateur.

Information accompanying refrigerators must contain technical data and instructions for maintenance.

le **design**
Nous avons demandé à une société de design de nous faire des propositions sur le conditionnement de notre nouveau produit.

design; product design
We have commissioned a product design firm to make suggestions for packaging our new product.

le **conditionnement**

packaging; presentation

demander

commission

innover

innovate; introduce changes

l'**innovation** f
L'innovation en matière de produits exige une grande capacité de recherche.

innovation; change
Product innovations require a large research capacity.

exiger

demand; require; need

l'**image (de marque)** *f*
Nous avons une réputation d'innovation
à défendre, c'est là l'image de notre entreprise et de nos produits.

(brand name) image
We have a reputation for innovation
to defend—the image of our company
and our products are based on it.

la **réputation**

reputation

la **contrefaçon**

imitation; fake; forgery; trademark
piracy

Ce sont surtout des marques réputées
qui sont l'objet de contrefaçon ou d'inspiration frauduleuse.

Primarily it's the famous trademarks
that are the objects of piracy or fraudulent imitation.

l'**inspiration frauduleuse** *f*

réputé, e

famous

contrefaire

imitate; forge; fake

l'**Office européen des brevets
(OEB)** *m*
C'est l'Office européen des brevets à
Munich qui délivre des brevets valables
dans plusieurs pays européens à la fois.

European Patent Office
The European Patent Office in Munich grants patents that are valid in
several European countries at the
same time.

délivrer

grant; issue

la **délivrance**

granting; issuing

le **brevet européen**

European patent

le **concédant,** la **concédante**
Nous sommes concédant du brevet, nous
ne l'avons pas cédé et il nous appartient
toujours.

licensor
We are the licensors of the patent. We
have not yielded it, and it continues
to belong to us.

l'**homologation** *f*
En cas d'exportation, il faut vérifier la
conformité du produit aux normes techniques du pays importateur et procéder à
son homologation.

(official) approval
When exporting, the product's conformity to the technical standards of
the importing country must be veri-
fied and official approval applied for.

la **conformité**

conformity

l'**étiquetage (informatif)** *m*
L'étiquetage est obligatoire pour les produits alimentaires et doit mentionner la
dénomination, la composition, la quantité, la date de fabrication ou la date limite de consommation et les conseils
d'utilisation.

product label
For food products, the product label
is obligatory. It must give the trade
description, the ingredients, the
amount, the production date or the
expiration date, and advice to consumers.

la **date limite de consommation**
‹dates limites›

expiration date

les **conseils d'utilisation** *mpl*

mentionner

la **notice d'emploi**
J'ai lu attentivement la notice d'emploi
de ma nouvelle montre, je n'y ai rien
compris, elle doit être très mal traduite.

attentivement

conditionner
Cette eau minérale est conditionnée dans
une bouteille de forme spéciale qui fait
partie de la marque.

advice to consumers

mention; give

user instructions
I have read the user instructions for
my new watch very carefully and
don't understand them at all. They
must be very poorly translated.

carefully

bottle; pack; package
This mineral water is packaged in a
bottle with a special shape that functions as a part of the trademark.

Product Range and Life Cycle

le **modèle**
Le modèle de luxe est deux fois plus
cher que le modèle standard.

standard *inv*

la **version**
Comme j'ai deux enfants de 5 et 3 ans,
je vais acheter la version 5 portes plutôt
que la 3 portes.

l'**option** *f*
Ces accessoires ne sont vendus qu'en
option.
Ce modèle de voiture est vendu avec
plusieurs options.

la **gamme (de produits)**
Grâce à l'étendue et à la profondeur de
notre gamme de produits, nous pouvons
couvrir les besoins les plus variés de nos
clients.

la **profondeur**

la **ligne de produits**

le **cycle de vie**
Les différentes phases du cycle de vie
d'un produit sont: la phase de recherche
et de mise au point, la phase de lancement où le volume des ventes croît vite,
la phase de développement ou de croissance, la phase de maturité et la phase
de déclin.

model
The deluxe model is twice as expensive as the standard model.

standard; regular; basic

version; design
Since I have two children, one five
and one two years old, I prefer to buy
the five-door rather than the three-
door version.

special equipment; extras; options
These accessories are only sold as
extras.
This model of car is sold with various
options.

product range; assortment; variety
Thanks to the breadth and depth of
our product range, we can satisfy the
most differing requirements of our
customers.

depth

product line

life cycle
The different phases of the life cycle
of a product are: the phase of research and development up to the
point of readiness for production, the
introduction phase in which the sales
volume quickly increases, the building or growth phase, the maturity
phase, and the declining phase.

le **lancement**

introduction

la **maturité**

maturity

le **déclin**

decline, degeneration

le **produit de remplacement**
Si, dans la phase de vieillissement, l'entreprise n'a pas développé un produit de remplacement, elle va perdre des parts de marché.

replacement product, new product
If, in the declining phase, the company has developed no replacement product, it will soon lose market share.

le **vieillissement**

aging; decline

périmé, e

become outmoded; be obsolete; be out-of-date

Ce modèle est périmé, nous n'avons plus les pièces de rechange pour le réparer.
Ce yaourt est périmé, il faut le jeter.

This model is obsolete. We have no more replacement parts to repair it.
The sale date on this yogurt has gone by—it has to be thrown away.

Packaging

emballer
Le vin est conditionné dans des bouteilles de 75 cl qui, elles-mêmes, sont emballées par 6 dans des cartons.

package; wrap up
The wine is bottled in 0.75 liter bottles and these in turn are packaged in cardboard boxes of six.

le **carton**

pasteboard; cardboard box; box

le **centilitre (cl)**

centiliter (cl)

l'**emballage** *m*
Les matériaux utilisés pour l'emballage des produits sont: le bois, le carton, le papier, les matières plastiques, le verre, le métal et les textiles.

packaging
The following materials are used for packaging of products: wood, cardboard, paper, plastic, glass, metal, and fabric.

volumineux, -euse
La machine n'est pas très volumineuse mais elle pèse trois tonnes, il faudrait un emballage solide, une caisse à claires-voies par exemple.

voluminous; extensive; large
The machine isn't very big, but it weighs three tons. Solid packaging is needed, e.g, a crate.

la **caisse (en bois)**

(wooden) box

la **caisse à claires-voies**

(slatted) crate

résistant aux chocs/à l'eau

shock and water resistant; shockproof and watertight

Le carton est très résistant aux chocs, facile à utiliser et à entreposer, léger, peu coûteux.

Cardboard is very shock resistant, easy to handle and store, light, and economical.

le **sac**
Les papiers sont employés en sacs et en sachets.

bag; sack
Paper is used for sacks and bags.

le **sachet**

bag; small sack or bag

être employé, e en

be used for

la **boîte**

box

Pour les jouets, vous avez le choix entre des boîtes en carton et des boîtes en matière plastique.

You can choose between carboard boxes and little plastic boxes for toys.

le **flacon**

small bottle; flacon

le **film (plastique)**

plastic film

consigné, e

deposit

Les bouteilles de verre consigné vont progressivement se substituer aux bouteilles de verre perdu.

Glass bottles with deposits are gradually being replaced by nonreturnable bottles.

perdu, e, jetable

throw-away; nonreturnable; disposable

se **substituer à**

replace; take the place of

le **fer-blanc** ‹fers-blancs›

tinplate

concurrencer

compete with; be in competition with

Dans le domaine des conserves, les boîtes en fer-blanc concurrencent le verre.

When it comes to preserves, tin cans are competing with glass.

l'**aluminium** *m*

aluminum

les **textiles** *mpl*

textiles; fabric

le **jute**

jute

Après récolte, le café est conditionné en sacs de jute.

After harvesting, the coffee is packed in jute sacks.

la **palette**

pallet

Nous avons mis toutes les caisses sur palette.

We've put all the crates on pallets.

la **caisse pleine**

closed or secured crate

L'outillage que vous nous avez commandé a été envoyé dans deux caisses pleines cerclées.

The tools you ordered have been sent in two crates secured with steel strapping.

cerclé, e

with steel strapping

le **cageot**

crates; baskets

Les 10 cageots de laitue ne nous sont toujours pas parvenus.

The 10 crates of lettuce have still not arrived here.

le **tonneau** ‹tonneaux›

barrel; cask

le **fût**

barrel; cask

La contenance de ces fûts de vin est d'au moins 1 000 litres.

The capacity of this wine barrel is at least 1,000 liters.

la **contenance**

contents, capacity

le **cartonnage**
Les cartonnages ont l'avantage d'être aisément manipulables.

pasteboard box; cardboard packaging
The advantage of cardboard packaging is its easy manipulability.

aisément

easy

manipulable

manipulable

le **carton ondulé**

corrugated board

le **papier kraft**

kraft paper, brown paper

le **bidon**
Combien de litres peut contenir ce bidon d'essence?

can
How many liters does this gas can hold?

étanche
Le verre est parfaitement étanche et résiste bien aux chocs physiques et thermiques.

water-/airtight; impermeable
Glass is completely impermeable and shock- and temperature-proof.

résister à qc

resist or tolerate something (well); be insensitive to something

physique

physical

thermique

thermal

la **bonbonne**

demijohn

l'**emballage-coque** ‹emballages-coques› *m*
Dans les libres-services, les piles sont vendues sous emballage-coque.

blister-pack

In self-service stores, batteries are sold in blister-packs.

le **conteneur**
Vous avez des conteneurs d'un volume de 30 m³, d'autres de 60 m³.

container
There are containers of 30 cubic meters [39.3 cubic yards] and 60 cubic meters [78.6 cubic yards].

la **balle**
Combien de balles de coton avez-vous reçues?

bale
How many cotton bales have you received?

en vrac
Nous achetons les pommes en vrac, elles ne sont pas emballées.

unpacked; loose; open
We buy the apples loose; they aren't packaged.

le **marquage**
On ne peut plus lire le marquage sur les cartons.

marking; label
You can't read the label on the box anymore.

Quality and Price

répondre à qc
Un produit doit répondre aux besoins du client.

correspond to a thing
A product must correspond to the needs of the customer.

grand public
La qualité des modèles d'aspirateurs grand public sera différente des modèles industriels.

household; for the masses; public
The quality of the household vacuum cleaner differs from the commercial model.

la **performance**
En tout cas, la qualité d'un appareil dépend de ses performances.

performance
In any case, the quality of a model depends on its performance.

fiable
L'appareil idéal est solide, fiable, facile à utiliser, a une certaine durée de vie et se conforme à des normes de sécurité.

reliable, dependable
The ideal appliance is solid, dependable, easy to use, has a known life expectancy, and meets safety standards.

se **conformer à qc**

meet something; maintain something

garantir
Nos produits sont garantis de qualité.

guarantee, warrant
Our products have a quality guarantee.

le **label (de qualité)**

quality seal

la **haute qualité**
Si nous sommes restés compétitifs, c'est grâce à la haute qualité de nos produits.

special quality; high quality
If we remain competitive, it is only thanks to the high quality of our products.

de première qualité

top quality; premier quality; first class

de qualité courante

of ordinary quality

alors que

when; although

tout au plus

highest

de qualité supérieure
Vous nous avez annoncé une marchandise de qualité supérieure, or, après vérification, elle n'est que de qualité moyenne.

of better quality
You have advertised merchandise of better quality; however, as our examination showed, it is only of average quality.

de qualité moyenne

of average quality, of medium quality

or

but; however

haut de gamme

the upper class; top; luxury

milieu de gamme

the middle class; middle-class

129

bas de gamme

the lower class; inferior; ordinary

la **finition**

Les bois que nous utilisons sont de qualité homogène et nos meubles bénéficient d'une finition soignée.

finishing; workmanship
The woods we use are of uniform quality and our furniture is very carefully finished.

homogène

uniform

soigné, e

carefully

la **garantie de qualité**

Notre marque est déjà une garantie de qualité.

quality guarantee
Our trademark is already a guarantee of quality.

le **fini**

Le fini de ces meubles laisse souvent à désirer, le contrôle qualité devrait être plus strict.

finishing, workmanship
The workmanship of this piece of furniture leaves much to be desired—quality control must be stricter.

laisser à désirer

leave much to be desired

la **malfaçon**

C'est le travail du contrôle qualité que de détecter les malfaçons.

bad workmanship; poor finishing
The job of quality control is to detect bad workmanship.

à l'épreuve de

Nos ordinateurs portables sont à l'épreuve des chocs.

be proof against
Our portable computers are shock-proof.

impeccable

La marchandise est impeccable, elle est vraiment de premier choix.

flawless; faultless; perfect
This merchandise is flawless—it really is first choice.

de premier choix

first choice

de qualité constante

Mon fournisseur actuel me livre des marchandises de qualité constante, je ne peux pas me plaindre.

of reliable or unchanging quality
My current supplier delivers me goods of reliable quality. I can't complain.

Price

fixer

Comment est fixé le prix d'un produit?

establish
How is the price of a product established?

la **fixation**

La fixation du prix d'un produit dépend des prix que pratiquent les concurrents.

establishment
The establishment of the price of a product depends on the price the competition is asking.

pratiquer

asking; demanding; using

le **rapport qualité/prix**

Le client recherchera le meilleur rapport qualité/prix pour un produit.

price-quality ratio
The customer seeks the price-quality ratio for a product.

le **prix d'acceptabilité**
Nous allons demander à un échantillon de consommateurs d'estimer le prix de notre produit: nous pourrons alors déterminer le prix d'acceptabilité de celui-ci.

acceptable price; marketable price
We will have a selected group of consumers estimate the price of our product. This way we can arrive at a marketable price.

afficher
Les prix doivent être affichés à l'entrée du restaurant.

post; hang outside
The prices must be be posted at the entrance to the restaurant.

marquer
Le prix n'est pas marqué sur le produit?

state; indicate; tag
Isn't the price indicated on the product?

le **marquage des prix**
Pour les produits alimentaires, d'entretien, d'hygiène, de beauté, le marquage des prix au litre ou au kilo est obligatoire en France.

price tag
In France, a statement of the price per liter or kilo on food, cleaning and polishing materials, hygienic products, and beauty products is obligatory.

l'**affichage des prix** *m*
Pour toutes les entreprises de services l'affichage des prix est obligatoire en France.

notice of prices
In France, all service businesses must post their prices publicly.

modique
Nos prix sont modiques, c'est pour cela que les gens viennent chez nous.

low; modest
People come to us because we have low prices.

abordable
Nos vêtements sont vendus à des prix abordables.

reasonable, agreeable
Our clothes are sold at reasonable prices.

avantageux, -euse
Ces articles sont d'un prix très avantageux.

favorable
This merchandise is very favorably priced.

étudié, e
Nos services sont bon marché car nos prix sont particulièrement étudiés.

(closely) figured or calculated
Our services are good value for the money because our prices are figured especially closely.

hors de prix
En une année, les prix ont été multipliés par 1 000, tout est devenu hors de prix.

exorbitant, out of reach
In one year the prices have gone up 1,000-fold—everything has gotten out of reach.

le **prix d'appel**
Les prix d'appel sur les appareils électroménagers cette semaine ont été un succès.

special price, sale price
The special price for electrical household appliances this week was a success.

le **prix de lancement**
Le prix de lancement du disque a été fixé à 100 F jusqu'au 31 octobre, ensuite il sera de 140 F.

introductory price
The introductory price of the CD will be 100 F until October 31; afterwards it will be 140 F.

défiant toute concurrence

be beyond competition; favorable without competition

passable

reasonable, moderate

à prix coûtant
Toutes nos marchandises sont vendus à prix coûtant.

at cost; at the purchase price
All our merchandise is sold at cost.

à prix réduit
Pour cause de liquidation de commerce, nous vendons tous nos articles à prix réduit.

reduced; at reduced price
Because of the liquidation of business, we are selling all articles at reduced prices.

pour cause de

because of

le **prix(-)choc** ‹prix(-)chocs›

bottom price; competitive price

à prix sacrifiés
Pour cause de cessation de commerce, vente du stock à prix sacrifiés!

cut-rate; giveaway; bargain price
Going out of business: stock clearance at bargain prices!

casser les prix

break the price; knock down the price

les **prix cassés** *mpl*

cut-rate prices; extremely reduced price

Vente à prix cassés! Tout notre stock doit disparaître!

Sale at any price! All our stock must go!

bradé, e
A la fin du marché, les fruits et les légumes sont vendus à prix bradés.

cut-rate; junk
At the closing of the market, fruit and vegetables are sold at cut-rate prices.

le **prix unique**
En France, il y a des prix uniques sur les livres.

uniform price; flat rate
In France, there are some uniform prices on books.

le **prix conseillé**

nonbinding suggested price; recommended price

Si la pratique des prix imposés est interdite, les prix conseillés sont possibles.

Even when price agreements are prohibited, such nonbinding suggested prices are permitted.

le **prix imposé**

price-fixed; fixed sale price; price fixing

la **pratique**

practical; experience; use

Household and Income

le **ménage**
Un nombre croissant de ménages
français dispose aujourd'hui de deux
salaires.

household
A growing number of French households today have two salaries to draw
on.

les **actifs** *mpl*
En France, sur une population d'à peu
près 57 millions, il y a environ 25 millions d'actifs.

gainfully employed
In France, in a population of about 57
million, there are 25 million gainfully
employed.

les **inactifs** *mpl*
Parmi les inactifs, on compte les retraités, les étudiants, les femmes au
foyer et les enfants.

unemployed
Counted among the unemployed are
retirees, students, housewives, and
children.

le **travailleur indépendant**
En France, la proportion de travailleurs
indépendants par rapport à l'ensemble
des actifs est de 14%.

independent, self-employed
In France the proportion of self-
employed in relation to the total
number of employed is 14%.

la **proportion**

proportion; relationship

les **professions libérales** *fpl*

free-lancer

les **professions intellectuelles** *fpl*

academic professions

le **cadre supérieur**

manager, top executive

les **professions intermédiaires** *fpl*

technical jobs and nontechnical ones
on the same level

Dans les professions intermédiaires, on
compte les instituteurs, les infirmiers, les
techniciens, les agents de maîtrise: en
trente ans, leur nombre a plus que
doublé.

Jobs counted as technical and nontechnical on the same level include
grade-school teachers, nurses, engi-
neers, foremen. Their number has
more than doubled in thirty years.

le **cadre moyen**

midlevel executive

les **revenus** *mpl*

income; earnings

le **revenu disponible (des
ménages)**

disposable (household) income

Les ménages consacrent la plus grosse
partie de leur revenu disponible à la consommation et le reste à l'épargne.

Households use the greatest part of
their disposable income for consumption, and the rest is saved.

la **consommation**

consumption

l'**épargne** *f*

saving

le **taux d'épargne**

rate of saving, saving ratio

épargner

save

économiser

economize; save; be economical

Je dépense tout ce que je gagne, je n'arrive pas à économiser.

I spend everything I earn; I can't manage to save anything.

faire des économies

save; put money away

J'ai fait des économies mais cet argent ne suffit pas, il faut que je m'endette si je veux vivre de l'agriculture.

I've saved some money but it isn't enough. If I want to farm for a living, I have to go into debt.

la **fortune**

wealth, property

A combien évaluez-vous la fortune de cette famille?

How much do you figure the wealth of that family is?

inégalitaire

unequal

Le patrimoine est réparti d'une façon très inégalitaire en France.

In France, wealth is very unequally divided.

sans ressources

poor, without means

Avec le RMI, les personnes sans ressources bénéficient d'une aide financière des pouvoirs publics pour retrouver un emploi.

With the RMI, people without means receive financial support during the search for a job.

le **revenu minimum d'insertion (RMI)**

temporary payment for integration into the working world

le **particulier**

private household; private person

Si, en France, on connaît bien le patrimoine des entreprises, il est plus difficile de connaître celui des particuliers.

While the wealth of businesses is quite well known in France, it is more difficult to learn anything about that of private households.

la **couche**

stratum

Les couches moyennes jouent un rôle de plus en plus important.

The middle stratum plays a more and more important role.

la **classe**

class; stratum

Les enfants des classes aisées se débrouillent mieux dans le système scolaire.

The children from the well-to-do class manage better in the school system.

aisé, e

well-to-do, moneyed

l'**écart** m

difference; gap

Les écarts de revenus entre gros exploitants agricoles de la Beauce et petits exploitants du Limousin se sont encore creusés.

The income differences between the large-scale agricultural enterprises in the Beauce and the small firms in the Limousin are now even greater.

se **creuser**	deepen; strengthen
se **resserrer** Les femmes sont toujours moins payées que les hommes mais l'écart se resserre.	decrease, diminish Women have always been paid worse than men, but the gap has decreased.
l'**échelle** *f* Sur l'échelle de revenus des agriculteurs, le producteur de viande occupe la dernière place.	scale On the agricultural income scale, the meat producers are in last place.
économe Avec la baisse de l'inflation, les Français sont de nouveau économes.	saver With the decline of inflation, the French are becoming savers again.
statistique Selon nos données statistiques, les disparités sociales tendent à s'accentuer.	statistical According to our statistical data, the social disparities are tending to sharpen.
s'**accentuer**	increase; intensify
tendre à	tend to

Consumers and Buying Habits

les **statistiques** *fpl* Nous allons nous appuyer sur des statistiques de l'INSEE.	statistics; data We are going to rely on the statistics from the statistical institute.
s'**appuyer sur**	rely on; refer to
l'**Institut national de la statistique et des études économiques (INSEE)** *m*	National Institute of Statistics and Economic Research (INSEE)
le **budget (du ménage)** Quelle est la part du budget d'un ménage français consacrée à l'alimentation?	(family) budget What part of the budget of a French household is allocated to food?
le **coefficient budgétaire**	budgetary coefficient; consumption expenditures of households in percent
l'**habillement** *m* Pour ce qui est du poste habillement, les dépenses des Français sont proportionnellement moindres en 1991 qu'en 1970.	clothing The expenditures of the French for clothing are proportionally less in 1991 than in 1970.
proportionnel, le	proportionally
dépenser Alors que les postes alimentation et habillement déclinent, les Français dépensent beaucoup plus pour le logement, les transports, le téléphone, la santé et les loisirs.	spend While the expenditures for food and clothing are decreasing, the French are spending much more for lodging, transportation, telephone, health, and leisure activities.

les **transports** *mpl*

transportation

décliner

declining, decreasing

le **niveau de vie** ‹niveaux›
Cette évolution s'explique par la hausse des revenus, l'élévation du niveau de vie, l'allongement de l'espérance de vie et l'augmentation du temps libre.

living standard
This development is explained by the increase in income, raising of the living standard, increase in life expectancy, and growth of leisure time.

s'**expliquer par**

explained by; accounted for by

l'**élévation** *f*

raising

l'**espérance de vie** *f*

life expectancy

l'**allongement** *m*

lengthening; increase

le **temps libre**

leisure time

le **pouvoir d'achat**

buying power

la **variation**
L'indice des prix à la consommation ne mesure pas le pouvoir d'achat mais les variations de prix d'une période à l'autre.

variation; change; swing
The cost of living price index doesn't measure buying power, rather, the price variations from one period to the next.

le **panier de la ménagère**

market basket *(in France includes only expenditures for food and luxury foods)*

le **consommateur,** la **consommatrice**

consumer

l'**association de consommateurs** *f*

consumer protection organization

vivre à crédit
Si les ménages vivent à crédit, c'est que le taux d'épargne a beaucoup baissé et que le crédit à la consommation est devenu courant.

living on credit
When households live on credit, it means that the rate of saving has sunk very low and that consumer credit has become common.

les **besoins** *mpl*
On peut considérer qu'avec 122 logements pour 100 ménages en France, les besoins en logement sont à peu près satisfaits.

need; requirement; demand; want
You can say that with 122 apartments for every 100 households, the demand for apartments in France is just about covered.

figurer
En 1954, la télévision n'équipait que 1% des foyers; en 1991, elle figure dans 98% des foyers.

be present; be represented
In 1954, just 1% of households were equipped with television sets; in 1991 they were present in 98%.

être présent, e
Le téléphone est actuellement présent dans 97% des ménages.

to be present
Today 97% of households have a telephone.

le **taux d'équipement des ménages (en biens durables)**
En 1991, le taux d'équipement des ménages français en magnétoscopes était de moins de 40%.

number of household appliances (durable goods)
In 1991, fewer than 40% of French households were equipped with videorecorders.

saturé, e
Le marché du réfrigérateur est saturé, ce n'est plus qu'un marché de renouvellement.

saturated
The market for refrigerators is saturated; it's no more than a replacement market.

le **marché de renouvellement**

replacement market

les **petits budgets** *mpl*
Notre catalogue d'été propose des séjours de vacances pour petits budgets.

small; low-budget
Our summer catalog also offers vacation packages for small budgets.

le **mode de vie**
Au cours des dernières décennies, les modes de vie et les habitudes de consommation se sont énormément modifiés.

mode of living, life-style
In recent decades, life-styles and consumption habits have changed greatly.

la **décennie**

decade

les **habitudes de consommation** *fpl*

consumption habits

se **modifier**

modify; change

être soutenu, e
En dépit d'une baisse du pouvoir d'achat, la consommation est soutenue, ce qui veut dire que les ménages épargnent moins.

continue; not slacken; remain steady
In spite of a decrease in buying power, consumer demand remains steady, which means that households are saving less.

en dépit de

in spite of something

reculer
On ne peut faire reculer la consommation des médicaments qu'en en augmentant les prix.

decline, decrease, lessen, drop
The consumption of medications can only be decreased when the price is increased.

vif, vive
Les prix des services aux particuliers ont vivement augmenté ces dernières années.

briskly; strongly, vigorously
The prices of services for households have risen strongly in recent years.

pondéré, e
Un indice pondéré permet de tenir compte de l'évolution de la consommation des ménages.

weighted
A weighted index allows the changes in household consumption habits to be calculated.

nul, le
Selon les syndicats, la progression du pouvoir d'achat des salariés a été nulle cette année.

zero, nothing
In the opinion of the unions, the growth of buying power for wage earners equalled zero this year.

137

la **cherté de la vie** Les syndicats manifestent contre la cherté de la vie.	high cost of living The unions demonstrated against the high cost of living.
le **test comparatif** La revue "50 millions de consommateurs" vient de publier un test comparatif sur les préservatifs.	comparison test; test comparison The periodical "Fifty Million Consumers" has just published a comparison test of condoms.

Market Research

la **mercatique,** le **marketing**

marketing; market research

concurrentiel, le
Pour être concurrentielle, une entreprise doit savoir détecter les nouveaux besoins des consommateurs et les satisfaire.

competitive
To be competitive, a company must learn consumers' new demands and be able to satisfy them.

le **marché**

market

l'**étude (de marché)** f
L'étude de marché comporte une analyse de l'offre, de la demande, de la distribution et de l'environnement socio-économique.

market study, market investigation
The market study consists of an analysis of the product offered, the demand, the distribution, and the socioeconomic environment.

comporter

consists of; includes; is made up of

l'**analyse** f

analysis

l'**environnement** m

environment

le **concurrent,** la **concurrente**
Le marché est-il important? Combien y a-t-il de concurrents et quelles sont leurs parts de marché?

competitor
How big is the market? How many competitors are there, and what is their market share?

le **créneau** ‹créneaux›
Il faut se poser toutes ces questions pour déceler le créneau à exploiter.

market niche
All these questions must be posed in order to ferret out the market niche one wants to capture.

déceler

uncover, ferret out

l'**enquête** f
Pour mieux connaître les consommateurs ou les acheteurs du produit, il faut mener des enquêtes quantitatives et qualitatives.

consultation; inquiry; investigation
Quantitative and qualitative investigations must be carried out in order to draw a better picture of the consumer or buyer of the product.

mener

carry out

quantitatif, -ive   quantitative

qualitatif, -ive   qualitative

le **sondage (d'opinion)**   public opinion poll
Nous avons demandé à un institut d'ef-   We have commissioned a public
fectuer un sondage auprès des consom-   opinion research organization to poll
mateurs de nos produits.   the users of our products.

l'**institut (de sondage)** *m*   public opinion research organization

sonder   poll; research; investigate
Nous avons établi un questionnaire et   We have developed a questionnaire,
nos enquêteurs vont sonder par télé-   and our interviewer will poll a repre-
phone un échantillon représentatif de la sentative sample of the population by
population.   telephone.

le **questionnaire**   questionnaire

l'**enquêteur,** l'**enquêtrice**   researcher; interviewer

l'**échantillon (représentatif de la**   (representative population) sample
population de base) *m*

le **segment (de marché)**   market segment
Le segment des moins de 30 ans a   The segment of people under 30
d'autres comportements d'achat que   shows different buying habits from
celui des plus de 30 ans.   that of people over 30.

le **comportement d'achat**   buying habits

la **part de marché**   market share
En un an, notre part de marché devrait   In one year our market share should
atteindre 35%.   reach 35%.

potentiel, le   potential, possible
Les chiffres indiquent en effet que le   The numbers show that the potential
marché potentiel est énorme.   market is enormous.

la **concurrence**   competition

concurrent, e   competing
Les entreprises concurrentes innovent-   Are the competing companies innov-
elles?   ative?

le **recensement**   census
Bien sûr, nous utilisons les statistiques Of course we use statistics from the
des recensements qui sont effectués tous census, which in France is carried out
les huit ans en France.   every eight years.

le **panel**   panel
Nous avons constitué un panel de con-   We have set up a panel of consumers
sommateurs pour connaître l'évolution   to learn of changes in their consump-
de leurs habitudes de consommation.   tion habits.

**le prescripteur (de produit),
la prescriptrice (de produit)**

Quand les parents achètent des jeux ou
des jouets, les enfants influencent le
choix de la marque ou du produit: ils
jouent le rôle de prescripteurs.

(product) advisor

When parents buy a toy or plaything,
the children influence the choice of
brand or the product. They assume
the role of advisor.

préconiser

recommend; advocate

porteur, -euse

La question est de savoir si les produits
naturels sont un marché porteur.

promising; profitable
The question is whether there is a
promising market for natural products.

segmenter

Comme nos acheteurs sont très divers,
nous avons segmenté notre marché selon
différents critères: âge, sexe, catégorie
socioprofessionnelle, revenu, etc.

divide into segments; segment
Since our buyers are very diverse, we
have divided our market into segments
according to different characteristics:
age, gender, socioprofessional cate-
gories, income, etc.

socio(-)professionnel, le
‹socio(-)professionnels›

socioprofessional; concerning the
professional and social environment

la motivation (d'achat)

Cette étude de marché a pour but de
mieux cerner les motivations et les
freins à l'achat de nos produits.

motivation (for buying)
This market analysis has the goal of
more clearly understanding the motivation and inhibitions to buying our
products.

le frein (à l'achat)

inhibitions (to buying)

cerner

understand; comprehend; define

le sondé, la sondée

Une petite minorité des sondés appré-
cient ce produit et la plupart n'ont pas
l'intention de l'acheter.

interviewees; respondents
A small minority of the interviewees
liked the product and the majority
had no intention of buying it.

apprécier

value, appreciate

le sondeur, la sondeuse

Les sondeurs prélèvent un échantillon,
établissent et testent le questionnaire,
collectent puis dépouillent les informations, traitent les données et analysent
les résultats.

public opinion pollster
The public opinion pollsters take a
random sample, develop and test the
questionnaire, gather and evaluate the
information, process the data, and analyze the results.

prélever

take; gather

collecter

collect, gather

dépouiller

evaluate; check

la collecte

gathering

le traitement

processing

sélectionner

Pour cette enquête, nous avons sélectionné 1 000 ménages.

select
For this investigation we have selected 1,000 households.

Marketing Strategies

la **cible (marketing)**
Pour notre nouvelle boisson sans alcool, nous visons la cible suivante: la tranche d'âge des 15-25 ans dans différents pays européens.

target group
We are aiming at the following target group for our new alcohol-free beverage: the age group of 15-to-25-year-olds in the various European countries.

viser

aim at; seeking to reach

la **tranche d'âge**

age group

le **débouché**
L'étude de marché a montré que les débouchés étaient importants.

sales; market; sales potential
The market analysis has shown that the sales potential is huge.

prospecter

Comment prospecter le marché français?

solicit customers; acquire customers; explore the sales potential
How do you acquire customers in the French market?

attaquer
Nous avons attaqué ce nouveau marché avec l'objectif de le conquérir et de le dominer.

tackle; start on something
We are venturing into this new market with the goal of capturing and dominating it.

l'**objectif** *m*

goal

conquérir

capture, conquer

détenir
Nous détenons près de 60% de ce marché.

hold; have; possess
We have a market share of almost 60%.

percer
C'est grâce à des produits de qualité que nous avons réussi à percer sur ce marché.

break in; invade; enter; penetrate
It's because of quality products that we've managed to break into this market.

prendre pied
Nous avons pu prendre pied sur ce marché très concurrentiel grâce à une politique de prix très bas.

find a foothold
We can gain a foothold in this very competitive market with a policy of rock-bottom pricing.

la **politique**

policy; strategy

pénétrer
Comment pénétrer un marché aussi fermé?

penetrate
How can you penetrate such a closed market?

occuper
Les efforts de Chabada SA ont porté leurs fruits: l'an dernier, elle n'occupait que la troisième place sur ce marché, aujourd'hui elle est leader de la branche.

be; hold; occupy; take
The efforts of Chabada AG have borne fruit: Last year it only occupied third place in this market, today it's the market leader for the industry.

le **leader**

market or price leader

parvenir à faire qc
En cinq ans, nous sommes parvenus à conquérir le marché: il s'agit maintenant de conforter cette position.

manage to do something
Within five years we have managed to capture the market; now the thing is to reinforce this position.

conforter

reinforce; strengthen

la **position**

position

domestique
L'étroitesse du marché domestique a poussé Chabada à s'intéresser au marché étranger.

domestic; internal
The limitation of the domestic market has compelled Chabada to become interested in the foreign market.

l'**étroitesse** f

limitation; restrictedness

pousser

move; compel

le **cœur de cible**

main target group

(-)cible ‹(-)cibles›
L'étude de marché a permis de déterminer une clientèle-cible.

target
Market studies have enabled us to determine a target group.

le **marché de consommation de masse**
Par contre, les marchés de consommation de masse sont engorgés: il faut être une grande entreprise avec des moyens appropriés pour s'y tailler des parts de marché et être rentable.

mass market

On the other hand, the mass markets are glutted. You've got to be a large company with resources to match to gain a market share there and make a profit.

engorgé, e

swamped; glutted

approprié, e

corresponding; appropriate; right; matching

se **tailler qc**

take; capture; conquer something

grignoter
Dans le créneau où nous opérons, grignoter 1 ou 2% de part de marché est déjà un succès.

be able to capture
In the market niche where we operate, it's already a success if we can capture 1% to 2% of the market.

opérer

operate

le **cha(l)lengeur,** la **cha(l)lengeuse**
Sur ce marché concurrentiel, nos cha(l)lengeurs sont tout à fait susceptibles de nous prendre la première place.

challenger
In this competitive market, our challengers are quite capable of taking first place away from us.

susceptible de faire qc

be capable of doing something; be suited to do something

sérieux, -euse
Nous allons devoir faire face à une sérieuse concurrence si nous voulons pénétrer ce marché.

serious
We must be prepared for serious competition if we want to push into this market.

se **retirer**
Nous nous sommes retirés de ce marché car il était saturé et surtout, la situation de notre entreprise était préoccupante.

pull back; pull out
We pulled out of this market because it was saturated and, on top of that, our company's situation was precarious.

préoccupant, e

alarming; disquieting; precarious; worrisome

Product Marketing

l'**introduction** *f*
L'introduction de la carte à puce a bouleversé les habitudes des banques et de leurs clients.

introduction
The introduction of the bank card has fundamentally altered the habits of banks and their customers.

bouleverser

thoroughly altered

introduire sur le marché
Ce type de télévision ne sera pas introduit sur le marché avant l'an 2000.

bring to market, introduce
This new generation of television sets will not come on the market before the year 2000.

lancer

bring out; launch

le **marché-test** ‹marchés-tests›

test market

le **test de marché**
Avant de lancer notre boisson sur le marché national, nous avons procédé à un test de marché sur la région de Marseille.

market test
Before we launched our new beverage in the domestic market, we conducted a market test in the Marseille area.

l'**accueil** *m*
Nous avons pu vérifier l'accueil du produit par les distributeurs et les consommateurs.

acceptance
We were able to check the acceptance of the product by the distributors and the consumers.

le **rejet**
Les réactions de rejet des consommateurs ont été analysées et nous avons apporté quelques modifications au produit.

rejection
The consumers' rejection has been analyzed, and we've made some changes in the product.

apporter qc à qc | undertake something in something

percevoir | perceive
Le consommateur ne percevait pas notre boisson aux fruits comme un produit naturel mais comme un produit chimique. | The consumer perceives our fruit-juice drink not as nature's produce but as a chemical product.

positionner | position
Si nous positionnons cette boisson comme un produit plein d'énergie et de soleil, elle va concurrencer notre produit leader: est-ce bien raisonnable? | If we position this drink as a product full of energy and sun, it will be in competition with our leading product. Is that sensible?

le **produit(-)leader** ‹produits(-)leaders› | leading product; market leader

le **positionnement** | positioning

la **fourchette** | range
D'après nos tests, la fourchette des prix se situera entre 111 et 190 F en fonction du canal de vente. | As a result of our tests, the price range will be between 111 and 190 F, depending on the distribution channel.

se **situer** | be; be situated

en fonction de | according to; depending on

le **marchéage** | marketing mix; marketing policy instrument
Produit, distribution, prix et communication sont les quatre éléments du marchéage. | Product, distribution, price, and communication are the four elements of marketing mix.

le **test aveugle** | blind test
Dans le cas d'un test aveugle, les noms ne doivent pas apparaître sur les produits testés par les consommateurs. | In a blind test, the brand names of the tested products may not be seen by the consumers.

la **déclinaison** | (product) variation; (product) differentiation
La déclinaison de nos produits de beauté permet d'atteindre une cible plus large et de fidéliser les différentes générations de consommateurs. | The range of our cosmetic products makes it possible to reach a larger target group and to make loyal customers of the different generations of consumers.

fidéliser | gain as regular customers; make regular customers; generate brand loyalty for

la **famille de produits** | product family

le **produit(-)locomotive** ‹produits(-)locomotives› | draft horse; engine
Longtemps, la 205 GT de Peugeot a joué le rôle de produit-locomotive pour les autres modèles de cette ligne de produit. | For a long time the Peugeot 205 GT was the draft horse for the other models in this product line.

empiéter sur
Ce succès nous pose un problème: la nouvelle boisson empiète sur le marché de notre produit leader et risque à moyen terme de le cannibaliser.

encroach on
This success created a problem for us. The new beverage encroached on the market for our leading product and for a moderate time threatened to take away its market share.

cannibaliser

cannibalize; cost market share (*market share of one brand increasing at the expense of another brand of the same company*)

la pénétration
La politique de prix que nous allons suivre sera-t-elle une politique de pénétration ou une politique d'alignement sur la concurrence?

penetration; offensive
Is the pricing policy we are going to follow a policy of penetration or a policy of conformity with the competition?

l'alignement *m*

conformity

la notoriété

(universal) familiarity; degree of familiarity

Cette marque de stylos jouit d'une bonne notoriété et d'un grand prestige.

This brand of ballpoint pen enjoys wide familiarity and high prestige.

jouir de qc

enjoy something; have

l'écrémage *m*
Nous avons un produit de prestige, il vaut donc mieux suivre une politique d'écrémage de marché avec des prix élevés.

siphon off; skim off; absorb
We have a prestige product, so therefore it's better to pursue a strategy of skimming the market with high prices.

████ **Fairs, Shows** ████

la foire
Pourriez-vous me faire parvenir le calendrier des foires, expositions et salons qui ont lieu en France l'année prochaine?

fair
Can you send me the dates of the fairs and shows that are taking place in France next year?

l'exposition *f*

show

le salon
Le Salon de l'automobile de Genève a lieu en mars, non?

show; fair
The Geneva Auto Show takes place in March, doesn't it?

le calendrier

dates; list of dates

avoir lieu, se **tenir**

take place

exposer
Quel type de matériels désirez-vous exposer?

exhibit
What do you want to exhibit?

l'**organisme** *m*
Vous pouvez me donner les coordonnées de votre organisme pour que nous vous fassions parvenir une documentation sur ce salon?

agency; organization; institution
Can you give me the address of your organization, so that we can send you information about this fair?

l'**exposant**, l'**exposante**

exhibitor

le **visiteur,** la **visiteuse**

visitor

le **potentiel**
Le Salon de l'équipement technique de l'hôtellerie et de la restauration représente un fort potentiel commercial: plus de 500 participants vous proposent leurs nouveautés.

potential
The hotel and restaurant equipment fair presents a tremendous business potential: More than 500 exhibitors offer you their latest things.

le **participant,** la **participante**

participant; exhibitor (at a fair)

la **nouveauté**

most recent or latest (thing); novelty

gracieux, -euse
Le catalogue vous est gracieusement offert.

free; gratis; for nothing
The catalog is free.

l'**organisateur,** l'**organisatrice**
Qui est l'organisateur de cette foire?

organizer
Who is this fair's organizer?

le **parc d'exposition**
Le salon se tiendra du 9 au 14 février au Parc des expositions de la Porte de Versailles à Paris.

fair, exhibition grounds or site
The fair is taking place from February 9 to 14 at the Porte du Versailles Fairgrounds in Paris.

l'**emplacement** *m*
Nous avons loué un emplacement à la Foire européenne de Strasbourg pour l'automne prochain.

booth; stand
We've taken a booth at the Strasbourg European Fair next fall.

le **stand**
Comme la location est relativement chère, les entreprises du secteur ont loué un stand collectif.

stand
Since the price is relatively high, the companies in the industry have leased a combined stand.

la **location**

rent

le **stand collectif**

group/joint/combined stand

se **terminer**
Au moment où ce premier salon se termine, les organisateurs jugent que c'est une réussite.

end
By the time this first fair ended, the organizers considered it a success.

la **réussite**

success

l'**impact** *m*
Il y a surévaluation de l'impact de cette foire: la plupart des contrats sont signés avant même l'ouverture.

impact, effect
The importance of this fair is overrated. Most of the contracts were already signed before the opening.

la **surévaluation**	overvaluation
l'**ouverture** *f*	opening

la manifestation (commerciale)
Votre entreprise peut bénéficier de subventions si elle participe à des manifes-
tations commerciales à l'étranger.

trade fair, show
Your company can get subsidies for
participation in foreign trade fairs.

organisateur, -trice
Quel est le nom de la société organisatrice de ce congrès?

organizer; organizing
What's the name of the group that is
organizing this convention?

**le comité d'organisation d'expo-
sitions, foires et salons**

exposition, show, and fair committee

le congrès

convention; conference; congress

le palais des congrès
Le palais des congrès de la Porte Maillot
à Paris peut recevoir 10 000 congres-
sistes.

convention hall
The convention hall at the Porte
Maillot in Paris can hold 10,000
visitors.

le, la congressiste

conference attendees, conference-
goers

l'**hôtesse (d'accueil)** *f*

welcoming hostess

**la demande d'admission (à une
foire/une exposition/un salon)**
Pour la réservation du stand, vous devez
remplir une demande d'admission que
vous me ferez parvenir dans les
meilleurs délais.

registration (for a fair or show or exhibition); application for registration
To reserve a stand, you must fill out a
registration form and send it to me as
soon as possible.

les **professionnels** *mpl*
Les trois premiers jours, la foire du livre
est réservée aux professionnels.

professionals; specialists
The first three days of the book fair
are reserved for book-industry
visitors.

le public
Le Salon du livre à Paris est un salon
ouvert au public pendant toute la durée
de celui-ci.

public
The Paris book fair is open to the
public for its whole duration.

professionnel, le
C'est un salon professionnel ou un salon
grand public?

specialist
Is this an industry or a public fair?

le montage
Le prix du stand comprend le montage
et le démontage de la structure de base,
les meubles et le gardiennage de nuit.

setting/putting up
The price of the stand includes setting up and taking down the structure
itself, furniture, and night-time security.

le démontage

taking down

le **gardiennage** — security; guarding

l'**agencement** *m* — furnishing; arranging
Notre équipe vous conseillera pour l'agencement et la décoration du stand.
Our team will be happy to advise you on furnishing and decorating your stand.

la **décoration** — decoration; interior arrangements

aménager — furnish
C'est un stand aménagé mais il n'est équipé ni de téléphone, ni de réfrigérateur.
The stand is already furnished, but it isn't equipped with either a telephone or a refrigerator.

la **visite** — visit
La carte d'entrée pour la visite de la foire est de 60 F.
The ticket for a visit to the fair is 60 F.

le **carte d'entrée** — ticket of admission

avoir accès à — have access to
Vous n'avez accès au salon que si vous portez votre badge d'exposant.
You only have access to the exhibits if you are wearing your exhibitor's badge.

le **hall** — hall
Le stand que vous cherchez se trouve dans le hall 59, niveau B.
The stand you are looking for is in Hall 59, level B.

le **niveau** (niveaux) — level

l'**allée** *f* — aisle

Consumption in French Households

Postes budgétaires	1970	1980	1991
Produits alimentaires, boissons, tabac	26,0	21,4	19,2
Habillement, chaussures	9,6	7,3	6,3
Logement, chauffage, lumière, eau	15,3	17,5	20,2
Meubles, matériel de la maison	10,2	9,6	7,7
Services de santé	7,1	7,7	9,8
Transports et communications	13,4	16,6	16,2
Loisirs, culture, enseignement	6,9	7,3	7,6
Hôtels, cafés, restaurants, voyages, etc	11,5	12,6	13,0
	100	100	100

Source: INSEE statistics

■ Advertising Campaigns ■

la **communication (commerciale)**
(commercial) advertising

la **pub(licité)**
advertisement; ad; advertising

Si vous voulez écouler tous ces menhirs, il faudra faire beaucoup de publicité!
If you want to sell all these menhirs, you'll have to do a lot of advertising!

J'ai vu cette pub au cinéma, pas à la télévision.
I saw this ad at the movie theater, not on television.

publicitaire
advertising; publicity

la **campagne (publicitaire)**
advertising campaign

C'est une agence de publicité qui s'occupe de notre campagne.
An advertising agency is managing our campaign.

l'**agence (de publicité)** *f*
advertising agency

l'**action publicitaire** *f*
advertising/publicity campaign

programmer
plan

le, la **publicitaire**
ad man or woman; advertising consultant

Je suis publicitaire, cela fait dix ans que je travaille dans la pub.
I'm an advertising consultant and have been in advertising for ten years.

l'**annonceur,** l'**annonceuse**
space buyer; advertising client

Nous avons un contrat avec un annonceur qui veut écouler son stock de menhirs: quel va être le contenu du message publicitaire?
We have a contract with a client who wants to sell his stock of menhirs; how could the ad read?

le **message (publicitaire)**
ad; spot

la **cible (de communication)**
target group

Première chose: quelle est la cible de communication à atteindre?
First of all: Who are you trying to reach?

Nous prendrons pour cible tous les gens snobs qui ont un jardin.
Our target group is all snobs with gardens.

l'**axe publicitaire** *m*
advertising message

Si le produit est positionné comme un objet de décoration de jardin, l'axe publicitaire sera: un menhir, c'est rare, original, solide et ça évoque la Bretagne.
If we are positioning the product as a decorative object for the garden, our ad concept should be: a menhir—rare, original, solid—an evocation of Brittany.

la **stratégie de communication**
advertising strategy

Un autre élément est à définir dans notre stratégie de communication: quel va être le ton de la communication?
Another element of our strategy is to establish what style we're going to use to advertise.

le **ton (de la communication)**
style of the advertisement; ad style

le **plan des supports**
Le contenu du message est défini, nous pouvons maintenant établir un plan des supports avec les dates et les heures de passage du message à la radio et à la télé.

media plan
The content of the ad spot is established, and we can now set up a media plan with dates and broadcast times on radio and television.

l'**heure de passage** *f*

broadcast times

diffuser
Dans quels magazines cette annonce sera-t-elle diffusée?

run; insert
What magazines should this ad be inserted in?

le **budget publicitaire**
A combien avez-vous fixé le montant du budget publicitaire?

advertising budget
How large is your advertising budget?

comparé, e à
Comparées à celles des concurrents, nos dépenses publicitaires ne sont pas très importantes.

compared with, in comparison to
Compared to the competition, our expenditures for advertising aren't very large.

par tête
La dépense publicitaire par tête est trois fois plus forte aux Etats-Unis qu'en France.

per capita
The per capita advertising expenditure in the United States is three times as great as that in France.

l'**efficacité** *f*
L'efficacité d'une campagne publicitaire est-elle mesurable?

efficacy, effectiveness
Is the efficacy of an advertising campaign measurable?

mesurable

measurable

l'**opération publicitaire** *f*
C'est une opération publicitaire réussie: nos menhirs se vendent comme des petits pains.

advertising campaign
The advertising campaign succeeded: our menhirs are selling like hotcakes.

se **vendre comme des petits pains**

selling like hotcakes

cibler qc sur qn

Nous ciblons donc notre campagne sur ce groupe.

aim something at a target group; target a group
So we targeted our campaign at that group.

la **diffusion (d'un message)**

airing or broadcast (of an advertising message)

le **calendrier de diffusion d'un message**
La zone et le calendrier de diffusion du message sont précisés dans le plan des supports.

broadcast schedule

The area and the schedule of broadcasting the ad spots are established in the media plan.

le **taux de couverture**
Le taux de couverture permet de déterminer combien de personnes de la cible vont être touchées par le message selon le ou les médias qui vont être choisis.

depth of coverage
The depth of coverage allows determination of how many people in the target group are going to be reached by the message or the media that are going to be chosen.

la **publicité comparative**
La publicité comparative portant sur le prix et la qualité de produits identiques est autorisée en France depuis quelques années.

competitive advertising
For some years, competitive advertisements with respect to price and quality of identical products have been permitted in France.

identique

identical, same

porter sur qc

concerning; with respect to

la **publicité mensongère**
En France, les publicités mensongères sont interdites par la loi depuis 1973.

misleading advertising
In France, misleading advertising has been legally prohibited since 1973.

la **publicité clandestine**
Il y a de plus en plus de publicité clandestine dans les émissions de télévision.

surreptitious advertising
On television there is more and more surreptitious advertising.

la **publicité de marque**
La publicité de marque a pour but d'augmenter les ventes d'un produit ou de faire connaître une marque.

brand-name promotion
The goal of brand-name promotion is to increase the demand for a product or to publicize the brand.

la **publicité institutionnelle**
Quand une entreprise réalise une publicité institutionnelle, c'est surtout pour se faire connaître et non pour vendre des produits.

institutional advertising
When a company engages in institutional advertising, it is principally to gain recognition for itself and not to sell a product.

la **publicité collective**

cooperative advertising

la **publicité d'intérêt général**

advertising in the public interest, social spot

La campagne pour informer sur le SIDA est une publicité d'intérêt général.

The information campaign about AIDS is advertising in the public interest.

la **publicité de prestige**
Une publicité de prestige est faite pour entretenir l'image de marque: le lecteur ou la lectrice du magazine n'achètera pas nécessairement le produit, mais il connaîtra la marque.

image advertising
Image advertising is done to strengthen the brand image: the magazine reader won't necessarily buy the product but will recognize the brand.

entretenir

maintain; uphold

la **publicité tapageuse**
Je ne sais pas si cette publicité tapageuse autour de notre nouveau produit va inciter les gens à l'acheter.

market-boosting advertising
I don't know if this market-boosting ad really stimulates people to buy our new product.

inciter qn à faire qc

induce; get someone to do something

le **battage publicitaire**
Tout ce battage publicitaire pour le lancement d'une lame à raser! C'est incroyable!

ballyhoo
Unbelievable! All this ballyhoo about the launching of a new razor blade!

matraquer qn de publicité(s)

Même sur les chaînes publiques de télé, on nous matraque de pubs.

constantly showering someone with advertisements
Even on public television, one is constantly subjected to advertisements.

l'**aguichage** m
L'aguichage est une technique où le message n'apparaît que progressivement, au bout de plusieurs semaines.

teasing
The teasing technique consists of allowing the message to unfold gradually over the course of several weeks.

l'**espace publicitaire** m

advertising space; ad time

la **centrale d'achat d'espaces (publicitaires)**
La centrale d'achat d'espaces est une société qui achète en gros des espaces publicitaires et les revend au détail aux agences ou aux annonceurs.

media agent

The media agent is a firm that buys large amounts of advertising space and resells it to agencies or space buyers.

la **régie publicitaire**

(department of) advertising marketing

Media

le **média**
Les publicitaires distinguent cinq médias: la presse, la radio, la télévision, l'affichage, le cinéma.

media; advertising vehicles
Media experts differentiate five advertising media: print, radio, television, posters/billboards/signage, movies.

les **médias de masse** mpl
Si les médias de masse ont une zone de diffusion nationale ou internationale, les médias de proximité touchent des audiences locales.

mass media
While the mass media have a national or international depth of coverage, the local media address the regional audience.

les **médias de proximité** mpl

local media

la **zone de diffusion**

coverage area, distribution area

local, e (-aux)

local

toucher

reach; address

l'**audience** f

audience; listeners; watchers; readership

L'audience est l'ensemble des personnes ayant vu, lu ou entendu un support de communication.

The audience includes everyone who has seen, read, or heard an advertising medium.

le **support (de communication)**
Un journal, une émission de télé ou de radio, un bus, une télécarte, une enveloppe peuvent être des supports de communication.

advertising vehicle
Advertising vehicles can be newspapers, television or radio broadcasts, buses, telephone cards, envelopes.

la **presse quotidienne**

daily press, all the daily newspapers

la **presse périodique**
On compte dans la presse périodique les magazines de télévision qui sont les plus diffusés en France.

periodicals
Among the periodicals are the television magazines, which are the most widely distributed in France.

la **presse professionnelle**
La presse professionnelle est un média très sélectif.

professional publications
The professional publications are a very selective medium.

sélectif, -ive

selective

le **journal gratuit** ⟨journaux⟩

advertising papers, free shoppers' papers

Les journaux gratuits couvrent une ville ou un département: ce sont les magasins et les artisans locaux qui y insèrent des annonces.

The free advertising papers cover a city or a department. The local stores and tradespeople insert their ads in them.

couvrir

cover

insérer

insert; advertise; place ads

l'**annonce (publicitaire)** *f*

advertisement

le **spot (publicitaire)**
Il est évident qu'un spot à la radio reviendra moins cher qu'un spot à la télévision.

spot (advertising)
A radio spot naturally costs less than a television spot.

revenir (à 10/100/1 000 F)

cost (10/100/1,000 F)

l'**heure de grande écoute** *f*
Pour le lancement de notre nouveau produit, nous avons prévu trois spots qui vont passer à la télévision aux heures de grande écoute.

prime time
To launch our new product we have planned three spots, which will be aired on television in prime time.

passer (à la télévision/à la radio/dans le journal)

be aired (on television or on radio); to run (in the paper)

le **médiamat**®
Au médiamat, les plus forts taux d'écoute des émissions se situent entre 19 h 30 et 22 h.

audimeter
The largest listening audience was discovered in the period between 7:30 and 10 PM.

le **taux d'écoute**

number of those tuned in; listening rate

le **citadin,** la **citadine**

citydweller

l'**affichage** m
Nous avons réalisé une campagne d'affichage d'une semaine dans le métro.

poster advertising; placard advertising
We ran a one-week car poster campaign on the métro.

l'**affiche (publicitaire)** f

poster; card

le **panneau (d'affichage)** ‹panneaux›
Il nous faut le maximum de panneaux sur Paris pour cette campagne de lancement.

posting surface; posting wall
For this introductory campaign we need the maximum number of posting surfaces in Paris.

le **maximum de qc**

maximum of something; highest number of something.

le **moyen de (la) communication commerciale**

advertising medium

le **taux de pénétration**

advertising appeal; reach; rate of penetration

Au moment de choisir un support, il faut connaître son taux de pénétration, ce qui permet de savoir si la cible visée sera effectivement touchée.

In choosing an advertising vehicle, you must know its penetration rate, in order to know whether the chosen target group is in fact going to be reached.

effectif, -ive

really; actually; in fact

les **moyens publicitaires** mpl
Le choix des médias dépend aussi des moyens publicitaires que vous voulez consacrer au lancement de votre produit.

advertising medium
The choice of the advertising vehicle also depends on the medium that you want to use for launching your product.

le **slogan (publicitaire)**
Un bon slogan publicitaire doit être accrocheur et facile à mémoriser.

slogan
A good slogan must be effective and catchy.

mémoriser

stick in one's mind

accrocheur, -euse

effective

le **coupon-réponse**
‹coupons-réponses›
Vous aurez de meilleurs résultats si vous mettez un coupon-réponse au bas de votre annonce.

response card

You will achieve better results if you put a response card at the bottom of your advertisement.

l'**accroche** f
L'accroche est un élément (phrase, dessin, photo, slogan, sonal, etc) qui a pour objet d'attirer l'attention du lecteur ou de l'auditeur.

opener
The opener is an element (sentence, drawing, photo, slogan, tune, etc.) that should catch the attention of the reader or listener.

le **sonal** ‹sonals›

familiar tune

la **signature**
Entre l'accroche et la signature il y a le texte du message publicitaire que l'on appelle la copie.

baseline
Between the opener and the baseline is the text of the advertising message, the so-called body copy.

la **copie**	body copy
l'**insertion** *f*	insertion
Combien coûte l'insertion d'une annonce dans votre journal?	What does it cost to insert an ad in your paper?
le **placard publicitaire**	big ad
Nous avons fait passer un placard publicitaire dans tous les journaux de la région.	We've inserted a big ad in all the regional dailies.
l'**encart (publicitaire)** *m*	insert
A l'intérieur du journal, vous trouverez un encart sur les écoles de gestion en France.	Inside the paper you'll find an insert about the graduate schools of management in France.
l'**écran publicitaire** *m*	blocks of commercials
Sur les chaînes privées, les films sont entrecoupés d'écrans publicitaires.	On the private television channels, films will be interrupted by blocks of commercials.
entrecouper	interrupt
vanter	praise (effusively); puff
Sur le petit écran, on voyait deux dames vanter une poudre pour lessive, puis deux messieurs faire une démonstration des qualités d'un pot d'échappement.	On the TV screen you saw two women promoting a detergent and next two men who were demonstrating the quality of an exhaust system.
la **démonstration**	demonstration
l'**afficheur** *m*	one who puts up posters and car cards; company engaged in bill posting
Le réseau de cet afficheur couvre tout le pays.	This placard company's network covers the whole country.
le **réseau** ‹réseaux›	network
le **post-test** ‹post-tests›	posttest
Pour ce qui est de l'évaluation de l'impact d'une publicité, il existe des post-tests: on essaie, par exemple, de savoir si le message publicitaire a été bien mémorisé.	To find out the effect of an advertisment, there are posttests; for instance, one tries to find out whether the ad message has stuck in people's minds.
l'**évaluation** *f*	evaluation
pour ce qui est de	regarding; with respect to; concerning; in relation to

Other Advertising Vehicles

le **support hors-médias**

Les supports hors-médias sont très divers: conditionnement du produit, salon, téléphone, minitel, télécopie, pages jaunes, télécarte, boîte d'allumettes, sac, tee-shirt, etc, sans oublier le bouche à oreille.

advertising vehicles other than the mass media
There are different vehicles for advertising besides the mass media: product packaging, fairs, telephone, Viewdata, fax, yellow pages, phone cards, matchbook covers, bags, T-shirts, etc., and also, of course, word of mouth.

le **bouche à oreille**

word of mouth

la **mercatique directe**
La mercatique directe permet d'atteindre sa cible d'une façon plus personnalisée.

direct advertising; direct marketing
Direct marketing makes it possible to reach the target group in a very personal way.

personnalisé, e

personal, individual

la **lettre de vente**
A l'aide de fichiers, les entreprises envoient ou distribuent des imprimés aux clients potentiels: lettre de vente, tract, brochure, dépliant, catalogue illustré, prospectus, notice descriptive.

sales letter
By means of an address list, companies send or distribute to their potential customers printed material such as letters, fliers, brochures, leaflets, illustrated catalogs, prospectuses, product information, etc.

le **fichier**

address list

le **tract**

flier, handbill

la **brochure**

brochure

illustré, e

illustrated

le **dépliant (commercial)**

leaflet

le **catalogue**

catalog

le **prospectus**

prospectus

la **notice descriptive (d'un produit)**

product information

le **publipostage**
Le publipostage est un message personnalisé, envoyé par la voie postale, à un segment de clientèle précis.

mailing; letter campaign
The letter campaign consists of a personalized communication, which is sent by mail to a precisely defined customer segment.

le **télémarketing**

telephone marketing

relancer qn

speak with someone again; contact someone again

Nous allons relancer tous les prospects qui ont appelé le numéro vert.

We are recontacting all the prospects who called the Info-Telephone.

le **prospect**

prospect; already contacted customer; potential customer

la **publicité sur le lieu de vente (PLV)**
La PLV rappelle la publicité générale et déclenche l'acte d'achat en mettant le produit en valeur.

sales promotion/advertising at the point of sale
Advertising at the point of sale recalls the general advertisements and triggers the act of buying by pointing out the product.

mettre en valeur

point out; give prominence to

la **promotion des ventes**
L'objectif de la promotion des ventes est de pousser le produit vers le consommateur.

sales promotion
The goal of sales promotion is to get the consumer familiar with the product.

promotionnel, le
Quelles actions promotionnelles avez-vous prévues?

promotional
What promotional plans have you made?

le **coupon**
Nous allons distribuer des coupons et des échantillons dans toutes les boîtes aux lettres du quartier.

coupon
We are going to distribute coupons and product samples to all the mailboxes in the neighborhood.

l'**échantillon** *m*

sample products; free samples

la **prime**
Si vous achetez quatre dentifrices, vous aurez une brosse à dents en prime.

premium
If you buy four tubes of toothpaste, you will receive a toothbrush as a premium.

promouvoir
Pour promouvoir le produit, nous pourrions organiser des loteries, des concours ou accorder 5% de réduction pendant 15 jours.

promote the sale, promote the market
To promote the sale of the product, we can organize raffles and contests or offer a 5% discount for two weeks.

le **concours (publicitaire)**

contest

la **loterie**

raffle, lottery

---

l'**investissement publicitaire** *m*

advertising expense

l'**homme-sandwich** l'**femme-sandwich** ‹hommes-sandwiches, femmes-sandwiches›
Bien d'autres supports publicitaires sont utilisés: par exemple, les hommes-sandwiches, les ballons gonflables, les banderoles aériennes et même les pièces de monnaie il y a une dizaine d'années en France.

sandwich-man

There are countless other vehicles used for advertising like, for instance, sandwich-men, balloons, banners from airplanes, and in France for the past ten years, even coins.

le **ballon gonflable** — balloon

la **banderole** — banner

la **caravane publicitaire** — car advertising
La caravane publicitaire du Tour de France est un support très efficace.
The advertising on cars accompanying the Tour de France are very effective advertising vehicles.

la **documentation** — material; informational material
Voilà toute la documentation que j'ai prise au Salon du tourisme.
This is all the informational material that I picked up at the tourist fair.

la **lettre circulaire** — circular

l'**enveloppe T** *f* — prepaid envelope; postage-free envelope

Les règles d'un bon publipostage sont: une enveloppe avec une accroche, une lettre de vente simple et facile à comprendre avec un PS d'au maximum 5 lignes, une enveloppe T qui sera une incitation à acheter immédiatement.
The following are standard for a successful letter campaign: An envelope with an opener, a simple, easy-to-understand promotional letter with a PS of 5 lines at most, a postage-free envelope as an inducement to buy immediately.

le **post-scriptum (PS)** *inv* — postscript, PS

l'**incitation** *f* — inducement

renvoyer — return, send back
Si vous nous renvoyez le coupon-réponse rempli dans les quinze jours, vous aurez droit à un cadeau.
If you fill out and return the answer card to us within the next two weeks, you will be entitled to receive a gift.

la **dégustation** — trial; sample
Dégustations et animations de magasin sont des techniques de PLV, autocollants sur les vitrines et présentoirs aux couleurs de la marque sont des matériels de PLV.
Techniques of promotion at the point of sale are samples and in-store campaigns. The promotion materials include stickers on the display windows and stands in the colors of the brand label.

l'**animation de magasin** *f* — in-store campaign

l'**autocollant** *m* — stickers

le **présentoir** — (sales) stands

le **marchandisage** — merchandising; (all the measures for) sales promotion
Quels articles? A quelle place? En quelles quantités? A quel prix? voilà ce dont s'occupe le marchandisage.
Which articles? At what location? In what quantity? At what price?—These are the concerns of merchandising.

la **gondole** — shelf unit, case
La gondole est le meuble de présentation et de vente des marchandises dans une grande surface.
The shelf unit is the typical installation for presentation and sale of products in a large supermarket.

la **présentation**	presentation
le **linéaire** Le linéaire est la surface d'exposition et de vente de la gondole.	effective sales surface The effective sales surface is the display and sales surface of the shelf unit.
la **surface**	surface
la **semaine commerciale** Pour la semaine commerciale "Jours de fête" que nous organisons juste avant Noël, les offres spéciales seront indiquées par des pancartes.	week-long promotion For the week-long "Holidays" promotion, which we are installing just before Christmas, the special offers will be advertised with signs.
l'**offre spéciale** *f*	special offers
la **pancarte**	sign
la **quinzaine commerciale**	two-weeks' special sale

Public Relations

les **relations publiques** *fpl* Les relations publiques consistent à établir, maintenir, développer des relations de confiance avec tous les partenaires de l'entreprise.	public relations, PR Public relations consists of producing, maintaining, and further advancing trusting relationships among all the partners of the company.
maintenir	maintain
le **voyage de stimulation** Un voyage de stimulation d'une semaine à la Martinique est prévu pour notre équipe commerciale à la fin de l'année.	incentive trip A one-week incentive trip to Martinique at the end of the year is being planned for our sales force.
la **communication institutionnelle** La communication institutionnelle n'a pas pour objectif de vendre des produits mais de mieux faire connaître l'entreprise par des actions publicitaires ou de relations publiques.	corporate communication The goal of corporate communication is not to sell products but to make the company better known through advertising or public relations.
le **chargé des relations publiques,** la **chargée des relations publiques**	PR manager, director of public relations
la **brochure de présentation**	company prospectus
la **vidéo(cassette)**	video (cassette)
l'**attaché de presse,** l'**attachée de presse** Dès que notre rapport d'activité sera disponible, notre attachée de presse vous le fera parvenir.	press officer As soon as our annual report is ready, our press officer will send you a copy.

le **communiqué de presse**
La compagnie d'électricité a publié un communiqué de presse où elle affirme que l'incident n'a pas fait de victimes.

press release
The electric company has published a press release affirming that no one was injured in the accident.

la **visite d'usine**
Cet après-midi, nous n'avons pas classe, nous faisons une visite d'usine.

factory visit
This afternoon we don't have class—we're going to visit a factory.

la **journée portes ouvertes**

open house

le **parrainage**
Les opérations de parrainage apportent un surcroît de notoriété aux entreprises.

sponsorship
Sponsorship makes a company better known.

le **surcroît**

addition; increase

parrainer

sponsor

le, la **commanditaire**

sponsor

commanditer
Notre marque de cigarettes commandite plusieurs courses de voitures.

finance
Our cigarette brand financed several auto races.

le **partenariat**

sponsorship

la **conférence**

lecture

le **colloque**
Un colloque sur la décentralisation française se tiendra à Marseille sous le haut patronage du Président de la Commission européenne, avec le parrainage du journal "Le Monde", avec le concours du Conseil régional et avec le soutien du Crédit local de France et de Air Inter.

colloquium; conference; seminar
A colloquium about the decentralization of France will take place in Marseille under the patronage of the president of the European Commission, sponsored by the newspaper *Le Monde*, with the support of the regional councils and with the assistance of the Crédit local de France and Air Inter.

le **patronage**

patronage

le **concours**

support

le **soutien**

assistance

médiatique

suited to the media

le **tourisme d'entreprise**
Je cherche un guide du tourisme d'entreprise qui me donne des adresses d'entreprises qu'on peut visiter.

factory tourism; factory visiting
I am looking for a guidebook to factory visits to give me some addresses of companies that can be visited.

━━━━━━━━━━━━━━━━━━━ **Sales** ━━━━━━━━━━━━━━━━━

la **distribution**

sales, marketing

distribuer
Ces romans d'amour sont surtout distribués en grandes surfaces et dans les
gares.

sell
This romance novel will sell mostly
in supermarkets and railroad stations.

le **canal (de distribution)** ‹canaux›
Selon l'image de marque qu'ils ont, les
parfums utilisent des canaux différents:
parfumeries, pharmacies ou centrales
d'achat d'hypermarchés.

sales channel(s)
Various sales channels will be used
for perfumes, depending on their
brand image: perfume stores, drug-
stores, or central buying offices for
cut-rate superstores.

le **circuit de distribution**
C'est parce que les circuits de distribution sont inadaptés à notre produit que
nous ne pouvons faire face à la demande.

distribution channel
It's because the distribution channels
aren't adapted to our product that we
can't satisfy the demand.

faire face à

keep pace with; satisfy; meet

inadapté, e

unsuitable, not adapted

le **réseau de distribution** ‹réseaux›
Le réseau de distribution est l'ensemble
des personnes qui s'occupent du stockage, de la livraison et de la vente des
produits d'un producteur jusqu'au consommateur final.

sales network
The sales network is all the people
who are are involved in warehousing,
delivery, and selling of products
along the pathway from producer to
end user.

l'**intermédiaire (commercial)**,
l'**intermédiaire (commerciale)**

middleman

le **distributeur,** la **distributrice**

Vous avez trouvé un distributeur pour
votre produit en France?

dealer; distributer; marketing company; commercial agency
Have you found a marketing company in France for your product?

le **distributeur agréé,**
la **distributrice agréée**
Nous avons confié la vente de nos microordinateurs à des distributeurs agréés.

authorized dealer

We've entrusted the sales of our PCs
to authorized dealers.

confier qc à qn

entrust someone with something; turn
something over to someone

161

le **distributeur exclusif,**
la **distributrice exclusive**

exclusive distributer

diffuser

sell

le **détaillant,** la **détaillante**
Pour des produits comme les voitures,
les microordinateurs, les chaussures, etc,
le canal de distribution comprend un
seul intermédiaire, le détaillant: c'est un
canal court.

retailer
With products like cars, PCs, shoes,
etc., the distribution channel consists
only of a single middleman, the retailer: it's a short channel.

le, la **grossiste**
Viande, poisson, fruits et légumes
utilisent généralement un canal long
puisque les ventes se font par l'intermédiaire de grossistes, semi-grossistes,
détaillants.

wholesaler
Meat, fish, fruits, and vegetables generally have a long distribution channel, since the sales are made the
through wholesalers, middlemen, and
retailers.

le, la **semi-grossiste** ‹semi-grossistes›

middleman

par l'intermédiaire de qn

through the services of someone;
through intervention of someone; by
someone

le **négociant,** la **négociante**
Elle est négociante en vins dans la
région de Bordeaux.

wholesaler
She's a wine wholesaler in the Bordeaux region.

le **gros**
Nous ne faisons que du gros, pas de
vente au détail.
Le rôle du commerce de gros est d'a-
cheter les marchandises au producteur,
de les stocker et d'approvisionner les
détaillants.
Les marchandises sont achetées en gros,
transformées, conditionnées puis reven-
dues en gros.

wholesale
We only sell wholesale, no retail.

The wholesaler's job is to buy the
merchandise from the producer, store
it, and deliver it to the retailer.

The merchandise was bought wholesale, transformed, packaged, and
resold wholesale.

revendre

resell

le **détail**
La fonction de détail consiste à assurer
l'approvisionnement des consommateurs
finals par petites quantités.
Parmi les entreprises vendant au détail,
on distingue le petit commerce et la
grande distribution.

retail
The function of retail is to ensure the
supply to the end user in small quantities.
In the retail trade, a distinction is
made between the small business and
the large-scale retail operation.

la **grande distribution**

sales through a large-scale retail operation; mass operation

la **centrale d'achat**
La grande distribution se caractérise par
l'intégration des fonctions de gros et de
détail dans une entreprise: la centrale
d'achat joue alors le rôle de grossiste
pour les différents magasins.

centralized buying
The large-scale retail operation is
characterized by the consolidation of
wholesale and retail functions in one
company: centralized purchasing
takes over the job of the wholesaler
for the individual retail outlets.

se **caractériser par qc**

be typical of something; be characterized by something

commercialiser
Ce modèle n'est pas périmé puisque la
nouvelle voiture ne sera pas commer-
cialisée avant l'année prochaine.

put on the market
This model isn't obsolete yet, because the new car won't be on the
market until next year.

la **commercialisation**

marketing; commercialization

l'**écoulement** *m*

sale

la **distribution intensive**
La distribution intensive consiste à vendre le produit dans le plus grand nombre
de points de vente possible.

covering a market; market-wide sales
Covering the market means that the
product is available in the largest possible number of outlets.

le **point de vente**

sales outlets; retail shops

la **distribution sélective**
Dans un contrat de distribution sélective,
le revendeur est autorisé à vendre des
produits concurrents mais il doit faire un
minimum d'achats auprès du fournisseur
avec lequel il a signé.

selective distribution
In a contract for selective distribution, the reseller is entitled to sell
competing products; however, he
must take a minimum quantity from
the supplier with whom he's signed
the contract.

le **revendeur,** la **revendeuse**

reseller

le **minimum de qc**

minimum of something

auprès de

from; with

la **distribution exclusive**

exclusive distribution

l'**exclusivité (territoriale)** *f*
Nous aimerions avoir l'exclusivité de
vos produits sur tout le territoire
français.

(territorial) exclusivity
We would be pleased to take over the
exclusive distribution of your products in all of France.

le **territoire**

territory

la **diffusion**
La diffusion de nos produits naturels se
fait uniquement par correspondance.

sales
The sales of our natural products are
made exclusively by direct mail.

par correspondance

by direct mail

le diffuseur
Il faudra mettre nom et adresse des diffuseurs de nos vêtements sur l'annonce publicitaire.

retail shop; dealer; sales outlet
The names and addresses of the retailers of our clothes must be given in the advertisement.

la franchise
Par le contrat de franchise, le franchiseur concède au franchisé son enseigne moyennant une redevance.

franchising
In the franchising contract, the franchiser grants the franchisee the use of its company name for the payment of a consideration.

l'enseigne *f*

company name; trademark

la redevance

consideration; fee; charge

moyennant qc

against something; in return for something

le franchiseur

franchiser

le franchisé, la franchisée

franchisee

concéder

grant; allow

le, la concessionnaire
En tant que concessionnaire de la marque, nous possédons l'exclusivité de la revente de ces voitures.

authorized dealer
As the authorized dealer for the make, we have the exclusive right to retail this vehicle.

la revente

retail; resale

la concession
Par le contrat de concession, le concessionnaire s'engage à respecter des quotas de vente et à assurer le service après-vente.

concession
In a concession contract, the authorized dealer engages to fulfill a specific sales quota and to undertake customer service.

Sales Methods

la méthode de vente
Les différentes méthodes de vente peuvent être regroupées en quatre types: vente directe, au domicile et de l'acheteur, à distance et enfin, sur le point de vente.

sales method; way of selling
The different methods of selling can be grouped into four types: direct sales, door-to-door, long-distance sales, and sales in retail outlets.

regrouper

group; classify

accueillir

receive

proposer

propose; offer; suggest

conclure la vente

close a sale; make a sale; make a bargain

prendre congé
Accueillir le client, l'écouter, lui proposer un article, conclure la vente, prendre congé, voilà les étapes d'une vente
traditionnelle.

say good-bye
Receive the customer, listen to him,
offer him an article, close the sale,
say good-bye: These are the individual steps in the traditional sale.

le **magasin de détail**

retail store

sédentaire

stationary; permanent

la **vente sur (les) marchés**
La vente sur marchés concerne principalement les produits alimentaires,
l'habillement et autres textiles.

market; sales in a market
In a market there will chiefly be food,
clothing, and other textiles offered for
sale.

non sédentaire
Je suis un commerçant non sédentaire, je
fais tous les marchés de la région.

itinerant; traveling
I'm an itinerant dealer; I visit all the
markets in the region.

le **commerçant,** la **commerçante,**
le **marchand,** la **marchand**

retailer

le **libre(-)service** ‹libres(-)services›

self-service

l'**intervention** *f*
Dans la vente en libre-service, le client
choisit et prend la marchandise sans
l'intervention d'un vendeur.

intervention
In self-service sales, the customer
chooses and takes the merchandise
himself without the intervention of a
salesperson.

la **vente à distance**
Catalogue, minitel et télévision sont des
moyens utilisés dans la vente à distance
pour présenter les marchandises aux
clients.

long-distance sales
Catalogs, Viewdata, and television
are the mediums employed in long-
distance sales to present the merchandise to the customer.

la **vente par correspondance**
(VPC)

mail-order trade

la **société de vente par correspondance**

mail-order houses; mail-order
companies

la **vente (directe) à domicile**
(VAD)

home sales

le **démarchage à domicile**

house calls to customers; home sales
calls

le **porte-à-porte** *inv*

door-to-door

la **vente directe**

direct sales

le **magasin d'usine**
Près de chez nous, un fabricant de
chaussures vient d'ouvrir un magasin
d'usine.

direct sales outlet; factory store
A shoe manufacturer has opened a
factory store in our area.

la **vente itinérante**

street sales; mobile sales; sales from a van

A la campagne, quand il n'y a pas de boulanger ni de boucher, la vente itinérante est la seule solution.

In rural areas, sales from a van are the only solution if there is neither a baker nor a butcher.

ambulant, e

mobile; traveling

Monsieur Michu, vous êtes commerçant ambulant: pouvez-vous nous dire combien de villages vous faites et combien de temps dure votre tournée?

Mr. Michu, you are a mobile retailer. Can you tell us how many villages you call on and how long one of your rounds lasts?

la **tournée**

round; route

le **marchand forain,**
la **marchande foraine**

fair dealer

Ceux qui vont d'une foire à l'autre sont des marchands forains.

Those who go from one fair to the next are called fair dealers.

la **foire**

fair

le **marché couvert**

market hall; covered market

le **marchand des quatre saisons,**
la **marchande des quatre saisons**

fruit and vegetable dealer

le **distributeur automatique**

automatic dispenser; machine; automat

la **vente en libre choix**

partial self-service

Dans la vente en libre choix, le client qui veut acheter, par exemple, une chaîne ou une machine à laver choisit seul, le vendeur n'intervient que pour donner des renseignements et conclure la vente.

In partial self-service, the customer who wants to buy a stereo system, for example, or a washing machine chooses on his own; the salesperson is only there to give information and close the sale.

choisir

choose; select

sur catalogue

from a catalog

J'ai acheté ma cuisine sur catalogue, j'espère qu'elle correspond à la photo.

I ordered my kitchen from a catalog; I hope it will match the picture.

la **télédistribution**

buying by Viewdata

Avec la télédistribution, vous n'avez plus besoin de faire vos courses au supermarché, vous tapez votre commande sur minitel et une heure après, vous avez vos achats devant la porte.

In buying by Viewdata you need no longer shop in the supermarket. You give your order over Viewdata, and an hour later your order is at the door.

le **téléachat**

teleshopping

le **démarcheur (à domicile),**
la **démarcheuse (à domicile)**

traveling salesperson; representative; peddler

le **colportage**

peddle

Le colportage est interdit dans l'immeuble, a dit la concierge!

The concierge has said peddling is not allowed in this building!

la **vente par réunions**
La société Tupperware® est connue pour utiliser la méthode de vente par réunions pour la diffusion de ses produits.

sales party
The firm of Tupperware® is known for using the method of the sales party to sell their products.

la **télévente**
Dans cette opération de télévente, il s'agit pour nous non seulement de prendre des rendez-vous mais aussi d'obtenir des commandes.

telephone sales; telemarketing
In this telemarketing operation we are not only trying to make appointments but also to obtain orders with it.

■■■ Commercial Business Structures ■■■

le **commerce**
Vous tenez un commerce dans le centre ville?

store; business
Do you have a store downtown?

tenir

have

l'**appareil commercial** *m*
Quelles sont les évolutions de l'appareil commercial français au cours des trente dernières années?

sales apparatus; sales structure
What have been the sales structure developments in France over the last thirty years?

le **commerce indépendant**
Si, pour ses achats, le commerçant n'est affilié à aucune centrale d'achat, il s'agit de commerce indépendant.

independent business
If the dealer isn't a member of a central buying arrangement, we say he has an independent business operation.

être affilié, e

be affiliated with; be a member of

le **petit commerce**
En 1960, le petit commerce réalisait 80% du chiffre d'affaires du commerce de détail, en 1991 il n'en réalisait plus que 49%.

small business
In 1960, small businesses accounted for 80% of the revenue in the retail trade; in 1991, it didn't account for more than 49%.

le **commerce intégré**

businesses active on both the whole-sale and retail levels; commercial concerns

C'est avec l'apparition de la distribution de masse à la fin du dix-neuvième siècle que le commerce intégré prend son essor.

It was with the arrival of mass mar-keting companies at the end of the 19th century that the rise of busi-nesses operating on both wholesale and retail levels began.

la **distribution de masse**

mass distribution, mass marketing

l'**apparition** *f*

arrival

Types of Businesses

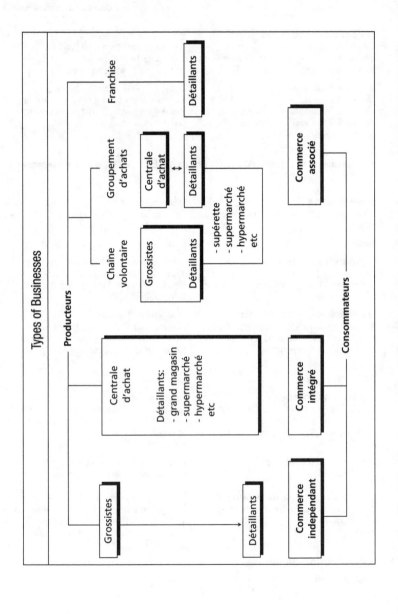

Producteurs

Grossistes

Centrale d'achat

Détaillants:
- grand magasin
- supermarché
- hypermarché
etc

Chaîne volontaire

Grossistes

Détaillants

- supérette
- supermarché
- hypermarché
etc

Groupement d'achats

Centrale d'achat

Détaillants

Franchise

Détaillants

Détaillants

Commerce indépendant

Commerce intégré

Commerce associé

Consommateurs

le **grand magasin**

Les grands magasins comme Le Printemps ou Les Galeries Lafayette dis-
posent d'une surface de vente
importante, librement accessible au public et proposent pratiquement tous les
biens de consommation.

la **surface de vente**

accessible

le **magasin populaire**

Les magasins populaires telles que les
enseignes Uniprix, Prisunic et Monoprix
en France offrent un assortiment large et
peu profond de biens de consommation
à des prix très compétitifs.

le **magasin à succursales (multiples)**

En France, un magasin à succursales
multiples est formé d'au moins quatre
points de vente et d'une centrale d'achat
qui les approvisionne.

le **supermarché**

l'**hypermarché** *m*

La surface de vente d'un hypermarché
est supérieure à 2 500 m² et il se trouve
à la périphérie des villes avec un vaste
parking.

la **coopérative de consommation**

le **commerce associé**

Le commerce associé est né de l'association de nombreux petits commerçants
afin de mieux se défendre face aux
grandes surfaces.

le **petit commerçant**

l'**association** *f*

se **défendre**

le **groupement d'achat(s)**

Un groupement d'achats est par exemple
une société coopérative fondée par des
détaillants pour faire des achats groupés
auprès des fabricants ou grossistes et
bénéficier de meilleurs tarifs.

department store
Department stores like Le Printemps
or Les Galeries Lafayette are
equipped with large selling areas,
freely accessible to the public, and
stock practically all consumer goods.

selling area

accessible

low-priced stores
In France, low-priced department
stores with firm names like Uniprix,
Prisunic, and Monoprix offer a broad
and rather superficial array of consumer goods at very competitive
prices.

chain

In France, a chain consists of at least
four sales outlets and a central buying
office that supplies them.

supermarket

superstore; self-service department
store
A superstore has more than 2,500
square meters (26,900 sq. ft.) of selling area, is located at the edge of a
city, and has a large parking area.

consumer cooperative, consumers
association

cooperative groups of stores
Cooperative groups of stores were
born of the association of numerous
small retailers in order to better defend themselves against the superstores.

(small) retailer

association

defend oneself

buying (or purchasing) association/
union
An example of a buying union is a cooperative established by retailers to
obtain better prices from producers or
wholesalers through collective buying.

la **coopérative d'achat** — buyers cooperative

les **achats groupés** *mpl* — collective buying

le **magasin de proximité** — neighborhood store
Dans le centre ville, les magasins de proximité ont peu à peu disparu au profit de rues commerçantes. — Downtown, the neighborhood stores are vanishing in favor of the shopping streets, little by little.

au profit de — to the benefit of; in favor of

la **rue commerçante** — shopping streets

le **marché de gros** — wholesale

la **halle** — market hall
Vous pouvez m'indiquer où se trouve la halle aux fleurs coupées? — Can you tell me where to find the market hall for cut flowers?

le **magasin de gros en libre-service** — cash-and-carry market
Les professionnels de la restauration vont s'approvisionner dans les magasins de gros en libre-service. — The professional catering trade gets its provisions in the cash-and-carry market.

le **minimarge** — discount store, discounter

le **gérant de magasin,** la **gérante de magasin** — branch manager
Pour toute réclamation, veuillez vous adresser au gérant du magasin. — Please address all complaints to the branch manager.

la **supérette** — small supermarket, superette
Une supérette est un magasin de détail en libre-service d'une surface de vente de moins de 400 m². — A superette is a small retail business with less than 400 square meters (4,304 sq. ft.) of selling area.

la **grande surface** — large retailer; supermarket; superstore

la **grande surface spécialisée (GSS)** — specialty store, specialized store
Les grandes surfaces spécialisées offrent un assortiment étendu dans une même famille de produits. — The large specialty stores offer a broad assortment of products in the same product family.

le **centre commercial** — shopping center

la **galerie marchande** — mall
Une galerie marchande est prévue sous la gare, au-dessus de la station de métro. — A mall is planned under the train station, over the métro station.

le **parc commercial** — shopping center; business park
Le parc commercial est pourtant bien desservi: comment se fait-il qu'il y a si peu de clients? — The shopping center is easy to reach. How come there are so few customers?

être bien desservi, e — be easy to reach

l'**accès** *m* — access, entrance
L'accès au parc commercial est mal indiqué. — The access to the shopping center is poorly marked.

la **chaîne volontaire**
La chaîne volontaire est l'association d'un ou de plusieurs grossistes avec des détaillants afin d'organiser en commun les fonctions de gros et de détail.

voluntary trading chain
The voluntary trading chain is the association of one or several wholesalers with retailers to jointly organize the functions of wholesaling and retailing.

en commun

jointly, in common

Opening a Business

le **magasin**
Comment s'appelle le propriétaire du magasin?

store, business
What is the name of the proprietor of the store?

la **boutique**

store, business; shop; boutique

la **zone de chalandise**
Il est important qu'avant d'ouvrir votre magasin, vous connaissiez sa zone de chalandise.

economic area
Before you open your business, you absolutely should be familiar with its economic area.

ouvrir
Nous sommes ouverts de 9 heures à 13 heures et de 16 heures à 20 heures.

open
We are open from 9 o'clock to 1 and from 4 o'clock to 8.

faire des achats
Autre question que vous devez étudier: qui va faire des achats chez vous? et quel est le pouvoir d'achat de cette clientèle?

buy, make purchases
Another question that you have to consider is, who will buy from you, and how much purchasing power does this customer base have?

l'**évasion commerciale** *f*
N'oubliez pas que les gens achètent aussi chez les concurrents: avant donc de déterminer votre chiffre d'affaires prévisionnel, évaluez l'évasion commerciale résultant de la concurrence.

purchasing power drain
Don't forget that the people also buy from the competition, so before you determine your prospective sales, you should evaluate the drain of purchasing power resulting from the competition.

la **vitrine**
Vitrine et enseigne doivent attirer les clients.

show window; display window
Show windows and store signs should attract the customer.

l'**enseigne (de magasin)** *f*

store sign

devanture la

La devanture du magasin a été peinte en vert.

facade (of a business); (front) show window
The store's facade has been painted green.

Pourquoi n'y a-t-il pas de prix aux articles en devanture?
Lors de la braderie, les commerçants mettent les articles soldés en devanture.

Why don't the items in the display window have any prices?
In a clearance sale, the dealer places the reduced-price articles on the sidewalk in front of the store.

l'étalage *m*
L'étalage a pour but de favoriser l'achat par le client des articles exposés.

display
The purpose of the display is to promote the sale of the exhibited sale items.

l'étalagiste *mf*

window dresser

agencer
Comment agencer l'intérieur du magasin?

arrange; set up
How should the inside of the store be set up?

le meuble d'exposition
La clientèle doit pouvoir circuler aisément autour des meubles d'exposition.

display stands
The customers must be able to move comfortably around the display stands.

circuler

move around; circulate

le comptoir
Toutes nos montres sont exposées sur le comptoir à droite de l'entrée du magasin.

sales table; counter
All our watches are on the sales table to the right of the entrance to the store.

l'assortiment *m*
Notre magasin offre un très large assortiment de cravates.

assortment; (merchandise) offered
Our store offers a very wide assortment of ties.

la sélection

selection; choice

la référence
Alors qu'un supermarché offre un assortiment de 3 000 à 5 000 références, un hypermarché peut en comporter jusqu'à 40 000.

(single) item, article
While a supermarket has an assortment of 3,000 to 4,000 items, in a superstore it can be as many as 40,000.

la catégorie de produits

category of products

les heures d'ouverture *fpl*
Quelles sont les heures d'ouverture des magasins?

business hours, times open
When is the store open?

sans interruption
Magasin ouvert de 9 à 20 h sans interruption.

continuously
The store is open continuously from 9 AM to 8 PM.

la fermeture (des magasins)
Je suis arrivée juste avant la fermeture, à sept heures moins cinq.

closing time
I came just before closing time, five to seven.

la nocturne

evening hours; hours extended to evening
L'hypermarché est ouvert en nocturne le vendredi jusqu'à 22 h.
The superstore is open longer on Friday evening, to 10 PM.

le **jour de repos**
Le lundi, c'est jour de repos.

closed; day off
Monday is the day off.

l'**affluence** *f*
Le mercredi après-midi et le samedi,
c'est la grande affluence dans le centre
commercial.

throng; press
Wednesday afternoons and Saturdays
there is a tremendous throng in the
shopping center.

le **ravitaillement**
Il n'y a plus d'essence dans les stations-
service, elles ont des problèmes de ravitaillement.

supply
The gas station has no more gas, they
are having problems with supplies.

la **pleine saison**
Ecoutez, c'est la pleine saison pour les
articles de ski, alors il faut que vous
nous livriez le plus rapidement possible.

high season, full season
Listen, it's the top of the season for
ski items, so you've got to supply us
as soon as possible.

la **morte-saison** (mortes-saisons)

Les marchands de glaces profitent de la
morte-saison, en janvier, février, pour
partir en vacances.

dead time for business; out of season;
slow time
The ice-cream sellers make use of the
out-of-season time in January and
February to go on vacation.

profiter de

profit from; make use of; utilize

être bien assorti, e

Son magasin est bien assorti, elle est très
commerçante: voilà ce qui explique son
succès.

have a good variety; offer a broad
range of goods
Her business offers a broad range of
goods, she's very good at business,
and that explains her success.

être très commerçant, e

be capable in business

bien achalandé, e
C'est un supermarché bien achalandé en
produits frais.

with a wide variety of goods offered
The supermarket has a wide variety
of fresh products.

le **choix**
Chez Pritoufou, nous vous proposons un
grand choix d'articles dégriffés à des
prix ridiculement bas.

choice
Pritoufou offers you a large choice of
reduced items at truly ridiculously
low prices.

dégriffé, e

reduced, slashed

la **variété de choix**
Il y a une telle variété de choix dans ce
magasin que je n'arrive plus à me
décider.

variety of offerings; great choice
This business has so much choice
that I can't decide anymore.

le **rayon**
Ce produit est encore dans la réserve, il
n'a pas été mis en rayon.

shelf; department
This article is still in the stockroom;
it hasn't been placed on the shelf yet.

Il n'y a pas de rayon chemises pour hommes dans cette boutique de vêtements.	There isn't a department for men's shirts in this clothing store.
le **référencement**	putting into the selection; placing in stock
Le responsable de la centrale d'achat est en train de négocier le référencement de ce produit avec le producteur.	The central buying office has just arranged with the manufacturer for us to stock this product.
référencer	stock; put into the selection
déréférencer	take out of stock, discontinue

Selling in a Store

l'**emballage cadeau,** (emballages cadeaux) *m* Vous me faites un emballage cadeau, s'il vous plaît?	gift wrapping Would you please gift wrap this?
le **service** Les meubles sont plus chers dans ce magasin mais le service est meilleur: les vendeurs sont compétents et ils sont livrent à domicile.	service The furniture in this store is more expensive, but the service is better: The salespeople are expert and the merchandise is delivered to the house.
livrer à domicile	home delivery
le **caissier,** la **caissière**	cashier
la **caisse (enregistreuse)**	cash register
le **chef de rayon**	section head
le **chef de département**	department head, chief of all the sections
Le chef du département Produits frais est responsable des rayons Crémerie et Fruits et légumes.	The head of the fresh produce department is responsible for the dairy, vegetable, and fruit sections.
la **fidélisation** Un bon moyen de fidélisation de la clientèle, c'est de leur donner une carte de fidélité.	development of a regular clientele A good way to establish a bond with customers is by giving customer cards.
la **carte de fidélité**	customer card
marchander	deal; haggle over; dicker
se **trouver dans le commerce** Cet article ne se trouve plus dans le commerce, inutile de vouloir le commander.	be available (in trade) This article is no longer available; it's pointless to try to order it still.

invendable
Cet article est invendable, tout le stock va nous rester en magasin.

unsalable
This item is unsalable; we're going to be stuck with the entire stock.

rester en magasin

remain on one's hands

les **soldes** *mpl*
Le commerçant peut faire des soldes avant rénovation du magasin ou cessation de commerce.

clearance sale; closeout sale
The dealer can have a clearance sale for the renovation of the store or for going out of business.

solder

offer in a clearance or closeout sale; sell out

la **liquidation (du stock)**
Liquidation pour cessation de commerce, disait l'affiche sur la vitrine.

liquidation (of stock); clearance
"Liquidation Because Going Out of Business," it said on the sign in the display window.

la **cessation de commerce**

going out of business

la **fermeture (d'un magasin)**

closing down (of a store)

l'**invendu** *m*
Il va falloir améliorer la gestion des stocks, nous avons encore trop d'invendus.

unsold merchandise; remainder
We must improve our stock management—we have too much unsold merchandise.

le **rossignol**

Méfiez-vous des articles vendus à prix cassés, ce sont très souvent des rossignols ou des fins de série.

deadwood; drugs on the market; shelf sitters
Be mistrustful of items sold at giveaway prices; they are often shelf sitters or outmoded models.

les **fins de série** *fpl*

outdated models

être en vogue
C'est un article pourtant très en vogue, je ne comprends pas cette mévente.

be in; be in vogue
The article is still very in—I don't understand the flat sales.

la **mévente**

flat sales; poor sales

le **succès de vente**
Les montres Swatch® sont devenues très rapidement un succès de vente.

sales success
Swatches® very quickly became sales successes.

la **promotion**
Demande au chef de rayon quels sont les articles en promotion cette semaine!
Tu as vu, ils font des promotions sur les caméscopes chez Pritoufou!

special offer
Ask the section head what items are on special offer this week!
Have you seen, Pritoufou has a special offer on videocameras!

les **soldes saisonniers** *mpl*
Les soldes saisonniers ont lieu en janvier et en juillet.

(seasonal) clearance sale
The clearance sales take place in January and in July.

en solde
Les marchandises en solde ne sont ni reprises, ni échangées.

reduced; clearance
Reduced merchandise is not returnable or exchangeable.

reprendre

return

échanger

exchange

la **démarque**
C'est seulement avec la deuxième démarque que les soldes deviennent intéressants.

price reduction, price cut
A closeout sale only becomes interesting after the second price cut.

démarquer
La robe a un petit défaut, c'est pourquoi elle est démarquée.

reduce (in price)
The dress has a small imperfection so it's been reduced.

brader

sell off dirt cheap; sell below cost; dump

Nous bradons tout, le stock doit être liquidé.

We're selling everything off dirt cheap; the stockroom has to be cleared.

la **braderie**
A la braderie, il y avait un camelot qui vendait des parapluies jetables.

special street sale; sellout
There was a dealer in the street market selling throw-away umbrellas.

le **camelot**

street vendor

External Sales

le **vendeur sédentaire,**
la **vendeuse sédentaire**

in-house salesperson

le **vendeur itinérant,** la **vendeuse itinérante**
Le rôle des vendeurs itinérants est de visiter les clients chez eux: ils ou elles travaillent sur le terrain.

external salesperson; traveling salesperson
The job of an external salesperson consists of visiting the customers where they are, i.e., they work in the field.

visiter

visit; call on

sur le terrain

in the field

l'**équipe de vente** *f*
Vendeurs sédentaires et vendeurs itinérants forment l'équipe de vente d'une entreprise.

sales force
The sales force of a company consists of the salespeople inside and outside the firm.

la **force de vente**

sales department

la **prospection (des clients)**

canvassing; sales development; solicitation

le **représentant (de commerce),**
la **représentante (de commerce)**

(sales) representative

au nom de qn
Le représentant agit au nom et pour le compte de son employeur.

in someone's name
The representative operates in the name of his employer and for its account.

pour le compte de qn

for someone's account

représenter
Monsieur Bouziges représente notre société dans un secteur couvrant les départements du Haut-Rhin, du Territoire de Belfort, du Doubs et du Jura.

represent; be representative for
Mr. Bouziges represents our firm in a territory that includes the departments of Haut-Rhin, Territoire de Belfort, Doubs, and the Jura.

le **secteur (de vente)**

(sales) territory

la **représentation**
Je vous demande de bien vouloir me confier la représentation de vos produits dans ce secteur.

representation
I am asking you to entrust me with the representation of your products in this territory.

le **commission**, la **pourcentage**
Dans mon travail précédent, je ne touchais pas de fixe, je recevais uniquement des commissions sur le volume des ventes.

commission
In my former position I had no base salary; I received only a commission on sales.

intéresser qn à qc
Notre équipe de vente est, en outre, intéressée aux résultats des ventes.

share something with someone
Our sales force also shares in the sales success.

en outre

besides, beyond this

l'**agent commercial** *m*

L'agent commercial est un travailleur indépendant qui négocie et conclut des achats ou des ventes au nom et pour le compte de la firme qu'il représente.

independent (trade) representative, commercial agent
The independent representative is an independent business person who acts as an intermediary and buys and sells in the name of and for the account of the companies represented.

à la commission
L'agent commercial travaille à la commission.

on a commission basis
The independent trade representative works on a commission basis.

le, la **commissionnaire**
Le commissionnaire est un commerçant qui achète ou vend en son nom personnel pour le compte d'un commettant.

trading agent
The trading agent is a trade representative who buys or sells in his own name for the account of a principal.

en mon/ton/son nom personnel

in (my/your/his/her own) name

le **commettant**, la **commettante**

principal

le **courtier**, la **courtière**
Le courtier est un commerçant qui met en contact un vendeur et un acheteur pour qu'ils concluent une affaire.

broker; middleman
The broker is a merchant who arranges a contact between a buyer and a seller for the purpose of closing a business deal.

177

mettre en contact

make a contact; act as an intermediary

le **courtage**

broker's fee, broker's commission, brokerage commission

Le commissionnaire travaille à la commission, le courtier perçoit un courtage.

The trading agent works on a commission basis; the broker receives a brokerage commission.

l'**employé de commerce,**
l'**employée de commerce**

business employee; clerk

la **force d'achat**

buying/ purchasing (department)

la **téléprospection**
Les entreprises font de plus en plus de la téléprospection pour préparer la visite des vendeurs itinérants.

telemarketing
The company is doing more and more telemarketing to prepare for the sales representative's call.

l'**attaché commercial,** l'**attachée commerciale**

sales agent

le **commercial,** la **commerciale**
‹commerciaux›

merchant, businessman/ -woman

le **permis véhicule léger (permis VL)**

truck driver's license

la **prime (sur quotas)**

sales bonus (tied to quotas)

les **frais professionnels** *mpl*

business expenses; expenses

la **note de frais**

expense account

le **technico-commercial,** la **technico-commerciale** ‹technico-commerciaux›

technical sales personnel (external)

Les technico-commerciaux sont des représentants de niveau BTS ou ingénieur qui vendent des biens d'équipement.

The technical sales people are field service employees with a BTS degree or one in engineering and they sell equipment.

l'**ingénieur commercial** *m*

sales engineer

le **statut (de) VRP (voyageurs, représentants, placiers)**

status of a VRP *(In France, besides the independent agent, there is the employed sales agent. The VRP may not engage in any business activity on his own.)*

Nos représentants bénéficient du statut VRP.

Our representative has VRP status.

le **voyageur (de commerce),**
la **voyageuse (de commerce)**

traveler; traveling salesperson

exclusif, -ive

exclusive

multicarte
Nous recherchons un agent multicarte
bien introduit dans les milieux industriels de la région.

multicompany
We are looking for a multicompany
representative who is well established
with the industries in the region.

être bien introduit, e

be well established

démarcher
Nous avons démarché plusieurs entreprises qui ont toutes refusé de nous parrainer.

approach, contact
We have approached several firms,
which have all declined to represent
us.

l'inspecteur des ventes,
l'inspectrice des ventes
L'inspecteur des ventes a constaté que, si
les ventes ont décollé au début de l'année, elles ont enregistré un recul par la
suite dans nos quatre secteurs.

sales manager

The sales manager said that although
sales did begin well at the first of the
year, subsequently a drop was observed in our four territories.

décoller

start well; begin well

le **recul**

drop; decline

l'**argumentaire** *m*
Comment utiliser l'argumentaire lors
d'un entretien de vente?

sales guide; sales folder
How should the sales guide be introduced during the sales talk?

l'**entretien de vente** *m*

sales talk

Selling Price

le **prix de gros**
Cette semaine, le prix de gros des haricots du Burkina-Faso est de 24 F le kilo.

wholesale price
This week the wholesale price for
beans from Burkino-Faso is 24 F per
kilo.

le **prix de vente au détail**
Ces haricots sont vendus au prix de 40 F
le kilo au détail.

retail price
These beans will be sold at retail for
40 F per kilo.

le **prix (de vente au) public**
Le prix de souscription de 390 F est
valable jusqu'au 31 octobre; au-delà de
cette date, le dictionnaire sera vendu au
prix public de 590 F.

list price
The subscription price of 390 F is
good until October 31; after that the
dictionary will be sold at the list price
of 590 F.

le **prix de souscription**

subscription price; prepublication
price

au-delà de qc

after something; afterwards

hors taxes (HT)

without value-added taxes; taxes and
shipping and handling costs not included

Le prix HT de ce microordinateur est de
9 000 F, donc cela vous fait 10 674 F
TTC.

This PC costs 9,000 F without taxes,
which makes the tax-included price
10,674 F.

toutes taxes comprises (TTC)

tax included; all taxes and shipping
and handling costs included

l'**étiquette** *f*
Le prix de la robe figure sur l'étiquette.

ticket
The price of the dress is on the ticket.

l'**étiquette de prix** *f*
Pourquoi n'y a-t-il pas d'étiquettes de prix sur ces vêtements?

price tag
Why aren't there any price tags on these clothes?

le **prix de fabrique**

factory price

rabaisser
Et le commerçant t'a rabaissé le prix de la robe?

reduce, drop
And did the retailer drop the price for the dress?

faire baisser le prix
J'ai marchandé une heure pour faire baisser le prix de ce manteau.

reduce the price
I bargained for an hour to get the price of this coat reduced.

faire un prix à qn
Finalement, le commerçant m'a fait un prix: 1 700 F au lieu de 2 600 F.

to make/offer someone a fair price
Finally the dealer offered me a fair price: 1,700 F instead of 2,600 F.

moitié prix

at half price

la **réduction (de prix)**
Je n'ai pas réussi à obtenir de réduction, le concessionnaire m'a vendu la camionnette au prix fort.

price reduction
I didn't manage to get a price reduction; the dealer sold me the delivery van at full price.

au prix fort

at full price

prix à débattre
Vends caméscope avec accessoires. Prix à débattre.

price negotiable
Videocamera with accesssories for sale, price negotiable.

le **prix net**
Dans les ventes entre entreprises, l'acheteur peut bénéficier de réductions de prix et, dans ce cas, le prix demandé est un prix net.

net price
In a sale between companies, the buyer can receive discounts; in this case the asking price is a net price.

le **prix catalogue** *inv*
Pour toute commande supérieure à 1 000 unités, nous vous accordons une remise de 10% sur les prix catalogue.

list price, catalog price
On any order of more than 1,000 units, we are offering you a quantity discount of 10% off our list price.

la **remise**

quantity discount; price reduction

la **ristourne**

rebate; bonus

le **rabais**
Si la marchandise est défraîchie, abîmée ou non conforme à la commande, l'acheteur demandera un rabais.

discount; allowance; reduction
If the merchandise is shopworn or damaged or doesn't come up to standard, the buyer may ask for a reduction.

défraîchi, e

shopworn; dusty

l'**escompte (de règlement)** *m*
Je vous fais 2% d'escompte sur le prix convenu si vous payez comptant.

cash discount
I'll give you a 2% cash discount on the agreed-upon price if you pay cash.

convenu, e

agreed-upon

l'**étiquetage** *m*
Vous vous occupez, s'il vous plaît, de l'étiquetage des bouteilles de vin qui viennent d'arriver.

ticketing; price-marking
Please take care of ticketing those bottles of wine that just came in.

le **prix d'achat**
Le prix que le détaillant paie au grossiste ou à la centrale d'achat est le prix d'achat.

purchase price
The price the retailer pays the wholesaler or the central purchaser is the purchase price.

les **frais d'achat** *mpl*
Un commerçant achète à un grossiste 12 pantalons au prix net de 9 600 F: à cela il faut ajouter les frais d'achat qui s'élèvent à 3 600 F.

costs of purchasing
A dealer buys 12 pairs of trousers from a wholesaler at a net price of 9,600 F. To this must be added the costs of purchasing, which amount to 3,600 F.

le **coût d'achat**
Le coût d'achat de ces 12 pantalons est donc de: 9 600 F + 3 600 F = 13 200 F.

cost price
The cost price of these 12 pairs of trousers thus amounts to 9,600 F + 3,600 F = 13,200 F.

les **frais de distribution** *mpl*
Le détaillant engage des frais de distribution: magasinage, emballage, salaires des vendeurs, publicité, livraison à domicile, facturation, etc.

sales costs
The retailer has sales costs: storage, packaging, salespeople's salaries, advertising, free home delivery, setting up accounts, etc.

le **coût de revient**
Coût d'achat + frais de distribution = coût de revient.

prime cost price
Cost price + sales costs = prime cost price.

la **marge brute**
La marge brute est la différence entre le prix de vente HT du produit et son coût d'achat HT.

gross margin, margin
The gross margin is the difference between the selling price without taxes and the cost price without taxes.

le **taux de marque**

profit margin

le **prix net à payer hors taxes**

cash price

le **prix de vente TTC**

gross selling price

comprimer
Si les minimarges sont si compétitifs, c'est qu'ils compriment au maximum leurs frais de distribution.

drop; reduce; condense; tighten up
The discount stores are so competitive because they reduce their costs of sales to the maximum.

confortable
Les marges brutes sur les habillements des hypermarchés sont très confortables.

considerable; high; comfortable
The gross margins for clothes in the superstores are very comfortable.

incompressible

Nous avons rogné sur tous les postes, nous ne pouvons pas faire plus, ces charges sont incompressibles.

not reduceable any further; rock-bottom
We've slashed at all positions, we can't do more; these costs simply cannot be reduced any further.

rogner sur qc

cut back on something; save on something

la guerre des prix
Avec cette stratégie, nous risquons de déclencher une guerre des prix.

price war
With this strategy we're running the risk of provoking a price war.

déclencher

provoking; inciting

s'**aligner sur**
Vous pensez qu'il vaudrait mieux s'aligner sur la concurrence?

follow; conform to
Do you think it would be better to follow the competition?

diminuer de prix
Tu as vu? Les caméscopes ont encore diminué de prix.

go down in price, price drop
Have you seen? Prices of videocameras have dropped even lower.

baisser
La concurrence dans la grande distribution a fait baisser les prix.

fall
The competition among the superstores has made prices fall.

la baisse
Les baisses du prix du café n'ont pas été répercutées sur le consommateur final.

drop; reduction
The price reductions in coffee won't be passed on to the consumer.

libérer les prix
Depuis 1986, les prix sont libérés en France.

decontrol prices
Since 1986 the prices in France have been uncontrolled.

la flambée des prix
Les services ont connu une flambée des prix alors que les prix des biens de consommation sont restés sages.

strong price rise, price explosion
Prices in the service industries have exploded, whereas the prices for consumer goods have remained reasonable.

Import and Export

exporter
Nous exportons des avions vers tous les pays du monde.

export
We export aircraft to all the countries in the world.

importer
Notre maison importe du café d'Amérique latine en France.

import
Our company imports coffee from Latin America to France.

l'**exportateur**, l'**exportatrice**

exporter

l'**importateur**, l'**importatrice**

importer

à l'export(ation)
Il y a cinq ans, nos ventes à l'exportation s'élevaient à 5% du chiffre d'affaires.

export
For five years our export sales have amounted to 5% of revenues.

à l'import(ation)

import

la **délégation commerciale**

trade delegation

développer
Notre PDG veut développer les exportations.

develop, promote
Our executive committee chairman wants to develop exports.

la **mission commerciale**
Ces missions commerciales organisées par les entreprises d'un secteur avec l'appui de la chambre de commerce sont une première approche du marché et des clients étrangers.

trade mission
This trade mission, organized by the companies of one industry with the support of the Chamber of Commerce, is a first approach to the foreign market and its customers.

l'**appui** *m*

support

l'**approche** *f*

approach

la **contrainte**
Une étude de marché à l'exportation comprend aussi une analyse des contraintes administratives, techniques, humaines: quels droits de douane? quelles normes? quelles langues, etc dans le pays-cible?

constraint; condition
A market study for exporting also includes an analysis of the administrative, technical, and sociocultural constraints: What tariffs are there in the target country? What technical standards? What language, etc.?

d'exportation
Ce fromage est un produit d'exportation, il n'est pas destiné au consommateur français.

export; (intended) for export
This cheese is produced for export. It is not intended for the French consumer.

d'importation

import; imported

export(ation)
Comment est calculé le prix de revient export?

export
How is the prime cost calculated in export?

import(ation)

import; imported

départ usine

from the factory

l'**implantation** *f*
Nous n'avons pas les moyens d'une implantation au Gabon ni de réseau de distribution là-bas.

branch office; agency
We have neither the means for a branch office in Gabon nor a sales network there.

l'**importateur(-distributeur),**
⟨importateurs(-distributeurs)⟩ *m*

importer

implanter
C'est un marché qui va se développer: pourquoi ne pas implanter une filiale dans ce pays?

establish; settle
This is a market with a future: why not establish a subsidiary in this country?

la **Chambre de commerce international (CCI)**
La Chambre de commerce internationale assure des arbitrages dans les litiges concernant les contrats commerciaux internationaux.

International Chamber of Commerce (ICC)
In case of litigation concerning international contracts, the International Chamber of Commerce takes over the arbitration.

l'**arbitrage** *m*

arbitration

la **procédure arbitrale**
La procédure arbitrale de la CCI permet de régler plus rapidement un différend entre partenaires commerciaux que devant les tribunaux de chaque pays.

arbitration procedure
The ICC's arbitration proceedings allow a difference between two business partners to be resolved more quickly than in the courts of the two countries.

s'**ouvrir à qn**
De nouveaux marchés s'ouvrent aux entreprises exportatrices.

open up; are opened to someone
New markets open up to exporting companies.

exportateur, -trice

exporter

importateur, -trice

importer

juteux, -euse
Dans le secteur de l'armement, de juteux contrats sont signés.

lucrative
In the weapons business, lucrative contracts are concluded.

le **négoce**
Il s'agit d'une entreprise d'Anvers, spécialisée dans le négoce de céréales.

trade
It's about a firm in Antwerp that has specialized in the grain trade.

la **société de négoce international**	international trading company

le, la commissionnaire à l'achat — commissionaire; purchasing agent

Le commissionnaire à l'achat commande des marchandises, les reçoit dans ses magasins, les vérifie, les emballe et les exporte pour le compte d'une entreprise étrangère.

The purchasing agent orders merchandise, receives it in the warehouse, inspects it, packs it, and exports it for the account of a foreign firm.

le, la commissionnaire à la vente — selling agent; consignee

le, la commissionnaire-ducroire, ‹commissionnaires-ducroires› — *del credere* agent

l'agent à la commission *m* — trade representative

Comme l'agent à la commission doit informer des visites qu'il effectue chez les clients, l'exportateur connaît mieux le marché que dans le cas du commissionnaire.

Since the trade representative must report on the sales calls he's made, the exporter learns to know the market better than with a commissioned agent.

se porter ducroire — undertake *del credere* (transactions)

L'agent à la commission peut quelquefois se porter ducroire.

The trade representative can sometimes also do *del credere* business.

la **consignation** — consignment

Dès que le contrat d'agence sera signé, nous vous enverrons les marchandises en consignation.

As soon as the agency contract is signed, we will send you the goods on consignment.

l'agence *f* — agency; agent

Les livres ne peuvent être commandés à Paris: vous trouverez donc ci-joint les adresses de nos agences exclusives dans les différents pays.

The books can't be ordered from Paris: Therefore you will find the addresses of our exclusive agencies in the different countries.

le **consignataire** — consignee

L'exportateur peut reprendre les marchandises s'il le souhaite, le consignataire peut également les retourner s'il ne les vend pas.

The exporter can take the merchandise back if he wishes; equally, the consignee can return it if he can't sell it.

retourner — return; send back

le, la dépositaire — exclusive representative; authorized dealer

Nos dépositaires sont tous payés à la commission.

Our exclusive representatives are paid on a commission basis.

Quels sont les nom et adresse du dépositaire de votre marque en Autriche?

What are the names and addresses of the authorized dealers for your brand in Austria?

la **société d'import-export** — import-export company

le **groupement d'exportateurs**
La mission d'un groupement d'exporta-teurs est de trouver des débouchés sur les marchés étrangers.

export association; export group
The job of an export association is to find sales opportunities in the foreign markets.

le **portage**
Le portage consiste pour une entreprise abordant un marché nouveau à utiliser le réseau de distribution d'une autre entre-prise déjà implantée moyennant le versement de redevances.

piggyback operation
"Piggyback operation" means that a company going into a new market uses the sales network of another, al-ready established firm for the pay-ment of a fee.

aborder

enter; tap

onéreux, -euse
Un moyen peu onéreux de s'implanter est la franchise mais si le franchiseur veut conserver son image de marque, il doit contrôler les franchisés.

expensive, costly
A slightly more expensive way of es-tablishing oneself in a new market is franchising, but if the franchiser wants to preserve his brand image, he must supervise the franchisee.

s'**implanter**

establish oneself

la **société d'ingénierie**

firm of consulting engineers; engi-neering office

Dans l'exportation d'équipements clés en main, ce sont des sociétés d'ingénierie qui s'occupent de toute l'opération: étude du projet, contacts avec les fournisseurs, livraison, montage, formation du person-nel, maintenance.

In the export of key-ready machinery, there are firms of consulting engi-neers who take over the whole opera-tion: project planning, contacts with the suppliers, delivery, installation, personnel training, and maintenance.

clés en main

key-ready; ready-to-operate

Terms of Delivery

désigner
A l'exportation, qui, du vendeur ou de l'acheteur, désigne le transporteur et paie le transport des marchandises?

determine; designate
In exporting, who designates the shipper and who pays for the trans-portation of the goods, the seller or the buyer?

le **transporteur**

freight carrier; transport company; shipper

Le transporteur est une personne qui s'engage à effectuer ou faire effectuer un transport par rail, route, mer, air, voies fluviales ou une combinaison de ces divers modes de transport.

The freight carrier is the individual who obligates himself to carry out or to have carried out the transportation by rail, road, sea, air, inland water-ways, or a combination of these dif-ferent modes of transportation.

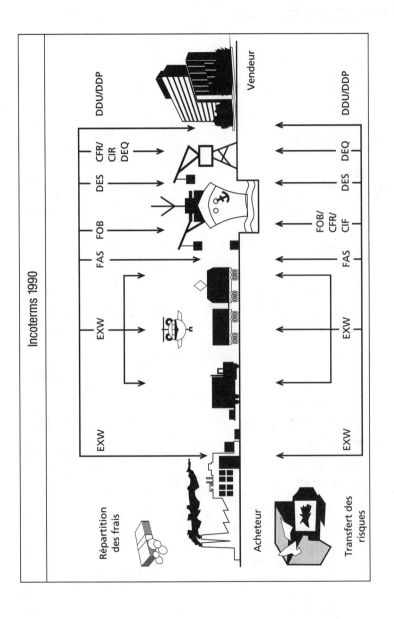

supporter
Qui, du vendeur ou de l'acheteur, supporte le risque en cas de retard de livraison?

bear
Who, buyer or seller, bears the risk in default of delivery?

le terme commercial international, l'incoterm *m*
Quand et où le vendeur livre-t-il la marchandise et l'acheteur prend-il livraison? C'est ce que définissent les incoterms.

international commercial term, incoterm
When and where does the seller deliver the goods, and when and where does the buyer take possession of them? This is what the incoterms establish.

stipuler

Les incoterms sont facultatifs mais si l'un d'eux est stipulé dans le contrat de vente, il lie acheteur et vendeur.

contractually determined; mutually agreed upon
The incoterms are optional, but if a condition is mutually agreed upon in a sales contract, it is binding on both the buyer and the seller.

facultatif, -ive

optional; not obligatory

lier

be binding on

la **règle**
C'est la Chambre de commerce internationale qui a défini ces règles pour la première fois en 1936: les incoterms ont été modifiés en 1953, 1967, 1976, 1980 et 1990.

rule; regulation
The International Chamber of Commerce first established these rules in 1936: The incoterms were modified in 1953, 1967, 1976, 1980, and 1990.

spécifier
Dans l'offre, le contrat ou sur la facture, on spécifie l'incoterm choisi de la façon suivante: Prix..................... DDP... selon INCOTERMS 1990.

specify
In a quotation, contract, or on the bill the incoterms are specified as follows: Price. . . . . DDP. . . according to Incoterms 1990.

à l'usine ... (EXW ...)
"A l'usine Libreville" signifie que le vendeur a livré quand la marchandise est mise à disposition dans son établissement de Libreville.

from the factory; ex works. . . (EXW)
"From the factory Libreville" means that the seller has delivered when the goods are made available in his establishment at Libreville.

le **chargement**
Le vendeur n'est donc pas responsable du chargement de la marchandise dans le véhicule fourni par l'acheteur ou des formalités douanières à l'exportation.

shipment
The seller is therefore not responsible for the shipment of the goods either on a vehicle supplied by the buyer or for the export customs formalities.

les **formalités douanières** *fpl*

customs formalities

rendu droits acquittés... (DDP...)
Par contre, le terme "Rendu droits acquittés..." signifie que le vendeur fait tout, y compris les formalités douanières à l'import et le paiement des droits et taxes exigibles.

delivered duty paid . . . (DDP. . .)
On the other hand, the expression "delivered duty paid" means that the seller has done everything, including taking care of the formalities for import and whatever duties and taxes are applicable.

les **droits (de douane)** *mpl*	duties
y compris	included
franco le long du navire... (FAS...)	free alongside ship. . . (FAS. . .)

Les obligations du vendeur sont remplies lorsque la marchandise a été placée le long du navire désigné par l'acheteur sur le quai.

The seller has fulfilled his obligation when the goods are placed on a dock alongside a ship named by the buyer.

l'**obligation** *f*	obligation
remplir	fulfill
le **navire**	(seagoing) ship
franco (à) bord... (FOB...), FAB	free on board. . . (FOB. . .)
l'**embarquement** *m*	embarkation

être à la charge — be charged with; be debited

Si, dans FOB, le navire désigné par l'acheteur n'arrive pas à temps, les frais supplémentaires sont à la charge de l'acheteur.

If , in FOB, the ship named by the buyer doesn't arrive punctually, the extra costs are charged to the buyer.

supplémentaire — additional

coût et fret... (CFR...) — costs and freight. . . (CFR. . .)

Dans le cas de "coût et fret...", le vendeur assume le coût du transport jusqu'à la destination désignée alors que le risque de perte ou de dommage des marchandises est déjà transféré du vendeur à l'acheteur au port d'embarquement comme dans FOB.

In the case of "cost and freight. . .," the seller takes over the costs of transportation to a designated port of entry, while the risk of loss or damage to the goods is transferred to the buyer from the seller at dockside in the port of shipment, as in FOB.

transférer — transfer

coût, assurance et fret... (CIF...), CAF — costs, insurance, freight. . . (CIF. . .)

Comme pour CFR, le vendeur CAF paie le fret jusqu'au port de destination mais en plus il souscrit une assurance FAP.

As with CFR, in CIF the seller pays the freight to the port of entry, but in addition he takes out FAP insurance.

rendu ex ship... (DES...) — delivered ex-ship . . . (DES. . .)

Si le port de destination connaît de nombreuses grèves, il vaut mieux que le vendeur négocie le terme CAF que "rendu ex ship" car, dans ce dernier cas, il risque de payer des surestaries.

If the designated port of entry is often affected by strikes, it is more advantageous for the seller to use the CIF condition rather than "delivered exship," for with the latter he risks having to pay demurrage charges.

la **surestarie** — demurrage

rendu à quai... (DEQ...)
"Rendu à quai, droits non acquittés,..." veut dire que l'acheteur s'occupe des formalités et des droits de douane à l'importation.

le **transport multimodal**
Le terme "franco transporteur..." est adapté à tous les modes de transport y compris le transport multimodal.

franco transporteur... (FCA...)
Si la marchandise est conteneurisé, on utilisera "franco transporteur...", ou "port payé jusqu'à...", ou encore "port payé, assurance comprise, jusqu'à...".

conteneuriser

port payé jusqu'à... (CPT...)

port payé, assurance comprise, jusqu'à... (CIP...)

le **port de**

le **transfert**
Avec FCA..., CPT... et CIP..., le transfert des risques s'effectue au moment de la remise de la marchandise au transporteur.

la **remise**

le **terminal** ‹terminaux›
"Franco transporteur Le Blanc-Mesnil" indique que le vendeur doit livrer la marchandise au terminal du Blanc-Mesnil que possède le transporteur désigné par l'acheteur.

rendu frontière... (DAF...)
"Rendu frontière..." est un terme utilisé dans le transport par rail ou par route.

rendu droits non acquittés... (DDU...)
Dans le cas de "rendu droits non acquittés...", les frais de déchargement sont payés par le vendeur, les droits et taxes à l'importation sont à la charge de l'acheteur.

le **déchargement**

delivered ex quay. . . (DEQ. . .)
"Delivered ex quay, duties not paid. . ." says that the buyer takes over the customs formalities and the duties at entry.

multimodal transport
The term "free carrier" is used for all kinds of forwarding including multimodal transport.

free carrier (FCA. . .)
If the goods are containerized, the terms "free carrier. . .," "freight prepaid," or also "free freight insured" are used.

containerized

freight prepaid; carriage paid to. . . (CPT. . .)

freight insurance paid; carriage and insurance paid to. . . (CIP. . .)

freight/ postage for

transfer
With FCA. . ., CPT. . . , and CIP. . ., the transfer of risk occurs when the goods are received by the freight carrier.

delivery

terminal
"Free freight carrier Le Blanc-Mesnil" means that the seller must deliver the goods to the terminal of Le Blanc-Mesnil, which the freight carrier named by the buyer owns.

delivered at frontier. . . (DAF . . .)
The term "delivered at frontier. . ." is chiefly used with rail and highway transport.

delivered duty unpaid. . . (DDU. . .)

In "delivered duty unpaid. . ." the costs of unloading are borne by the seller, and the duties and taxes at entry are charged to the buyer.

unloading

■■■■ Terms of Payment in Foreign Commerce ■■■■

expédier
L'exportateur veut être payé dès que la marchandise est expédiée.

send; dispatch; forward; ship; consign
The exporter will be paid as soon as the goods are shipped.

le crédit documentaire (crédoc)
Exportateur et importateur ont alors recours au crédit documentaire: le paiement est effectué contre des documents représentant la marchandise.

letter of credit
Exporters and importers then use the letter of credit; payment is made against the (presentation of) the documents, which represent the goods.

les Règles et usances uniformes relatives aux crédits documentaires (RUU) *fpl*
La Chambre de commerce internationale a défini la procédure du crédit documentaire dans les "Règles et usances uniformes relatives aux crédits documentaires".

uniform rules and practice for letters of credit

The International Chamber of Commerce has established the procedure for letters of credit in "Uniform Rules and Practice for Documentary Letters of Credit."

conclure un contrat
Exportateur et importateur concluent un contrat de vente prévoyant le paiement par crédit documentaire.

make a contract
Exporters and importers make contracts that provide for payment by letter of credit.

la facture pro(-)forma
⟨factures pro(-)forma⟩
A la demande de la banque, l'exportateur établit une facture pro forma.

pro forma invoice

The exporter makes up a pro forma invoice at the request of the bank.

la licence d'importation
L'importateur peut aussi avoir besoin de la facture proforma pour obtenir une licence d'importation.

import license
The importer also may need the pro forma invoice to obtain an import license.

la licence d'exportation

export license

le donneur d'ordre, la donneuse d'ordre
L'importateur (le donneur d'ordre) demande à sa banque d'ouvrir un crédit documentaire en faveur de l'exportateur (le bénéficiaire).

customer, buyer

The importer (customer) asks his bank to issue a (documentary) letter of credit in favor of the exporter (the beneficiary).

en faveur de

in favor of

le, la **bénéficiaire**

beneficiary

la banque émettrice
La banque de l'importateur émet un crédit documentaire: c'est la banque émettrice.

issuing bank, crediting bank
The importer's bank issues a letter of credit: it is the crediting bank.

Cycle of a Letter of Credit

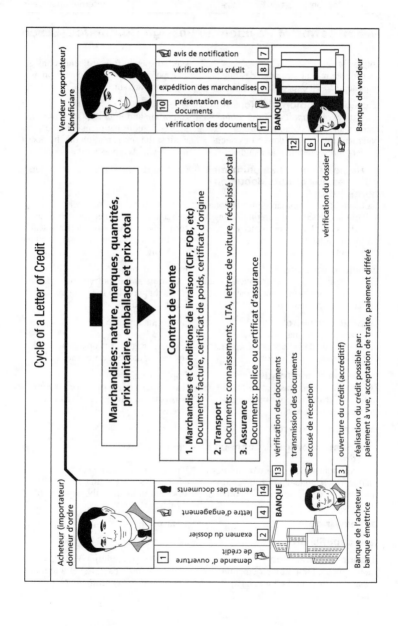

Acheteur (importateur) donneur d'ordre

Vendeur (exportateur) bénéficiaire

Marchandises: nature, marques, quantités, prix unitaire, emballage et prix total

Contrat de vente

1. **Marchandises et conditions de livraison (CIF, FOB, etc)**
   Documents: facture, certificat de poids, certificat d'origine

2. **Transport**
   Documents: connaissements, LTA, lettres de voiture, récépissé postal

3. **Assurance**
   Documents: police ou certificat d'assurance

7	avis de notification
8	vérification du crédit
9	expédition des marchandises
10	présentation des documents
11	vérification des documents

BANQUE

Banque de vendeur

1	demande d'ouverture de crédit
2	examen du dossier
4	lettre d'engagement
14	remise des documents

BANQUE

Banque de l'acheteur, banque émettrice

13	vérification des documents
	transmission des documents
	accusé de réception
6	
5	vérification du dossier
3	ouverture du crédit (accréditif)
12	

réalisation du crédit possible par:
paiement à vue, acceptation de traite, paiement différé

irrévocable
Si la banque émettrice s'engage à payer ferme la somme convenue, le crédit documentaire est irrévocable.

aviser
La banque émettrice avise la banque de l'exportateur de l'ouverture du crédit.

notifier
La banque de l'exportateur notifie le crédit à l'exportateur.

la **banque notificatrice**

confirmer
Si la banque notificatrice s'engage, comme la banque émettrice, à payer la somme convenue contre présentation des documents, elle confirme le crédit documentaire.

la **banque confirmante**

le **crédit documentaire (irrévocable et) confirmé**

l'**expédition** *f*
L'exportateur expédie la marchandise commandée: des documents d'expédition lui sont délivrés.

présenter
L'exportateur présente les documents demandés par l'importateur à sa banque.

le **certificat d'inspection**
L'importateur peut également demander la présentation d'un certificat d'inspection: ce document prouve que la qualité de la marchandise expédiée est conforme à celle commandée.

réaliser
La banque de l'exportateur vérifie si les documents sont conformes au crédit documentaire.

la **réalisation**
La réalisation d'un crédit documentaire peut aussi se faire par l'acceptation d'une traite tirée sur la banque de l'exportateur.

irrevocable
If the crediting bank commits itself to pay the agreed-upon amount, the letter of credit becomes irrevocable.

advise, report
The crediting bank advises the exporter's bank of the issuing of the credit.

officially inform; report
The exporter's bank officially informs the exporter of the credit.

reporting bank

confirm
If the reporting bank, like the issuing bank, commits itself to pay the agreed-upon sums on presentation of the documents, it confirms the letter of credit.

confirming bank

(irrevocable and) confirmed letter of credit

shipment
The exporter ships the ordered goods: the shipping papers are delivered to him.

presents
The exporter presents the documents demanded by the importer to his bank.

inspection certificate
The importer can also require presentation of an inspection certificate: This paper verifies that the quality of the goods shipped corresponds to those ordered.

execute, carry out, pay
The exporter's bank checks to see if the documents conform to the letter of credit.

execution; performance; payment
The execution of a letter of credit can also be completed by an acceptance draft on the exporter's bank.

adresser
La banque de l'exportateur adresse les documents à la banque émettrice.

send
The exporter's bank sends the documents to the issuing bank.

rembourser qn

La banque émettrice vérifie les documents et, s'ils sont conformes aux conditions du crédit, rembourse la banque de l'exportateur.

pay someone (back); to reimburse someone
The issuing bank checks over the papers and if they correspond to the stipulations in the letter of credit, it pays the bank of the exporter.

transmettre
La banque émettrice transmet les documents à l'importateur qui la rembourse.

pass on
The issuing bank passes the documents on to the importer, who pays it.

être en possession de qc

L'importateur qui est en possession des documents peut maintenant prendre livraison de la marchandise.

to be in possession of something; possess something
The importer, who is in possession of the documents, can now take delivery of the goods.

l'**accréditif (documentaire)** *m*
La banque de l'importateur s'engage à payer le montant du crédit documentaire au bénéficiaire si les documents énumérés dans l'accréditif sont fournis.

notice of execution
The importer's bank commits itself to pay the amount of the letter of credit to the beneficiary when the documents that are enumerated in the notice of execution are presented.

le **virement SWIFT**
Nos clients nous règlent par virement SWIFT: c'est plus sûr que le virement par télex et plus commode que le virement par courrier.

remittance by SWIFT
Our customers pay us by SWIFT, which is safer than transfer by telex and easier than remittance by mail.

la **remise documentaire**
Dans la procédure de remise documentaire, les banques interviennent comme mandataires: elles transmettent les documents mais ne s'engagent pas à payer la facture en cas de défaillance de l'importateur.

document collection
In the document collection procedure, the banks act as an agent. They pass on the documents, but they do not commit themselves to pay the bill in case of default by the importer.

documents contre paiement (D/P)
En cas de documents contre paiement, l'importateur paie comptant, par chèque ou par virement, pour entrer en possession des documents qui lui permettent de prendre livraison.

documents against payment (D/P)

In the case of documents against payment, the importer pays cash, by check or by transfer, to gain possession of the documents that will allow him to take delivery of the goods.

entrer en possession de qc

gain possession of a thing

documents contre acceptation (D/A)

documents against acceptance (D/A)

En cas de D/A, la banque mandatée par l'exportateur présente une traite pour acceptation à l'importateur en échange des documents.

In the case of D/A, the bank acting for the exporter presents a draft for acceptance by the importer in exchange for the documents.

en échange de

in exchange for

remettre

hand over; deliver; surrender

Comme convenu, nous avons transmis la facture commerciale, un jeu complet de connaissements, le certificat d'assurance ainsi qu'une traite à vue à notre banque à Abidjan qui vous les remettra contre paiement de la traite.

As agreed, we have sent the commercial invoice, a complete set of bills of lading, the insurance policy, and a demand bill to our bank in Abidjan, who will deliver them to you in return for payment of the draft.

le **crédit documentaire révocable**

revocable letter of credit

Le crédit documentaire révocable n'est pas très utilisé car il peut être modifié à tout moment par la banque émettrice sans que l'exportateur en soit préalablement avisé.

The revocable letter of credit is less common, for the issuing bank can change it at any time without previously advising the exporter.

à tout moment

at any time

préalable

beforehand, previously

la **lettre (commerciale) de crédit**

commercial letter of credit (CLC)

Sur ordre de l'importateur, la banque de l'exportateur annonce à son client qu'il pourra tirer une traite documentaire sur elle, escomptable chez elle et payable auprès de la banque de l'importateur: l'annonce faite à l'exportateur par sa banque est une lettre commerciale de crédit.

Upon instruction from the importer, the bank of the exporter informs its client that he can draw a documentary draft on it, which is discountable by it and payable by the bank of the importer. The report of the exporter's bank is a commercial letter of credit.

la **traite documentaire**

documentary draft

le **contre-remboursement (COD)**

collection on delivery (COD); payment on delivery

Le contre-remboursement peut être effectué par l'intermédiaire de la poste, des compagnies de chemin de fer et par certains transitaires.

Collection on delivery is possible with the postal service, the railroad companies, and with some trucking concerns.

la **compensation**

barter

Si le pays de l'importateur n'a pas de devises, il arrive que la facture soit payée en marchandises: ce sera une opération de compensation.

If the importer's country has no foreign currency, it can happen that the bill may be settled in goods, which would then be a barter transaction.

Customs Clearance

entrer
Quelles sont les formalités douanières à accomplir quand une marchandise entre dans un pays de l'Union européenne?

enter; be imported
What customs formalities must be cleared for importation of goods into the European Union?

douanier, -ière

duty-; dutiable

la **douane**
Ces marchandises sont-elles déjà passées à la douane?

customs
Have these goods already gone through customs?

les **droits d'entrée** *mpl*
Faut-il payer des droits d'entrée sur ces marchandises?

import duty
Must import duty be paid on these goods?

passible
Toute marchandise importée est passible de droits de douane.

subject to duty
Every imported item is subject to duty.

soumis, e
En plus, les marchandises sont soumises à la TVA si elles sont consommées dans le pays d'importation.

subject to
Furthermore the goods are subject to the import sales tax if they are used in the importing country.

déclarer (en douane)
Le douanier m'a demandé si je n'avais rien à déclarer.

declare
The customs officer asked me if I had nothing to declare.

le **douanier**, la **douanière**

customs official, customs officer, customs inspector

le **déclarant (en douane)**,
la **déclarante (en douane)**
Le déclarant n'est pas nécessairement l'exportateur ou l'importateur des marchandises: c'est très souvent un intermédiaire appelé commissionnaire en douane.

declaree; one going through customs

The person dealing with customs is not necessarily the exporter or importer of the goods. Very often it's a middleman, who is known as the customs broker.

le **commissionnaire (agréé) en douane**, la **commissionnaire (agréée) en douane**

(licensed) customs broker

la **déclaration (en/de douane)**
C'est notre transitaire qui s'occupe de remplir les déclarations en douane et de payer les droits et taxes pour nous.

customs declaration
Our carrier takes care of filling out the customs declaration and the payment of duties and taxes for us.

le **dédouanement**
Bien sûr, nous fournissons à notre transitaire tous les documents et informations nécessaires à l'opération de dédouanement.

payment of duty; customs clearance
Naturally we supply our carrier with all the papers and information required for customs clearance.

le **document administratif unique (DAU)**
La déclaration qu'il faut remplir pour importer un produit dans l'EEE ou pour exporter une marchandise hors de l'EEE s'appelle le DAU.

standard administrative document (of the European Community)
The declaration that must be filled out for the importation of a product into the EEC or for the export of a product from the EEC is called the standard administrative document of the EC.

la **facture commerciale**
Le DAU est accompagné d'un certain nombre de documents: facture commerciale, liste de colisage et, selon les cas, certificat d'origine, licence d'importation ou d'exportation, etc.

commercial invoice
A prescribed number of documents are included in the standard administrative document of the EC: commercial invoice, packing list, and, depending on the situation, certificate of origin, import or export license, etc.

la **liste de colisage**

packing list

le **certificat d'origine (des marchandises)**
Si nécessaire, l'exportateur remplit un certificat d'origine qu'il fera viser par la chambre de commerce et d'industrie locale.

certificate of origin (of goods)

If necessary, the exporter fills out a certificate of origin that he has stamped by the local chamber of industry and trade.

viser

stamped

le **certificat de circulation (des marchandises)**
Comme le certificat d'origine, le certificat de circulation atteste que les produits pour lesquels il a été émis sont originaires d'un pays ou d'un groupe de pays.

certificate of exchange (of goods)

Like the certificate of origin, the certificate of exchange attests that the goods for which it is issued come from a country or from a group of countries.

attester

attest; certify

originaire

originate; come from

sanitaire
Les certificats sanitaires et phytosanitaires concernent l'importation de produits animaux et végétaux.

health
Health and plant protection (phytopathologic) certificates concern the importation of animal and vegetable products.

le **certificat phytosanitaire**

plant protection certificate

la **provenance**

provenance; origin

la **facture consulaire**
La facture consulaire est un imprimé rempli par l'exportateur, visé par le consulat du pays importateur.

consular invoice
The consular invoice is a form filled out by the exporter and stamped by the consulate of the importing country.

le **consulat**

consulate

le **visa**

visa

Le consulat peut aussi apposer son visa sur la facture commerciale: ce document atteste alors l'origine des marchandises et permet à la douane du pays importateur de les taxer.

The consulate can also stamp the commercial invoice. This document then attests to the origin of the goods and allows the customs of the importing county to impose duties and taxes.

apposer

affix

la **facture douanière**
La facture douanière est un imprimé que remplit l'exportateur: le Canada, par exemple, exige ce type de document.

customs invoice
The customs invoice is a form that is filled out by the exporter; Canada, for instance, requires this type of document.

dédouaner
Comment sont dédouanés les produits?

pay duty; clear customs
How are the products cleared through customs?

le **tarif des douanes**
Le tarif des douanes est une nomenclature de toutes les marchandises exportables ou importables: on y trouve le taux de droit de douane de chaque produit et la réglementation qui le concerne.

customs tariff
The customs tariff is a list of all the imported and exported goods. It contains the duty rate for each product and the regulations concerning it.

le **taux de droit de douane**

rate of duty

exportable

exportable

importable

importable

tarif(i)er
Une fois le produit tarifé, il subit un système de taxation ad valorem, c.-à-d. un droit calculé à partir de sa valeur.

establish the tariff for
When a tariff is fixed for a product, it is based on an ad valorem system, i.e., the duty is calculated according to the value.

la **taxation ad valorem**

ad valorem tax

la **valeur en douane**
La valeur en douane d'une marchandise à l'exportation est son prix FAB, à l'importation, son prix CAF.

customs value
The customs value of an item is its price FOB for export, its price CIF for import.

■■■ Special Customs Transactions ■■■

la **restriction**
Il y a des restrictions à l'exportation pour des produits sensibles comme les centrales nucléaires.

restriction
There are export restrictions for sensitive materials like nuclear power stations.

le **produit (stratégiquement) sensible**

(strategic) sensitive materials

limiter
Les constructeurs automobiles français ont réussi à faire limiter les importations de voitures japonaises.

limit; restrict
The French automobile manufacturers have succeeded in restricting the import quantities of Japanese cars.

contingenter
L'Etat contingente l'importation de produits agricoles.

impose quotas
The government imposes quotas on the importation of agricultural products.

le **contingent,** le **quota**
Pour protéger l'industrie nationale, des quotas à l'importation de produits finis ont été fixés.

quota
In order to protect the national industry, import quotas have been established for manufactured products.

prohiber
L'importation d'armes n'est pas prohibée, elle est réglementée.

prohibit
The importation of weapons isn't prohibited, it's regulated by statute.

saisir
1 000 kilos de stupéfiants ont été saisis par l'administration des douanes cette année.

seize; confiscate
The Customs Office has confiscated 1,000 kg of drugs this year.

le **stupéfiant**

drugs

l'**administration des douanes** f

Customs Office; customs

retenir
Les marchandises ont été retenues à la douane pour contrôle.

hold; retain
The goods are being held at customs for inspection.

la **perception**
Si ce sont vos meubles personnels, il n'y a pas perception de droits de douane.

levy; imposition
If these are your own personal property, there is no duty imposed.

le **transit**
Le transit est un régime douanier qui permet à une entreprise de dédouaner ses marchandises à domicile et non à la frontière.

transit
Transit is a customs arrangement by which a company pays duty on its goods at home and not at the border.

le **régime (douanier)**

customs transaction; customs treatment

sous douane

under customs seal; under customs bond

Les marchandises voyagent d'un pays à l'autre sous douane, par exemple dans un camion plombé.

The goods travel under customs bond from one country to another, e.g., in a sealed truck.

plombé, e

sealed

transiter
Si la marchandise transite par camion hors de l'EEE, les douaniers demandent le carnet TIR à chaque passage de frontière et vérifient si le camion est toujours plombé.

send in transit
If the goods are sent by truck in transit across the borders of the EEC, the customs officer will demand the carnet TIR at each border crossing and inspect to see if the truck has remained sealed.

le **passage de (la) frontière**

border crossing

le **carnet TIR**

carnet TIR; customs permit for international goods transport by road *(TIR is the acronym for transit international par route.)*

la **contrebande**
Il fait de la contrebande d'œuvres d'art.

contraband
He is smuggling works of art.

passer en fraude
Ce sont des bijoux volés, ils ont été passés en fraude.

smuggle (in/out)
These pieces of jewelry are stolen; they were smuggled in.

faire sortir
Comment avez-vous fait pour faire sortir ce tableau de Van Gogh de France?

export; take out
How did you manage to take this Van Gogh out of France?

l'**entrepôt (douanier)** *m*
Il n'est pas perçu de droits de douane sur une marchandise importée, stockée dans un entrepôt douanier puis réexportée.

customs warehouse
There are no duties levied on imported goods that are stored in a customs warehouse and then exported again.

réexporter

reexport

la **marchandise sous douane**

goods subject to customs control; goods under customs bond

l'**entreposage sous douane** *m*

storage of goods under customs bond

le **perfectionnement passif**
Le régime de perfectionnement passif permet d'exporter des marchandises à l'étranger pour transformation ou réparation et de les réimporter en payant des droits de douane moins élevés.

passive processing
In passive across-the-border processing, goods can be exported for further finishing or repair abroad and then reimported again, with smaller duties being imposed.

réimporter

reimport

le **perfectionnement actif**
Une entreprise qui importe des marchandises et les réexporte après transformation ou réparation bénéficie de l'exemption des droits de douane et de l'exonération des taxes: c'est le régime de perfectionnement actif.

active processing
A company that imports the goods and returns them again after changing or repairing them is exempt from duties and taxes on them. This is the meaning of active across-the-border processing.

l'**admission temporaire** *f*

temporary importation

le **carnet ATA**

carnet ATA *(ATA is the acronym for admission temporaire/temporary admission.)*

Le carnet ATA évite à l'exportateur de verser des droits de douane pour des échantillons commerciaux ou du matériel exposé dans les foires hors de l'EEE.

The carnet ATA exempts the exporter from the imposition of duty for sample goods or for exhibition materials for fairs or shows outside the EEC.

franc, franche
Les entreprises qui s'installent dans une zone franche (ou un port franc) bénéficient d'une exemption totale ou partielle des droits de douane.

duty-free
The company that locates in a duty-free region (or a free port) receives a total or partial exemption from duties.

partiel, le

partial

la **franchise (douanière)**
Combien de boissons alcoolisées et de cigarettes sont admises en franchise dans ce pays?

duty-free amount; free of duty
How many alcoholic beverages and cigarettes may be imported into this country free of duty?

admettre en franchise

admit duty-free

la **boisson alcoolisée**

alcoholic beverage

en détaxe
Dans cet aéroport international, les magasins vendant des articles en détaxe ne sont pas très nombreux.

tax-free
There are not many shops that sell tax-free goods in this international airport.

Customs Transactions in the European Domestic Market

le **marché unique (européen),** le **marché intérieur (européen)**

European domestic market

l'**Union douanière** *f*
Les pays de l'Union européenne forment une Union douanière.

customs union
The countries of the EU formed a customs union.

le **tarif extérieur commun (TEC)**
Le tarif extérieur commun s'applique à toute marchandise franchissant les frontières communautaires.

common tariff of the EU
The common tariff applies to all goods that cross the borders of the EU.

la **Communauté européenne (CE)**

European Community (EC)

communautaire

community; EU (adj)

le **Système monétaire européen (SME)**

European monetary system

l'**ECU** *m*, l'**écu** *m*

European currency unit, écu

franchir

pass; cross

la **libre pratique**
Une marchandise japonaise importée en Allemagne supporte les droits de douane du TEC à son entrée mais elle peut ensuite être introduite en France dans les mêmes conditions qu'un produit d'origine communautaire: c'est le principe de la libre pratique.

(legal) free traffic
Under the common tariff, a Japanese product is subject to duty when it is imported into Germany, but subsequently it can be brought into France under the same conditions as a product of EU origin. This is the principle of free traffic.

introduire

bring in

l'**introduction** *f*
Comme il y a libre circulation des marchandises dans l'EEE, on ne parle plus d'exportation ni d'importation, mais respectivement d'expédition et d'introduction.

bringing in; introduction
Because of the free traffic of goods withing the EEC, people no longer talk of export and import, but rather of shipping and bringing in, respectively.

respectivement

respectively

la **libre circulation des marchandises**

free traffic of goods

la **mise à la consommation**
Le régime de mise à la consommation implique la perception de la TVA sur la marchandise d'origine extra-communautaire.

free traffic transport
The free traffic transport principle presupposes the imposition of sales tax on goods from countries outside the community.

impliquer

assume; require; presuppose

extra-communautaire (extra-communautaires)

outside the European Union

les **barrières douanières** *fpl*
Les barrières douanières à l'intérieur de l'Union européenne sont supprimées pour les marchandises depuis le 1er janvier 1993.

customs barriers
The customs barriers for goods have been lifted within the European Union since January 1, 1993.

supprimer

lift; abolish; set aside

le **pays tiers**
Les produits de provenance communautaire transitant par des pays tiers (comme la Suisse) sont, par contre, soumis à des contrôles douaniers.

third country
Products of EU origin that go through third countries (such as Switzerland) in transit, however, are subject to customs inspection.

l'**Espace économique européen (EEE)** *m*

European Economic Community (EEC)

intra-communautaire (intra-communautaires)

inside the community

l'**acquisition (intra-communautaire)** *f*

acquisition inside the community

l'**acquéreur** *m*
Concrètement, la TVA est due au moment où l'acquéreur reçoit la facture du vendeur.

acquirer; buyer
The value-added tax becomes due at the precise moment the buyer receives the bill from the seller.

être dû, due

be due; become due

l'**identifiant TVA** *m*

tax identification number

le **caractère**
En France, cet identifiant TVA est composé de 13 caractères: le code pays (FR), une clé informatique (2 caractères) et le numéro SIRENE (9 caractères).

characters
In France, this tax identification number consist of 13 characters: the country code (FR), a computer key (2 characters), and the firm number (9 characters).

le **code**	code
la **clé informatique**	computer key
la **déclaration d'échanges de biens (DEB)**	declaration of goods exchange

Chaque mois, les entreprises remplissent une déclaration d'échanges de biens: ce document permet au fisc de vérifier si la TVA a été acquittée.

Every month companies fill out a declaration of goods exchange. On the basis of these papers, the Treasury checks to see if the sales tax has been paid.

la **livraison (intra-communautaire)**

(intra-Community) delivery

L'acquisition intra-communautaire implique une livraison intra-communautaire de la part du vendeur: celui-ci est exonéré de la TVA.

The intra-Community purchase presupposes an intra-Community delivery on the side of the seller: He is excused from the sales tax.

la **franchise voyageurs**

limited free quantities (for travelers)

Les franchises voyageurs à l'intérieur de l'Union sont supprimés, ce qui permet aux particuliers d'acheter, sans limitation, aux taux de TVA pratiqués dans le pays de vente.

Limited free quantities within the EU have been abolished so that private individuals may shop without limitation by the value-added tax of the country of sale.

la **limitation**

limitation

la **boutique hors taxes**

duty-free shop

Le régime des boutiques hors taxes est maintenu à l'intérieur de l'Union jusqu'au 30 juin 1999.

The system of duty-free shops will be retained within the community until June 30, 1999.

Export Financing

le **financement à l'exportation**

export financing

préfinancer

prefinancing

Une entreprise peut préfinancer ses actions de prospection sur les marchés étrangers par un crédit de trésorerie accordé par une banque, garanti, en France, par la COFACE.

A company can prefinance its acquisition activities in a foreign market with a finance credit from a bank, for which, in France, the COFACE provides guarantees.

la **Compagnie française d'assurance pour le commerce extérieur (COFACE)**

French Insurance Company for Foreign Trade (COFACE)

l'**acompte à la commande** *m*

deposit on order

Un moyen de financer la fabrication consiste à demander à l'importateur un acompte à la commande.

A method of financing production, it consists of asking the importer to make a deposit when placing an order.

la **mobilisation de créance née sur l'étranger (MCE)**

mobilization of foreign debts

l'**avance en devises** *f*
Dans le cas de l'avance en devises, la banque de l'exportateur emprunte le montant de la facture sur le marché des eurodevises et prête la contrepartie en francs français à l'exportateur français.

foreign exchange advance
In the case of a foreign exchange advance, the exporter's bank gets the amount of the invoice from the European money market and lends the French exporter the equivalent in French francs.

la **contrepartie**

equivalent

le **risque de change**
L'avance en devises permet de se couvrir contre le risque de change.

exchange risk
The foreign exchange advance allows you to cover against exchange risk.

la **variation de(s) taux de change**

fluctuation in exchange rates

couvrir

cover oneself

le **crédit fournisseur**
Le crédit fournisseur est un prêt consenti par une ou plusieurs banques à un exportateur dans le cadre d'une opération d'exportation avec des délais de règlement assez longs (de 18 mois à 7 ans).

exporter credit
The exporter credit is a credit granted by one or several banks to an exporter, within the scope of an export operation, with extended payment terms (of 18 months to 7 years).

consentir

grant

le **crédit acheteur**
Le crédit acheteur consiste, dans une opération de commerce international, en un prêt consenti par une ou plusieurs banques françaises à un acheteur étranger pour lui permettre de régler le fournisseur français dès livraison des marchandises.

buyer's credit
In foreign trade, buyer's credit means that a foreign buyer is granted a loan by one or several French banks with which he can pay his French supplier immediately upon delivery of the goods.

le **recours**
Dans le crédit acheteur, la banque paie comptant et sans recours l'exportateur.

redress; recovery; recourse
In the case of a buyer's credit, the bank pays the exporter in cash and without recovery.

la **confirmation de commande**

Dans la procédure de confirmation de commande, la société de confirmation achète les traites tirées sur l'acheteur étranger et paie comptant et sans recours l'exportateur.

confirmation; validation (by a confirming house)
In a confirming business, the confirming house buys drafts on the foreign buyer and pays the exporter cash and without redress.

au coup par coup
Confirmation de comande ou rachat forfaitaire de créances s'effectuent au coup par coup pour des biens d'équipement contrairement au contrat d'affacturage qui concerne un ensemble de ventes d'une même entreprise.

step by step; one after the other
Confirmation or buying forfeited claims are turned step by step into investment goods, unlike factoring contracts, which concern the total sales of a single company.

The Request for Information

la **demande de renseignements**
La demande de renseignements peut se faire par téléphone, télex, télécopie ou lettre: l'entreprise cherche, dans ce cas, à s'informer et à obtenir de la documentation.

inquiry; request for information
You can make an inquiry by phone, telex, fax, or letter. In this case the firm will get find out the information and get the documentation.

l'**appel d'offres** *m*
Avant de passer commande, l'acheteur veut connaître les prix, les conditions de livraison et de paiement pour des marchandises et des quantités précises: la lettre qu'il écrira sera un appel d'offres.

written request for a quotation
Before he gives his order, the buyer wants to know the prices and delivery and payment terms for certain products and ordering quantities. He asks for a quotation in writing.

l'**acheteur**, l'**acheteuse**

buyer

communiquer
Votre adresse nous a été communiquée par l'un de nos clients, la société Chabada.

transmit
Your address was sent on to us by one of our customers, the firm of Chabada.

faire savoir, faire connaître
Nous vous prions de nous faire connaître, sans engagement de notre part, les prix et conditions que vous pouvez nous consentir pour la fourniture éventuelle de 500 appareils référence TS 80.

inform; let know
We ask that you let us know, without obligation, the prices and terms you could grant us for a shipment of 500 appliances, number TS 80.

la **fourniture**

shipment; delivery

être intéressé, e
Etant distributeur d'articles de sport, nous serions intéressés par la vente de vos chaussures de ski en Allemagne.

be interested
We are a company trading in sports items and would be interested in selling your ski boots in Germany.

rechercher, être à la recherche de
Nous sommes à la recherche d'un fournisseur à même de nous approvisionner régulièrement à des prix compétitifs.

looking for

We are looking for a supplier who is capable of supplying us at competitive prices on a regular basis.

urgent, e
La demande étant plus forte que prévu, nous avons un besoin urgent de 10 000 pièces.

urgent
Since the demand is greater than expected, we have an urgent need for 10,000 pieces.

205

il faut qc à qn
Il nous faudrait des pièces de rechange de qualité constante.

need something
We need replacement parts of consistent quality.

faire parvenir
Veuillez nous faire parvenir dès que possible votre catalogue ainsi que votre prix courant.

have sent; send
Please send us your catalog and your price list as soon as possible.

le **prix courant**

current price list

le **tarif**

price; tariff; price list

dès que possible

as soon as possible; as quickly as possible

connaître
Nous aimerions donc connaître vos conditions de vente à l'exportation ainsi que vos meilleurs prix.

know, find out, learn
We would therefore like to find out your export sales terms and your best prices.

dans les meilleurs délais
Veuillez nous envoyer dans les meilleurs délais une documentation complète sur ce nouveau produit.

as soon as possible
Please send us the complete information about this new product as soon as possible.

dans les plus brefs délais

fastest; with as little delay as possible

joindre
Vous voudrez bien joindre des échantillons de tissu à votre offre.

include
Can you include fabric samples with your offer?

le **devis (estimatif)**
Votre devis nous est bien parvenu. Cependant, avant de vous passer commande, nous souhaiterions un complément d'information: ...

cost estimate
We have received your cost estimate with thanks. Before we send you an order, however, we must ask you for additional information. . . .

le **complément d'information**

additional information

convenir à qn
Si les échantillons nous conviennent, nous sommes prêts à vous passer une commande d'essai.

be acceptable to someone
If the sample merchandise is acceptable to us, we are prepared to send you a trial order.

la **commande d'essai**

trial order

satisfaire, donner satisfaction
Si vos conditions nous satisfont, nous sommes en mesure de vous passer des commandes régulières.

be satisfied, be acceptable
If your conditions are acceptable to us, we can place orders with you on a regular basis.

lancer un appel d'offres
Avant d'entreprendre de grands travaux, une entreprise ou une administration lance un appel d'offres.

invite bids
Before a company or an agency starts on a large construction project it invites bids.

soumettre
Les fournisseurs soumettent une offre conforme au cahier des charges.

submit; present
The bidder submits a proposal according to the specifications.

la soumission
Pour l'attribution de ce marché, nous avons procédé par voie de soumission.

bid
For the of awarding of this contract we are issuing a public invitation for bids.

le marché

contract

l'attribution *f*

awarding

soumissionner

submit or make a bid; compete for a (public) contract

l'adjudication *f*
Dans la procédure de l'adjudication, l'Etat établit un cahier des charges, met une annonce dans la presse et attribue le marché à l'entreprise qui a proposé le prix le plus avantageux.

public contract award or invitation
In the public contract award, the government draws up specifications, puts a notice in the paper, and awards the contract to the company that submits the most favorable bid.

attribuer

award; give

The Proposal

l'offre *f*

bid; offer; proposal

solliciter
Nous avons sollicité une offre détaillée auprès de notre fournisseur habituel.

solicit; request; ask for
We have asked for a detailed offer from our regular supplier.

le fournisseur

supplier; bidder

détaillé, e

detailed

habituel, le

regular

l'offre spontanée *f*

unsolicited offer

apprendre
Par votre annonce parue dans "L'Usine Nouvelle" de la semaine dernière, nous avons appris que vous recherchiez un agent commercial pour vos produits.

learn; come to one's attention
We have learned from your advertisement in last week's *L'Usine Nouvelle* that you are looking for a trade representative for your products.

informer
Malheureusement, nous devons vous informer que nous ne pouvons vous soumettre l'offre demandée.

inform
Unfortunately we must inform you that we cannot submit the offer you have requested.

disposer de
Nous ne disposons plus de cet article en magasin.

have in stock; have available
We no longer have this article in stock.

parvenir
Les échantillons qui vous parviendront par courrier séparé vous permettront d'apprécier la qualité des articles.

reach; be going
The samples that are being sent to you under separate cover will enable you to appreciate the quality of our merchandise.

apprécier

appreciate; evaluate positively

ci-dessous
Vous trouverez ci-dessous l'offre que vous nous avez demandée.

below
Below you will find the offer you requested.

les **conditions de vente** *fpl*
Nos conditions de vente sont les suivantes: ...

terms of sale
Our terms of sale are as follows: . . .

être le, la suivant, e

are as follows

livrable
Les 300 rames de papier blanc pour copieur, 80 gr, réf 296, format A4, sont livrables au prix de 50 F l'unité.

deliverable
The 300 reams of white copier paper, 80 gr, no. 296, format A 4, are deliverable at a price of 50 F per unit.

la **référence (de catalogue) (réf)**

(catalog) reference number; (ordering) number

l'**unité** *f*

unit

le **prix unitaire,** le **prix à l'unité**
Le prix unitaire est de 200 F.

unit price
The unit price is 200 F.

calculé, e au plus juste
Nos prix sont calculés au plus juste.

calculated to be lowest
Our prices are calculated to be lowest.

comprendre
Ces prix ne comprennent pas le port et l'emballage, comptés en sus.

include
These prices do not include shipping and handling, which will be computed separately.

en sus

in addition; additionally

s'**entendre**
Ces prix s'entendent pour des matériels livrés par nos soins, franco de port et d'emballage, à votre usine de Limoges.

be understood
It is understood that these prices are for goods delivered by us to your factory in Limoges, with shipping and handling included.

franco de port, en port payé

shipping free; shipping included

franco d'emballage

packing included

par les soins de qn

by someone

compris, e
Ce prix s'entend emballage compris, port à votre charge.

included
This price is understood to include packing, with shipping payable by you.

non compris, e
excluding

à la charge de qn
to someone's debit; to be paid by someone

enlever
call for; pick up; collect
Les prix indiqués sont hors taxes, pour des marchandises enlevées à notre magasin de Lille.
The prices are given without value-added tax for goods that must be picked up at our warehouse in Lille.

en port dû
unpaid; not free
Nos marchandises sont expédiées en port dû.
Our merchandise is sent unpaid.

franco gare/port/frontière
free freight station/ port of shipping/ border

le délai de livraison
delivery date
Le délai de livraison est de 3 semaines à l'envoi de l'accusé de réception de la commande.
The delivery date is three weeks from the dispatch of the order confirmation.

sous huitaine/quinzaine
within eight days/fourteen days
La livraison s'effectuera sous huitaine.
Delivery will take place within eight days.

s'**effectuer**
take place

courant janvier/février/mars/...
sometime in January/February/March/ . . .
La livraison se fera non pas début janvier comme prévu, mais courant février, le 20 février au plus tard, c'est promis.
The delivery will not take place at the beginning of January as planned but sometime in February, on February 20 at the latest; that is a promise.

à titre indicatif
at no obligation; nonbinding; for information
Les délais de livraison sont donnés à titre indicatif.
The delivery date given is not binding.

le paiement anticipé
payment in advance
Comme nous ne savons pas si ce client est solvable, nous allons demander, pour cette livraison, un paiement anticipé.
When we do not know if the customer is able to pay, we only deliver with payment in advance in that case.

payable
payable
La marchandise est payable à la commande.
The merchandise is payable on ordering.

à la commande
on ordering; with the order
Paiement à la commande.
Payment on ordering.

au comptant
with cash payment
Nos conditions habituelles de règlement sont:
Our usual terms are as follows:
—au comptant par chèque, avec 3% d'escompte
—with cash payment by check, 3% discount
—par traite à trois mois sans escompte.
—with payment up to 90 days, no discount.

le paiement (au) comptant
Nous accordons 2% d'escompte pour
paiement comptant.

cash payment
With cash payment we allow a 2%
discount.

suivant
Le paiement sera effectué dans les 30
jours suivant la date de la facture.

after; from; following
Payment is due within 30 days after
the billing date.

dans les

within; inside

à (la) réception de

Le règlement s'effectue à réception de la
marchandise.

after arrrival or receipt; on arrival or
receipt
Payment is due on receipt of the
goods.

fin de mois de
Délais et mode de paiement: traite à 60
jours fin de mois de livraison.

at the end of the month
Payment date and method of payment: 60 days from the end of the delivery month.

comptant net
Paiement: soit comptant net dans les 3
semaines par virement bancaire, soit
traite à 90 jours de vue.

cash without discount; net
Payment: cash net within three weeks
by bank transfer or with a 90-day
sight draft.

ferme
Cette offre est ferme jusqu'au 15 mars
de cette année.

firm; binding
This offer is firm until March 15 of
this year.

**sauf vente, vente intermédiaire
réservée**
Nous avons le plaisir de vous offrir, sauf
vente, les marchandises que vous avez
demandées aux conditions suivantes: ...

subject to prior sale

We are pleased to be able to offer you
the items you requested, subject to
prior sale, on the following terms:. . .

offrir

offer

l'épuisement *m*
Cette offre est valable jusqu'à épuisement du stock.

exhaustion
This offer is good until the stock is
exhausted.

l'offre sans engagement *f*

nonbinding offer

la réserve
Comme les matières premières risquent
d'augmenter, nous vous donnons ces
prix sous toutes réserves.
Nous vous faisons cette offre sous
réserve que les stocks ne soient pas entretemps épuisés.

reservation; condition
Since raw materials may increase in
price, we are giving you these prices
with a reservation.
We make you this offer on condition
that stocks will not be exhausted in
the interim.

entretemps

interim; meanwhile

décliner
Nous n'avons pas l'intention de décliner cette offre, elle nous semble avantageuse.

refuse; decline
We do not intend to decline this bid; it seems to us to be favorable.

The Order

la **commande**
Si le client passe une commande par téléphone, il la confirmera par écrit.

order
When the customer gives his order by telephone, he will still confirm it in writing.

par écrit

in writing

l'**ordre** *m*

order

prendre une commande
Si le représentant prend la commande du client, son entreprise en accusera réception par une lettre.

take an order
If the representative takes the customer's order, his firm must still confirm the acceptance in writing.

accuser réception de qc

confirm the acceptance; confirm the receipt of a thing

commander
Pour commander, veuillez remplir le bulletin de commande joint à notre catalogue.

order
To order, please fill out the order form in the catalog.

le **bulletin de commande**

(the supplier's) order form

le **bon de commande**
En confirmation de notre entretien téléphonique de ce matin, vous trouverez ci-joint le bon de commande n° 504 relatif aux pièces de rechange dont nous avons parlé.

(the orderer's) order form; requisition
In confirmation of our telephone request this morning, please find enclosed requisition # 504 for the replacement parts about which we spoke.

la **confirmation**

confirmation

la **lettre de commande**

order letter; written order

rappeler
Nous confirmons notre commande passée par téléphone et vous rappelons les références et quantités des pièces commandées: ...

remind; repeat
We are confirming our telephone order and repeat the catalog numbers and quantities of the parts ordered:. . .

passer (une) commande
Vos échantillons nous conviennent et nous vous passons, dès aujourd'hui, commande de: 30 cartons de 6 bouteilles de Muscadet réf 188 C à 150 F le carton.

order; send an order
Your samples please us, and we are herewith ordering: 30 cases of 6 bottles of Muscadet no. 188 C at 150 F per case.

à titre d'essai
Nous avons bien reçu votre offre du 5 courant et vous passons, à titre d'essai, la commande suivante: ...

on a trial basis
We have gratefully received your offer dated the 5th of this month and are placing the following order on a trial basis: . . .

veiller à
Nous vous prions de veiller à ce que les articles demandés correspondent aux échantillons.

make sure; take care that
Please make sure that the items ordered correspond to the samples.

la **majoration**
Toutefois, je vous précise que cette commande n'est valable que si les prix ne subissent pas de majoration.

increase
However, I must specify that this order is only valid if there is no increase in price.

la **passation de (la) commande**

order

approprié, e
Nous vous demandons de veiller à un emballage approprié des marchandises.

suitable; appropriate
We request that you provide suitable packing for the merchandise.

d'ici (à)
Les marchandises doivent absolument être livrées d'ici à la fin du mois.

by
The merchandise absolutely must be delivered by the end of the month.

la **livraison partielle**

partial delivery

à condition que

on condition that

le **lot (de marchandises)**

lot; parcel (of merchandise)

le délai de rigueur
Les marchandises doivent être livrées au 31 octobre, délai de rigueur.

latest; last date
The goods must be shipped by October 31 at the latest.

observer
Nous vous prions d'observer strictement le délai imparti.

observe; keep to
Please keep to the specified dates exactly.

imparti, e

specified

la **date limite**
Date limite de livraison: 31 octobre.

last date
Last delivery date: October 31

franco domicile
Veuillez me faire parvenir les articles par chemin de fer, régime accéléré, franco mon domicile.

(send) prepaid
Please send me the item by rail, express prepaid.

dûment
Votre traite sera dûment honorée.

duly; in due order
Your draft will be cashed in due order.

l'**exécution** f
Dans l'attente d'une exécution soignée de notre commande, nous vous prions d'agréer, Messieurs, nos salutations distinguées.

execution; carrying out
We hope that our order will be carefully carried out, and remain, cordially yours.

■ Order Confirmation, Cancellation, and Refusal ■

enregistrer
Les commandes enregistrées par nos
représentants ne sont considérées
comme définitives que si elles ont été
acceptées par nous.

taken; entered
Orders entered by our representatives
are only valid if they are accepted by
us.

prendre (bonne) note
Nous avons pris bonne note de votre
commande n° 605 que nous exécuterons
à votre entière satisfaction.

note
We have noted your order no. 605,
which we will fulfill to your complete
satisfaction.

exécuter

fulfill; carry out; execute

transmettre
Nous vous remercions vivement de votre
commande n° 205 du 4 mai transmise
par notre représentant, Monsieur Vallès,
de Rouen.

transmit; forward
We thank you for your order no. 205
of May 4, which our representative in
Rouen, Mr. Vallès, has forwarded to
us.

l'**accusé (de réception) de commande** *m*

order confirmation

renvoyer
Comme convenu, nous vous renvoyons,
ci-joint, le double du bon de commande
dûment signé.

return; send back
As agreed, we are returning to you
enclosed the copy of the order form,
duly signed.

conformément à
Conformément à vos instructions, nous
procèderons à l'expédition de ces articles
dans 30 jours au plus tard.

according to
According to your instructions, we
are proceeding with the shipment of
this item in 30 days at the latest.

l'**instruction** *f*

instruction

satisfaisant, e
Les résultats des tests que nous avons
faits dans la vente de cet article ne sont
pas satisfaisants.

satisfactory
The results of the tests we made on
sales of this item are not satisfactory.

en conséquence
Accepteriez-vous en conséquence d'annuler une partie de notre commande à
livrer le 30 mars et de nous expédier 300
flacons au lieu de 600?

in consequence; therefore
Would you therefore allow us to cancel a portion of our order of March
30 and send us 300 bottles instead of
600?

il est impossible à qn de faire qc

Malgré notre désir de vous donner satisfaction, il nous est impossible d'accepter
votre demande: les articles commandés
sont, en effet, en cours d'expédition.

it is impossible for someone to do
something
Despite our desire to satisfy you, it is
impossible to comply with your request, since the items ordered are already on the way.

le **désir**   desire; wish

en cours d'**expédition**   on the way

en cours d'**exécution**   in process; in preparation

il est **possible** à qn de faire qc   be possible for someone to do something

Il ne nous est pas possible de répondre favorablement à votre demande.   Unfortunately we are unable to respond favorably to your request.

l'**annulation** *f*   annulment; cancellation; voiding

Comme la livraison n'aurait pu être effectuée à cette date, l'annulation de la commande était la meilleure solution.   Since the delivery did not take place by the proposed date, cancellation of the order was the best solution.

être d'accord   be in agreement

En réponse à votre télex, nous vous informons que nous sommes d'accord pour annuler purement et simplement la commande mentionnée en objet.   In response to your telex, we are informing you that we agree to purely and simply cancel the order named above.

purement et simplement   purely and simply

les **conditions générales de vente (CGV)** *fpl*   general sales terms

L'enregistrement de la commande a été fait sur la base de nos CGV.   The acceptance of the order was made in accordance with our general sales terms.

l'**enregistrement** *m*   acceptance

sur la base de   on the basis of; in accordance with

le **carnet de commandes**   order book

Les marchandises ne peuvent être livrées dans les délais convenus, nos carnets de commandes étant pleins.   The merchandise cannot be delivered within the agreed-upon period, as our order books are full.

l'**importance** *f*   volume

Malheureusement, en raison de l'importance des ordres reçus, nous ne sommes pas en mesure de livrer ces articles avant un très long délai.   Unfortunately, because of the volume of orders that have come in, we can only deliver this item at a very much later date.

en raison de   because of

par conséquent   therefore; consequently

Par conséquent, nous nous voyons obligés de décliner votre commande.   Therefore, we find ourselves forced to regretfully decline your order.

prendre   take

Comme la demande est très forte, la livraison prendra au moins 4 semaines.   Since the demand is very great, the delivery will take at least four weeks.

le **contretemps**   delay

Nous espérons que ce contretemps ne vous gênera pas trop et vous prions de nous en excuser.   We hope that this delay will not be too inconvenient for you and beg your pardon for it.

momentané, e
Nous ne pouvons accepter le délai de livraison que vous nous fixez, notre stock étant momentanément épuisé.

temporarily
We cannot accept the delivery period you have fixed for us, since our stocks are temporarily exhausted.

fixer

fix; establish

vendre
Nous ne vendons plus cet article.

carry
We no longer carry this item.

similaire
Nous avons remplacé ces téléphones modèle A320 par un article similaire dont vous trouverez le descriptif ci-joint.

similar; corresponding
We have replaced this telephone model A320 with a similar model, whose description you will find enclosed.

le **descriptif**

description

il est indispensable à qn de faire qc

Avant de procéder à l'exécution de votre commande, il nous est indispensable d'être en possession de certains renseignements complémentaires.

someone absolutely must do something; it is unavoidable for someone to do something
Before we can fill your order, we must still have some additional information from you.

complémentaire

additional

■ Requesting References ■

entrer en relations d'affaires
Lorsque le fournisseur entre en relations d'affaires avec un nouveau client, il va chercher à obtenir des informations sur lui.

enter into business relations
When a supplier enters into business relations with a new customer, he will try to get some information about him.

les **informations** *fpl*

information

les **facilités de paiement** *fpl*

Le nouveau client a, en effet, sollicité des facilités de paiement.

easy terms of payment; deferred payment
The new customer has in fact asked for deferred payment.

la **solvabilité**
La solvabilité de ce client est peut-être douteuse ou c'est un mauvais payeur.

solvency
The ability of this customer to pay is perhaps dubious, or he is a slow payer.

douteux, -euse

dubious

le **mauvais payeur,** la **mauvaise payeuse**

slow payer

le **renseignement (de notoriété)**
Si le vendeur veut des renseignements sur l'entreprise, il consultera le registre de commerce où est immatriculé le client ou les journaux d'annonces légales.

inquiries (about credit)
If the seller wishes to get information about a company, he will consult the commercial register in which the customer is entered or the newspaper legal announcements.

consulter

consult

l'organisme professionnel *m*

professional/trade organization

Les chambres de commerce ou les organismes professionnels fournissent des renseignements d'ordre général: nombre de salariés, chiffre d'affaires, chiffre d'affaires à l'exportation, etc.

The chamber of commerce or the professional or trade organization furnishes general information: number of employees, turnover, export revenues, etc.

fournir

supply; furnish

se **renseigner**

get information; make inquiries

Si vous désirez vous renseigner sur notre société, vous trouverez ci-joint une liste de références.

In case you may wish to get information about our firm, please find a list of references enclosed.

prendre des renseignements

make inquiries

Si le client a donné des références dans sa lettre de commande, le fournisseur va éventuellement prendre des renseignements auprès d'elles.

When the customer has given references in his order letter, the supplier may possibly make inquiries of them.

le **conseiller commercial**

commercial attaché

Les conseillers commerciaux auprès des ambassades ou des consulats peuvent également fournir des renseignements sur des entreprises.

The commercial attaché at the embassy or consulate can also supply information about companies.

l'agence de renseignements *f*

credit bureau

Les agences de renseignements fournissent, contre rémunération, des informations mais sans garantie, à titre confidentiel.

Credit bureaus will furnish confidential information for payment, although without taking responsibility for its accuracy.

sans garantie

without responsibility; without guarantee

à titre confidentiel

confidential

de vive voix

by mouth

Les informations données de vive voix sont plus précises et plus franches.

Reports made personally are more precise and more reliable.

la **demande de renseignements**

request for information; reference request

Une lettre de demande de renseignements portera la mention "Confidentiel" ou même "Strictement confidentiel".

A letter requesting references should be marked "confidential" or even "strictly confidential."

mentionner

mention

La société mentionnée en objet nous a proposé d'assurer la représentation exclusive de nos produits en France.

The above-mentioned company has asked us to grant them the sole representation of our products in France.

la **fiche**

card; page; paper

La maison dont le nom figure sur la fiche ci-jointe nous a passé une commande importante.

The firm whose name appears on the enclosed paper has sent us a very large order.

figurer	appear
être renseigné, e Comme nous n'avons pas encore traité avec cette firme, nous désirerions être renseignés sur sa situation financière.	be informed Since we have never had any dealings with this firm, we would like to be informed of their financial situation.
la **pratique commerciale**	business practices
la **réputation**	reputation
la **discrétion** Soyez assuré de notre entière discrétion.	discretion; silence Please be assured of complete discretion on our part.
analogue Nous sommes tout disposés à vous rendre, le cas échéant, un service analogue.	corresponding; similar We are ready to render similar service to you at any time if the occasion should arise.
rendre un service	render a service

Evaluating References

favorable En réponse à votre lettre du 2 de ce mois, nous avons le plaisir de vous donner des renseignements favorables sur la maison en question.	favorable; positive In answer to your letter of the 2nd of the month, we are happy to be able to give you favorable information about the firm in question.
donner des renseignements	give information
en question	in question
citer La société que vous citez jouit d'une excellente réputation, elle réalise un gros chiffre d'affaires.	refer to; mention The company you refer to enjoys an outstanding reputation; it has large revenues.
tenir Jusqu'à présent, cette firme a toujours tenu ses engagements.	keep up with; fulfill; keep Until now this firm has always fulfilled its obligations.
digne de (toute) confiance Il s'agit de commerçants établis depuis longtemps, dignes de toute confiance.	(very) trustworthy It is a case of old, established, very trustworthy merchants.
établi, e depuis longtemps	old, established; been there a long time
donner suite à Nous pensons donc que vous pouvez donner suite à la demande de crédit de cette firme.	carry out an order; comply with We therefore think that you can comply with the request for credit from this firm.
sans engagement de ma/notre part Nous vous fournissons bien sûr ces renseignements sans engagement de notre part.	no obligation on my part/our part Naturally we give you this information with no obligation on our part.

217

exister
A notre grand regret, nous ne pouvons vous donner d'informations précises sur cette entreprise qui n'existe que depuis peu de temps.

exist
To our great regret we are not able to give you any precise information about this company, since it has only existed for a short time.

être en relations d'affaires

to have business relations; maintain business relations

le bulletin de renseignements
L'agence fournit les informations recueillies par ses correspondants sur un bulletin de renseignements.

credit report
In a credit report, the credit bureau gives information received from its correspondents.

recueillir

receive

précaire
A notre grand regret, nous devons vous informer que la situation financière de cette société est précaire.

uncertain; difficult; precarious
To our great regret, we must inform you that the financial condition of this firm is precarious.

irrégulier, -ière
La maison est irrégulière dans ses paiements.

irregular
The firm is irregular in its payments.

essuyer
Cette société aurait essuyé des pertes considérables à la suite de plusieurs défaillances d'entreprises dans le secteur.

suffer
This company will have suffered considerable losses as a result of several company failures in the industry.

à la suite de

as a result of

renseignement pris
Renseignement pris, il semble que votre client soit au bord de la faillite.

according to information received
Acccording to information received, your customer appears to be on the edge of bankruptcy.

au bord de

on the edge of

de source bien informée
De source bien informée, nous avons appris que cette entreprise a des difficultés de trésorerie.

from well-informed sources
As we have learned from well-informed sources, this company is in financial difficulties.

les **difficultés de trésorerie** *fpl*

financial difficulties

la **prudence**
En conséquence, la plus grande prudence est de rigueur.

caution
Accordingly greatest caution is suggested.

être de rigueur

to be strictly required

dégager
Nous dégageons toute responsabilité en ce qui concerne ces informations.

refuse; disclaim; repudiate
We take no responsibility for this information.

compter sur	rely on; count on
Nous comptons sur votre discrétion absolue.	We count on your complete discretion.

The Sales Contract

les **négociations** *fpl*	negotiations
négocier, traiter	negotiate; trade
le, la **signataire**	signer of the contract
Les signataires du contrat sont Chabada SA, représentée par Mr Charles Bada, et Alpoho AG, représentée par Mr Albrecht Poho.	The signers are Chabada SA, represented by Mr. Charles Bada, and Alpoho AG, represented by Mr. Albrecht Poho.
le **contrat de vente**	sales contract
contracter	sign a contract; contract
l'**objet du contrat** *m*	object of a contract
Le vendeur est obligé de livrer la marchandise conforme à l'objet du contrat aux lieu et date convenus et doit garantir l'acheteur contre les vices cachés.	The seller is obligated to deliver the object of the contract at the agreed-upon place at the agreed-upon time, and must guarantee the buyer against hidden defects.
garantir	guarantee; warrant
prendre livraison	receive (a delivery)
L'acheteur s'engage à prendre livraison de la marchandise et à payer le prix fixé dans les délais convenus.	The buyer is obligated to receive the delivery of the merchandise and to pay the price within the agreed-upon period.
les **contractants** *mpl*	parties to the contract
par contrat	contractual; by contract
Nous nous sommes engagés par contrat à livrer dix machines.	We are obligated by contract to supply ten machines.
les **modalités** *fpl*	arrangements
Nous allons maintenant préciser les modalités de cette livraison échelonnée.	We are going to maintain exactly the arrangements for this staggered delivery.
les **termes contractuels les** *mpl*, les **stipulations du contrat** *fpl*	contract terms; terms of the contract; stipulations of the contract
Si, pour des causes imputables au vendeur, les termes contractuels de livraison n'étaient pas respectés, le vendeur paierait à l'acheteur des pénalités de retard.	If, through the fault of the seller, the contract's delivery terms are not fulfilled, the seller must pay the buyer a late penalty.

imputable

attributable to

contractuel, le

contractual

les **pénalités de retard** *fpl*

late penalty; stipulated fine

la **clause**
Grâce à la clause de réserve de propriété, le transfert de propriété de la marchandise est différé jusqu'au paiement complet du prix par l'acheteur.

clause
As a result of the clause about proprietary rights, the transfer of ownership of the goods is delayed until full payment of the sale price by the buyer.

la **réserve de propriété**

proprietary rights

différer

postpone; delay

le **transfert de propriété**

transfer of ownership

l'**exécution** *f*
Selon les stipulations du contrat, le lieu d'exécution pour la livraison est Caluire, et pour le paiement, Lyon.

fulfillment
According to the terms of the contract, the place of fulfillment is Caluire, and of payment, Lyon.

rompre
Ce contrat a été rompu pour des raisons politiques.

not held to; break
This contract will not be held to for political reasons.

la **clause attributive de juridiction**

arbitration clause

le **négociateur**, la **négociatrice**

negotiator

préliminaire
Nous n'en sommes qu'aux négociations préliminaires.

preliminary
We are just in the preliminary negotiations.

prendre acte
Nous prenons acte de vos remarques concernant cette clause du contrat.

take notice of; note
We note your remarks about this clause in the contract.

faire mention
Pourquoi avez-vous fait mention de cette clause au cours des négociations?

refer to
Why did you refer to this clause during the negotiations?

acquérir

acquire

prendre une option sur
Cette compagnie aérienne a pris une option sur 10 avions Airbus 340.

acquire. . . an option on
This airline has acquired an option on 10 type 340 Airbus planes.

la **promesse de vente**
Autrement dit, constructeur d'avions et compagnie aérienne ont signé une promesse de vente.

precontract (sales) agreement
Said another way: The aircraft manufacturer and the airline have signed a precontract agreement.

expirer
Le contrat expire à la fin du mois prochain.

expire
The contract expires at the end of next month.

la reconduction
Le contrat est renouvelable par tacite reconduction.

renewal
The contract is implicitly renewable.

renouvelable

renewable

tacite

tacitly; implicitly

l'**expiration** *f*
Si nous voulons renouveler le contrat, il faut envoyer une lettre recommandée un mois avant son expiration.

expiration
If we want to renew the contract, we must send a registered letter a month before the expiration date.

rédiger
Le contrat sera rédigé en français et en allemand, mais seul le texte français fera foi.

draw up
The contract will be drawn up in French and English, but only the French will be binding.

faire foi

be binding

forfaitaire
L'acheteur s'engage à verser au vendeur la somme forfaitaire de six cent mille francs hors taxes.

lump sum
The buyer undertakes to pay the seller the lump sum amount of 600,000 francs plus value-added tax.

le **forfait**

lump sum

préférentiel, le
Comme c'est l'un de nos gros clients, nous allons lui accorder un tarif préférentiel.

preferential
Since he is one of our important customers, we will allow him a preferential price.

la **garantie**

guarantee; warranty

le **certificat de garantie**

certificate of warranty

jouer
La garantie ne joue qu'en cas de vice de construction ou de fonctionnement.

be in effect; cover
The warranty only covers defects in construction or function.

le **vice de construction**

construction defects

le **vice de fonctionnement**

defects in function

exclure
Comme la panne est due à une utilisation anormale de la machine, elle est exclue de la garantie.

exclude
Since the failure was caused by improper use of the machine, it is not covered by warranty.

anormal, e (-aux)

improper; inappropriate

la **clause pénale**
La clause pénale fixe à l'avance et forfaitairement le montant des dommages-intérêts en cas d'inexécution des engagements.

penalty clause
The penalty clause establishes ahead of time the lump sum amount of damages for nonfulfillment of the contractual obligations.

| l'**inexécution** *f* | nonfulfillment |
| à l'**avance** | ahead of time |

■ Delivery ■

livrer
Seriez-vous prêt à livrer la semaine prochaine?
Je vous téléphone pour savoir quand je vais être livré.

deliver
Would you be ready to deliver next week?
I'll call you, because I'd like to know when I'm going to receive the delivery.

la **livraison**

delivery

le **bon de livraison**
Le bon de livraison est remis avec la marchandise à l'acheteur.

delivery ticket
The delivery ticket is given to the buyer along with the merchandise.

la **désignation**

description

le **bon de réception**
Le bon de réception est une copie du bon de livraison: signé par l'acheteur, il atteste que le vendeur a rempli son obligation de livraison.

receipt
The receipt is a copy of the delivery ticket: it is signed by the buyer and indicates that the seller has fulfilled his obligation.

l'**avis d'expédition** *m*

return address

ce jour
En exécution de votre commande du 1er avril, nous vous avons expédié ce jour par avion 10 caisses marquées C001 à C010 contenant chacune 2 rames de papier pour billets de banque, soit 20 rames au total.

today; under today's date
In fulfillment of your order of April 1, we have today sent you by air 10 cases marked C001 to C010 with 2 reams of banknote paper each, i.e., 20 reams altogether.

au total

altogether; total; in toto

l'**envoi** *m*

shipment

couvrir
Pour nous couvrir du montant de cette facture, nous avons tiré sur vous une traite au 31 juillet prochain que vous voudrez bien nous retourner acceptée.

pay; settle; cover
For covering of this bill we have drawn a draft to you for the 31st of July next, which you will please return to us with your acceptance.

la **réception**
Nous vous souhaitons bonne réception de ces marchandises.

receipt
We wish you safe receipt of this merchandise.

incomplet, -ète
C'est la troisième fois que ce fournisseur nous fait parvenir une livraison incomplète!

incomplete
This supplier has sent us an incomplete shipment for the third time!

le **retard**
Nous vous prions de nous excuser pour ce retard imprévu et vous remercions de bien vouloir patienter jusqu'au 20 de ce mois, date à laquelle nous vous livrerons le solde de votre commande.

delay; lateness
We beg you to excuse this unforeseen delay and appreciate your willingness to wait until the 20th of the month, when we will deliver the rest of your order to you.

imprévu, e

unforeseen

le **solde**

rest; remainder

patienter

wait patiently

prêt, e à être expédié, e
Les marchandises sont maintenant prêtes à être expédiées.

ready to be shipped
The goods are now ready to be shipped.

le **livreur,** la **livreuse**
Le livreur n'est toujours pas passé chez moi, qu'est-ce qui se passe?

supplier
The supplier has never yet come to see me, what's going on?

délivrer
Le vendeur a l'obligation de délivrer la marchandise.

provide; supply
The seller is obligated to supply the goods.

mettre à la disposition de

to place at the dispostion of

le **bordereau d'expédition**
⟨bordereaux⟩
Le bordereau d'expédition est un document imprimé adressé au client.

waybill; shipping invoice; shippping advice
The waybill is a printed form addressed to the customer.

aux risques et périls de qn
Les marchandises voyagent aux risques et périls du destinataire.

for someone's risk and account
The goods are shipped for the account and risk of the receiver.

la **force majeure**
Le cas de force majeure suspend de plein droit les livraisons et retarde d'autant les délais convenus.

act of God; force majeure
In case of an act of God, the deliveries are lawfully suspended and the agreed-upon delivery dates correspondingly delayed.

retarder

delay

suspendre

suspend

de plein droit

legally; according to law

d'autant

in the same way

imprévisible
Un incendie, une inondation ou même une grève imprévisible sont des cas de force majeure qui dégagent la responsabilité du vendeur.

unforeseeable; unpredictable
A fire, a flood, or an unpredictable strike are cases of an act of God that release the seller from his obligation.

la **contestation**

En cas de contestation, seul le tribunal de commerce de Besançon sera compétent.

contest; challenge; litigation; dispute; conflict
For litigation, the commercial court at Besançon has exclusive jurisdiction.

embarquer
Nous vous informons que la marchandise objet de la commande n° 206 a été embarquée ce jour sur le navire "Ile de Samos" qui arrivera à Port-Gentil le 20 janvier.

loading (on a ship); place on a ship
We herewith inform you that the goods covered by order no. 206 are today being placed on the ship "Isle of Samos," which will arrive in Port-Gentil on January 20.

la **caisse (pour fret) maritime**
Les machines ont été emballées dans des caisses maritimes.

shipping cases secured for sea
The machines are packed in sea-secured shipping cases.

en double/triple exemplaire
Comme convenu, vous trouverez ci-joint la facture en triple exemplaire.

in duplicate/triplicate
As agreed, you will find enclosed a bill in triplicate.

la **cadence de livraison**
La cadence de livraison sera d'un envoi tous les deux mois.

delivery cycle
Deliveries are made in two-month cycles.

espacer
Notre agent à Abidjan nous a demandé d'espacer les envois pour des raisons de stockage.

space out; leave longer intervals
Our agent in Abidjan has asked us to space out the shipments because of warehousing problems.

Delivery Delays

la **date de livraison**

delivery date

dans les délais
Le fournisseur n'a pas effectué la livraison dans les délais.

on schedule; on time
The supplier has not made the delivery on time.

le **retard dans la livraison**

Ces retards répétés dans la livraison des pièces perturbent la production.

delayed delivery date; postponement of delivery date
The repeated postponements of delivery dates have interrupted production.

perturber

interrupt

le **retard de livraison**
En cas de retard de livraison, le client envoie une lettre de rappel au fournisseur.

delay of delivery
In cases of delayed delivery, the customer sends the supplier a reminder letter.

la **lettre de rappel**

reminder letter; warning

respecter

adhere to; fulfill

Par votre accusé de réception de commande du 8 juillet, vous vous êtes engagés à respecter ce délai.

In your order confirmation of July 8
you obligated yourself to adhere to
this date.

mettre dans une situation ...

place in a . . . situation

Ce retard dans la livraison nous met
dans une situation délicate.

This delivery delay places us in an
awkward situation.

délicat, e

difficult; awkward

tenir à faire qc

insist upon doing something; place
value on doing something

Nous tenons à être livrés avant le 31 octobre, dernier délai.

We insist that we be supplied by October 31 at the latest.

passé ce délai/le 31 octobre

after this date; after October 31

Passé le 31 octobre, il ne nous sera plus
possible d'accepter la marchandise.

After October 31 it will no longer be
possible for us to accept delivery.

immédiat, e

immediate

Si une date de livraison précise a été
fixée, le client peut exiger une livraison
immédiate.

If a particular delivery date has been
agreed upon, the customer can demand immediate delivery.

formellement

expressly

Vous vous êtes formellement engagés à
livrer la marchandise d'ici le 15 février
au plus tard.

You have expressly agreed to supply
the merchandise by February 15 at
the latest.

le **délai supplémentaire**

grace period; respite

Le client peut éventuellement accorder
un délai supplémentaire de livraison.

The customer can possibly allow a
grace period for the delivery.

fixer comme dernier délai

give the last date; establish a grace
period

Nous vous fixons la date du 28 février
comme dernier délai.

We are giving you the 28th of February as the last date.

mettre en demeure

warn

Le client met le fournisseur en demeure
de lui livrer la marchandise par lettre
recommandée avec avis de réception.

The customer warned the supplier
with a registered letter with return receipt to supply the goods.

tardif, -ive

late; too late

Si les marchandises nous étaient
délivrées trop tardivement, nous nous
verrions contraints de refuser de prendre
livraison.

If the goods are shipped to us too
late, we will be compelled to refuse
to take delivery.

se **procurer**
Si la marchandise ne nous parvient pas avant le 31 juillet, nous serions obligés de nous les procurer ailleurs au cours du jour.

procure; get something
If the merchandise is not received by us before July 31, we will be compelled to procure it elsewhere at the current rate of exchange.

rendre responsable
Au cas où les marchandises ne nous parviendraient pas dans le délai convenu, nous vous rendrions responsables des pertes occasionnées par votre retard.

make/hold responsible
Should we not receive the goods by the agreed-upon date, we will hold you responsible for the losses caused by your delay.

occasionner

cause

le **refus de (prendre) livraison**
Il y a non-exécution du contrat de vente puisque le fournisseur a livré trop tardivement: le refus de livraison est donc justifié.

refuse (to take) delivery
The contract has not been fulfilled, because the supplier delivered too late; therefore the refusal to accept delivery is justified.

la **non-exécution** ‹non-exécutions›

nonfulfillment

le **préjudice**
Nous devons vous rendre responsables du préjudice subi.

damage; loss
We must hold you responsible for the loss incurred.

subir

suffer

le **manque à gagner**
Le client va demander un dédommagement pour le manque à gagner qu'il a subi.

loss of earnings
The customer is demanding recompense for the loss of earnings suffered.

le **dédommagement**

recompense; compensation

se **réserver**
Nous nous réservons le droit de vous demander des dommages-intérêts.

reserve
We reserve the right to demand damages from you.

réclamer, demander

demand; claim

les **dommages et intérêts** *mpl*,
les **dommages-intérêts** *mpl*

damages; indemnification

croiser
Votre réclamation du 15 février a croisé notre avis d'expédition et vous devez avoir déjà reçu les marchandises.

cross
Your claim of February 15th has crossed with our shipping notice, and you must already have received the merchandise.

être retardé, e
L'exécution de cette commande a été retardée du fait de perturbations dans la production.

be held up; be delayed
The execution of this order has been delayed by manufacturing trouble.

la perturbation

trouble; breakdown

mi-
Nous regrettons de vous informer que la livraison des marchandises ne pourra pas être effectuée avant la mi-mars.

middle
We regret to inform you that the goods cannot be shipped before the middle of March.

s'**empresser**

Nous nous empressons de vous confirmer notre télex de ce matin vous avisant que l'expédition des articles devrait se faire dans les tout prochains jours.

hasten to do; do something immediately
We herewith hasten to confirm to you our telex of this morning in which we inform you that the shipment of the item will take place in the next few days.

retenir l'attention
Votre lettre du 6 mars a retenu toute notre attention et nous sommes surpris d'apprendre que la marchandise objet de votre commande du 15 février ne vous a toujours pas été livrée.

receive attention
We have read your letter of March 6 with great attention and are surprised to learn that the goods ordered by you on February 15 have still not been delivered to you.

rechercher
Nous avons aussitôt consulté le service des expéditions pour rechercher les causes d'un tel retard.

research; look into; find out
We immediately checked with the shipping department to find out the reasons for such a delay.

faire le nécessaire
Nous ferons le nécessaire pour que les articles demandés vous parviennent au cours de la semaine prochaine.

do everything necessary
We will do everything necessary to get the items you ordered to you in the course of the next week.

faire tout son possible
Nous vous prions d'excuser ce retard et vous assurons que nous ferons tout notre possible pour accélérer la livraison de ces marchandises.

do everything possible
We beg you to forgive this delay and assure you that we will do everything we can to hasten the delivery of this merchandise.

accélérer

hasten; speed up

porter préjudice
Nous espérons que cet incident ne portera pas préjudice à nos bonnes relations d'affaires.

damage; inflict damage
We hope that this incident will not damage our good business relationship.

les **relations d'affaires** *fpl*

business relationship; business ties

The Buyer on Delivery

examiner, vérifier
L'acheteur doit examiner la marchandise
sans délai après réception.

examine; check; verify
The buyer must examine the goods
without delay on receipt.

sans délai

without delay; immediately

constater
Si le client constate des manquants ou
des détériorations, il mentionne des
réserves sur le bon de réception.

discover; confirm
If the customer discovers shortages or
damaged items, he notes the reservations on the delivery receipt.

le **manquant**

shortage; items missing

la **détérioration**

damage

non conforme

En cas de livraison non conforme, le
client peut exiger le remplacement de la
marchandise.

not in agreement with; not corresponding to; not as per agreement
With a delivery that is not as per
agreement, the customer can demand
a replacement.

le **remplacement**
Pendant le délai de garantie, le fournisseur est obligé de procéder aux répa-
rations ou aux remplacements
nécessaires à la bonne utilisation du produit fourni.

replacement; new delivery
During the period of warranty, the
supplier is obligated to undertake the
repair or replacement necessary for
the proper utilization of the product
delivered.

**remplacer le produit/la
marchandise**
Si le vendeur n'arrive pas à remédier au
défaut, il doit remplacer le produit.

replace the product/merchandise

If the vendor cannot make good the
shortage, he must replace the product.

remédier à qc

repair; make good; correct

défectueux, -euse
En cas de livraison défectueuse, le client
peut faire jouer la garantie ou, le cas
échéant, demander la résolution du
contrat.

faulty, defective
In the case of a faulty delivery, the
customer can invoke the warranty or,
if necessary, demand the cancellation
of the agreement.

la **résolution du contrat de vente**

cancellation of the sales agreement

formuler
En cas d'avarie, l'acheteur formule ses
réserves sur le bon de réception, prend
livraison, confirme l'avarie par lettre
recommandée au transporteur et
prévient le vendeur.

allege; claim; lodge; file; note
In case of shipping damage, the buyer
notes his reservations on the delivery
receipt, accepts delivery, confirms the
shipping damage by registered letter
to the shipper, and notifies the vendor.

prévenir

notify

l'**expertise** *f*
Si le transporteur n'accepte pas les réserves, le client peut refuser de prendre livraison et fait établir une expertise.

expert opinion; report by experts
If the forwarding agent does not accept the claims, the customer can refuse to take delivery and get an expert report.

la **restitution**
La résolution du contrat entraîne la restitution de la marchandise et le remboursement du prix.

return
The cancellation of the contract leads to return of the goods and paying back the price.

la **diminution du prix**
L'acheteur peut aussi demander une diminution du prix de la marchandise livrée endommagée.

price reduction
The buyer can also demand a price reduction for the goods delivered damaged.

endommagé, e

damaged

la **nouvelle livraison**

new delivery

l'**expert** *m*
Acheteur et vendeur font appel à des experts pour déterminer dans quelle mesure la marchandise est défectueuse ou non conforme au contrat.

expert
Buyers and sellers call on experts to determine how much the goods are damaged or not in compliance with the contract.

faire appel à

call on

demander réparation (du préjudice subi)

demand compensation (for damage incurred)

intenter une action en justice
Si une clause pénale a été insérée dans le contrat de vente, il n'est pas nécessaire que l'acheteur intente une action en justice.

make a complaint; go to court
If the sales contract contains a clause about a contract dispute, the buyer need not go to court.

insérer

put in; insert; include

la **clause d'arbitrage**
Si une clause d'arbitrage a été insérée dans le contrat de vente, acheteur et vendeur vont régler leur litige devant un arbitre.

arbitration clause
When an arbitration clause is inserted in a contract, buyer and seller will take their dispute before an arbitrator.

l'**arbitre** *mf*

arbitrator

la **sentence d'arbitrage**

arbitration award

soumettre à (un) arbitrage
Acheteur et vendeur préfèrent soumettre leur différend à un arbitrage plutôt que d'attendre le jugement d'un tribunal.

submit to an arbitration award
Buyer and seller prefer to submit their disagreement to an arbitration award rather than wait for a judgment from a court.

le **différend**

difference; legal dispute

▬▬▬ Complaints and Reporting Defects ▬▬▬

réclamer auprès de qn
Si la livraison est non conforme, défectueuse ou endommagée, le client va
réclamer auprès du fournisseur.

complain about something
If the delivery doesn't correspond to
the order, is defective or damaged, the
customer complains to the shipper.

la **réclamation**
faire une réclamation
La réclamation pour vice apparent doit
être faite immédiatement ou au plus tard
dans les 15 jours suivant la réception de
la marchandise.

complaint; claim
lodge a complaint; claim
Visible defects must be reported at
once or up until 14 days after receipt
of the merchandise.

le **vice, le défaut**

defect

le **vice apparent**

recognizable or visible defect

le **vice caché**

hidden defect

la **lettre de réclamation**
Le client adresse une lettre de réclamation au fournisseur.

notice of defects; complaint
The customer addresses his complaint to the supplier.

venir de
Nous venons de recevoir votre envoi de
tissus annoncé par votre lettre du 15
courant.

just (now)
We have just received the package of
fabric mentioned in your letter of the
15th.

partiellement
Malheureusement, cette livraison ne nous
donne que partiellement satisfaction.

partially
Unfortunately, we are not completely
satisfied with this shipment.

déballer
En déballant les colis, nous avons constaté qu'une partie de votre envoi ne cor-
respondait pas à notre commande.

unpacking
In unpacking the parcel, we have discovered that a portion of your shipment is not what we ordered.

inférieur, e
La qualité est inférieure à celle des
échantillons que vous nous aviez
présentés.

inferior
The quality is inferior to that of the
samples you sent us.

se **révéler**
Le fonctionnement de deux des appareils s'est révélé défectueux.

turn out; show
Two appliances have turned out to be
defective.

manquer
Il manque dix flacons dans le carton
marqué SXB 008.

be missing
In the box marked SXB 008 there are
10 bottles missing.

abîmé, e, détérioré, e
L'emballage était détérioré, certains articles manquaient, d'autres étaient mouillés.

damaged; spoiled
The packing was damaged, some articles were missing, others had gotten wet.

l'altération *f*
L'altération de la qualité des produits semble due à un emballage insuffisant.

deterioration; aggravation
The deterioration in the products' quality appears to be caused by insufficient packing.

le dommage
Il semble que le dommage soit imputable à une mauvaise manutention.

damage
Apparently the damage is due to improper handling during loading.

inutilisable

unusable

la vérification
En procédant à la vérification, nous avons constaté que certains articles présentaient des défauts de fabrication.

inspection
During inspection we have discovered that some items exhibit manufacturing defects.

présenter

exhibit; have

le défaut de fabrication

manufacturing defects

remarquer
Malheureusement, lors du stockage de ces produits, nous avons remarqué que 30 assiettes réf F118 étaient cassées.

notice; discover
Unfortunately, during the warehousing of these goods, we noticed that 30 plates numbered F118 were broken.

extérieurement
La caisse qui contenait ces assiettes paraissait extérieurement en bon état.

outwardly; externally
The case that contained these plates was outwardly in good condition.

manquant, e
Comme les articles manquants ont déjà été facturés, nous comptons sur une livraison immédiate.

missing
Since the missing articles have already been billed for, we expect immediate delivery.

par erreur
Nous vous retournons à vos frais les marchandises livrées par erreur.

in error; wrongly
We are sending the wrongly shipped goods back to you at your expense.

tenir à la disposition de
Nous vous prions donc de bien vouloir procéder au remplacement des articles endommagés que nous tenons à votre disposition.

hold at . . . disposal
We therefore request that you replace the damaged items, which we are holding here at your disposal.

conserver
Pour vous éviter de nouveaux frais, je suis disposé à conserver ces marchandises non commandées si vous m'accordez un rabais.

accept; keep
To spare you further expense, I am prepared to keep these unordered goods if you allow me a discount.

le **défaut de matière**
Les appareils sont livrés, nous vous le rappelons, garantis un an contre tout vice de construction ou défaut de matière.

defect in material
We remind you that the equipment was supplied with a one-year guarantee against defects in construction or materials.

recourir à
Nous nous voyons donc obligés de recourir à cette garantie et de vous demander l'échange des deux appareils dans les plus brefs délais.

invoke; have recourse to
We find ourselves compelled, therefore, to invoke the guarantee and request of you the immediate exchange of the two appliances.

l'**échange** m

exchange

d'urgence
Veuillez nous envoyer d'urgence les colis manquants.

immediately; at once
Please send us the missing items immediately.

prendre des mesures
Veuillez nous faire savoir les mesures que vous comptez prendre.

take measures
Please inform us what measures you intend to take.

compter faire qc

intend to do something

avoir satisfaction
Nous espérons avoir très rapidement satisfaction.

receive satisfaction
We hope to receive immediate satisfaction.

se **reproduire**
Espérant que de telles erreurs ne se reproduiront plus à l'avenir, nous vous prions d'agréer, Messieurs, nos salutations distinguées.

repeat; occur again
In the hope that these mistakes will not occur again in future, we remain, cordially yours, . . .

à l'avenir

in the future; in future

Answering Complaints

regretter (vivement)
Nous regrettons vivement d'apprendre par votre lettre du 15 juin que vous avez des ennuis avec deux des machines livrées.

regret
We regret to learn from your letter of June 15 that you are having difficulties with two of the machines delivered.

accepter les excuses de qn
Nous vous prions d'accepter toutes nos excuses pour cette erreur de livraison.

accept someone's apologies
We beg you to accept our apologies for this delivery error.

reconnaître
Nous devons reconnaître que vos remarques sont parfaitement justifiées.

acknowledge
We must acknowledge that your remarks are perfectly justified.

être justifié, e

be justified; be true

le **bien-fondé** ‹bien-fondés›
Nous reconnaissons le bien-fondé de
votre réclamation.

justification; rightness; correctness
We recognize the correctness of your
complaint.

la **préparation**
L'erreur s'est produite lors de la préparation de la commande.

preparation
The mistake was made during the
preparation of the order.

se **produire**

be made; happen

la **livraison complémentaire**
Il manquait en effet à notre livraison les
dix pantalons réf S 807 que vous nous
aviez commandés: une livraison complémentaire a été effectuée ce jour même.

later delivery; back order
There were ten pairs of trousers no.
S807 backordered in our delivery; the
back order has been fulfilled today.

au plus tôt
Nous faisons immédiatement le nécessaire pour vous faire parvenir au plus
tôt, franco de port, les articles conformes à votre commande.

as fast as possible
We are immediately doing whatever
it takes to make sure that you have
the items corresponding to your order
as quickly as possible, with no charge
for shipping and handling.

la **négligence**
Nous vous prions d'excuser cette négligence.

mistake; oversight; carelessness
We beg you to excuse this mistake.

l'**incident** *m*

occurrence; incident

passer chez qn
Un de nos techniciens passera chez vous
mardi prochain pour effectuer la réparation.

call on; drop by
One of our technicians will call on
you next Tuesday to make the repair.

prendre en charge
Comme l'appareil est sous garantie, nous
prenons en charge les frais résultant de
cette panne.

take over; assume
Since the equipment is still under
guarantee, we will assume the costs
arising from this defect.

accorder sa confiance
Tout en espérant que vous continuerez à
nous accorder votre confiance, nous
vous prions d'agréer, Madame, Monsieur, nos salutations dévouées.

place one's trust; trust
In the hope that you will continue to
place your trust in us, we remain,
with cordial greetings, . . .

sincèrement
J'apprends par votre lettre du 18 courant
que ma dernière fourniture de vins ne
vous a pas donné satisfaction. Je le regrette sincèrement.

sincerely
I gather from your letter of the 18th
that my last delivery of wine has not
pleased you. I am sincerely sorry.

fondé, e
Il ressort, après enquête, que votre réclamation est parfaitement fondée.

justified; substantiated
After careful investigation, it turns out that your complaint is entirely justified.

il ressort que

it turns out

se trouver sous garantie
Bien que votre machine ne se trouve plus sous garantie, nous sommes disposés à vous livrer gratuitement les pièces de rechange nécessaires à la réparation.

covered by the guarantee or warranty
Although your machine is no longer under warranty, we are prepared to provide you with the necessary replacement parts at no charge.

être surpris, e
Vous nous informez que les articles réf D 700 objet de votre commande n° 407 ne vous sont pas parvenus. Nous en sommes surpris car nous étions certains de vous avoir expédié les articles réf D 700 conformément à votre commande.

be surprised
You inform us that you have not received item no. D700 in accordance with your order. This surprised us because we were certain that we had sent you item no. D700 as you ordered.

la confusion
Cependant, comme une confusion est toujours possible, notre agent passera chez vous cette semaine afin d'examiner la marchandise incriminée.

misunderstanding
Since a misunderstanding can never be entirely ruled out, however, our representative will call on you this week and examine the rejected merchandise.

incriminé, e

rejected

être mis, e en cause
Nous apportons le plus grand soin à l'expédition de nos commandes et les emballages, que nous utilisons depuis longtemps, n'ont jamais été mis en cause.

be rejected; object to
We work at shipping orders with the greatest care, and the packing we have used for a long time has never yet been objected to.

être tenu, e responsable de
Nous ne pouvons être tenus responsables de cette avarie.

be held responsible for
We cannot be held responsible for this damage.

émettre des réserves
Nous pensons que vous avez émis les réserves d'usage lors de la réception de la marchandise.

express reservations; file concerns
We understand that you have filed the customary reservations upon receipt of the goods.

d'usage

customary (in trade)

dédommager
Nous vous conseillons donc de vous adresser au transporteur pour être dédommagé.

compensate for damage
We therefore recommend that you approach the freight carrier for compensation for the damage.

renvoyer
Comme il s'agit d'une vente FOB, nous ne pouvons que vous renvoyer, pour le dédommagement, à votre transporteur ou à votre compagnie d'assurances.

refer
Since it involves a sale FOB, we can only refer you to your freight carrier or your insurance company for compensation.

Payment

payer, régler

pay; settle

le **paiement**, le **règlement**

payment; settlement

payer d'avance

pay in advance; prepay

l'**échéance** *f*
Cette somme arrive à échéance le 30 septembre.

due date; expiration/maturity date
This amount becomes due on September 30.

le **mode de paiement**
Vous payez par chèque ou par virement?

Quel mode de paiement choisissez-vous?

method of payment
Are you paying by check or by transfer?

What method of payment do you choose?

la **facture**
La facture indique le détail des marchandises vendues et le décompte de leurs prix.

invoice; bill
The goods sold and their prices are indicated in detail on the bill.

le **détail**

detail; detailed listing

le **décompte**

details (of a bill); breakdown; statement

les **coordonnées** *fpl*
Sur la facture, on trouve, en outre, les coordonnées complètes du vendeur, les nom et adresse de l'acheteur, la mention FACTURE ou DOIT avec la date et le numéro, la référence à la commande, les modalités de livraison et de paiement.

(firm) particulars, data, information
In addition to the complete infor- mation about the seller, the bill also shows the name and address of the buyer, the notation *Bill* or *Payable* with the date and account number, the order number, and the delivery and payment terms.

doit

owed; payable

le **montant**
Le montant net, en cas de vente CIF, sera le prix total de la marchandise moins la remise, plus les frais d'emballage, de transport et d'assurance.

amount; sum
The net amount for a sale CIF will be the total price of the goods less discount, plus the costs of packing, shipping, and insurance.

moins qc

less/minus something

plus qc

plus something

la **somme**
La mention NET A PAYER est suivie de la somme que l'acheteur doit payer et éventuellement, de la signature du vendeur.

sum; amount
The notation *net payable* is followed by the amount that the buyer has to pay, and, possibly, the signature of the seller.

net, te (à payer)

net (payable)

devoir
Vous me devez 25 615,76 F tout compris.

owe
All in all you owe me 25,615.76 F.

tout compris

all in all; altogether

établir
Vous pouvez m'établir une facture?

write out; make out
Can you make out a bill for me?

l'**établissement** *m*

drawing up; issuing

la **vente au comptant**

cash sale

la **vente à crédit**

credit purchase; deferred payment purchase

Dans la vente à crédit, le paiement est différé par rapport à la livraison.

In a credit purchase the payment is postponed in relation to the delivery.

le **paiement à crédit**

payment on credit; deferred payment

la **vente à tempérament**

installment buying

échelonner
Vous pouvez échelonner le paiement sur un an.

spread out; distribute
You can spread the payments out over a year.

le **paiement échelonné**

pay by installments

la **mensualité**

monthly installment

payer en plusieurs versements

pay in several installments

l'**acompte** *m*
A la signature du contrat, vous verserez un acompte représentant 20% de la somme totale de votre achat.
Vous versez un premier acompte de 1 000 F.

deposit; payment on account
On signing the contract you make a deposit in the amount of 20% of the selling price.
You pay a first installment of 1000 F.

les **arrhes** *fpl*

security deposit

la **location-vente** (locations-ventes)
Par le contrat de location-vente, l'acheteur loue un objet et n'en devient propriétaire qu'au paiement de la dernière mensualité.

hire-purchase
With the hire-purchase agreement the buyer rents an object and only becomes the owner with the last month's installment.

l'**échange de données informatisé (EDI)** *m*
Les factures sont transmises directement d'ordinateur à ordinateur par EDI.

electronic data system (EDS)

The bills are transmitted direct from computer to computer via EDS.

transmettre — transmit

pour acquit — receive payment
La mention "pour acquit" sur une facture indique qu'elle a été réglée. — The notation "received payment" on a bill indicates that it has been paid.

le **relevé de factures** — statement of account
Le relevé de factures est un état récapitulatif des factures non réglées et des avoirs figurant au compte d'un client. — The statement of account is a summary of the outstanding bills and credits on a customer's account.

l'**état récapitulatif** *m* — summary

la **facture d'avoir** — credit memo
Le fournisseur établit une facture d'avoir lorsqu'un client retourne des marchandises. — The supplier makes out a credit memo when the customer returns merchandise.

la **rectification** — correction; adjustment

le **mémoire** — bill *(in the construction industry)*

la **note d'honoraires** — statement of fees
Avocats et architectes établissent des notes d'honoraires pour leurs prestations de services. — Lawyers and architects write statements of fees for their services.

le **reçu** — receipt
Pour toute somme déposée sur votre compte, nous vous donnons un reçu. — You receive a receipt for every amount paid into your account.

la **quittance** — receipt; voucher

Advice of Payment, Errors in Payment

charger — charge
En règlement de notre relevé de factures n° 140, nous avons chargé aujourd'hui notre banque de virer le montant de 24 100 F à votre compte auprès du Crédit Lyonnais. — To settle our account statement no. 140 we have today instructed our bank to transfer the amount of 24,100 F to your account at the Crédit Lyonnais.

en règlement de, pour solde de — for settling of
Nous vous remettons ci-joint un chèque barré de 24 100 F sur la Société Générale pour solde de votre facture, déduction faite d'un escompte de 2%. — For settling of your account after the deduction of 2% discount, you will find herewith a deposit-only check for 24,100 F from Société Générale.

déduction faite de — after deduction of; discounted

revêtu, e de — provide with
Vous trouverez ci-joint, revêtue de notre acceptation, la traite n° 808 d'un montant de 48 500 F payable au 31 octobre que vous avez tirée sur nous en règlement. — You will find enclosed draft no. 808, provided with our endorsement, in the amount of 48,500 F, payable on October 31, which you have drawn on us in settlement.

à valoir sur

Nous réglons ce jour votre relevé par virement et nous vous prions de reporter à votre compte la somme de 24 500 F à valoir sur nos commandes en cours de livraison.

in credit for
We are today settling your account by transfer and request that you transfer to your account the amount of 24,500 F to credit for our current orders.

appliquer

En procédant à la vérification, nous avons constaté que vous n'avez pas appliqué au montant total la remise de 10% que vous nous aviez accordée par votre lettre du 10 mai.

apply
On inspection, we discover that you have not applied the discount of 10% on the total amount that you granted us in your letter of May 10.

facturer

Vous nous avez facturé 10 pantalons à 400 F au lieu de 15 à 320 F.

bill; put on the bill
You have billed us for 10 pairs of trousers at 400 F instead of 15 at 320 F.

la **facturation**

billing; invoicing; charging

comporter

Nous constatons que votre facture n° 108 comporte une erreur de calcul.

contain
We discovered that your bill no. 108 contains an accounting error.

omettre

Votre facture d'avoir du 10 décembre a été omise dans le relevé n° 805, avoir dû au retour d'un appareil défectueux.

omit
Your credit memo of December 10 was omitted on statement no. 805 (credit for the return of a defective appliance).

simple

Nous pensons qu'il s'agit d'un simple oubli de votre part.

simple
Certainly we are dealing with a simple oversight on your part.

erroné, e

Veuillez nous adresser une nouvelle facture en remplacement de la facture erronée ci-jointe.

erroneous; wrong; incorrect
Please send us a new bill in place of the enclosed incorrect one.

l'**omission** f

Vous nous signalez l'omission de la remise de 10% qui vous avait été accordée.

omission; oversight
You point out to us that we have overlooked the 10% discount we allowed you.

le **libellé**

Une erreur a, en effet, été commise dans le libellé de cette facture.

preparation
In fact an error was made in the preparation of this bill.

involontaire

Il s'agit, en effet, d'une erreur bien involontaire de notre part: vous voudrez bien nous en excuser.

unintended; accidental
Indeed, this was an entirely accidental error on our part, and we are profoundly sorry.

rectifier
Nous reconnaissons le bien-fondé de votre réclamation et vous adressons ci-joint une facture rectifiée tenant compte de votre remise de 10%.

correct
We acknowledge that your complaint is justified and are enclosing a corrected bill showing the 10% discount.

la régularisation
Vous trouverez ci-joint pour régularisation une nouvelle lettre de change.

correction
In correction you will find enclosed a new bill of exchange.

strict, e
Après vérification, nous vous signalons que notre facture est strictement conforme à votre commande, à notre bon de livraison et à notre tarif.

strict; precise; exact
We must inform you, after examination, that our bill corresponds exactly to your order, our delivery receipt, and our price lists.

se reporter à
Vous voudrez bien vous reporter à ces documents.

look over (once again)
Please look through these documents once more.

la demande
En conséquence, nous ne pouvons donner suite à votre demande.

request
Therefore we cannot accede to your request.

Default of Payment

être en retard dans
Chabada SA est en retard dans le paiement de ses factures.

in arrears; be in default
Chabada SA is in arrears with the payment of its bills.

payer en retard
Le client a payé sa facture en retard: nous ne pouvons lui accorder l'escompte qu'il a déduit.

pay late
The customer has paid his bill late; we cannot allow him the discount he has taken.

le retard dans le paiement
Ce client a toujours des retards dans le paiement de ses factures: nous allons lui livrer contre remboursement.

default of payment; arrears
The customer is constantly in default on his bills; we'll deliver COD to him.

le paiement en retard
Nos conditions générales stipulent que pour tout paiement en retard, le client paie des intérêts, sans mise en demeure.

arrears
Our general business terms establish that for any payments in arrears the customer must pay interest, and without notice.

les intérêts (moratoires) *mpl*

(late payment) interest

dû, due
A combien s'élève la somme due par ce client?
C'est une somme due depuis deux mois maintenant.

due; outstanding
How much does this customer owe us?
This amount has been due for two months.

acquitter
La facture n'est toujours pas acquittée.

pay
The bill has still not been paid.

être redevable
De combien nous sont-ils redevables?

owe
How much do they owe us?

en souffrance
Notre facture du 16 mai dernier est en souffrance depuis des semaines.

overdue
Our bill of last May 16 has been overdue for weeks.

l'**impayé** *m*
Que fait le créancier en cas d'impayé?

unpaid bill; unmet bill of exchange
What does a creditor do when the bill isn't paid?

l'**arriéré (de paiement)** *m*
Quand le débiteur va-t-il payer ses arriérés?

arrears
When will the debtor pay his arrears?

la **lettre de rappel (de paiement)**

reminder; warning notice

la **lettre de relance**

follow-up letter; (further) warning notices

signaler qc à qn

make someone aware of something; give notice to someone about something

Je me permets de vous signaler que la facture n° 702 de 28 700 F est restée impayée.

I take the liberty of pointing out to you that the bill no. 702 for 28,700 F is still outstanding.

rester impayé, e

remain unpaid; be (still) outstanding

la **copie**
Nous vous adressons ci-joint la copie de notre facture du 12 octobre correspondant à notre livraison du mois de septembre.

copy; duplicate
We are enclosing a copy of our bill of October 12 for our deliveries in September.

échu, e
Cette facture est échue depuis plus d'un mois.

due
This bill is past due for over a month.

l'**oubli** *m*
Nous sommes persuadés qu'il s'agit d'un oubli et que vous ne tarderez pas à nous faire parvenir votre règlement.

omission; oversight
We are sure that it is only an oversight and that you will not delay in sending your payment.

régulariser
Nous vous serions obligés de bien vouloir régulariser la situation dans les meilleurs délais.

settle
We would be much obliged if you would settle these matters as quickly as possible.

dernier
Nous sommes surpris de n'avoir pas reçu de réponse à notre lettre du 3 décembre dernier concernant le paiement de notre facture n° 702.

last year
We are surprised to have received no reply to our letter of December 3 of last year regarding the payment of our bill no. 702.

sauf erreur ou omission (de notre part)
Sauf erreur ou omission de notre part, la somme de 28 700 F ne nous a pas encore été réglée.

barring an error or omission (on our part)
Barring an error or omission on our part, the amount of 28,700 F has not yet been paid to us.

sans objet
Si vous avez déjà effectué votre règlement, nous vous prions de considérer cette lettre comme sans objet.

invalid; unnecessary
If your payment has already been made, please disregard this letter.

sans tarder
Votre règlement n'a toujours pas été effectué et nous vous prions de verser le montant dû sans tarder.

immediately; promptly
Your payment has still not been received, and we therefore request that you remit the amount due immediately.

tarder
Nous regrettons d'avoir tardé dans le paiement de cette facture et nous nous empressons de vous adresser le chèque ci-joint.

hold off; procrastinate; delay
We regret the delay in the payment of this bill and immediately forward the check enclosed herewith.

la **mise en demeure (de payer)**
La mise en demeure a pour objet de constater le non paiement par l'acheteur du prix de vente et de faire courir les intérêts moratoires.

request for payment
The purpose of the request for payment is to record in writing that the customer is in arrears with paying the price of the sale and is liable for interest charges.

le **non(-)paiement** ‹non(-)paiements›

nonpayment; default of payment

courir

fall due

la **mise en demeure**
La mise en demeure est envoyée en recommandé avec avis de réception.

(last) warning
The last warning is sent by registered mail with a return receipt requested.

impayé, e
Nous venons d'être avisés par notre banque que notre lettre de change de 43 800 F au 29 février lui a été retournée impayée.

unpaid; uncollected
We have just received notice from our bank that our bill of exchange for 43,800 F due on February 29 was sent back to you unpaid.

le **retour**
Nous sommes très surpris du retour de cet effet que vous avez accepté le 20 décembre.

return
We are very surprised at the return of this bill, which you accepted on December 20.

majorer
Nous vous demandons de nous faire parvenir par retour du courrier la somme due majorée des frais de retour.

increase
We demand that you send us the amount due at once, by return mail, and add the costs incurred for the return.

à défaut
A défaut, nous nous verrons obligés de transmettre votre dossier à notre service du contentieux.

otherwise; or else
Otherwise we shall be compelled to refer your case to our attorneys.

sans réponse
Nos lettres des 3 et 18 décembre ainsi que du 7 janvier sont restées sans réponse.

unanswered
Our letters of December 3 and 18, as well as that of January 7, remain unanswered.

le **recouvrement**
Si votre règlement ne nous parvient pas sous huitaine, nous nous verrions contraints de procéder au recouvrement par voie judiciaire.

recovery; collection
If your payment is not received within eight days, we will be compelled to proceed with collection by legal means.

par voie judiciaire
compulsory; by legal means

l'**agence de recouvrement de créances** f
Passé ce délai, nous transmettrons le dossier à notre agence de recouvrement de créances qui engagera une procédure judiciaire à votre encontre.

collection agency

After this date, we will give the file to our collection agency, which will initiate legal proceedings against you.

engager une procédure judiciaire
initiate legal proceedings

à l'encontre de qn
against someone

recourir à
Nous souhaitons ne pas avoir besoin de recourir à une telle mesure.

have recourse to
We hope that we will not need to have recourse to such a measure.

recouvrer
Une société d'affacturage s'occupe de recouvrer les créances de cette entreprise et envoie les lettres de relance en cas d'impayés.

recover; collect
A factoring firm took over the collection of the debts for this company and sent warnings to unpaid accounts.

les **créances (à recouvrer)** fpl
debts (outstanding)

l'**injonction de payer** f
Si le délai de la mise en demeure a expiré et que le débiteur n'ait toujours pas payé, le créancier ou son avocat sollicite du tribunal de commerce la délivrance d'une injonction de payer.

injunction to pay; judicial order to pay
If the warning period expires and the debtor still hasn't paid, the creditor or his attorney can petition the commercial court for an injunction to pay.

solliciter
petition; file a petition

exécutoire
Si, dans les 15 jours, le débiteur ne paie ni ne fait opposition, l'injonction de payer devient exécutoire.

take effect; become enforceable
If, within fifteen days, the debtor neither pays nor offers any protest, the injunction becomes enforceable.

faire opposition	offer protest; object
irrécouvrable	not recoverable
Comme ces créances sont irrécouvrables, l'entreprise a décidé d'abandonner toute poursuite en justice contre le débiteur défaillant.	Since these debts are not recoverable, the company has decided to abandon further legal proceedings against the defaulting debtor.
la **poursuite en justice**	legal prosecution; legal proceedings
défaillant, e	defaulting

Deferred Payment

le **sursis de paiement**

extension of credit; deferment of payment

convenir de qc
J'ai le regret de vous informer qu'il ne me sera pas possible d'assurer le règlement de la facture à la fin de ce mois comme nous en étions convenus.

agree to something
I must regretfully inform you that it is not possible for me to guarantee settling the account by the end of the month, as we agreed.

inattendu, e
Notre banque vient de nous informer de la faillite inattendue d'un de nos plus importants clients, ce qui a bouleversé nos prévisions de trésorerie.

unexpected
Our bank has just reported to us the unexpected failure of one of our important customers, which has thrown our cash-flow analysis out the window.

les **prévisions de trésorerie** *fpl*

cash flow analysis; liquidity projections

la **défection**
La défection de plusieurs de nos clients due aux événements politiques nous a mis dans une situation financière difficile.

loss
The loss of several of our customers because of political events has placed us in a difficult financial position.

provisoirement
Du fait de la modernisation de nos locaux, le rythme de nos ventes s'est provisoirement ralenti.

temporarily
Because of the modernization of our business premises, our sales volume has slowed temporarily.

temporaire
Un incendie a provoqué un arrêt temporaire de notre activité de production.

temporary
A fire has caused a temporary halt in our production.

escompté, e
De ce fait, je n'ai pu réaliser les ventes escomptées.

expected; hoped for
Therefore I cannot realize the sales hoped for.

de ce fait

therefore

le délai de paiement

deferment of payment; postponement

prolonger
Nous vous prions de prolonger de 4 semaines le délai de paiement.

extend
We are requesting an extension of the payment date for four weeks.

la compréhension
D'avance, je vous remercie de votre compréhension.

understanding
Thank you in advance for your understanding.

le report d'échéance, la prorogation d'échéance
Si le débiteur a accepté une traite, il va demander un report d'échéance au fournisseur.

extension; postponement of the due date
If the debtor has accepted an exchange bill, he will ask the supplier for an extension.

reporter, proroger
C'est pourquoi, je vous serais reconnaissant de bien vouloir accepter exceptionnellement de reporter l'échéance de cette traite à la fin mars.

extend; postpone
Therefore I would be grateful if you could allow an exceptional extension of this bill until the end of March.

exceptionnellement

exceptional

la ponctualité
La ponctualité de mes règlements antérieurs et nos bonnes relations vous permettront, j'espère, de répondre favorablement à ma demande.

punctuality
The punctuality of my previous payments and our good business relationship will, I trust, permit you to answer my request in the affirmative.

antérieur, e

previous

honorer
Il ne nous sera pas possible d'honorer votre traite émise au 20 mai en règlement de votre facture n° 453.

honor; meet
We cannot meet your bill issued with a due date of May 20 for the settlement of your invoice no. 453.

annuler
C'est pourquoi, je vous demande de bien vouloir annuler la traite au 20 mai et d'en créer une nouvelle au 20 juillet, tous frais et intérêts à ma charge.

cancel; rescind; revoke; quash; annul
Therefore I am asking you to cancel the bill due May 20 and issue a new one with a date of July 20, with all costs and interest payments charged to my account.

donner une suite favorable à
Nous sommes heureux de pouvoir donner une suite favorable à votre demande de prorogation au 20 juillet de l'échéance de la traite de 45 700 F.

give a favorable reply; agree
We are happy to be able to give a favorable reply to your request for extension of the due date for the bill for 45,700 F to July 20.

être (tout, e) disposé, e à, être (tout, e) prêt, e à

be prepared to

En raison du caractère exceptionnel de votre demande et compte tenu de la régularité de vos paiements, nous sommes tout disposés à vous accorder le délai demandé.

Since your request is an exception, and in view of the regularity of your payments, we are happy to allow you the extension you have asked for.

le **caractère exceptionnel**

exception

la **régularité**

regularity

toutefois

yet; nevertheless

Toutefois, nous sommes disposés à annuler cet effet aux conditions suivantes: ...

Nevertheless, we would be prepared to cancel this bill under the following conditions: . . .

à votre convenance

your choice; at your convenience

Nous vous demandons de nous faire parvenir par tout moyen à votre convenance la somme de 30 000 F le 20 mai.

Please let us have the amount of 30,000 F by any mode at your convenience by May 20.

le **solde**

balance; remainder

Nous vous remettons sous ce pli une nouvelle traite au 20 juillet pour le solde, majoré des frais et intérêts.

We are sending you enclosed a new bill with the due date of July 20 for the balance with the costs and interest added in.

différer

defer

Nous avons le regret de vous informer que nous ne pouvons différer le paiement de cette facture.

We regret that we must inform you that we cannot defer the payment of this bill.

ultérieur, e

later

Malgré notre désir de vous donner satis-faction, nous ne pouvons reporter à une date ultérieure votre échéance.

We would be happy to comply with your request, but we are unable to move to a later due date.

prompt, e

quickly; soon

Nous comptons donc sur votre prompt règlement.

We therefore expect your payment soon.

comprendre

understand; have understanding

Dans l'espoir que vous comprendrez nos raisons, nous vous prions d'agréer, Madame, nos salutations dévouées.

In the hope that you will understand our reasons, we remain, with cordial greetings, . . .

================= **Office Equipment** =================

le **bureau** ⟨bureaux⟩
Monsieur Trompette est-il dans son
bureau?

office; desk
Is Mr. Trompette in his office?

le **secrétariat**
Où est le secrétariat de la direction commerciale?

secretary's office
Where is the office of the secretary of
the commercial division?

le **bloc**
Sur le bureau, il y avait un bloc de fiches
téléphoniques, un agenda et une pile de
dossiers.

pad
On the desk there was a pad for telephone notes, a calendar, and a pile of
files.

la **fiche téléphonique**

telephone notes

la **pile**

pile

le **dossier**

files

la **chemise (cartonnée)**
Vous trouverez cette facture dans une
chemise cartonnée jaune.

file folder
You'll find that bill in the yellow file
folder.

la **pochette plastique**
Vous voyez la pochette plastique dans la
corbeille courrier départ? La lettre doit
s'y trouver.

plastic envelope
See the plastic envelope in the out
tray? The letter must be in there.

la **corbeille**

letter tray

le **classeur à anneaux**

ring binder

la **boîte à archives**
Avant de mettre les documents dans les
boîtes à archives, vous enlevez tous les
trombones et les agrafes.

files
Before you put the correspondence in
the files, remove all staples and clips.

les **documents** *mpl*

files; correspondence

le **trombone**

paper clip

l'**agrafe** *f*

staple

enlever

remove

le **clavier**

keyboard; keys

la **machine à écrire électronique**
Sur les machines à écrire électroniques,
il y a des touches de fonction qui permettent par exemple l'impression en caractères gras ou le retour à la ligne
automatique.

electronic typewriter
Electronic typewriters have function
keys, e.g., ones that allow boldfacing
or automatic line spacing.

la **touche** — key

l'**impression en caractères gras** *f* — boldface

le **retour à la ligne** — line spacing

le **copieur** — (photo)copier
Ce copieur fait des copies recto verso, la réduction jusqu'à 65%, l'agrandissement jusqu'à 142%.
This photocopier makes copies on both sides, reduces down to 65%, and enlarges up to 142%.

recto verso — on both sides

la **réduction** — reduction

l'**agrandissement** *m* — enlargement

la **bureautique**® — office communication; office technology
La bureautique est l'ensemble des matériels, logiciels et méthodes informatiques utilisés dans les bureaux.
Office communication refers to all the electronic data processing equipment installed in the office, software and hardware.

le **bloc-notes** ‹blocs-notes› — note pad

le **bloc sténo** — steno pad

archiver — file
Vous archiverez ces documents dès que vous aurez le temps.
File this correspondence as soon as you have time.

l'**intercalaire** *m* — dividers
J'ai mis des intercalaires dans le classeur: cela facilitera le travail de recherche.
I've put dividers in the ring binder, which should make looking for things easier.

mettre au panier — throw away
Il y avait des fautes de frappe dans cette lettre: je l'ai mise au panier.
The letter was full of typing mistakes; I threw it away.

la **corbeille (à papier)** — wastebasket

le **destructeur de documents** — shredder

le **pense-bête** ‹pense-bêtes› — marker; memo

le **casier** — box; shelf
J'ai mis tout le courrier adressé à Mr Duvivier dans votre casier puisque c'est vous qui le remplacez.
I put all the mail addressed to Mr. Duvivier in your box, since you are replacing him.

la **microfiche** — microfiche; microfilm
Vous trouverez ces documents sur microfiches, demandez au responsable des archives de l'entreprise.
You'll find this correspondence on microfilm; ask the head of the company archives.

les **archives** *fpl* — archive; records; files

le **bac de papier** — paper holder
Le copieur est équipé de deux bacs de papier pour les formats A4 et A3.
The copier has two paper holders for formats A4 and A3.

le **format**	format
la **rame (de papier)**	ream; packages of 500 sheets
le **rétroprojecteur**	overhead projector
le **transparent**	transparency
l'**écran (pour rétroprojecteur)** *m*	projection screen
le **tableau (de) papier** ‹tableaux›	flip chart
le **feutre**	felt-tip
le **projecteur de diapos**	slide projector
le **dictaphone**	dictating machine
l'**interphone**® *m*	intercom
Le chef m'a demandé, à l'interphone, de venir dans son bureau: qu'est-ce qui se passe?	The boss asked me over the intercom to come into his office. What's going on?

■■■ Electronic Data Processing ■■■

l'**informatique** *f*	data processing
le **matériel (informatique)**	hardware
Qu'est-ce que vous utilisez comme matériel informatique dans votre entreprise?	What hardware do you use in your company?
le **logiciel**	program; software
l'**ordinateur** *m*	computer
le **micro(-ordinateur)** ‹micro-ordinateurs, micros›, l'**ordinateur individuel** *m*	personal computer (PC)
le **périphérique**	peripheral part; equipment
Le clavier est un périphérique servant à saisir des données.	The keyboard is a part of the periphery and serves for the entry of data.
saisir	register; record
les **données** *fpl*	data
le **curseur**	cursor
Avec ces quatre touches, vous déplacez le curseur.	You move the cursor with these four keys.
déplacer	to move
la **souris**	mouse
La souris permet de déplacer un pointeur à l'écran.	The mouse allows an arrow to be moved all over the screen.
le **pointeur**	indicator; arrow

la **boule de commande**

trackball

l'**écran** *m*
L'écran sert à afficher des données ou un menu de programme.

screen; monitor
Data or a choice of programs will appear on the monitor.

afficher

show; appear

le **menu**

menu

le **disque dur**
Disque dur et disquettes permettent le stockage de programmes ou de données.

hard disk
Programs or data can be stored on a hard disk or diskette.

la **disquette**

diskette

le **stockage**

storage

le **lecteur de disquettes**

disk drive

l'**imprimante** *f*
L'imprimante sert à éditer des données sur papier.

printer
The data are printed on paper with a printer.

éditer

print

le **fichier (de données)**
Vous sélectionnez un fichier en déplaçant le curseur.

document; file
You choose a file by moving the cursor.

le **mot de passe**
Vous tapez votre mot de passe, ensuite vous validez.

password
You enter your password, then you confirm it.

valider

confirm; press the enter key

créer
J'ai créé un nouveau fichier et j'ai effacé l'ancien.

open
I've opened a new file and erased the old one.

effacer

erase

sauvegarder

save

le **ordinateur portable**

portable PC; laptop; notebook

le **bloc-notes électronique** ‹blocs-notes›

notepad

le **microprocesseur**

microprocessor

la **mémoire**

memory

stocker

save; store

la **mémoire morte**

hard memory (ROM)

la **mémoire vive**

random access memory (RAM)

le **modem**

modem

249

le scanneur
Avec le scanneur, vous pouvez insérer à l'écran une image ou une photo au milieu d'un texte.

scanner
With a scanner you can insert a picture or a photograph into text on the monitor.

la commande
Tu connais toutes les commandes de ce système d'exploitation?

command
Do you know all the commands in this operating system?

le système d'exploitation

operating system

l'icône *f*
Tu cliques deux fois sur l'icône et une nouvelle fenêtre s'ouvre.

symbol; icon
You click the icon twice, and then a new window opens.

cliquer

click

le traitement de texte

word processing

le logiciel intégré

integrated software; program package

le tableur

table calculation program

le grapheur

graphics program

la publication assistée par ordinateur (PAO)
Les logiciels de PAO permettent d'éditer des documents avec texte, tableaux, graphiques, images et photos.

desktop publishing (DTP)

With a data processing program, documents with text, tables, graphics, pictures, and photographs can be created.

l'opérateur de saisie, l'opératrice de saisie

data entry operator

la saisie
Avec notre nouveau traitement de texte, les opérations de saisie, correction, mise en page, consultation et édition des textes sont deux fois plus simples!

input
With our new word-processing program, input, correction, makeup, editing, and printing are infinitely simpler!

la correction

correction

la mise en page

page makeup

la consultation

editing

l'édition *f*

printing

le support de stockage
A côté des disques durs et des disquettes, les disques optiques numériques sont de plus en plus utilisés comme supports de stockage.

additional memory
Besides hard disks and diskettes, laser disks are used more and more for additional memory.

le disque optique numérique (DON)

laser disks

le disque optique compact (DOC)

CD-ROM

la **banque de données**	data bank
la **messagerie électronique** Chez nous, le courrier interne ne circule que par messagerie électronique: il n'y a plus de papier!	mailbox system; e-mail At our place, all the internal correspondence is handled by e-mail: there's no more paper!
la **boîte aux lettres électronique**	mailbox; e-mail

Office Activities

le **courrier**
Les lettres sont ouvertes avec une machine à ouvrir le courrier.

mail; correspondence
The letters are opened by a letter-opening machine.

le **registre**
Les documents importants et pièces jointes sont enregistrés dans le registre du courrier arrivée.

register; log
The important pieces of mail and enclosures are entered in an incoming mail log.

le **courrier arrivée**

incoming mail

le **courrier départ**

outgoing mail

le **correspondancier,** la **correspondancière**

commercial correspondent

le, la **dactylo**

typist

**dactylographier,
écrire à la machine**

write with or on the typewriter

le, la **sténodactylo**

stenotypist

la **sténo**
Vous ne pouvez pas lire mes notes, j'ai tout pris en sténo, il faut d'abord que je les transcrive en clair.

steno; shorthand
You can't read my notes—I wrote everything in steno and have to transcribe it into longhand first.

transcrire

transcribe; translate

en clair

in longhand; in clear text

la **frappe**

Vous avez donné cette lettre à la frappe?

type, write (on the typewriter); transcribe
Have you already sent this letter to Typing?

la **faute de frappe**

typo

le **rapport**

report

la **note de service**
La note de service a pour but soit de transmettre ou de demander une information, soit de donner des instructions.

(service) note
With the service note, information is passed on or asked for or an instruction is given.

251

la **réunion**
Pour rédiger le compte rendu de cette réunion, j'ai tout simplement repris les points de l'ordre du jour.

meeting; appointment; conference
In drafting the minutes of the meeting, I have simply followed the points of the agenda.

le **compte rendu**

minutes

l'**ordre du jour** *m*

agenda

photocopier
J'ai photocopié le compte rendu en dix exemplaires.

(photo)copy
I made ten copies of the minutes.

la **suite**
Pour l'instant, j'aimerais savoir quelles sont les suites à donner à cette demande de dédommagement.

result; consequence
At the moment, I would like to know what the results of this petition for recovery of damages are going to be.

pour suite à donner
Nous avons transmis le dossier au service du contentieux pour suite à donner.

for further handling
We have given the file to the attorneys for further handling.

classer
Vous classez le dossier Chabada sous quelle rubrique?
Cette affaire est classée, je pense, non?

classify; file; close
What did you file the Chabada files under?
I think this matter is closed, isn't it?

l'**agenda** *m*
En effet, ce rendez-vous a été noté sur mon agenda.

(appointment) calendar
In fact, the appointment was written on my calendar.

noter

note; write down

le **message**
Je vous ai laissé un message sur votre bureau.

message
I've left a message on your desk.

trier
Le courrier est trié par service et c'est la secrétaire qui les y diffuse.

sort
The mail is sorted in the mailroom, and the secretary destributes it.

diffuser

distribute

pour information

to the attention; for the information

dicter
Mon patron ne me dicte pas le courrier: il tape un brouillon à l'ordinateur et je le mets ensuite en forme à partir de la disquette qu'il me donne.

dictate
My boss doesn't dictate the letters, he types them on the computer in draft, and I then put them into form from the diskette he gives me.

taper

type

le **brouillon**

concept; draft

mettre en forme

put into form; shape

la **vitesse de frappe**
Quelle est votre vitesse de frappe?

words per minute
How many words per minute do you type?

écrire sous la dictée
Vous pouvez écrire sous la dictée avec un ordinateur portable.

take dictation
You can take dictation on a portable computer.

au kilomètre
Le texte est saisi au kilomètre et c'est moi qui fais la mise en page.

continuous; without paging
The text is given continuously, and I make the page breaks.

sans faute
Il me faut une frappe sans faute.

perfect; no mistakes; without typos
I must have a perfect copy.

le **vérificateur d'orthographe**
Y a-t-il un vérificateur d'orthographe sur ce logiciel?

spelling checker
Does this software have a spelling checker?

annoter
Mon patron annote les lettres et je rédige les réponses à partir de ces indications.

make notations
My boss makes his notations on the letter, and then I compose a letter corresponding to those notes.

la **bible de paragraphes**

handbook of phrases; sample texts

la **lettre-type** ‹lettres-types›

sample letter

la **note d'information**
Vous diffuserez cette note d'information par messagerie électronique à tous les chefs de service de notre entreprise.

memorandum
Distribute this memorandum to all the department heads in the company via e-mail.

la **salle de réunion**
Il me faut une salle de réunion pour 20 personnes mardi à 9 h 30.

conference room
I need a conference room for 20 people for Tuesday at 9:30 AM.

suivre
Ce dossier est suivi par qui dans le service?

work on; deal with
Who in the department dealt with this file?

en cours
Avant que je parte en vacances, elle m'a demandé une liste de tous les dossiers en cours.

current; in the works
She asked me for a list of all the current files before I went on vacation.

ranger
Dans quel ordre les dossiers sont-ils rangés?

arrange
In what order are the files arranged?

le **classement**
Avec cette nouvelle méthode de classement, j'ai des difficultés à trouver les dossiers que je cherche.

filing; arrangement
With this new filing system, I'm having trouble finding the files I'm looking for.

■■■ Form and Construction of a Business Letter ■■■

la **correspondance (commerciale)**

(business) correspondence, (commercial) correspondence

la **lettre commerciale**
Le correspondancier rédige des lettres commerciales sur du papier à en-tête.

business letter
The commercial correspondent writes business letters on paper with letterheads.

le **papier à en-tête**

sheet of (paper with a) letterhead

l'**en-tête** ‹en-têtes› *m*
En France, dans l'en-tête (zone 1) d'une lettre, sont mentionnées des informations relatives à l'entreprise: nom commercial ou dénomination sociale avec le logo, adresse du siège, numéros de téléphone, de télex, de télécopieur, etc.

letterhead
In France, the letterhead contains details about the firm (zone 1): trade name or firm name with logo, address of the firm headquarters, telephone number, telex number, fax number, etc.

la **zone**

zone

le **bas de la lettre**
D'autres informations, obligatoires en France, se trouvent souvent au bas de la lettre (zone 5): forme juridique, montant du capital s'il s'agit d'une société, numéro d'immatriculation au registre du commerce et des sociétés (RCS), numéro SIRET sans oublier le numéro du compte-chèques postal (CCP) ou du compte bancaire de l'entreprise.

foot lines, last zone (of a letter)
Other details, which are required in France, often are placed in the footlines (zone 5): legal form, amount of capital if the business is a corporation, entry number in the commercial register, SIRET number, and also the number of the postal account or the bank account of the firm.

le **numéro SIRET**

business premises number SIRET
(14-digit number for the business/factory premises of a firm)

l'**enveloppe à fenêtre** *f*
Nom et adresse du destinataire (zone 2) se trouvent à droite, ce qui permet, en France, d'expédier la lettre dans une enveloppe à fenêtre.

window envelope
Name and address of the recipient (zone 2) are to the right so that the letter can be sent, in France, in a window envelope.

les **références** *fpl*
En général, les références comprennent les initiales de la personne qui a dicté la lettre et de celle qui l'a tapée et souvent, un numéro d'ordre.

references
As a general rule, the reference numbers consist of the initials of the person who dictated the letter and the one who typed it, and frequently there is also a filing number.

Sample Letter

Chabada France
1 chemin de l'Etang
F-67298 STRASBOURG CEDEX

Télex: 810 950 F
Télécopieur: 88 50 05 05
Téléphone: 88 50 50 50

Zone 1

CHABADA • CHABADA • CHABADA

Zone 2

Boutique CHOCCHIC
Madame Cécile CASTELLI
23, rue du Lac
BP 405
06400 CANNES

Zone 3

Vos réf:	CC 47	
Nos réf:	SB/IA 238	
Objet:	commande du 20/05/95	Strasbourg,
PJ-Ann:	1 facture	le 30 mai 1995

Zone 4

Madame,

Votre commande mentionnée en objet nous est bien parvenue et nous vous en remercions.

Les articles commandés vous seront expédiés par route dans les délais prévus.

Vous trouverez ci-joint la facture correspondante.

Nous vous souhaitons bonne réception de ces marchandises et nous espérons qu'elles vous donneront toute satisfaction.

Veuillez agréer, Madame, l'expression de nos sentiments dévoués.

Sylvie BADA
Responsable des Ventes

Zone 5

SA au capital de 2 600 000 F - RCS Strasbourg B 780780780
Siret 780780780 00016 - APE 5242
CCP 606060 C Strasbourg

le **numéro d'ordre**	filing number
les **initiales** *fpl*	initials
Vos références (Vos réf, V/R)	your ref(erence)
Nos références (Nos réf, N/R)	our ref(erence)
Objet	re(garding)
Pièces jointes-Annexes (PJ-Ann)	enclosure(s)

le **lieu de départ**
Strasbourg, le 30 mai 1995 (zone 3) indique le lieu de départ et la date.

place sent from
Strasbourg, May 30, 1995 (zone 3) indicates where the letter was sent from and the date.

l'**appellation** *f*
Il n'y a que dans les lettres publicitaires qu'on peut trouver des appellations du genre: "Chers clients,", "Chère Madame Dupont,", etc.

polite form of address, salutation
Only in advertising letters does one find other forms such as "Dear Customers" or the computer-generated "Dear Ms. Dupont," etc.

Madame,	Madam:
Monsieur,	Dear Sir:
Madame, Monsieur,	Dear Sir/Madam:
Messieurs,	Gentlemen:
Monsieur le Directeur,	Dear Mr. (surname)
Madame la Directrice,	Dear Ms. (surname)

le **corps de la lettre**
Dans le dernier paragraphe du corps de la lettre (zone 4) se trouve la formule de politesse.

text, body of the letter
The last paragraph of the body of the letter (zone 4) contains the polite formula.

la **formule de politesse**

polite formula

agréer
Agréez, Messieurs, mes salutations.

accept
[Agréez. . .salutations.] respectful *(cool)*

Nous vous prions d'agréer, Madame, nos salutations distinguées.
Veuillez agréer, Monsieur, mes meilleures salutations.

[Nous. . .distinguées.] with cordial greetings *(neutral)*
[Veuillez. . . salutations] with cordial greetings; with best greetings *(friendly)*

Veuillez agréer, Monsieur le Directeur, l'expression de mes sentiments respectueux.

[Veuillez. . . respectueux.] respectful *(to a superior)*

la **signature**

signature

le **numéro SIRENE**

company number SIRENE *(9-digit number for a company).*

le **code APE**

APE-code *(The APE code indicates the industry affiliation; it is assigned by the bureau of statistics.)*

la **pièce jointe**
Il n'y avait pas de pièce jointe dans cette lettre?

enclosure
Wasn't there any enclosure in the letter?

l'**annexe** *f*
Vous trouverez en annexe le dossier concernant cette demande de brevet.

attachment
You will find attached the file concerning this patent application.

personnel, le

personally

à remettre en main(s) propre(s)

hand to someone personally

recommandé
La lettre peut porter, au-dessus des références, des mentions comme: Recommandé ou Confidentiel.

registered
The letter can also have a notation above the reference such as "registered" or "confidential."

confidentiel

confidential

à l'attention de

Attention:

l'**interligne** *f*
Entre chaque paragraphe, il y a une interligne.

double space
After each paragraph there is a double space.

la **marge**
Les premières lignes de paragraphe ainsi que l'appellation commencent au bord de la marge ou, autre possibilité, en retrait.

margin
The first line of a paragraph and the salutation may be flush left or may be indented.

le **bord**

margin

en retrait

indent

cordialement

cordially

dévoué, e
Je vous prie de croire, Monsieur, à l'expression de mes sentiments dévoués.

devoted
with all good wishes *(from supplier to customer)*

salutations (SLTS)

Yours truly *(greeting formula for Telex)*

pour le, la (p/le, la)
Si la signature est précédée de la mention p/le Directeur, cela veut dire qu'une personne signe la lettre pour le directeur.

for
When "p/le Directeur" appears before the signature, it means that someone has signed the letter for the director.

par ordre (p/o)
La mention p/o devant la signature veut dire que le signataire est mandaté pour signer le document.

as deputy, power of attorney (p.o.a.)
The notation "p/o" before the signature means that the signer is empowered to sign the document.

mandater

empowered; authorized

le **timbre (d'arrivée)**
Un timbre précisant date d'arrivée et numéro d'ordre est apposé sur toute lettre reçue par le service du courrier.

(date) stamp
In the mailroom, every piece of incoming mail is stamped with the date of receipt and a serial number.

Sentences and Expressions

souhaiter
Nous souhaiterions recevoir une documentation relative à vos meubles de bureau.

ask for; would like to have
We would like to have information about your office furniture.

relatif, -ive à, concernant

concerning; relative to

veuillez
Veuillez nous faire connaître vos propositions précises pour la fourniture de trois imprimantes.

please
Please send us your detailed quotation for supplying three presses.

prier de, demander de
Nous vous demandons de bien vouloir nous retourner les marchandises non conformes en port dû.

ask; request
We ask that you not return collect the merchandise you ordered.

en référence à
En référence à votre réclamation du 13 courant, nous avons fait quelques recherches concernant les manquants.

in reference to; regarding
Regarding your complaint of the 13th of this month, we have instituted an inquiry into the shortfall.

courant (ct)

the current month; this month

par
Par votre lettre citée en objet, vous nous faites savoir que notre dernière livraison ne vous a pas donné entière satisfaction.

by; in
In your letter referred to above, you informed us that our last delivery turned out not to give you complete satisfaction.

cité, e en objet, mentionné, e en objet

mentioned in the reference; above-mentioned

sur demande
Sur demande, nous vous ferons parvenir des échantillons de nos produits.

on demand
We will be happy to let you have samples of our products on demand.

ci-joint, e
Les échantillons ci-joints vous donneront une bonne idée de notre production.

enclosed; attached
The enclosed samples will give you a good idea of our products.

le **pli**

envelope; letter

sous pli séparé

Vous recevrez sous pli séparé notre dernier catalogue.

by separate mail; under separate cover
You will be receiving our latest catalog under separate cover.

par retour du courrier

return mail

avoir le plaisir
Nous avons le plaisir de vous remettre sous ce pli notre dernier catalogue et notre tarif en vigueur à ce jour.

have the pleasure; be pleased
We are pleased to send you herewith our latest catalog and our current price list.

sous ce (même) pli

by the same mail; herewith

en vigueur

current; in effect

à ce jour
Au cas où, à ce jour, vous auriez déjà procédé à la régularisation de votre situation, ne tenez pas compte de cette lettre.

meanwhile
Should you already have taken care of this matter; meanwhile, please disregard this letter.

être en mesure de, être à même de

be in the position to; be able to

vif, vive
A notre vif regret, nous devons constater que cette facture n'est toujours pas réglée.

great; extreme
To our great regret we must observe that this bill has still not been paid.

se **voir contraint, e,** se **voir obligé, e**
Les cours des matières premières ayant fortement augmenté, nous nous voyons contraints de revenir sur le contrat négocié au printemps dernier.

feel compelled to; see oneself obliged to
Since the prices of raw materials have gone up so much, we see ourselves obligated to return to the contract negotiated last spring.

l'**attente** *f*
Dans l'attente de votre réponse, je vous prie d'agréer, Messieurs, mes salutations distinguées.

expectation
Awaiting your answer, I remain, cordially yours.

le **remerciement**
Avec mes remerciements anticipés, je vous prie d'agréer, Madame, Monsieur, mes salutations les meilleures.

thanks
I thank you in advance and remain, cordially yours.

anticipé, e

in advance; in anticipation

vivement
Nous serions vivement intéressés par une documentation complète.

very
We are interested in very detailed information.

particulièrement

especially, above all

vouloir bien
Vous voudrez bien joindre les tarifs.

please
Please enclose a price list.

être reconnaissant, e
Nous vous serions très reconnaissants de bien vouloir nous fournir des renseignements sur cette maison.

be grateful
We would be very grateful if you would give us information about this firm.

être obligé, e
Je vous serais très obligé de bien vouloir m'envoyer quelques échantillons.
Nous serions obligés d'annuler la commande.

be obliged
I would be much obliged if you would send me some samples.
We would be obliged to cancel the order.

porter un intérêt à

Nous vous remercions de l'intérêt que vous portez à nos produits.

show interest in; be interested; have an interest in
We thank you for your interest in our products.

se permettre
Nous nous permettons d'attirer votre attention sur l'excellente qualité de nos produits.

may; permit oneself
We permit ourselves to draw your attention to the outstanding quality of our product.

attirer l'attention de qn sur qc

direct someone's attention to something

noter
Nous vous prions de noter la commande suivante: ...

make note of; take down
Please note the order as follows for: . . .

se référer à
Nous nous référons à votre lettre du 24 mai par laquelle vous nous annonciez la livraison des marchandises pour le 31 mai au plus tard.

refer
We refer to your letter of May 24, in which you announce the delivery of the merchandise by May 31 at the latest.

suite à
Le télex dit: SUITE A VOTRE COMMANDE, EXPEDIONS CE JOUR PAR TRANSPORTS UBU PIECE DE RECHANGE REF 748 F.

regarding; in fulfillment of
The telex says: IN FULFILLMENT OF YOUR ORDER WE ARE TODAY SENDING YOU REPLACEMENT PART NO. 748F VIA UBU TRANSPORT.

en réponse à
En réponse à votre lettre susmentionnée, nous vous informons que ...

in reply
In reply to your above-mentioned letter, we are informing you that. . . .

susmentionné, e

above-mentioned

daté, e du
Dès réception de votre courrier daté du 11 mai, nous avons procédé à des recherches.

(with a date) of
Immediately after the arrival of your letter of May 11 we started an investigation.

dès

immediately after

avoir le regret
Nous avons le regret de vous informer que nous ne pouvons proroger l'échéance de cette traite.

regret
We must regretfully inform you that we cannot extend the due date of this draft bill.

être heureux, -euse de
Nous sommes heureux de vous recevoir dans nos locaux la semaine prochaine.

be happy
We are happy to be able to welcome you to our offices next week.

l'**espoir** *m*
Dans l'espoir que cette affaire sera
réglée au mieux de nos intérêts.

hope
In the hope that this matter can be
settled to our mutual satisfaction.

au mieux de nos intérêts

to mutual satisfaction

attendre
En attendant le plaisir de vous voir, ...

await; expect
I am looking forward to seeing
you. . .

List of Abbreviations

	Abréviations recommandées*	Autres abréviations acceptées**
Monsieur	Mr	M, MR, M.
Messieurs	MM	MM.
Madame	Mme	MME
Mesdames	Mmes	MMES
Mademoiselle	Mle	Mlles, Melle, MLLE, MELLE
Mesdemoiselles	Mles	Mlles, Melles, MLLES, MELLES
Directeur	Dir	DIR, Dir., DIR.
Compagnie	Cie	CIE, cie
Establissements	Ets	ETS, ets
Société	Sté	Soc, SOC, soc, Soc, Soc., SOC., soc.
Allée	All ou all	ALL, All., all., ALL.
Avenue	Av ou av	AV, Av., av., AV.
Bâtiment	Bât ou bât	BAT, Bât., bât., BAT., Bt, BT
Boulevard	Bd ou bd	BD
Chemin	Che ou che	CHE, Che., che., CHE.
Faubourg	Fg ou fg	FG
Passage	Pas ou pas	PAS, Pas., pas., PAS.
Place	Pl ou pl	PL, pl., PL.
Quai	Qu ou qu	QU, Qu., qu., QU.
Route	Rte ou rte	RTE

* Recommended abbreviations   ** Other acceptable abbreviations

261

━━━━━━━━━━━━━━━━━━━━━ **Mail** ━━━━━━━━━━━━━━━━━━━━━

la **poste**
Certains bureaux de poste sont ouverts
le samedi après-midi dans les grandes
villes.
Je vous envoie ces échantillons par la
poste.

mail
In the big cities, some post offices are
open on Saturday afternoons.

I am sending you the sample merchandise by mail.

le **bureau de poste** ⟨bureaux⟩

post office

par voie postale

by post; via the postal route

postal, e ⟨-aux⟩
Vous pouvez me donner les tarifs
postaux en vigueur actuellement?

postal
Can you give me the current postal
rate?

la **boîte postale (BP)**

post box

le **code postal**
En France, le code postal est composé
de 5 chiffres, en Belgique et en Suisse,
de 4 chiffres.

postal code; zip code
In France, the postal code consists of
five digits, in Belgium and Switzerland, four.

le **CEDEX**

CEDEX number *(distribution system
for mail specially delivered to companies)*

l'**affranchissement** *m*
Les tarifs d'affranchissement dépendent
du poids de l'envoi et de la plus ou
moins grande rapidité d'acheminement.

stamping; prepayment
The postage rate depends on the
weight of the piece of mail and faster
or slower delivery.

l'**envoi** *m*

mailing

la **rapidité**

speed

l'**envoi (en service) économique**
m
Pour les lettres et colis envoyés à l'é-
tranger, nous vous proposons trois
vitesses d'acheminement: envoi en service économique (étiquette verte
Economique), en service prioritaire (étiquette bleue Prioritaire) et en service
express (Chronopost).

regular mail

We offer you three speeds for letters
and packages abroad: regular mail
(green sticker: Economique), fast
mail (blue sticker: Prioritaire), and
private company express mail
(Chronopost).

l'**étiquette (adhésive)** *f*

sticker

l'**envoi (en service) prioritaire** *m*

priority mail

l'**envoi (en service) express** *m*

express mail

Chronopost®

private delivery system of express
mail

le **paquet-poste** ⟨paquets-poste⟩,
le **petit paquet**

parcel post

le **colis**
Un envoi qui pèse entre 2 et 30 kg est un colis postal.

package; parcel post
A piece of mail that weighs between 2 and 30 kg goes by parcel post.

le **bulletin d'expédition**
Si vous envoyez un colis par voie postale à l'étranger, il faut remplir un bulletin d'expédition.

package card
If you send a package via the postal route, you must fill out a package card.

remplir

fill out

le **récépissé postal**

postal receipt

en recommandé
Il faut remplir un imprimé si vous voulez envoyer cette lettre en recommandé.

by registered mail
If you want to send this letter by registered mail, you must fill out a form.

l'**imprimé** *m*
Quand il s'agit de livres ou de brochures pour lesquels il existe un tarif spécial, on met la mention "Livres" ou "Brochures" en France, et non "Imprimés".

printed matter; form, blank
With books or brochures, for which there is a special postal rate in France, the label "books" or "brochures" is used, not "printed matter."

recommandé, e

registered

recommandé, e avec AR
En cas d'envoi recommandé avec AR, le destinataire signe un avis de réception qui est retourné à l'expéditeur.

registered with return receipt
In a registered letter with return receipt, the addressee signs a receipt which is then sent back to the sender.

l'**avis de réception (AR)** *m*

receipt

poster
Il est quatre heures et demie, il faut que je me dépêche pour aller poster le courrier!

mail; get into the mail
It's 4:30, I have to hurry if I'm going to make the mail!

exprès
L'étiquette sur l'enveloppe était rouge et portait la mention "Exprès".

express
There was a red sticker on the envelope that said "Exprès."

l'**envoi en valeur déclarée (VD)** *m*

mailing with declared value

l'**envoi contre remboursement** *m*

sending collect

par avion
Il faut mettre la mention "Par avion" sur votre lettre.

by air mail
Your letter has to say "Via Air Mail" on it.

la **surtaxe**

surcharge

l'**aérogramme** *m*
Il y a un tarif unique pour les aérogrammes.

air letter
There is a uniform rate for air letters.

le **coupon-réponse international**
‹coupons-réponses internationaux›
Vous trouverez ci-joint une enveloppe à
mon adresse ainsi que deux coupons-
réponses internationaux.

international reply coupon
You will find enclosed a self-
addressed envelope along with two
international reply coupons.

en poste restante
Si vous faites envoyer votre courrier en
poste restante, vous payez une surtaxe
pour chaque envoi reçu.

held mail; poste restante
If you send your mail to be held, you
pay a surcharge for each additional
mailing.

ne pas plier
Comme il y a une disquette dans cette
enveloppe, je vais mettre la mention: Ne
pas plier svp.

do not bend
Since there is a diskette in the envelope, I would write "please do not
bend" on it.

svp, prière de

please

urgent
Sur l'enveloppe, on trouve des mentions
telles que: Urgent ou Prière de faire
suivre.

urgent; rush
Notations like "urgent" or "please
forward" can appear on an envelope.

faire suivre

forward

la **non(-)distribution**
‹non(-)distributions›
Motif de non distribution:
[ ] n'habite pas à l'adresse indiquée
[ ] parti sans laisser d'adresse
[ ] refusé

nondelivery

Reason for nondelivery
[ ] unknown
[ ] moved, address unknown
[ ] refused

le **mandat(-carte)** ‹mandats(-cartes)›
Le mandat-carte permet d'envoyer de
l'argent à une personne qui n'a ni CCP,
ni compte bancaire.

postal money order
A postal money order permits sending money to someone who doesn't
have an account with the postal bank
or a regular bank.

le **mandat de poste international**

international money order

le **mandat-carte de versement à
un CCP** ‹mandats-cartes›

order for payment on a postal
account

le **mandat de versement international sur CCP** [sesepe]

international order for payment on a
postal account

la **messagerie express**
Les entreprises de messagerie express
font de plus en plus concurrence aux
services postaux nationaux.

courier service
Private courier services are giving the
government postal service more and
more competition.

Telecommunication

téléphoner
Je viens de téléphoner votre télégramme, il arrivera demain matin au plus tard.

telephone; phone; call
I've just phoned in a telegram; it will arrive tomorrow morning at the latest.

le téléphone à pièces (de monnaie)
Je cherche une cabine avec un téléphone à pièces.

coin phone; pay phone
I'm looking for a phone booth with a pay phone.

le téléphone à carte

credit card phone

la communication (téléphonique)
Combien coûte une communication de 3 minutes avec le Gabon?

phone call
How much is a three-minute phone call to Gabon?

téléphonique

telephone

le poste (téléphonique)

telephone connection; telephone equipment

le correspondant, la **correspondante**
Je n'arrive pas à obtenir mon correspondant à l'étranger.
Quel est le numéro de téléphone de votre correspondant?

person/party on the other end

I can't reach the number I dialed overseas.
What is the number of the party?

obtenir

reach

le préfixe (d'accès) international

international area code

l'**indicatif** *m*
Après la tonalité, vous composez l'indicatif du pays, celui de la zone et le numéro de téléphone de votre correspondant.

area code
After the dial tone, dial the area code of the country, then the local area code and the number of the party.

le numéro de téléphone

telephone number

composer

dial

la **tonalité**

dial tone

l'**annuaire (de téléphone)** *m*
Je regarde dans quel annuaire? dans les pages blanches ou dans les pages jaunes?

telephone book
Which telephone book should I look in? In the white pages or the yellow pages?

les **pages blanches (de l'annuaire)** *fpl*

white pages

les **pages jaunes (de l'annuaire)** *fpl*

yellow pages; classified

le **numéro vert**®
Pour tous renseignements sur ce nouveau produit, appelez notre Numéro Vert, le 05 66 66 66, l'appel est bien sûr gratuit.

green number; info-telephone
If you want to learn everything about this new product, dial green number 05 66 66 66; the call is of course free of charge.

le **répondeur enregistreur**

answering machine

le **standard**
C'est un numéro de téléphone direct, vous n'avez pas besoin de passer par le standard pour me joindre.

switchboard
That's a direct dial number, you don't need to go through the switchboard to reach me.

le **numéro de téléphone direct**

direct dial (number)

le, la **standardiste**
Chez nous, il n'y a pas de standardistes, l'appel arrive directement au poste demandé.

switchboard operator
We have no operator, the call comes through direct.

l'**appel (téléphonique)** m

telephone call

le **télex**
En France, le télex est un moyen de preuve juridique mais il vaut tout de même mieux le confirmer par écrit.

telex
In France, the telex is valid as legal evidence, but it should be confirmed in writing as a precaution.

le **télécopieur**
J'introduis le document dans le télécopieur, je compose au téléphone le numéro du correspondant et j'appuie sur la touche ENVOI.

fax machine
I put the correspondence in the fax machine, dial the number of the party on the other end, and press the START button.

la **touche ENVOI**

START button, Enter key

la **télécopie,** le **fax**

fax

l'**unité (de communication)** f
Il existe des télécartes à 50 et à 120 unités.

[calling] unit
There are calling cards with 50 and 120 units.

la **carte France Télécom**
Avec la carte France Télécom, vous pouvez téléphoner en France ou à l'étranger depuis un poste ou une cabine publique; le paiement de la communication s'effectue à réception de la facture.

calling cards (the France Télécom)
With the French calling card, the Télécom, you can telephone from a private phone or a public phone booth within France or abroad; payment for the call is made upon receipt of the telephone bill.

depuis

from

être en dérangement
L'appareil est en dérangement: inutile d'essayer!

be broken; be out of order
The phone is out of order; you don't even have to try it.

l'**opérateur,** l'**opératrice**
J'ai obtenu la communication par l'intermédiaire d'un opérateur.

operator; long-distance
I got the connection through long-distance.

l'**appel en PCV** *m*
L'opératrice m'a demandé si l'appel était
payable en PCV ou sur carte France
Télécom.

collect call
The operator asked me if the call was
going to be collect or on the calling
card.

les **Renseignements** *mpl*
Vous faites le 12 et vous demandez aux
Renseignements si Chabada SA a tou-
jours ce numéro.

information
Dial 12 and ask information if
Chabada SA is still at this number.

interurbain, e
Dans notre entreprise, les communications interurbaines et internationales
sont strictement contrôlées, les communications locales ne le sont pas.

long-distance; toll call
In our company, long-distance calls
within the country and abroad are
strictly controlled, but local calls are
not.

le **numéro azur**®

blue number (subject to local
charges)

l'**annuaire électronique** *m*
Vous pouvez consulter l'annuaire électronique sur le minitel.

electronic telephone book
With viewdata you can consult the
electronic telephone book.

le **radiotéléphone**
Avec un radiotéléphone, je peux téléphoner dans ma voiture, dans le train,
dans la rue ou quand je joue au golf.

cellular phone
With a cellular phone I can phone in
the car, on the train, in the street, or
while playing golf.

le **mobile**

mobile telephone

le **récepteur d'appel**

recipient of a call

l'**abonné,** l'**abonnée**

subscriber

le **télétex**

teletex

le **vidéotex (interactif)**
Interroger par téléphone une banque de
données est possible grâce au vidéotex.

viewdata, interactive video
Consulting a data bank by telephone
is possible with viewdata.

interroger

consult

l'**audiotex** *m*
Les clients de notre banque ont la possibilité de consulter téléphoniquement
leurs comptes 24 h sur 24, cela grâce à
l'audiotex.

telebanking
The customers at our bank can check
on their accounts day and night,
thanks to telebanking.

la **téléréunion**

telephone conference; conference call

l'**audioconférence** *f*
Pour une audioconférence, il faut que
vous réserviez un studio chez France
Télécom dans votre ville.

audio conference
To hold an audio conference, you
have to reserve a studio at France
Télécom.

le **visiophone**
Le visiophone permet la lecture de documents à distance.

video phone
With the video phone, a person can
read documents at a distance.

à distance

from a distance

la **visioconférence**

la **vidéotransmission**
Pour le lancement mondial de cette lame
à raser, la vidéotransmission a permis de
présenter notre nouveau produit dans le
monde entier.

la **télématique**
Avec le développement de la télématique, les alliances entre entreprises de
télécommunications et sociétés d'informatique sont de plus en plus nombreuses.

video conference

video transmission
In launching this razor blade worldwide, video transmission makes it
possible to present our new product
to the entire world.

telematics
With the development of telematics,
there are more and more instances of
cooperation between telecommunications and software companies.

On the Phone

joindre
Vous pouvez me joindre au 46 47 48 49
et là, vous demandez le poste 5179.

call, reach
You can call me at 46 47 48 49, and
then ask for extension 5179.

l'**entretien téléphonique** *m*
J'ai eu un entretien téléphonique avec le
directeur des achats de Chabada SA.

telephone conversation
I had a phone conversation with the
head of purchasing for Chabada SA.

décrocher

pick up; answer

puis-je ...?
Allô! Caroline Ayçoberri, service commercial, que puis-je faire pour vous?

can I. . . ?
Hello, Sales Department, Caroline
Ayçoberri. How can I help you?

au sujet de, à propos de
Yves Le Guen de la société Chabada à
l'appareil, bonjour, je vous appelle à
propos de votre dernière livraison.
C'est à quel sujet?

about; regarding
Hello, this is Yves le Guen of
Chabada. I'm calling about your last
delivery.
What is it about?

bienvenu, e
Bienvenu(e) à La Sariette, je vous
écoute.

welcome
Welcome to La Sariette, how may I
help you?

je vous écoute

What can I do for you; how may I
help you?

passer
Pourriez-vous me passer Myriam Serfaty du service marketing?

connect; give
Can you connect me with Myriam
Serfaty in the marketing department?

annoncer
Qui dois-je annoncer?

announce
Who may I say is calling?

épeler
Pouvez-vous m'épeler votre nom, s'il
vous plaît?

spell
Would you please spell your name?

mettre en communication avec
Je vous mets en communication avec
elle, merci de rester en ligne.

put through to; connect to
I'm putting you through to her;
please stay on the line.

rester en ligne

stay on the line; hold on

**en quoi puis-je vous aider?, en
quoi puis-je vous être utile?**
Ici, Pierre Grimal, direction de la communication, en quoi puis-je vous aider?

How can I help you?; how may I be
of service?
Publicity Department, Pierre Grimal
speaking. How can I help you?

les **coordonnées** *fpl*
J'ai obtenu vos coordonnées par la
Chambre de commerce franco-alle-
mande.

address and telephone number
I got your address and telephone
number from the Franco-German
Chamber of Commerce.

annuler
Comme un autre rendez-vous a été entretemps annulé, je peux vous recevoir à
cette heure-là.

cancel
Since another appointment has been
canceled in the meantime, I can see
you at that time.

venir voir qn
Je propose de venir vous voir le mardi à
10 h ou le jeudi à 14 h.

visit someone; come to see someone
I suggest that I come to see you on
Tuesday at 10 or on Thursday at 2.

va pour
Va pour jeudi à 14 h alors.

agree; arrange; settle
Good, Thursday at 10 it is.

c'est noté
Donc mercredi le 13 à 11 heures dans
nos locaux, voilà, c'est noté.

it is noted down
Wednesday the 13th, at 11 o'clock
here—okay, I've put it down.

à votre service
Merci bien, au revoir.—A votre service,
au revoir.

you're very welcome; not at all
Many thanks. Good-bye.—Not at all.
Good-bye.

être bien aimable
Je vous remercie beaucoup, vous êtes
bien aimable, au revoir.—C'est la
moindre des choses, au revoir.

be very nice; be very kind
Thank you very much, that's very
kind of you. Good-bye.—Don't
mention it. Good-bye.

c'est la moindre des choses

don't mention it

raccrocher

hang up

le **coup de fil**
Attends! Il faut que je donne un coup de
fil d'abord.

call
Wait a minute! I have to make a
quick call first.

l'**absence** *f*
Peux-tu prendre mes communications
pendant mon absence?

absence
Can you take my calls while I'm
gone?

prendre les communications

take the calls

renvoyer

transfer; reroute

Nous ne serons pas dérangés, j'ai renvoyé tous mes appels sur le poste d'un collègue.

We won't be disturbed, I've rerouted all the calls to a colleague.

être en ligne

be on the line; be on the phone

Madame Sadoul est en ligne: pouvez-vous patienter ou rappelez-vous plus tard?—Merci, j'attends.

Mrs. Sadoul is on another line right now. Would you like to wait or try again later? — Thank you, I'll wait.

Allô? Vous êtes toujours en ligne?

Hello? Are you on the line?

rappeler

call back

être en conférence, être en réunion

be in conference; be in a meeting

être à l'extérieur

out of the office

Monsieur Piquemal est à l'extérieur ce matin: y a-t-il un message à lui laisser?

Mr. Piquemal is out of the office today. Would you like to leave a message for him?

la **ligne**

line; connection

Je suis en communication sur une autre ligne, pouvez-vous patienter quelques instants?

I have a call on another line, could you hold on for a moment?

La ligne est mauvaise, je vous entends très mal.

The connection is bad, I can hardly understand you.

être en communication

have a conversation or call, be talking

avoir en ligne

have on the line

Madame Godard! Vous avez de nouveau Genève en ligne!

Mrs. Godard! You have Geneva on the line!

être coupé, e

be interrupted; be cut off

la **communication**

connection

La communication est maintenant rétablie.

The connection is reestablished now.

rétablir

reestablished; restored

repasser

get back; reconnect

Ici, c'est le service des études, je vais vous repasser le standard qui vous mettra en communication avec le service après-vente.

This is the development department. I'll get you back to the switchboard again and they'll reconnect you to customer service.

se **tromper de numéro**

misdial

Je crois que vous vous êtes trompé de numéro, c'est la boucherie Sanzot ici.

I think you've dialed wrong, this is Sanzot Meats.

déranger

disturb

Excusez-moi de vous avoir dérangé, au revoir.—De rien, au revoir.

Excuse me for disturbing you; good-bye.—That's all right; good-bye.

de rien

you're welcome; not at all; that's all right

Goods Traffic

l'**acheminement** *m*

forwarding, shipping

acheminer
Comment l'entreprise exportatrice va-t-elle acheminer ses marchandises: en unités de charge? ou en conventionnel?

forward, ship
How does the exporting company ship its merchandise: in carload units or as less-than-carload freight?

l'**unité de charge** *f*

carload

en (transport) conventionnel

less-than-carload freight

la **rupture de charge**
Le transport des marchandises en conteneur évite les ruptures de charge.

reloading; transloading
By shipping goods in containers, reloading can be avoided.

isotherme
Il existe des modèles de conteneurs adaptés à des types particuliers de marchandises: conteneurs isothermes, frigorifiques, citernes pour liquides et gaz, conteneurs pour marchandises solides en vrac.

isothermal
There are special types of containers for special goods: isothermal containers, refrigerated containers, tank containers for fluids and gases, and containers for loose solid materials.

frigorifique

refrigerated

-citerne

tank

le **transbordement**
L'utilisation du conteneur permet d'accélérer le transbordement des marchandises.

transloading
With the use of containers, the goods can be transloaded much faster.

le **chargeur**
Le chargeur est la personne qui conclut le contrat de transport: ce peut être l'expéditeur ou le destinataire des marchandises ou le mandataire de l'un d'eux, ou encore le transitaire qui organise le transport.

loader; shipper
The shipper is the one who makes the freight contract; this can be the sender or the receiver of the goods, the deputy of one of them, or the forwarding agent who manages the actual transport.

le **transporteur**

transport company; freight carrier

le, la **mandataire**

agent

expéditeur, -trice
Le nom de l'entreprise expéditrice est marqué sur les documents de transport.

shipper; consigner
The name of the consigning company is listed on the shipping documents.

le **transport pour compte propre**
Le transport pour compte propre est
réalisé avec des véhicules appartenant à
l'entreprise.

company-owned tranportation system
The company-owned transportation
system operates with trucks owned
by the firm.

l'**affrètement** *m*
Pour des volumes importants de
marchandises, l'affrètement d'un bateau,
d'un avion, de camions peut être une solution intéressante.

charter
With very large quantities of merchandise, it can pay to charter an entire ship, plane, or tractor trailer.

la **messagerie**

Un transporteur tel que la SNCF fait
aussi bien de la messagerie que des envois complets.

Less-than-carload freight traffic; express goods traffic
A transportation company like the
French railroad deals with partial carload traffic as well as with carloads.

l'**envoi complet** *m*

carload

le **transitaire**
Pour les PME, il est intéressant de
s'adresser à des transitaires qui groupent
les envois et négocient des tarifs avantageux avec les transporteurs.

forwarding agent; carrier
For small or medium-sized businesses, it's advantageous to work
with a forwarding agent, who can
combine small loads to make full
loads and can negotiate the most favorable rates with the freight carriers.

grouper

combine

le **transport principal**
Le coût du transport inclut le transport
principal mais aussi le pré-acheminement et le post-acheminement des
marchandises.

actual transportation
The transportation costs include the
actual transportation but also the pre-
and postshipment delivery of the
goods.

le **pré-acheminement** (pré-achem-
inements)

delivery (preshipment)

le **post-acheminement** (post-
acheminements)

delivery (postshipment)

le **fret**
Le fret n'inclut pas le chargement sur le
bateau mais comprend le déchargement.

Le fret n'a pas encore été chargé dans
l'avion.
A combien s'élève le fret de ce navire?

freight costs; cargo; charter
The freight costs do not include loading onto the ship, but they do include
unloading.
The cargo hasn't been loaded aboard
the plane yet.
How much is the charter for this ship?

charger

load

transiter
85% des marchandises transitent sur des
distances inférieures à 150 kilomètres.

be shipped
Eighty-five percent of the goods are
shipped over distances of less than
150 km.

empoter
Les marchandises sont empotées en
usine par l'expéditeur lorsqu'il s'agit
d'un conteneur complet.

load into containers; load
A full containerload of goods were
loaded into a container at the factory
by the shipper.

le **conteneur complet (FCL)**

full containerload (FCL)

le **groupage (dans un) conteneur
(LCL)**
En cas de groupage conteneur, les
marchandises sont dépotées sur le quai
d'arrivée, dégroupées et tenues à la disposition des réceptionnaires.

partial containerload, less-than-a containerload (LCL)
In the case of partial containerloads,
the goods are unloaded from the container at the terminal pier, sorted, and
held for the disposal of the consignee.

dépoter

unload

dégrouper

sort

le, la **réceptionnaire**

receiver

le **dégroupage**

sorting

l'**entreprise de transports** *f*
De plus en plus, les entreprises de transports offrent à leurs clients le transport
de bout en bout, le stockage, la préparation des commandes et la distribution
des produits dans une région donnée.

carrier; transport company
Increasingly, transport companies are
offering their customers door-to-door
transport, warehousing, order processing, and delivery of goods within
a given region.

de bout en bout, de porte à porte

from door-to-door

le **commissionnaire de transport**
En tant que commissionnaire de transport, le transitaire est chargé par l'exportateur d'organiser le transport des
marchandises: il choisit les transporteurs
et l'assureur sous sa propre responsabilité.

transport agent
As transport agent, the shipper is
commissioned by the exporter to organize the transport of the goods, i.e.,
he chooses the carrier and the insurance agent on his own responsibility.

le **transitaire-groupeur**
Le transitaire-groupeur rassemble
plusieurs expéditions pour constituer un
lot qu'il remettra au transporteur.

traffic coordinator
The traffic coordinator combines individual shipments into one lot,
which he then gives to the freight
carrier.

rassembler

combine

le **lot**

lot

la **destination**

destination; particular place, harbor,
rail depot

Nous pouvons vous proposer des expéditions à délai garanti sur cette destination.

We can offer you shipment with a
guaranteed arrival date to that destination.

à délai(s) garanti(s)

guaranteed arrival date

l'**enlèvement** *m*
L'enlèvement à domicile est compris
dans le prix.

pickup
Pickup at your premises is included
in the price.

Shipping Papers

par mer, par voie maritime

by sea; via the sea route

par bateau

by ship

Toutes nos expéditions outre-mer sont effectuées par bateau.

All our shipments overseas go by ship.

outre-mer

overseas

le **connaissement (maritime)**

bill of lading

Le connaissement est émis au plus tard 24 heures après la mise à bord de la marchandise, en général contre remise du bon d'embarquement.

At the latest, the bill of lading is issued 24 hours after the loading of the goods onto the ship, in general on presentation of the loading certificate.

la **mise à bord**

loading on the ship

le **bon d'embarquement**

loading certificate

le **connaissement à bord**

bill of lading on board

Si le document certifie l'embarquement de la marchandise sur le navire, il s'agit d'un connaissement à bord.

When the document certifies the loading of the goods on board, it is then a bill of lading on board.

certifier

certify; confirm

le **connaissement reçu pour embarquement**

bill of lading received for embarkation

Dans le cas d'un connaissement reçu pour embarquement, n'est attestée que la prise en charge par la compagnie maritime.

In the case of the bill of lading received for embarkation, only the acceptance of the goods by the shipping line is confirmed.

la **compagnie (maritime)**

shipping line

la **prise en charge**

acceptance (of a cargo)

l'**attestation de prise en charge** *f*

forwarding agent's receipt

Lorsqu'un transitaire reçoit des marchandises pour embarquement, il émet un document appelé attestation de prise en charge.

When a forwarding agent receives the goods for shipment, he issues a document, which is called the forwarding agent's receipt.

le **connaissement chef**

captain's copy

Parmi les quatre (ou trois) originaux du connaissement, il y en a un pour la compagnie maritime et un autre pour le capitaine du navire qu'on appelle le connaissement chef.

One of the four (or three) originals of the bill of lading is for the shipping line and one for the captain of the ship, which is called the captain's copy.

le **jeu** ‹jeux›

set

Les deux autres originaux (ou le dernier qui reste) constituent le jeu complet des connaissements qui sera présenté à la banque de l'exportateur en cas de crédit documentaire.

The two other originals (or the one remaining) constitute the full set of the bills of lading, which must be presented to the exporter's bank in the case of a documentary credit.

le **connaissement net (de réserves)**

Un connaissement net de réserves certifie le bon état extérieur de la marchandise.

clean bill of lading

A clean bill of lading certifies the good external condition of the merchandise.

le **connaissement surchargé**

blemished/flawed [unclean] bill of lading

le **connaissement à ordre**

Le connaissement à ordre est transmissible par endossement et négociable.

order bill of lading
The order bill of lading is transferable and negotiable by endorsement.

le **connaissement nominatif**

Le connaissement nominatif mentionne le nom de la personne qui, seule, pourra prendre livraison de la marchandise sur présentation de ce document.

special endorsement bill of lading
The special endorsement bill of lading is issued in the name of someone who is the only one who can take delivery of the goods on presentation of this document.

le **connaissement au porteur**

Dans le cas du connaissement au porteur, la marchandise sera remise à la personne qui, à l'arrivée, le présentera.

bearer's bill of lading
With a bearer's bill of lading, the goods are given to whoever presents this on their arrival.

le **titre de propriété**

Le connaissement maritime est donc non seulement un contrat de transport mais aussi un titre de propriété.

property title
The bill of lading is therefore not only a transportation contract but also a property title.

le **connaissement de transport combiné**

La compagnie maritime émet un connaissement de transport combiné s'il s'agit d'un transport de bout en bout et non pas seulement de port à port.

combined transport B/L

The shipping line issues a combined transport bill of lading when it is a matter of business-to-business transport and not merely pier-to-pier transport.

le **connaissement FIATA**

FIATA combined transport bill of lading (*FIATA is the acronym for Fédération Internationale des Associations de Transitaire et Assimilés = international umbrella organization of shippers and transportation companies.*)

Le connaissement FIATA est un document de transport combiné émis par un transitaire qui organise le transport de bout en bout.

The FIATA bill of lading is a document issued for combined transport by one shipper, who organizes the business-to-business shipment.

le **connaissement direct**

Le connaissement direct est utilisé, par exemple, en cas de transports maritimes successifs avec transbordement.

through bill of lading
The through bill of lading is used, for example, in successive sea transports with repeated transloading.

successif, -ive

successive; one after the other; repeated

affréter
S'il s'agit d'expédier des matières premières ou des produits de base, la solution est d'affréter un navire ou une cale de navire.

charter; rent
When raw materials or basic materials have to be shipped, the solution is to charter an entire ship or a hold.

la **cale**

hold

le **courtier maritime**
Le contrat d'affrètement est en général conclu par l'entremise d'un courtier maritime.

ship broker
The charter contract is generally made through the services of a ship broker.

par l'entremise de

through the services of

l'**affrètement au voyage** m
Le fréteur loue un navire pour une cargaison, un voyage et dans un délai déterminés: c'est un affrètement au voyage.

voyage charter party
When the shipper charters a ship for a loading, a voyage, and for a particular time, it is called a voyage charter party.

louer
Pour combien de temps voulez-vous louer ce navire?

hire; charter
How long do you want to charter the ship for?

la **cargaison**

loading cargo

l'**affrètement à temps** m
Si le fréteur loue un navire pour une période définie, l'affréteur décidant de la cargaison et des escales, il s'agit d'un affrètement à temps.

time charter
When the hirer charters the ship for a particular time, but the shipper still decides about loading the cargo and the ports of call, it is termed a time charter.

l'**escale** f

port of call

l'**armement** m

(ship's) outfitting

la **charte-partie** ‹chartes-parties›
La charte-partie est le document qui atteste la location d'un navire ou d'un avion.

charter party
The charter party is the document that certifies the charter of a ship or a plane.

la **location**
Nous nous occupons aussi de location d'avions.

hire; charter; rent
We are also engaged in chartering airplanes.

le **manifeste**
Le manifeste est un état récapitulatif de toutes les marchandises transportées au cours d'un voyage.

ship's manifest
The ship's manifest is an inventory of all the goods being transported on a voyage.

Sea Transport

marchand, e
La marine marchande française est très fortement concurrencée par certaines compagnies d'armement étrangères aux coûts très inférieurs.

merchant
Foreign shipping companies, in particular, offer extremely strong competition to the French merchant marine with their very low costs.

la **compagnie d'armement**

shipping companies

l'**armateur** *m*

shipper

la **conférence maritime**
Une conférence maritime est une entente sur les tarifs entre différentes compagnies desservant les mêmes itinéraires.

maritime conference
The maritime conference is an agreement about the tariffs between individual shipping companies that travel the same routes.

l'**itinéraire** *m*

route

la **ligne maritime**

shipping lines

la **ligne régulière**
Sur une même destination, les compagnies conférence exploitent une ligne régulière à des taux de fret uniformes et la concurrence se fait sur la qualité des prestations rendues.

regular route
The companies in the conference travel regular routes to one and the same ports at uniform rates, and the competition occurs over the quality of the deliveries.

uniforme

uniform

conférence *inv*

conference

exploiter

maintain, follow

la **navigation au long cours**
Nous faisons de la navigation au long cours sur les itinéraires Le Havre–New York et Dakar–Rio de Janeiro.

oceangoing navigation
We are engaged in oceangoing navigation on the Le Havre–New York and Dakar–Rio de Janeiro routes.

de ligne
Votre colis sera embarqué sur un navire de ligne qui appareille tous les mardis à 19 heures du port de Marseille.

line
Your freight will be loaded on a line vessel that departs Marseille harbor every Tuesday at 7 PM.

appareiller

depart; leave port

faire transporter
Nous avons à faire transporter deux conteneurs de vin du port du Havre au port de Sydney.

send
We have two containers of wine to send from the harbor of Le Havre to Sydney.

le **chargement**
La cotation ci-jointe a été établie pour un chargement de 40 tonnes conformément à la liste de colisage que vous nous avez adressée et aux prestations demandées.

load; cargo
The enclosed freight proposal was drawn up for a load of 40 tons corresponding to the packing list you sent and the delivery you requested.

la **cotation**

freight proposal

la **marchandise dangereuse**
Comme il s'agit de matières inflamma-
bles, vous devez remplir une déclaration
d'expédition de marchandises dan-
gereuses.

dangerous merchandise
Dealing with inflammable materials,
you must fill out a shipment declaration of dangerous materials.

débarquer
La marchandise a été débarquée ce
matin et nous la tenons à votre disposition.

unload; land
The goods will be unloaded this
morning and we will hold them at
your disposal.

décharger

unload; offload

arrimer
La machine devra être solidement ar-
rimée au fond de la caisse.

make fast; anchor; secure
The machine must be secured firmly
to the floor of the shipping crate.

être pourvu, e de
Les appareils seront pourvus d'une protection suffisante contre l'humidité.

be provided with
The equipment must be provided
with sufficient protection against
moisture.

la **protection**

protection

portuaire
Les bassins portuaires doivent être adaptés aux navires à fort tonnage.

harbor; port
The harbor basin must be suitable for
big ships.

le **tonnage**

tonnage

le **portique à conteneurs**
Des portiques à conteneurs sont nécessaires pour le chargement et le déchargement.

container crane
Container cranes are necessary for
the loading and unloading of containers.

l'**aire** *f*
Les compagnies maritimes doivent
rentabiliser leurs aires de stockage et
leur parc de conteneurs.

area
The shipping companies must use
their storage areas and their container
stores economically.

le **parc**

park; stores

le **cargo**

freighter

le **débarquement**

unloading; offloading

le **porte-conteneurs** (porte-conteneurs)
Avec le porte-conteneurs, les opérations
de manutention sont très rapides dans
les ports bien équipés.

container ship

With container ships, the loading
process in well-equipped ports goes
very quickly.

le **pavillon**
Dans certains pays, les marchandises
transportées sous pavillon national sont
déchargées et dédouanées en priorité.

flags
In some countries, goods that are
being transported under national flags
receive priority in unloading and in
going through customs.

Inland Navigation

fluvial, e (-aux)

inland; river

la **navigation**
En France, la navigation fluviale voit
son importance décroître régulièrement
depuis 1970.

navigation
In France, the importance of inland
navigation has steadily declined since
1970.

la **marchandise en vrac**
Sur les fleuves et les canaux, les bateaux
transportent des marchandises en vrac
mais aussi des conteneurs, des automobiles, etc.

bulk goods
The boats on the rivers and canals
move bulk goods, but also containers,
trucks, etc.

la **marchandise pondéreuse**

heavy freight

par voie fluviale
L'avantage du transport par voie fluviale
est son coût très faible.

on inland waterways; via inland ship
The advantage of moving goods by
inland waterways is in the very low
costs.

faible

low; small

le **courtier de fret**

freight broker

la **lettre de voiture (fluviale)**
A chaque expédition dans le cadre d'une
convention d'affrètement sera établie
une lettre de voiture: par sa signature, le
transporteur reconnaît la prise en charge
de la marchandise.

inland bill of lading
For every shipment covered by a
freight agreement, an inland bill of
lading is issued, in which the freight
carrier certifies the receipt of the
goods with his signature.

le **connaissement fluvial**

inland bill of lading

la **voie fluviale**

the river route

la **voie navigable**
Il y a de nombreuses voies navigables
où ne peuvent circuler que des péniches
avec moins de 350 tonnes de capacité de
charge.

navigation route; water route
There are a number of waterways
where only barges with load capacities of up to 350 tons can navigate.

la **capacité de charge**

load capacity

la **péniche,** le **chaland**

barge

Air Transport

aérien, ne	air
par air, par voie aérienne, par avion	via the air route; by plane
Le transport par voie aérienne permet d'économiser sur le coût des emballages et, du fait de sa rapidité, de réduire les stocks.	Transport via the air route allows savings in packing and, because of its speed, a reduction in warehousing.
la **compagnie (de navigation) aérienne**	airline company; air carrier
l'**Association du transport aérien international** *f*, l'**IATA** *f*	IATA, International Air Transport Association *(IATA is the acronym for the international body for the worldwide representation of the interests of the commercial airlines.)*
la **ligne aérienne**	airline
le **trafic**	traffic
Il y a beaucoup de concurrence dans le trafic aérien sur l'Atlantique-Nord.	There is a great deal of competition for air traffic over the Atlantic.
la **liaison**	connection
Notre compagnie assure des liaisons intercontinentales principalement sur l'Afrique.	Our company maintains intercontinental connections, primarily in Africa.
intercontinental, e ‹-aux›	intercontinental
continental, e ‹-aux›	continental
Le transport aérien continental est nettement plus cher que le transport routier.	Continental air traffic is significantly more expensive than highway transport.
desservir	serve
Notre aéroport est desservi par plusieurs compagnies internationales.	Our airport is served by several international airlines.
l'**agent de fret (aérien)** *m*	air freight agent
En général, c'est l'agent de fret qui établit la lettre de transport aérien d'après le bordereau d'instructions de l'expéditeur.	In general, the freight agent issues the air waybill according to the written instructions of the shipper.
le **bordereau d'instructions** ‹bordereaux›	written instructions
la **lettre de transport aérien (LTA)**	airway bill
la **liasse**	set
La LTA est constituée d'une liasse de trois originaux et d'une dizaine de feuillets.	The air waybill consists of a set of three originals and some ten pages more.

le **feuillet**	page
le **charter**	chartered plane; air charter
charter *inv*	charter
Certaines entreprises se sont spécialisées dans les vols charter.	Some companies have specialized in air charters.

en l'état
Les masses indivisibles sont transportées en l'état.

as a whole; as they are
Goods that can't be divided are shipped as a whole.

faire escale
Pour éviter un retour à vide, l'itinéraire de cet avion a été modifié: il fera escale à Alger.

intermediate stop
To avoid an empty plane, this plane's route is being changed, and it will make a stop in Algiers.

à vide

empty; unloaded

aéroportuaire
La région doit se doter d'équipements aéroportuaires pour l'atterrissage et le décollage de gros-porteurs.

airport
The region must have airports equipped to handle the landing and takeoff of large cargo planes.

le **gros-porteur** ‹gros-porteurs›

large cargo planes

l'**atterrissage** *m*

landing

le **décollage**

takeoff

atterrir
Des avions de moindre capacité peuvent bien sûr atterrir à cet aéroport.

land
Airplanes with smaller capacities can of course land at this airport.

la **flotte**
Des investissements importants seront consacrés au renouvellement de notre flotte.

fleet
Extensive investments will be dedicated to the rejuvenation of our fleet.

le **moyen-courrier** ‹moyens-courriers›
Moyens-courriers et longs-courriers transportent dans leurs soutes du fret chargé et arrimé sur des palettes ou dans des conteneurs.

middle-distance aircraft

Middle- and long-distance aircraft transport in their cargo holds freight that is loaded on pallets or in containers and is lashed down.

le **long-courrier** ‹longs-courriers›

long-distance aircraft

la **soute**

cargo area

l'**avion-cargo** ‹avions-cargos› *m*

cargo plane

l'**unité de chargement aérienne (ULD)** *f*
Les unités de chargement aériennes sont des palettes ou des conteneurs adaptés au transport aérien.

load unit for air freight traffic

The load units for air freight traffic are pallets or containers that are adapted for transport by airplane.

la **déréglementation**
La déréglementation des transports aériens en Europe provoque des regroupements et des rachats de compagnies.

deregulation
The deregulation of air freight traffic in Europe led to the collapse and sale of airline companies.

Highway Transport

routier, -ière

highway, road

par voie terrestre
Du fait de la grève des transports aériens, nous avons dû expédier ces marchandises par voie terrestre.

via the land route
Because of the cargo airline strike we must send these goods by land.

par camion

by truck

le **transporteur routier**
En France, beaucoup de transporteurs routiers sont des PME.

trucking company
In France many trucking companies are medium-class businesses.

la **localité**
Nous desservons quotidiennement plus de 70 localités en France.

place
We drive to more than 70 places in France daily.

assurer
Nous assurons une ligne directe et régulière sur cette destination.

maintain; guarantee
We drive to these terminals directly on a regular basis.

de détail
Pour les envois de détail de moins de trois tonnes et pour ceux dépassant trois tonnes dans un rayon de 150 km, le document qui matérialise le contrat de transport est le récépissé.

bulk goods
For bulk goods shipments of less than three tons and those of more than three tons within a radius of 150 km, the document that concludes the freight contract is the delivery receipt.

matérialiser

fulfill; conclude; take effect

le **rayon**

radius

le **récépissé (d'expédition)**

delivery receipt *(within local and regional areas)*

la **feuille de route**
La feuille de route est le document de transport pour les envois de trois tonnes et plus, acheminés à plus de 150 km.

waybill *(in internal shipping)*
The waybill is the transport document for shipments of three tons and more that are carried over more than 150 km.

la **lettre de voiture CMR**

international CMR waybill *(CMR stands for Convention de transport international de Marchandises par Route=agreement on the shipping contract in international highway goods transport)*

Etablie en trois exemplaires plus une souche par l'expéditeur, la lettre de voiture CMR est signée par celui-ci, par le transporteur et, à réception de la marchandise, par le destinataire.

The CMR waybill, which the sender issues in three copies plus a stub, is signed by him, by the freight carrier, and by the receiver of the goods.

la **souche**

stub

incomber à

be incumbent on someone to; have to take care of

Pour les envois de trois tonnes et plus, le chargement incombe généralement à l'expéditeur.

With shipments of three tons or more, usually the shipper must take care of the loading.

apparent, e
En signant le document, le transporteur reconnaît le bon état apparent des marchandises transportées.

external
When the freight carrier signs the document, he certifies the good external condition of the merchandise being shipped.

reconnaître

certify

la **feuille de route type CEE**
La lettre de voiture CMR est remplacée par la feuille de route type CEE lorsqu'il existe des tarifs réglementés entre deux pays.

EEC waybill
The CMR waybill is replaced by the EEC waybill if there are tariffs established between two countries.

le **fret de retour**
Comme nous sommes assurés d'avoir du fret de retour sur cette destination, nous pourrions vous proposer des tarifs avantageux.

return consignment, return cargo
Since we are certain to get return cargo at this terminal, we can offer you very favorable freight rates.

l'**affréteur routier** *m*
L'affréteur routier est un commissionnaire chargé de trouver du fret pour des transporteurs routiers.

freight broker
The freight broker is a trading agent who is charged with getting freight for trucking companies.

le **transport à la demande**

consumer transport; occasional transport

Les petits transporteurs routiers font souvent du transport à la demande.

Small trucking companies often work in consumer transport.

express
Le fret express à délai garanti en porte-à-porte s'est rapidement développé ces dernières années.

express; courier
Time-limited express freight in business-to-business has developed very rapidly in the last few years.

le **porte-à-porte**

business-to-business transport

le **transport combiné**

combined transport; intermodal transport

le **ferroutage**
Plutôt que de construire de nouvelles routes, il faudrait favoriser le ferroutage.

piggyback transport
Instead of building new roads, piggyback transport should be promoted.

le **centre de transfert (inter-modal)**

Cela suppose la création de centres de transfert où conteneurs et caisses mobiles seront transbordés.

loading terminal (intermodal)

This requires the equipment of a loading terminal where containers and trailers are transloaded.

la **caisse mobile**

trailer

transborder

transload

le **véhicule industriel**

commercial vehicle

le **centre de groupage**

Nous vous envoyons, ci-joint, les adresses de nos centres de groupage en France, en Suisse et en Belgique.

collection center

We are sending you herewith the addresses of our collection centers in France, Switzerland, and Belgium.

le **poids lourd**

truck

la **semi-remorque** ‹semi-remorques›

trailer

le **semi-remorque** ‹semi-remorques›

tractor

la **remorque**

trailer

surcharger

La police vérifie si ce camion n'est pas surchargé.

overloaded

The police checked to see if this truck was overloaded.

la **tolérance**

Aucune tolérance de poids n'est acceptée.

exceeding; violation

No exceeding the weight limit is permitted at all.

dérouter

Pour ne pas revenir à vide, le camion a été dérouté.

go around; take another route

In order not to drive back empty, the truck was rerouted.

le **débours**

Le montant de ces débours se trouve sur la facture détaillée du transitaire.

expenses; money spent; expenditures

The amount of money spent is itemized on the trucking company's bill.

annexe

Pour rester compétitifs, les grands transitaires-transporteurs routiers fournissent de nombreux services annexes: dédouanement, dégroupage, assurance, etc.

additional

In order to remain competitive, the large shippers and trucking companies offer numerous additional services, such as customs clearance, delivery, insurance, etc.

logistique

En déchargeant les fabricants de la gestion de leur stock de produits finis, ces transporteurs fournissent une aide logistique dont le transport n'est qu'une partie.

logistical

By taking over the management of warehousing their finished merchandise from the producers, these shippers offer logistical support of which the transport is only a part.

décharger qn de qc

unburden someone of something; take responsibility from someone

---

▬▬ Rail Transport ▬▬

ferroviaire

railroad; rail

par chemin de fer, par voie ferrée, par train

by rail

Le transport par voie ferrée est adapté à tous les types de marchandises mais manque de souplesse.

Rail transport is appropriate for all kinds of goods, but it lacks flexibility.

la **compagnie de chemins de fer**

railroad company

le **Service national de messageries (SERNAM)**

SERNAM *(bulk freight service of the French railroad)*

C'est le SERNAM, un service spécialisé de la SNCF, qui s'occupe des envois de détail (moins de cinq tonnes): il utilise non seulement le transport ferroviaire mais aussi le transport routier.

SERNAM, a special service of the French railroad, ships bulk goods (up to five tons): it makes use not only of rail transport but also highway transport.

la **lettre de voiture CIM**

CIM waybill *(CIM stands for Convention Internationale de Marchandises=International Agreement on Rail Freight Traffic)*

Le document de transport ferroviaire international aussi bien pour les expéditions de détail que pour les expéditions wagons est la lettre de voiture CIM.

The CIM waybill is the transport document in international rail freight transport, both for bulk as well as carload traffic.

l'**expédition wagons** *f*

carload traffic

la **lettre de voiture internationale (LVI)**

international rail waybill

en petite vitesse (PV), en régime ordinaire (RO)

by freight

Dans les expéditions wagons en petite vitesse, le délai d'expédition est de 24 h au maximum et le délai de transport de 24 h par 300 km.

The dispatch time for carloads by freight is 24 hours maximum and the time needed for transport 24 hours per 300 km.

en grande vitesse (GV), en régime accéléré (RA)

by express

Le délai d'expédition pour les expéditions wagons en grande vitesse est de 12 h et le délai de transport de 24 h par 400 km.

The dispatch time for carloads by express is 12 hours and the transport time 24 hours per 400 km.

l'**apposition** *f*

setting, fixation

Il y a prise en charge de la marchandise par les chemins de fer au moment de l'apposition du timbre à date de la gare expéditrice sur la lettre de voiture.

The acceptance of responsibility for goods by the railroad company takes place at the moment when the date stamp of the dispatching station is affixed to the waybill.

le **timbre à date**   date stamp

le **duplicata**   duplicate
L'original de la lettre de voiture, non né-gociable, est remis par les chemins de fer au destinataire tandis que l'expéditeur reçoit un duplicata de la lettre de voiture.   The nonnegotiable waybill original is handed to the consignee by the railroad, whereas the shipper receives a duplicate of the waybill.

(en) régime express   by express
Je vous ai expédié ce jour par chemin de fer, régime express, en port payé, les pièces de rechange demandées.   I have today sent you the replacement part you ordered by rail express, freight free.

le **trafic marchandises**   freight traffic
Le trafic marchandises du chemin de fer a régulièrement baissé ces dernières années.   The rail freight traffic has been in constant decline in recent years.

le **train régulier**   regular train
Y a-t-il des trains de marchandises réguliers sur cette destination?   Are there regular freight trains at this terminal?

le **matériel roulant**   car yard; railroad yard

le **wagon**   (railroad) car
Le transport a été effectué par wagon jusqu'à Cologne.   The shipment is going by railroad car to Cologne.

la **plate(-)forme** ⟨plate(s-)formes⟩   platform; loading ramp

la **plate(-)forme de distribution** ⟨plate(s-)formes⟩   distribution service
Le chemin de fer offre un service qu'on appelle plate-forme de distribution: outre le transport, il assure l'entreposage et la livraison des produits aux clients du fabricant.   The railroad offers a service called distribution service, i.e., besides the transport they take over storage and delivery of goods to the customers of the producer.

outre   besides

Shipping Contract

le **contrat de transport (de marchandises)**   freight contract; shipping contract
Dans un contrat de transport, l'expéditeur s'engage à remettre au transporteur les marchandises bien emballées et les documents nécessaires au transport ainsi qu'à payer le prix du transport en cas d'expédition en port payé.   In the freight contract, the sender agrees to deliver the goods, well packed and with the papers necessary for transport, to the freight carrier and, in the case of freight-free shipment, to discharge the freight costs.

l'**expéditeur**, l'**expéditrice**   sender; shipper

le **contrat de commission de transport**

forwarding contract

l'**obligation de résultat** *f*
Le transporteur est soumis à une obligation de résultat, à savoir: faire parvenir les marchandises à la destination que lui a fixée son client.

obligation to deliver
The freight carrier takes on the obligation to deliver, i.e., he must deliver the goods to the place his customer has designated.

le, la **destinataire**
Le destinataire doit prendre livraison de la marchandise, formuler des réserves s'il y a lieu, payer le fret en cas d'expédition en port dû.

consignee; receiver
The consignee must take receipt of the goods, if necessary report any defects or damage, and in the case of collect shipment, pay the charges.

s'il y a lieu

if necessary

engager sa responsabilité
Le transporteur engage sa responsabilité en cas d'avarie, de perte totale ou partielle ou de retard.

be liable; be responsible
The freight carrier is responsible in case of damage, partial or total loss, or late delivery.

la **présomption**
Une présomption de responsabilité pèse sur le transporteur qui a reconnu avoir pris en charge des marchandises en bon état apparent.

presumption; assumption
The freight carrier, who has certified that the goods were externally in good condition when he received them, is under presumption of responsibility.

peser sur

be imposed on someone; be burdened with; be liable

présumer
La compagnie maritime ayant signé un connaissement net de réserves est présumée responsable des pertes ou avaries constatées à la livraison.

presume; assume; premise
It is assumed that the shipping company, which has signed a clean bill of lading, is responsible for losses or damage that took place during delivery.

être dégagé, e
La responsabilité du transporteur est dégagée pour les cas de force majeure, de faute de l'expéditeur ou de vice de la marchandise.

be released; be free; be eliminated
The liability of the freight carrier is eliminated in cases of force majeure, the fault of the shipper, or defects in the goods.

l'**exonération de responsabilité** *f*
Le transporteur devra apporter la preuve que le dommage résulte d'une des causes d'exonération de responsabilité prévues dans les conventions internationales.

exoneration
The freight carrier must prove that the damage was caused by one of the grounds for exoneration from responsibility that are specified in the international conventions.

apporter la preuve de qc

produce the evidence for something; prove something

la **convention**

convention; agreement

l'**acceptation** *f*
Lors de la réception, nous avons constaté en présence de votre livreur le
mauvais état apparent dans lequel se
trouvait une partie des colis et nous
avons immédiatement formulé des
réserves quant à l'acceptation des
marchandises.

acceptance; takeover
Upon receipt, in the presence of your
delivery people, we confirmed the
bad external condition of part of the
shipment, and we immediately reported our reservations relative to the
acceptance of the goods.

la **manipulation**
Ces dégâts n'ont pu être provoqués que
par des manipulations brusques lors du
chargement ou du déchargement.

handling
This damage could only have been
caused by careless handling in loading or unloading.

brusque

careless

le **pesage**
Au cours du pesage, fait à ma demande,
il a été constaté qu'il y avait une différence de poids de 650 kg.

weighing; weight inspection
In the course of weighing, done at my
request, a weight difference of 650 kg
was established.

le **service (des) expéditions**
Le service expéditions a confié les
marchandises à notre transporteur
habituel il y a trois jours.

shipping department
The shipping department delivered
the goods to our company carrier
three days before.

s'**écouler**
Deux mois se sont écoulés depuis la date
d'expédition: en conséquence, ces colis
doivent être considérés comme perdus.

passed
Two months have passed since the
shipping date; therefore we must consider the package lost.

l'**indemnité** *f*
Votre responsabilité étant engagée, vous
voudrez bien nous verser une indemnité
correspondant à la valeur de la marchandise.

indemnity; damages
Since you are responsible in this case,
we must ask you to remit damages in
the amount of the value of the goods.

le **droit de rétention**
Le transporteur a un droit de rétention
sur les marchandises en les conservant
jusqu'à ce que le prix du transport et les
frais accessoires soient payés.

right of retention; lien
The freight carrier has a right to place
a lien on the goods, whereby he re-
tains them until the freight and the
additional costs are paid.

accessoire

additional

les **droits de magasinage** *mpl*

storage costs

le **privilège**
Si le destinataire est insolvable, le transporteur exerce son privilège, à savoir
qu'il sera payé avant les autres
créanciers sur le montant de la vente aux
enchères des marchandises.

privilege
If the consignee is bankrupt, the
freight carrier exercises his privilege,
i.e., he will be paid before the other
debtors out of the proceeds from auc-
tioning the goods.

aboutir

Les recherches que nous avons effectuées ont abouti: nous venons de retrouver le colis qui vous faisait défaut.

yield; lead to a result

The investigations we undertook have yielded the following result: We have found the packages you were missing.

faire défaut

missing

donner un résultat

Les recherches que nous avons entreprises à la suite de votre réclamation n'ont donné aucun résultat.

yield; lead to a result

The investigations we undertook because of your complaint have yielded nothing.

se **trouver engagé, e**

Cet incident s'étant produit au cours du transport, notre responsabilité se trouve engagée.

take over; assume; accept

Since this incident occurred during transport, we accept the responsibility for it.

justificatif, -ive

Vous voudrez bien nous faire parvenir votre demande de remboursement accompagnée des pièces justificatives.

proof, evidence

Please send us your application for reimbursement together with the corresponding documentary proof.

non apparent, e

Dans les transports routiers internationaux, des réserves écrites doivent être faites dans les 7 jours de la livraison en cas de dommages non apparents.

hidden; concealed

In international highway transport, complaints about hidden defects must be filed in writing within seven days.

recevable

Votre réclamation n'est plus recevable et nous regrettons de ne pouvoir lui donner une suite favorable.

allowable; just

Your complaint is no longer allowable, and we therefore unfortunately cannot accept it.

rester en souffrance

Le colis est resté en souffrance plusieurs jours dans nos entrepôts.

undeliverable

The package was in our warehouse for several days as undeliverable.

■ Types of Insurance ■

se **garantir contre**
La personne qui souscrit une assurance désire se garantir contre un événement dommageable.

protect against
The person who takes out insurance wants to protect himself against a loss.

l'**événement dommageable** *m*

loss; damage

le **risque**
En assurant sa maison contre l'incendie, c.-à-d. en payant la prime, l'assuré fait supporter le risque d'incendie à l'assureur.

risk
If the insured insures his house against fire, i.e., pays the premium, the risk of fire is shifted to the insurer.

assurer qc (contre qc)

to insure something against something

faire supporter qc à qn

shift something to someone

l'**assurance** *f*

insurance

la **couverture (d'assurance)**, la **garantie (d'assurance)**
Nous pouvons vous offrir une couverture de votre navire contre des risques de guerre bien précis.

coverage (by insurance); insurance protection
We can offer you insurance protection for your ship against certain established war risks.

le **contrat d'assurance**
Les risques concernant les biens des entreprises ou des particuliers seront couverts par des contrats d'assurance de dommages.

insurance policy
The risks for tangible property of companies or individuals are covered by property insurance policies.

l'**assurance (de) dommages (aux biens)** *f*

property insurance

s'**assurer**
On s'assure contre les risques d'incendie, de dégâts des eaux, de vol, de bris de glaces, etc.

be insured
People are insured against the risks of fire, water damage, theft, broken glass, etc.

l'**incendie** *m*

fire

les **dégâts des eau** *mpl*

water damage

le **vol (sans effraction)**

theft (excluding burglary)

le **vol (par effraction)**

burglary

le **bris de glaces**

broken glass

l'**assurance contre l'incendie/ le vol** *f*

fire and theft insurance

l'**assurance "pertes d'exploita-tion"** *f*

Les dégâts causés par l'incendie ne per-mettent pas à l'entreprise de continuer son activité: il faut une assurance "pertes d'exploitation" pour couvrir la perte de bénéfice, les frais supplémentaires, le paiement des salaires.

interruption of business insurance

Because of fire damage, a company can be rendered unable to operate. Therefore it needs insurance against "interruptions of business," which covers the loss of profit, the addi-tional costs, and the payroll.

le **dommage,** le **dégât,** le **préjudice**

damages

la **perte de bénéfice**

loss of profits

l'**assurance (de) crédit (à l'exportation)** *f*

L'exportateur devra se garantir contre le risque de fabrication, le risque commer-cial, et le risque politique par une assur-ance crédit auprès de la COFACE en France.

export credit insurance

The exporter should insure himself against production risk, economic risk, and political risk through export credit insurance, in France with COFACE.

le **risque de fabrication**

production risk

le **risque commercial**

economic risk

le **risque politique**

political risk

l'**assurance de responsabilité** *f*

liability insurance

l'**assurance "responsabilité civile produits"** *f*

L'entreprise est responsable des dom-mages dus à des produits après la vente de ces derniers: il lui faut une assurance "responsabilité civile produits".

public liability insurance

The company is liable for damages caused by its products after their sale. Therefore it needs public liability in-surance.

être civilement responsable

to be civilly liable; be liable

la **multirisque**

La multirisque couvre plusieurs risques.

combined insurance
Combined insurance covers several risks.

l'**assurance auto(mobile)** *f*

automobile insurance

l'**assurance (automobile) au tiers** *f*

Avec l'assurance au tiers, si vous êtes responsable de l'accident, votre assur-ance indemnise les tiers de leurs dom-mages corporels et matériels.

automobile liability insurance

With automobile liability insurance, your insurance compensates a third party for personal injury and damage to property if you are responsible for an accident.

les **dommages corporels** *mpl*

personal injury

les **dommages matériels** *mpl*

property damage

l'**assurance tous risques (automobile)** f

En général, l'assurance tous risques automobile garantit à la fois la responsabilité civile de l'assuré, les dommages causées à la voiture assurée, le vol et l'incendie.

comprehensive insurance (automobile); full-coverage insurance
In general, besides covering the liability of the insured, comprehensive insurance covers damage to the insured car, auto theft, and fire.

garantir

cover; insure

les **dommages immatériels** mpl

intangible damages

incendie, accidents et risques divers (IARD)

En France, les assurances dommages et les assurances de responsabilité sont groupées sous le sigle IARD.

accident/indemnity insurance (fire, accident, and other risks)
In France, property insurance and liability insurance are combined under the acronym IARD.

l'**assurance obligatoire** f

compulsory insurance; legally required insurance

les **assurances sociales** fpl

En France, les assurances sociales couvrent plus ou moins bien les risques liés à la maladie, au chômage, à la vieillesse, à la maternité et d'autres risques comme le décès, l'invalidité, un accident du travail, etc.

social insurance
In France, social insurance covers more or less well the risks associated with illness, unemployment, age, pregnancy, and other risks like death, disability, on-the-job accidents, etc.

la **maternité**

pregnancy

le **décès**

death

l'**invalidité** f

disability

la **caisse complémentaire de retraite**

Par ailleurs, les salariés des entreprises cotisent obligatoirement à des caisses complémentaires de retraite.

supplementary pension fund

In addition, company employees are obligated to pay contributions into a supplementary pension fund.

reverser

Les assurances sociales fonctionnent selon le principe de la répartition: les cotisations sont immédiatement reversées sous forme de prestations ou de pensions.

pay out again; flow back
Social insurance works on the distribution principle, i.e., the contributions will immediately be paid out again in the form of services or pensions.

l'**assurance collective** f

Les entreprises signent pour leurs cadres et aussi quelquefois pour l'ensemble de leur personnel des contrats d'assurance collective.

group insurance
Companies take out insurance policies for their top executives and sometimes also for all the employees.

l'**assurance de personnes** *f*
Profitant des difficultés des assurances sociales, l'assurance privée s'occupe de plus en plus d'assurances de personnes.

individual insurance
Profiting from the difficulties of social insurance, private insurance is more and more active in individual insurance.

l'**assurance privée** *f*

private insurance

l'**assurance prévoyance** *f*
L'assurance privée propose des garanties complémentaires à celles de la Sécurité sociale ou des garanties supplémentaires: on parlera de contrat d'assurance prévoyance.

provident insurance
Private insurance expands the statutory social insurance or offers additional services. In this case one speaks of provident insurance.

la **capitalisation**

capitalization

l'**assurance(-)vie** *f*

life insurance

l'**assurance en cas de vie** *f*

endowment insurance

l'**assurance (en cas de) décès** *f*
Dans le cas de l'assurance décès, il s'agit pour l'assuré de protegér sa famille des conséquences de son décès.

life insurance (death-benefit)
With a benefit payable at death, the insured intends to protect his family from the consequences in case of his death.

l'**épargne-retraite** ‹épargnes-retraites› *f*
l'épargne-retraite est un placement à terme assez intéressant.
Les cadres recourent de plus en plus à l'épargne-retraite.

annuity savings policy

The annuity savings policy is a rather interesting form of term investment. Executive employees are more and more switching to annuity savings policies.

le **contrat d'assistance**

insurance coverage letter

The Insurance Policy

la **proposition d'assurance**
Je vous serais obligé de bien vouloir me fournir tous renseignements utiles (types de contrats, tarifs, etc) en vue d'une proposition d'assurance contre l'incendie.

insurance application
I would be grateful if you would send me all useful information (types of policies, prices, etc.) pertaining to an application for fire insurance.

en vue de

with a view toward; pertaining to

l'**assuré**, l'**assurée**
Lors de la conclusion du contrat d'assurance, l'assuré s'engage à bien informer l'assureur du risque à couvrir et, par la suite, à déclarer toute aggravation du risque.

the insured
In concluding the insurance policy, the insured obligates himself to inform the insurer accurately about the risk to be covered and to report any subsequent aggravation of risk.

l'**aggravation** f

aggravation; worsening

l'**aggravation du risque** f

increase of risk

déclarer

report; advise

la **déclaration**

report; notification

la **prime (d'assurance)**
L'assuré doit payer une prime, ou une cotisation si l'assureur est une mutuelle.

(insurance) premium
The insured must pay a premium, or, if it is a matter of mutual insurance, an assessment.

la **cotisation (d'assurance)**

insurance assessment

l'**assureur** m
Il faut que je parle de ce problème à mon assureur.

insurer; insurance company
I must speak to my insurance company about this problem.

l'**exclusion** f
Avant de signer le contrat d'assurance, lisez aussi bien les garanties que les exclusions.

exclusion
Before you sign the insurance policy, read through all the coverages, including the exclusions.

l'**étendue** f
Vérifiez l'étendue des garanties.

scope
Check the scope of the coverage.

l'**extension de garantie** f

Vous pouvez demander une extension de garantie moyennant surprime.

expansion of insurance protection; increase in coverage
You can ask for an increase in coverage if you pay an extra premium.

la **surprime**

extra premium

illimité, e
Les garanties peuvent être illimitées ou limitées: dans ce dernier cas, l'assureur ne versera pas plus que la somme indiquée dans le contrat.

unlimited
The coverage can be unlimited or limited; in the latter case, the most the insurer pays is the sum named in the policy.

la **sous-assurance** ‹sous-assurances›
Dans le cas de sous-assurance, l'assureur n'indemnisera qu'à concurrence de la valeur d'assurance.

underinsured; undercovered
In underinsurance, the insurer pays only as much as the insured value.

à concurrence de

to the amount of

la **valeur d'assurance**

insured value

la **franchise**
L'assuré dont le contrat comporte une franchise s'engage à conserver à sa charge une partie des dommages.

deductible
The insured whose policy contains a deductible obligates himself to pay a part of the damages himself.

la **police (d'assurance)**
Souscrire une police d'assurance signifie que l'assuré a signé le contrat et qu'il en a payé la prime.

(insurance) policy
Insurance is considered to be in effect when the insured has signed the contract and paid the premium.

souscrire une assurance

take out insurance

le **numéro de police**

policy number

la **note de couverture**

added coverage

l'**avenant** *m*
Nous vous prions de faire établir un avenant qui tienne compte de l'aggravation du risque.

additional clause; rider
Please draw up a rider that takes into account the increased risk.

le **souscripteur**, la **souscriptrice**
En assurance vie, souscripteur, assuré et bénéficiaire de l'assurance ne sont pas nécessairement la même personne.

insurance buyer; insured
In life insurance, the insured, the insurer, and the beneficiary of the insurance cannot be the same person.

le, la **bénéficiaire**

beneficiary

le **cotisant**, la **cotisante**
Etes-vous cotisant à notre mutuelle?

member
Are you a member of our benefit society?

l'**ayant droit** *m*
Comme votre femme cotise à la mutuelle, vos enfants et vous sont ayants droit à nos prestations.

have a right
Since your wife is a member of the benefit society, you and your children have a right to our services.

l'**avis d'échéance** *m*
Dans l'avis d'échéance, l'assureur indique le montant de la prime et la date à partir de laquelle elle est due.

assessment demand; premium notice
In the premium notice, the insurer gives the amount of the premium and the date due.

être suspendu, e
Si la prime n'est pas acquittée à l'échéance, la garantie est suspendue 30 jours après l'envoi d'une lettre recommandée de mise en demeure par l'assureur.

be (temporarily) suspended; cancelled
If the premium isn't paid by the date due, 30 days after the sending of a warning by registered mail the coverage is cancelled.

reconduire
Très souvent, un contrat d'assurance est tacitement reconduit: pour le résilier, il faut respecter un délai de préavis.

extended
Often an insurance policy is tacitly extended. In order to cancel, a termination deadline must be observed.

le **préavis de résiliation**

termination letter

l'**extinction** *f*
Il y a extinction du contrat d'assurance lorsque le risque objet de la garantie n'existe plus.

lapse
The insurance lapses when the insured risk no longer exists.

la **nullité**
Si un assuré a fait de fausses déclarations lors de la signature du contrat, le tribunal peut prononcer la nullité du contrat.

nullity
If false information has been given in concluding the agreement, the court can annul the contract.

Insurance Cases

le **sinistre**
Le sinistre causé par ce pétrolier est important puisque toute la côte est polluée.

damage or loss
The damage caused by this tanker is enormous, because the entire coastline is polluted.

l'**indemnisation** *f*

L'indemnisation se fera sur la base de la valeur d'assurance de l'immeuble.
A combien va se monter l'indemnisation?

indemnification; compensation; payment of damages
The indemnification is set according to the insured value of the building.
How much will the indemnification be?

indemniser

indemnify

ouvrir droit à

En cas de sinistre, pertes et dommages ouvrent droit à indemnité.

support a claim; constitute a claim; let a claim develop
In damage cases, the losses and damages support the claim for indemnity.

constat (amiable), le

claim form *(customary in France in accidents without personal injury)*

sinistré, e
Cochez d'une croix sur la liste les biens sinistrés.

damaged
Check off the damaged items on the list.

la **déclaration de sinistre**
Dans votre déclaration de sinistre, indiquez le numéro de police, le lieu, la date, les circonstances et les causes du sinistre ainsi que l'ampleur des dégâts avec évaluation, si possible, en attendant une expertise.

notification of loss; report of damage
On your damage report give the policy number, the place, date, circumstances, and cause of the damage incurred and the estimated extent of the damage, with an expert opinion, if possible.

l'**ampleur** *f*

extent

de l'ordre de
Les dommages globaux sont de l'ordre de 800 000 F.

some; in the range of
The total damage amounts to some 800,000 F.

chiffrable
Les dégâts ne sont pas chiffrables.

incalculable
The damages are incalculable.

l'**état estimatif** *m*
Vous trouverez ci-joint un état estimatif des objets volés.

provisional/estimated list
Enclosed you will find a provisional list of the stolen objects.

l'**estimation** *f*
L'estimation du dommage doit être faite par un expert que je vous prie de m'envoyer le plus tôt possible.

estimate; assessment; appraisal
The assessment of damage must be made by an expert; please have him call as soon as possible.

l'**expert (en assurances)** *m*

(insurance) expert; adjuster

estimer, expertiser
L'assureur a fait expertiser les dégâts.

estimate; appraise; assess
The insurer has the damages estimated.

le **règlement du sinistre**

claims adjustment; settlement

régler un sinistre

settle a claim

exercer le recours contre qn

report a claim of damage by someone; recover from someone

réclamer qc à qn

demand something from someone

la **victime**

victim; injured party

la **déchéance**
Si, dans le cas d'une déclaration de sinistre, l'assuré ne respecte pas les délais, il risque la déchéance de ses droits à indemnité.

expiration
If the insured does not file a claim for damages in time, he risks expiration of his right to compensation.

le **droit à indemnité**

right to compensation; right to indemnification

l'**inspecteur (de société d'assurance)**, l'**inspectrice (de société d'assurance)**

insurance adjuster

l'**expertise amiable** *f*

En cas de sinistre très important, l'assureur désignera un expert pour estimer le montant des dommages: il s'agit là d'une expertise amiable.

proceeding with a friendly expert opinion
In cases with very large losses, the insurer will call in an expert to establish the amount of loss. This is a proceeding with a friendly expert opinion.

l'**expertise contradictoire** *f*

expert opinion proceeding

la **contre-expertise,** ‹contre-expertises›

hostile expert opinion

l'**expertise judiciaire** *f*

Si l'affaire vient en justice et que le tribunal désigne un expert, ce sera une expertise judiciaire.

judicial arbitration proceeding (with expert opinions)
If the matter comes before the court, and the court orders an expert evaluation, it will be a judicial arbitration proceeding.

venir en justice

come before the court

la **prescription**	statutory limitation
Une société d'assurance vous doit une indemnité à la suite d'un accident: si au bout de deux ans vous n'avez pas fait valoir ce droit, il y a prescription.	An insurance company owes you damages after an accident. If you have not validated this claim with two years, the statutory limitation runs out.
faire valoir	validate; make valid

Marine Insurance

l'**assurance transport (de marchandises)** *f*
L'assurance transport concerne l'assurance dommages des moyens de transport, l'assurance de responsabilité du transporteur vis-à-vis des marchandises transportées et l'assurance des pertes ou avaries de marchandises souscrite par l'expéditeur ou le destinataire.

marine insurance

Marine insurance involves insurance against damage in the various modes of transport, the insurance of the freight carrier's responsibility for the transported goods, and the insurance taken out by the shipper or the consignee against loss or damage of the goods.

l'**avarie** *f*

average; transport damage

la **faute inexcusable**
Sauf cas de dol ou de faute inexcusable, les transporteurs ne remboursent qu'une partie des marchandises endommagées ou perdues.

gross negligence
Except in cases of intent or gross negligence, the freight carrier compensates for only a portion of the damaged or lost goods.

sauf

except for

être exposé, e à qc
A quels risques sont exposées les marchandises pendant leur transport?

be exposed to something
What risks are the goods exposed to during transport?

les **risques ordinaires de transport** *mpl*
Il y a d'abord les risques ordinaires de transport: détériorations, manquants, pertes de poids.

the usual shipping risks; normal transportation risks
The usual shipping risks are mainly damage, shortages, and weight losses.

les **risques de guerre** *mpl*
Il y a aussi les risques de guerre et assimilés comme les grèves ou les émeutes: on les appelle souvent risques exceptionnels.

risks of war
Besides, there are also war risks or, on the same level with these, the risk of strikes or revolutions. These are often termed exceptional risks.

assimilé, e

similar; on the same level

l'**émeute** *f* — uprising; revolution

l'**avarie particulière** *f* — special damage
Les avaries particulières sont des dommages touchant la marchandise elle-même au cours du transport: le chargeur ou propriétaire en est la seule victime.
Special damage is what the goods may suffer during shipment. The shipper or the owner is then the sole injured party.

toucher — relate to; suffer; meet with

l'**événement majeur (de transports)** *m* — inevitable accident; force majeure event (during transport)
Des événements majeurs sont: naufrage du navire, incendie à bord du navire, de l'avion, du train, du camion, etc.
Force majeure events include: shipwreck, fire on board ship, airplane, train, truck, etc.

le **naufrage** — shipwreck

la **police(-)type** ‹polices(-)types› — standard policy
Pour chaque mode de transport, il existe des "Conditions générales" de police appelées polices-types qu'utilisent toutes les compagnies d'assurance.
For every mode of transport there are "general insurance conditions," which are called the standard policy and are used by all the insurance companies.

sur mesure — made-to-measure; tailor-made
A côté des "Conditions générales", il y a les "Conditions particulières" dans lesquelles l'assureur accorde des garanties sur mesure, adaptées aux besoins précis de l'entreprise.
Besides the "general conditions," there are the "special conditions," according to which the insurer offers tailor-made coverages that are adapted to the particular requirements of the company.

l'**assurance tous risques** *f* — insurance with comprehensive coverage

l'**assurance tous risques maritime** *f* — ocean marine insurance with comprehensive coverage

l'**assurance "accidents caractérisés"** *f* — insurance for special risks
A côté de l'assurance tous risques, il existe une deuxième catégorie de polices types: c'est l'assurance "accidents caractérisés" qui ne couvre que les risques énumérés au contrat (en général les événements majeurs de transports).
Besides comprehensive coverage insurance there is also a second type of standard policy, namely for special risk insurance, which only covers the risks listed in the policy (generally, events of force majeure during shipment).

énumérer — enumerate; list

la **police au voyage**
Si un exportateur n'expédie qu'occa-
sionnellement des marchandises, il
souscrira une police au voyage qui
garantit un trajet et des marchandises
déterminés.

voyage policy
When an exporter only occasionally
ships goods, he takes out a voyage
policy, which insures for one journey
and for a particular shipment.

occasionnel, le

occasionally

la **police d'abonnement**
Dans le cas de la police d'abonnement,
l'exportateur qui est couvert pendant
une période déterminée envoie pour
chaque expédition un avis d'aliment à
l'assureur.

regular policy; general policy
Under a general policy, the exporter,
who is insured for a specific period of
time, sends the insurance company a
notification of every shipment.

l'**avis d'aliment** *m*

list of insured goods; notification (of
insured goods shipped)

le **certificat d'assurance**
Le certificat d'assurance est un document qui atteste qu'un lot de marchandises expédié dans le cadre d'une police
d'abonnement est assuré.

certificate of insurance
The insurance certificate is a document that shows that an item shipped
is covered within the scope of a general policy.

l'**avarie commune** *f*

general average

l'**assurance "FAP sauf"** *f*

Dans les transports maritimes, le contrat
type correspondant à l'assurance "Accidents caractérisés" des transports ter-
restres et aériens est l'assurance "FAP
sauf": elle couvre les avaries particulières énumérées au contrat ainsi que
les avaries communes.

FPA insurance *(FPA means free of
damage except in shipwreck)*
The standard ocean marine policy,
which corresponds to the insurance
against specifially named risks in
transport by land or air, is FPA insurance. It covers all the special aver-
ages enumerated in the policy as well
as general average.

la **police à alimenter**
Si l'exportateur doit expédier des pièces
nécessaires à un chantier et que les envois sont échelonnés sur une période indéterminée, il souscrira une police à
alimenter et préviendra l'assureur par un
avis d'aliment avant chaque expédition.

open policy
When the exporter must send parts
necessary for construction to a site
and the shipments take place over an
unspecified period of time, he takes
out an open policy and informs the
insurer by notification of the insured
goods before each shipment.

indéterminé, e

unspecified; indeterminate

prévenir qn de qc

inform someone of something

la **police tiers(-)chargeur**	forwarding policy; forwarding insurance
La police tiers chargeur est une police d'abonnement établie au nom d'un transitaire.	The forwarding policy is a regular policy that is taken out in the name of the forwarder.
le **commissaire d'avaries**	average adjuster/stater
En cas de sinistre important, le réceptionnaire doit faire établir un constat des dommages par un commissaire d'avaries désigné par l'assureur.	In the case of serious damage, the consignee must obtain a certified report of damages from an average adjuster named by the insurer.
le **constat (d'avaries)**	certificate of average
le **bulletin de poids**	certificate of weight
le **certificat de non-livraison**	certificate of nondelivery
le **certificat de manquant**	certificate of shortage
la **lettre de réserves**	(written) damage report
d'origine	original
Avec la lettre de réserves il faut soumettre entre autres la facture d'origine.	Among other things, the original bill must accompany the written damage report.

Insurance Companies

la **société d'assurance(s),** la **compagnie d'assurance(s)**	insurance company; insurance agent
En France, on distingue trois types d'entreprises d'assurance: les sociétés anonymes, nationalisées ou privées, la mutualité et le secteur d'Etat (Caisse nationale de prévoyance pour l'assurance vie, COFACE pour les contrats importants à l'exportation).	In France, a distinction is made among three kinds of insurance companies: the state or private corporations, the mutual insurance companies, and the state insurance system (Caisse nationale de prévoyance for life insurance, COFACE for large export contracts).
la **mutualité**	mutual insurance; all benefit societies
la **Caisse nationale de prévoyance (CNP)**	*French insurance agency under public law for old-age insurance.*
le **secteur de l'assurance**	insurance sector; insurance industry
l'**agent (général) d'assurance(s)** *m*	(general) insurance representative; general agent

301

le **sous-agent** ‹sous-agents›
L'agent général peut confier une partie de son secteur à un ou plusieurs sous-agents.

subagent
The general agent can entrust part of his territory to one or more sub-agents.

le **courtier d'assurance(s),**
la **courtière d'assurance(s)**

insurance broker

la **mutuelle (d'assurance)**

mutual insurance society; mutual benefit society (*In France these organizations are governed by the "Code de la mutualité" and in this respect are not directly comparable with the US mutual insurance societies.*)

C'est dans une profession ou une région que l'on trouve les mutuelles: elles vendent leurs assurances sans intermédiaires et selon les résultats de l'année écoulée, il peut y avoir rappel de cotisation ou ristourne aux sociétaires.

The mutual insurance societies are professionally or regionally oriented. They market their policies without intermediaries and, depending on the results of the previous year, there may be demands for assessments or refunds to the members.

le **rappel de cotisation**

demand for an assessment

la **ristourne**

refund

mutualiste

mutual (insurance)

la **société (d'assurance) à forme mutuelle**

mutual insurance society

En France, il existe aussi des sociétés à forme mutuelle qui fonctionnent pratiquement comme des sociétés commerciales: leurs cotisations peuvent être variables mais aussi fixes, elles ont des agents généraux et sont ouvertes à tous.

In France there are also mutual insurance societies that really operate like profit-oriented businesses: Their assessments can be variable but also fixed, they have general agents, and they are open to anyone.

variable

variable

ouvert, e à qn

open to someone

la **réassurance**

reinsurance

la **compagnie apéritrice**

first insurer

Law and Statutes

la **règle de droit**	legal norm; legal rule; legal tenet
la **loi**	law
La loi au sens large comprend également les lois votées par le parlement, les ordonnances du gouvernement et les décrets dans les matières non réservées à la loi.	Law in the broader sense embraces the statutes voted by the parliament, government ordinances, and regulations in matters that are not reserved to the law.
au sens large	in the broader sense
la **matière**	matter; subject; thing
l'**ordonnance (du gouvernement)** *f*	(government) regulation
le **décret**	government rule; regulation; decree; edict *(Term for regulations that are issued by the president or the prime minister)*
applicable	applicable
Lois et décrets ne sont applicables qu'après publication au Journal officiel.	Laws and regulations can become applicable only after announcement in the official legal gazette.
le **Journal officiel (JO),** ⟨journaux⟩	French legal gazette
la **disposition**	provisions
Ces nouvelles dispositions ont augmenté le champ d'application de la loi.	These new provisions have broadened the scope of the law.
l'**application** *f*	application
le **champ d'application**	scope
l'**arrêté** *m*	order; decree *(administrative action of a minister, prefect, or mayor)*
prendre un arrêté/un décret	to issue an order/regulation
le **règlement**	administrative rule; order; directive *(umbrella term for general impersonal measures of an administrative authority)*
Décrets et arrêtés ne sont pas des lois mais des règlements.	Ordinances and regulations are not laws but administrative rules.

réglementaire	decreed
les **usages (de la profession)** *mpl*	trade practice; business practice
Les contrats de vente renvoient souvent aux usages de la profession en ce qui concerne les modalités de livraison ou les délais de paiement.	Sales contracts often refer to trade practice in relation to delivery terms or payment deadlines.
renvoyer à qc	refer to something
le **droit communautaire**	common law; EEC law
prévaloir sur	take precedence over; have priority
le **droit public**	public law
le **droit fiscal**	tax law
le **droit pénal**	criminal law
le **droit privé**	private law
le **droit civil**	civil law
le **droit de la concurrence**	competition law
le **code**	code
le **code pénal**	penal code
le **code civil**	civil code
le **code de commerce**	commercial code

Basic Terms

le **droit**	law
juridique	legal
la **personne juridique**	legal subject
Une personne juridique est titulaire de droits et d'obligations.	A legal subject is the holder of rights and obligations.
la **personne physique**	natural person
Toutes les personnes physiques ont la personnalité juridique, les personnes morales ne l'obtenant qu'à partir de leur immatriculation au registre du commerce, au répertoire des métiers ou de leur déclaration à la préfecture pour les associations.	All natural persons have a legal personality, while juristic persons receive these only with their entry in the commercial register, the craftsmen's roll, or—in the case of associations—in the register of associations of the prefecture.
la **personnalité juridique**	legal subject
la **personne morale**	juristic person
l'**acte (juridique)** *m*	legal transaction; juristic act

le **moyen de preuve**	means of proof
contestable	refutable; disprovable; arguable
l'**écrit** *m*	document
le **témoignage**	witness's testimony; witness
le, la **juriste**	jurist

la **capacité (de jouissance)**
La capacité de jouissance est l'aptitude à avoir des droits et des obligations.

legal capacity
Legal capacity is the ability to be a holder of rights and duties.

la **capacité (d'exercice)** — capacity to contract

l'**acte** *m*
La loi prévoit deux sortes d'écrits: les actes authentiques et les actes sous seing privé.

document
The law recognizes two kinds of documents: public and private.

passer un acte — sign a contract

l'**acte authentique** *m* — public document

authentifier
Un notaire, le greffier du tribunal, le maire ou un huissier de justice peuvent authentifier un acte de vente.

legalize; authenticate
A notary, the document clerk of the court, the mayor, or a bailiff of the court can legalize a sales contract.

le **notaire** — notary

l'**acte de vente** *m* — sales document; written sales contract

l'**acte notarié** *m* — notarized document

l'**acte sous seing(s) privé(s)** *m* — private document

Contracts

le **contrat**	contract
le **cocontractant,** la **cocontractante**	party to a contract
valide	legally binding; legally valid
l'**offre** *f*	proposal
capable (de contracter)	capable of contracting
la **validité**	(legal) validity

invalide
Quelqu'un loue un local pour y produire des stupéfiants: le contrat de location est invalide car cette activité n'est pas licite.

(legally) invalid
If someone rents business space to produce drugs there, the lease is invalid, because this activity is against the law.

le contrat d'entreprise
Les contrats de sous-traitance, de transport sont juridiquement des contrats d'entreprise.

business contract
Subcontractors' contracts and freight contracts are legally considered business contracts.

le contrat de prêt (à usage)

loan contract

le contrat de crédit
Dans le cas d'un contrat de crédit, l'emprunteur peut, dans un délai de sept jours à compter de son acceptation de l'offre, revenir sur son engagement.

credit contract
In a credit contract, the debtor can legally cancel his agreement within seven days of the day of signing.

revenir sur qc

rescind something; take something back; cancel something

être invalidé, e

be declared invalid

l'erreur _f_
Il y a erreur lorsque le ou les contractants se trompe sur la marchandise ou sur la personne.

error
An error is produced when one or the other party to the contract finds himself mistaken about the goods or the individual.

le dol
Le contractant victime d'un dol peut obtenir la nullité du contrat.

intent; fraud; fraudulent deception
The intentionally injured party can have the contract invalidated.

l'invalidation _f_
L'invalidation d'un contrat entraîne son annulation.

invalidation
The invalidation of a contract results in its cancellation.

rétroactif, -ive
L'annulation a par définition un effet rétroactif.

retroactively
The cancellation is retroactive by definition.

nul, le et non avenu, e
Le contrat a été déclaré nul et non avenu.

null and void
The contract is declared null and void.

The Businessperson

le droit commercial
En droit commercial, la publicité des actes juridiques est obligatoire pour l'information des associés, des créanciers et des salariés.

commercial law
In commercial law, publication of legal transactions is required for the information of stockholders, creditors, and employees.

la publicité

publicity; publication

le droit des affaires

business law

l'**acte de commerce** *m*
Les opérations commerciales, industrielles, financières, d'intermédiaires et de prestations de services sont des actes de commerce.

commercial transaction
Commercial dealings, industrial activity; financial operations, agency business, and services are all commercial transactions.

exercer un acte de commerce

be engaged in a commercial transaction; carry on a business; be in business

le **commerçant,** la **commerçante**

merchant; businessman/-woman

la **liberté du commerce**

freedom of trade

incapable (de contracter)
Les personnes incapables, les personnes frappées de déchéance ne peuvent être commerçantes.

legal incapacity
Legally incapacitated persons and persons who are under commercial injunction may not be in business.

être frappé, e de

be affected by; be covered by

la **déchéance (commerciale)**

injunction (commercial)

l'**exercice** *m*
Il y a incompatibilité entre l'exercice du commerce et celui de certaines professions (fonctionnaires, notaires, avocats, etc).

practice; pursuit
The pursuit of commerce and the practice of certain professions (clerk, notary, attorney, etc.) are incompatible.

l'**incompatibilité** *f*

incompatiblity

l'**immatriculation** *f*
L'immatriculation au registre du commerce et des sociétés est obligatoire pour le commerçant.

entry
Entry in the commercial register is obligatory for a businessman.

le **greffe**
La demande d'immatriculation est faite au greffe du tribunal de commerce dans le ressort duquel est situé le principal établissement du commerçant.

registry of the court
The application for entry is made at the registry of the commercial court in whose administrative district the businessman's headquarters lie.

la **demande d'immatriculation**

application for entry

le **ressort**

administrative district

le **Centre de formalités des entreprises (CFE)**

En France, les CFE, qui se trouvent dans les chambres de commerce et d'industrie, s'occupent des formalités d'immatriculation au RCS.

information center for foundation of companies and the handling of the formalities
The CFEs, which in France are in the chambers of commerce and industry, take care of the formalities of entry into the French commercial register (RCS).

le **greffier,** le **greffière**

document clerk (in the court registry office); court clerk

Le greffier procède à l'immatriculation du commerçant ou de la société auquel est attribué le numéro SIRENE.

The court clerk takes the application of the businessman or company and assigns the SIRENE number.

l'insertion *f*
Une insertion au BODACC est faite directement par le greffier.

(public) notice
Public notice is immediately placed in the gazette by the court clerk.

le Bulletin officiel des annonces civiles et commerciales (BODACC)
Le BODACC publie au niveau national toutes les déclarations faites au RCS par les personnes commerçantes: immatriculations, inscriptions modificatives, radiations.

French official gazette for civil and commercial legal notices

The gazette publishes nationally all announcements that are made by business people in the commercial register, i.e., entries, changes, liquidations.

l'inscription modificative *f*

change

la radiation

liquidation

radier

liquidate

l'extrait *m*
Toute personne qui veut se renseigner sur un commerçant peut obtenir un extrait appelé K bis auprès des greffes.

extract
Anyone who wants to find out about a businessman can get an extract, called the "K bis," from the registry of the court.

le K bis

name of the form for an extract from the commercial register

le Bulletin des annonces légales obligatoires (BALO)
Par ailleurs, les sociétés cotées en bourse doivent publier périodiquement leurs résultats financiers au BALO.

gazette for legal notices whose publication is required
Businesses traded on the stock market must regularly publish their financial yields in the BALO.

faire preuve
Le commerçant doit aussi tenir une comptabilité qui fait preuve en cas de besoin, être titulaire d'un compte en banque ou d'un CCP, conserver les documents commerciaux pendant 10 ans.

prove; serve as proof
The businessman must also keep books that if necessary can serve as proof, have a bank or post office account, and must keep his business papers for ten years.

le répertoire des métiers
L'artisan qui exerce un métier manuel et qui n'a pas plus de 10 salariés dans son entreprise est immatriculé au répertoire des métiers.

register of craftsmen
The craftsperson who practices a craft and employs no more than 10 people is entered in the register of craftsmen.

exercer un métier manuel

practice a handcraft

la déclaration (d'une association)

entry (of an assocation)

The Business

le **fonds (de commerce)**

business (commercial); businessman's company; business assets; goodwill

Un fonds de commerce peut être cédé, nanti, donné en gérance.

A business can be sold, pledged, or leased.

la **location-gérance,** ‹locations-gérances›

leasing of a commercial company

le **bail,** ‹baux›
Le bail concerne les biens immeubles.

lease
The lease applies to the buildings.

le **bien immeuble**

immovables; buildings; structures

le **bien meuble**

movables

le **bail (commercial)**
Le propriétaire du fonds de commerce signe un bail commercial avec le propriétaire du local (le bailleur).

commercial lease; lease
The owner of the business signs a commercial lease with the owner of the business space (lessor).

le **local,** ‹locaux›

business space

le **bailleur,** le **bailleresse**

renter; lessee

le **pas-de-porte** *inv*

key money *(to gain title in a commercial lease)*

Le bailleur perçoit un loyer mais en plus il demande souvent aussi un pas-de-porte à la conclusion du bail commercial.

The lessor receives the rent but frequently he also demands key money at the closing of the leasing agreement.

le **loyer**

rent

l'**élément incorporel** *m*
Quand on exploite un fonds de commerce, l'élément incorporel essentiel est la clientèle et l'achalandage.

intangible asets
When one is in business, important intangible assets are the regular customers and the chance clientele.

la **clientèle**

regular customers

l'**achalandage** *m*
Sur les Champs-Elysées, l'achalandage sera très probablement plus important que la clientèle.

chance customers; passing trade
On the Champs-Elysées, the chance customers are certainly much more important than the regular clientele.

le **droit au (renouvellement du) bail**

right to renew the lease

le, la **locataire**

renter; lessee

la **clause résolutoire**

cancellation clause; termination clause; notice clause

résiliable

dissolvable; subject to notice

le **délai de grâce** Avant que le bailleur ne résilie le contrat de bail, le locataire se voit accorder un délai de grâce.	grace period Before the lessor can cancel the lease, the lessee must be allowed a grace period.
résilier	give notice
nantir	pledge; mortgage
donner qc en gérance	lease something; rent something out
prendre qc en gérance	lease something; take a lease on something
donner qc à bail	rent; lease (from lessor's side)
prendre qc à bail	rent; lease (from lessee's side)
la **propriété industrielle** Le nom commercial, l'enseigne et autres droits de propriété industrielle (brevets d'invention, dessins et modèles, logiciels, appellations d'origine) sont aussi des éléments incorporels du fonds de commerce.	business property The trade name, the firm logo, and other rights to business property (patents, designs and models, software programs, marks of origin) also are part of the intangible assets of the business.
les **dessins et modèles** *mpl*	designs and models
l'**élément corporel** *m*	tangible assets
le **cédant,** le **cédante**	assigner; conveyor
le, la **cessionnaire**	assignee; transferee

Competition Law

la **libre concurrence,** le **jeu de la concurrence** La vie des affaires est basée sur le principe de la libre concurrence.	free competition Economic life is based on the principle of free competition.
réglementer Pour maintenir une concurrence loyale entre entreprises et pour protéger les consommateurs, la concurrence est réglementée.	regulate legally To maintain fair competition between companies and for the protection of the consumer, competition is subject to certain regulations.
la **concurrence loyale**	fair competition
la **concurrence déloyale**	unfair competition
assigner qn (en justice) Nous avons assigné Chabada SA en justice pour contrefaçon de marque.	make a complaint against someone We have lodged a complaint against Chabada SA for trademark piracy.

par voie de

Chabada SA a été condamnée à payer des dommages-intérêts ainsi qu'à publier la décision judiciaire par voie de presse.

by means of; in

Chabada SA was ordered to pay damages and to publish the court's decision in the press.

la **publication judiciaire**

judicially ordered publication

la **clause de non-concurrence**

agreement in restraint of competition

la **liberté du travail**

freedom to practice one's profession/ trade

anticoncurrentiel, le

Certaines pratiques anticoncurrentielles comme les ententes sur les prix sont prohibées.

anticompetitive

Certain anticompetitive practices, such as pricing agreements, are legally prohibited.

l'**abus** *m*

misuse

le **Conseil de la concurrence**

French competition council for supervision of compliance with the competition laws

la **sanction**

sanction

pécuniaire

pecuniary; monetary

infliger, appliquer

impose

l'**abus de position dominante** *m*

misuse of the dominant market position

Il y a abus de position dominante quand, par exemple, une entreprise utilise des marques différentes pour créer l'apparence d'une concurrence.

It is misuse of the dominant market position when, for example, a company uses several brand names to create the appearance of competition.

l'**apparence** *f*

appearance

la **distorsion**

Comment remédier à ces distorsions de la concurrence?

distortion; travesty

How can these travesties of competition be remedied?

l'**entorse** *f*

Avec cet accord entre la CEE et les pays de l'AELE (moins la Suisse), certaines entorses sérieuses à une concurrence équilibrée devraient être évitées.

offence; violation

Because of the agreement between the EEC and the EFTA (excluding Switzerland) certain serious violations against fair competition must be avoided.

le **dumping**

Le dumping est une pratique consistant à vendre le même produit moins cher sur les marchés à l'exportation que sur le marché intérieur.

dumping

Dumping is the practice of selling the same product for a lower price on the export market than it costs in the domestic market.

antidumping, *inv*	antidumping
Au sein de l'EEE, les produits des pays de l'AELE restent soumis aux réglementations antidumping applicables à tous les pays non CEE.	Within the EEC, the products from the EFTA countries are further governed by antidumping regulations, which do not apply to countries not members of the EEC.
sanctionner	punish; place sanctions on
la **réglementation**	(legal) regulation; stipulation; rule

Violations of the Law

abusif, -ive

Les clauses d'exonération totale de la responsabilité du transporteur sont des clauses abusives.

improper; in conflict with public morals
Clauses providing complete nonliability of the freight carrier are improper clauses.

la **responsabilité contractuelle**

contractual responsibility

la **faute**
Pour la mise en jeu de la responsabilité, il faut que soient réunies trois conditions: d'abord la faute, ensuite le dommage et enfin un lien de causalité entre faute et dommage.

fault; violation; infringement; breach
For there to be responsibility, three conditions must be satisfied: first the fault, then the damage, and lastly a causal relation between fault and damage.

la **mise en jeu**

become effective

le **lien de causalité**

causal relation

la **faute contractuelle**

breach of contract; contrary to terms of a contract

réparer

make restitution; compensate

la **réparation**

restitution

la **responsabilité civile**

civil liability; responsibility

pénal, e, (-aux)
La publicité mensongère est sanctionnée pénalement.

penal; criminal
Misleading advertising is punishable under the criminal laws.

l'**infraction pénale** *f*

Les infractions pénales sont classées suivant leur gravité en contraventions sanctionnées par des amendes, délits punis par des amendes ou de la prison et crimes sanctionnés par des peines de prison.

criminal violation; criminal offense; crime
Criminal offenses are classified according to seriousness: infringements are punished with fines, criminal violations with fines or very short terms of imprisonment, and felonies are punished with prison terms.

la **gravité**	severity
la **contravention**	infraction; offense
l'**amende** *f*	fine
le **délit**	crime
délictueux, -euse	punishable; illicit
intentionnel, le	intentional; with intent
commettre	commit
la **vente à la sauvette**	black market
le **non-commerçant**, la **non-commerçante** ‹non-commerçants›	nonmerchant
le **refus de vente**	refusal to sign a sales agreement; delivery embargo
Le refus de vente envers les consommateurs est passible d'une amende comprise entre 2 500 et 5 000 F.	The refusal to sign a sales contract with the consumer is punishable by a fine of 2,500 to 5,000 F.
envers	with; toward
être passible	be punishable
la **vente à perte**	sale at a loss; business at a loss
La vente à perte consiste pour un commerçant à revendre un produit à un prix inférieur au prix d'achat: elle est interdite.	Selling at a loss means that a businessman sells an item at a lower price than the cost price, which is prohibited.
la **manœuvre**	fraudulent operation; machinations
Luc a employé des manœuvres frauduleuses au détriment de Charles.	Luc engaged in fraudulent machinations to the detriment of Charles.
frauduleux, -euse	fraudulent
l'**escroquerie** *f*	fraud; swindle
la **tromperie**	deceit; misrepresentation
l'**action civile** *f*	personal action; civil suit
Certaines associations de consommateurs peuvent exercer une action civile devant les tribunaux et ainsi demander réparation du préjudice subi collectivement par les consommateurs.	Certain consumer associations can bring a civil suit to court and in this way demand compensation for the injury suffered by the consumers in common.
exercer une action (contre qn)	bring an action against someone; sue someone
collectif, -ive	in common; collectively
se **porter partie civile**	bring a civil suit; bring a private action

Illegal Businesses

licite — licit; (legally) permitted; permissible

illicite — illicit; unlawful; against the law

illégal, e, ⟨aux⟩ — illegal; unlawful; illicit

maquiller — cook (the books); falsify
Charles avait maquillé les comptes de son entreprise. — Charles falsified the books in his business.

le **faux** — forgery; falsified documents
Elle a été condamnée pour faux et usage de faux. — She was sentenced for forgery and using falsified documents.

le **faux en écriture** — document falsification

la **délinquance** — criminality

le **piratage** — piracy

trafiquer — adulterate; fake; carry on illicit business
On a découvert que le vin était trafiqué. — It has been discovered that the wine was adulterated.
Le bilan de la société avait été trafiqué. — The balance sheet of the company was doctored.

la **fausse monnaie** — counterfeit money

la **fausse carte** — forged (bank-/credit) cards

la **corruption** — corruption; bribery
Plusieurs cas de corruption ont été découverts dans le cadre de la passation de ces marchés publics. — Several cases of bribery in the placing of these government orders were discovered.

la **malversation** — embezzlement

détourner des fonds — embezzle money

la **société taxi** — business that makes out dummy bills; money raising firm
Ces sociétés taxis établissaient des factures pour des prestations fictives et versaient cet argent à des partis politiques. — These companies make out bills for allegedly received services and hand over the money to political parties.

fictif, -ive — fictitious; dummy; sham; alleged

rançonner — extort (protection money)
Les commerçants préfèrent être rançonnés plutôt que de voir leur magasin brûler. — The businessmen prefer to pay protection money rather than watch their businesses burn down.

l'**extorsion de fonds** *f*

extortion of protection money

clandestin, e
En employant des travailleurs clandestins, vous risquez une amende et une peine de prison.

without a work permit
When you employ a worker without a work permit, you are risking a fine and imprisonment.

le **travail (au) noir**
Le travail au noir sévit surtout dans les secteurs du bâtiment, de l'hôtellerie, de la restauration, de la confection et de l'agriculture.

illicit work; undocumented work
Illicit work is rife, especially in the construction industry, in the hotel and restaurant business, in the clothing industry, and in agriculture.

sévir

be rife; be rampant

l'**atelier clandestin** *m*

secret workrooms; illegal factories

occulte
Certaines personnes percevaient des rémunérations occultes.

secret; hidden
Some of the persons affected still had secret incomes.

le **pot-de-vin,** ‹pots-de-vin›

bribe

de la main à la main
Nous vous paierons de la main à la main.

under the table
We are paying you under the table.

le **trafic**
Les trafics de drogues, d'armes, de main d'œuvre, de sang sont illicites.

illegal trade; traffic; deal
The traffic in drugs, weapons, workers, and blood is against the law.

le **trafiquant,** la **trafiquante**

trafficker; dealer

le, la **faussaire**

forger

falsifier
Le chèque avait été falsifié.

forge
The check was forged.

le **blanchiment**
Le blanchiment des capitaux est la transformation, le transfert, le recel, l'acquisition, la détention ou l'utilisation de biens provenant d'agissements délictueux.

money laundering
Money laundering is the conversion, transfer, concealment, acquisition, possession, or use of assets that arise from criminal dealings.

la **détention**

possession

le **recel**

receiving stolen goods; connivance

les **agissements** *mpl*

(criminal) machinations; intrigues

l'**argent sale** *m*
Comment l'argent sale est-il recyclé?

dirty money
How is dirty money recycled into the economy?

le **paradis fiscal**
Les billets de banque sont transportés vers un paradis fiscal où ils seront déposés sur des comptes auprès de banques complaisantes.

tax haven
The bank notes were taken to a tax haven, where they were deposited in an account in an accommodating bank.

complaisant, e

accommodating; complaisant; obliging

la **façade**
Ces sociétés, dirigées par des prête-noms, ne sont que des façades.

front
These businesses are directed by figureheads and are only fronts.

le **prête-nom** ⟨prête-noms⟩

figurehead; dummy

le **secret bancaire**
Les pays où le secret bancaire est la règle accueillent ces fonds virés par des sociétés écrans à d'autres sociétés écrans.

banking secrecy
The countries in which banking secrecy is the rule receive these funds, which are passed along from one front company to the next.

la **société écran**

front company; mail-drop company

le **compte à numéro**

numbered bank account

Court Proceedings

la **procédure**
Si c'est prévu dans le contrat, les commerçants auront recours à une procédure d'arbitrage.

proceedings
When it is provided in the contract, business people have recourse to an arbitration proceeding.

la **procédure d'arbitrage**

arbitration proceeding

judiciaire

judiciary

porter qc devant qn
L'affaire a été portée devant les tribunaux.

bring something before someone
The matter was brought before the court.

l'**affaire** *f*

matter; case; affair

saisir qn (de qc)
Nous avons décidé de saisir le tribunal de cette affaire.

appeal about something to someone
We have decided to appeal to the court in this matter.

le **litige,** le **procès**
Quelles sont les parties en litige?
Quel est l'objet du litige?

litigation; lawsuit
Who are the parties in the lawsuit?
What is the object of the litigation?

la **partie**

party

le **demandeur,** la **demanderesse**

plaintiff; complainant

le **défendeur,** la **défenderesse**

defendant

préserver
Nos droits doivent être préservés.

uphold; protect
Our laws must be upheld.

léser
Nos droits sont lésés dans cette affaire.

violate
Our laws are violated by this affair.

l'**action (en justice)** *f*
Une action en concurrence déloyale a
été intentée contre Chabada SA.

legal action
A legal action is being initiated
against Chabada SA for unfair competition.

la **demande en dommages et
intérêts**

suit for damages

poursuivre (en justice)
Dans le cas d'accidents du travail ou
d'atteintes à l'environnement, on peut
aussi poursuivre une personne morale en
justice.

sue; take legal action
In work accidents or in damage to the
environment, a juristic person may
also be sued.

le **tribunal de commerce**
‹tribunaux›
En France, le tribunal de commerce est
composé de juges élus.

commercial court

In France the commercial court is
composed of elected judges.

la **juridiction**
Les tribunaux de commerce sont des ju-
ridictions d'exception et règlent les litiges relatifs aux actes de commerce,
entre commerçants et entre associés des
sociétés commerciales.

jurisdiction
Commercial courts have special juris-
dictions and settle litigations in commercial transactions, between
businesspeople, and between shareholders of commercial companies.

régler

settle

la **juridiction d'exception**

special jurisdiction

de droit commun

ordinary; by common law

être du ressort de

Cette affaire est-elle du ressort du tribunal de commerce?

fall within the competency; fall under
the jurisdiction
Does this matter fall under the jurisdiction of the commercial court?

l'**audience** *f*
L'avocat m'a dit que l'audience aurait
lieu le 1er avril.

session; hearing
The lawyer told me that the hearing
would take place on April 1.

le **jugement**
Le tribunal de commerce a entendu les
parties puis a rendu son jugement.

judgment
The commercial court listened to the
parties and then rendered its judgment.

la **sentence**

Quelle est la sentence du conseil des prud'hommes?

pronouncement of judgment; decision; arbitration award
What was the judgment of the labor court?

rendre

render; deliver

juger

judge; decide

signifier
Le jugement est signifié aux parties.

deliver
The judgment was delivered to the parties.

obtenir gain de cause
Finalement nous avons obtenu gain de cause: Chabada doit nous verser des dommages-intérêts et s'est engagé à ne plus contrefaire notre marque.

carry the day
Finally we've carried the day: Chabada must pay us damages and has sworn not to imitate our trademark anymore.

porter plainte

C'est la victime de l'infraction qui va porter plainte.

to report a criminal act to the police; bring a criminal charge
It is the victim of the criminal act who brings the charge.

la **plainte**
Allez-vous retirer votre plainte contre les dirigeants de Chabada SA?

criminal charge
Do you withdraw your charge against the management of Chabada SA?

les **poursuites (pénales)** *fpl*
Des poursuites pour corruption ont été engagées contre lui par le parquet.

criminal action
The prosecutor's office has started criminal action against him for corruption.

engager des poursuites

initiate criminal prosecution; open an investigation

le **parquet**

prosecutor's or district attorney's office

la **peine**

punishment; penalty

l'**abus de biens sociaux** *m*
Il a été condamné à 3 ans de prison ferme pour abus de biens sociaux.

embezzlement of company assets
He was sentenced to three years in prison without probation for embezzlement.

la **peine de prison**

prison sentence

la **peine de prison ferme**

prison term without probation

faire appel
Les parties peuvent faire appel de la décision rendue devant la cour d'appel quand le montant du litige dépasse 13 000 F.

make an appeal
The parties can appeal the decision rendered to the appeals court if the amount of money in dispute is more than 13,000 F.

le **montant du litige**

amount of money in a dispute; litigated amount

l'**appel** *m*

appeal

la **cour d'appel**

court of appeals

se **pourvoir en cassation**
On peut se pourvoir en cassation contre toutes les décisions rendues en dernier ressort.

enter an appeal
Appeals can be entered against all previous judgments in the highest court of appeal.

en dernier ressort

in the highest court of appeal

le **pourvoi (en cassation)**

appeal (petition); appeal to quash

la **cour de cassation**

appeals court; court of cassation

les **voies de recours** *fpl*
Appel et pourvoi en cassation sont des voies de recours.

means of recourse
Appeal and petition for cassation are means of recourse.

l'**arrêt** *m*

appeals decision

l'**attendu** *m*
Quels sont les attendus du jugement?

opinion of the court
What does the court opinion say?

les **dépens** *mpl*
Les dépens sont à la charge de Chabada SA.

costs of litigation
Chabada SA has to bear the costs of litigation.

l'**ordonnance de référé** *f*
Par ordonnance de référé, le tribunal a demandé à Chabada SA d'enlever ces affiches publicitaires sous astreinte de 5 000 F par jour.

temporary injunction
The court has demanded, through a temporary injunction, that Chabada SA remove these posters under threat of a penalty of 5,000 F per day.

l'**astreinte** *f*

penalty (increasing by the day)

l'**huissier (de justice)** *m*
L'injonction de payer la lettre de change a été signifiée à cette société par huissier.

bailiff (of the court)
The judicial order to pay the bill is served on this business by the bailiff of the court.

surendetté, e
Comme Charles était surendetté, l'huissier a procédé à une saisie de ses biens.

be heavily in debt
Since Charles was heavily in debt, the court bailiff attached his property.

la **saisie**

attaching; seizing

la **vente aux enchères**
La vente aux enchères publiques aura lieu la semaine prochaine.

auction
The public auction will take place next week.

Banking

la **banque**

bank; credit union; banking

bancaire
Avez-vous une formation bancaire?
Luxembourg est une importante place bancaire.

bank; banking
Have you had bank clerk's training?
Luxemburg is an important banking center.

le **secteur bancaire**

banking sector

la **profession bancaire**
Officiellement, la profession bancaire s'oppose à la rémunération des comptes-chèques.

banking; banking business
The banking business officially opposes paying interest on assets in postal accounts.

le **banquier,** la **banquière**

banker

l'**opération de banque** *f*
Selon la loi bancaire de 1984, sont considérées comme opérations de banque la réception des fonds du public, les opérations de crédit et la gestion des moyens de paiement.

banking operations
Acceptance of deposits from the public, credit operations, and the execution of payment transactions are considered banking operations, according to the 1984 law about credit systems.

l'**établissement de crédit** *m*

credit institution

les **autorités monétaires** *fpl*

monetary agencies

la **banque centrale**
En tant que banque centrale, la Banque de France est institut d'émission et contrôle le volume de la monnaie et du crédit.

central bank
As the central bank, the Banque de France is the issuing bank and controls the circulation of money and availability of credit.

la **société coopérative de crédit**

credit union; cooperative bank

la **caisse de crédit mutuel**
Les caisses de crédit mutuel accordent des crédits surtout aux ménages.

French agricultural credit cooperative
The French farmers' cooperative banks give credit primarily to private households.

la **banque populaire**
En France, les banques populaires ont surtout une clientèle de PME, d'artisans et de particuliers.

industrial credit cooperative
Customers of the industrial credit cooperatives in France are primarily middle-sized companies, tradesmen, and private individuals.

la **caisse d'épargne**
Les caisses d'épargne sont constituées de deux réseaux: le réseau "Ecureuil" et la caisse d'épargne de La Poste.

savings banks
The savings banks are grouped into two savings bank associations, the association "Ecureuil" and the postal savings banks.

la **banque universelle**	universal bank
la **banque commerciale**	commercial bank
Pour ce qui concerne l'activité de banque de détail, les banques commerciales sont très fortement concurrencées par les établissements du secteur mutualiste.	In the area of business transacted for private customers (retail banking), the commercial banks are in hard competition with the cooperative credit institutions.
l'**activité de banque de détail** *f*	business done for private customers; retail banking
le **secteur mutualiste**	association of cooperative banks; cooperative credit sector
la **banque de dépôts**	deposit bank; commercial bank
la **banque d'affaires**	investment bank; industrial bank
Les banques d'affaires sont spécialisées dans les interventions de haut de bilan auprès des entreprises.	The investment banks are specialized in actions that concern companies' invested assets and own capital.
l'**intervention** *f*	intervention; action
intervenir	intervene; step in; be active
la **société d'investissement**	investment company; capital investment company
la **caisse de crédit municipal**	municipal loan office
la **société financière**	finance company
Les sociétés financières ne peuvent recevoir des dépôts du public à moins de 2 ans.	Finance companies may not accept deposits from clients for less than two years.
la **société d'affacturage**	factoring company
la **société de crédit-bail**	leasing company
la **Banque française du commerce extérieur (BFCE)**	French foreign trade bank

Bank Deposits

ouvrir un compte	open an account
A quels noms ce compte a-t-il été ouvert?	In whose name is this account being opened?
l'**ouverture de compte** *f*	opening of an account
le **dépôt de fonds**	deposit of money
les **fonds (reçus) du public** *mpl*	third-party money, customers' money

déposer
Quelle est la somme minimum qu'il faut déposer sur ce compte d'épargne-logement?

deposit
What is the smallest amount that must be deposited in this building and loan association account?

verser

Nous sommes le 10 du mois et le salaire ne m'a toujours pas été versé.

Le chèque a été versé à votre compte auprès de la Banque Bravo.
Je lui ai donné 1 000 F qu'elle a versés sur son livret d'épargne.

deposit; transfer; credit an amount; pay
It's already the 10th of the month, and my paycheck has still not been transferred.
The check was credited to your account by the Bravo Bank.
I have given her 1,000 F, which she deposited to her savings account.

le **versement**

Veuillez effectuer le versement de cette somme à mon compte ouvert à la Banque Bravo (RIB ci-joint).
Quand le versement des intérêts a-t-il lieu?

deposit; payment; disbursement; transfer
Please transfer this sum to my account at the Bravo Bank (bank identification form enclosed)
When will the interest be credited?

retirer

withdraw, draw on an account

le **retrait (de fonds)**
Un retrait d'espèces d'un montant de 3 000 F a été effectué au guichet de cette banque.

withdrawal (cash)
A cash withdrawal of the sum of 3,000 F was made at the window of this bank.

le **détenteur (d'un compte)**,
la **détentrice (d'un compte)**,
le, la **titulaire (d'un compte)**
Quel est le nom du titulaire du compte?

account holder, depositor

What is the name of the depositor?

le **compte-chèques** ‹comptes-chèques›

checking account

le **compte-chèques postal (CCP)**
‹comptes-chèques postaux›

postal checking account

le **compte courant (C/C)**

Dans le cas d'un compte courant, un éventuel solde débiteur n'est exigible qu'à la clôture du compte.

current account, company checking account
In a current account, any possible debit balance is only due when the account is liquidated.

rapporter, porter, produire
Ce placement vous rapporte 7,5% d'intérêt par an.
L'argent placé produit des intérêts.
C'est un compte qui porte intérêt à 4,5% l'an.

earn; bear
This investment brings you 7.5% annual interest.
Invested money earns interest.
This is an account that bears 4.5% annual interest.

le **compte sur livret**

savings account

le **livret d'épargne**
Les livrets des caisses d'épargne sont défiscalisés mais les fonds déposés sont plafonnés.

savings passbook
Passbook savings accounts are tax-free but the amounts deposited may not exceed a maximum amount.

l'**arrêté de compte** *m*
L'arrêté de compte permet de connaître la position du compte.

bank statement
The bank statement gives information about the state of the account.

la **position (d'un compte)**

state (of the account)

arrêter
Nous vous adressons ci-joint le relevé de votre compte n° 6543210 arrêté au 31 janvier et présentant un solde de 9 333 F en votre faveur.
Le compte a été définitivement arrêté à la date du 30 septembre.

settle, balance
Enclosed we are sending you a statement of account no. 6543210 with the position as of January 31, which shows a credit balance of 9,333 F. The account will be settled finally by September 30.

solder
Il n'y a plus d'argent sur ce compte, je l'ai soldé.

balance, settle, clear; close out
Since there is no more money in the account, I closed it out.

clore
Un compte soldé n'est pas nécessairement un compte clos: le titulaire doit, en effet, adresser à la banque une lettre recommandée l'informant de son intention de résilier la convention de compte.

liquidate
A closed-out account is not necessarily a liquidated account: to do that the holder of the account must notify the bank in writing that he wants to cancel the account agreement for the account.

la **convention de compte**

account agreement

la **clôture**

liquidation

le **déposant,** la **déposante**

investors, investment customers

le, la **dépositaire des fonds**
La banque est la dépositaire des fonds et tient le compte de ses clients.

collection point/depot for deposits
The bank collects the deposits and maintains the accounts for its customers.

tenir un compte

maintain an account

le **centre de chèques postaux**

postal banking office

le **compte collectif**
Parmi les comptes collectifs, il y a le compte joint ("Mr Stavisky Igor ou Mme Stavisky Suzanne"), ou encore le compte indivis ("Mr Stavisky Igor et Mme Stavisky Suzanne").

joint account
Examples of joint accounts are the either-or account ("Mr. Igor Stavisky or Mrs. Suzanne Stavisky) or the and-account ("Mr. Igor Stavisky and Mrs. Suzanne Stavisky").

le **compte joint**

joint account

le **compte indivis**

individual account

la **procuration**

power of attorney

le **compte (d')épargne-logement**

La rémunération du compte d'épargne-logement est constituée par le versement d'un intérêt et, en cas de prêt, par l'octroi d'une prime d'épargne.

savings and loan account

The yield on a savings and loan agreement consists of interest and a savings premium for taking up of a loan for use in home financing.

la **rémunération**

interest; yield

la **prime d'épargne**

savings premium

les **dépôts à terme** *mpl*

term deposits, time deposits

le **compte (de dépôt) à préavis**

account with a stipulated term of notice

Dans le cas du compte à préavis, le client ne pourra retirer les fonds qu'en respectant un délai de préavis préalablement fixé avec le banquier.

In an account with a term of notice the customer can only withdraw money in compliance with a term of notice that he has agreed upon with the bank ahead of time.

débloquer

Si les fonds sont débloqués avant l'échéance convenue, la rémunération servie au client sera moindre.

release

If the money is released before the agreed-upon due date, the interest payment to the customer will be less.

servir

pay out, distribute

le **plan (d')épargne-logement (PEL)**

savings and loan agreement

le **bon de caisse**

Les bons de caisse permettent à la clientèle de placer des disponibilités à court ou moyen terme (de 6 mois jusqu'à 5 ans).

certificate of deposit

Certificates of deposit offer the customer the possibility to invest disposable money for short or medium terms (from 6 months to 5 years).

le **compte (de) titres**

deposit account

Available Bank Services

l'**agence** *f*

Pour un crédit de ce montant, c'est la succursale qui prend la décision, pas notre agence.

branch

Our headquarters decides about a loan of this size, not our branch office.

l'**employé de banque**, l'**employée de banque**

bank employee, bank clerk

le **guichet**

bank counter; teller's window; cashier; bank branch

Les guichets de notre banque vous conseilleront sur les meilleurs placements.

You will be informed of the promising investment opportunities at our bank branches.

Notre guichet est ouvert de 8 h à 12 h 10 et de 13 h 30 à 17 h.

Our tellers' windows are open from 8 AM to 12 noon and 1:30 to 5 PM.

le **service de caisse**
La banque offre un service de caisse à ses clients: elle reçoit en dépôt des fonds, effectue, sur leur ordre, des paiements, délivre des chéquiers ou des cartes, met à leur disposition des guichets automatiques de banque.

services in payment transactions
The bank offers its customers services in payment transactions: it receives deposits, carries out transfers, issues checkbooks or credit cards, and places bank machines at your disposal.

recevoir des fonds en dépôt

receive deposits

délivrer

issue; deliver

la **banque à domicile**
Parmi les services de banque à domicile, il y a la consultation et la gestion des comptes sur minitel, le service vocal, le télépaiement.

home banking
Home banking services include queries and management of the account via viewdata, bank telephone service, and payment by phone.

le **service vocal**

bank telephone service, telephone account information

les **rentrées et sorties d'argent** *fpl*
Avec ce service, vous serez très bien informé sur vos rentrées et sorties d'argent.

account activity; credits and debits

With the help of these services you can always keep very well informed about the movements of your account.

la **sortie d'argent**

debits

le **change**

exchange of money

l'**opération de change** *f*

money changing business, foreign exchange transactions

la **devise**
Vous voulez changer des francs suisses? Contre quelle devise?

foreign currency, foreign exchange
You want to change Swiss francs? For what currency?

convertir
Converti en francs français, cela fait 2 510 F.

convert
Converted into French francs it comes to 2,510 F.

le **cours (du change)**, le **taux de change**

rate of exchange

la **conversion**
Il me faut une calculette pour faire la conversion.

conversion
I need a pocket calculator for conversion.

l'**opération de crédit** *f*

credit transaction

l'**analyste** *mf*
L'analyste de crédit est chargé de l'étude des demandes de crédit: analyse des éléments financiers, évaluation de la prise de risque.

loan officer
The loan officer has the responsibility to examine the credit application, i.e., he analyzes the indicators of the financial position and evaluates the credit risks.

la **demande de crédit**

credit application

la **prise de risque**   credit risk

l'**octroi de crédit** *m*   grant of a loan

l'**obtention** *f*   attainment, gaining, securing
Quelles sont les conditions d'obtention du prêt?   Under what conditions can I secure the loan?

l'**avance (de fonds)** *f*   advance (of money)
Une avance de fonds est un prêt à court terme.   An advance is a short-term loan.

avancer   advance; lend short term

le **placement**   investment

placer   invest; place
Les banques se chargent de placer les valeurs mobilières qu'émettent l'Etat, les entreprises publiques ou privées, nationales ou étrangères, auprès du public.   The banks accept for their customers the placement of securities which the government, public or private companies, domestic or foreign companies issue.

se **charger de**   accept, underwrite

le **portefeuille**   portfolio

avoir la garde de, avoir en dépôt   keep safe, keep custody
La banque a la garde des titres de ses clients et transmet les ordres de bourse donnés par eux.   The bank keeps custody of the securities of its customers and passes on the orders to the stock exchange.

le **coffre-fort** ‹coffres-forts›   vault, safe deposit
Le client peut louer une case de coffre-fort pour y déposer des objets précieux, des papiers importants, etc.   The customer can rent a safe deposit box to store valuable objects, important documents, etc.

la **case de coffre-fort**   safe deposits

la **clientèle professionnelle**   people in business for themselves
Comme nous sommes ce qu'on appelle une banque universelle, nous avons aussi bien une clientèle d'entreprises qu'une clientèle de particuliers sans oublier la clientèle professionnelle.   We are what people call a universal bank. Therefore our customers include companies as well as private individuals and of course also people in business for themselves.

le **montage financier**   financial planning; (long-term) financing program (for large projects)

le **bureau de change** ‹bureaux›   exchange bureau
Les bureaux de change appartiennent au secteur parabancaire.   Exchange bureaus belong to a sector similar to banking.

parabancaire   similar to banking

Cashless Transfers

le **moyen de paiement** | instrument of payment

scriptural, e ⟨-aux⟩ | cashless

les **paiements scripturaux** *mpl* | cashless transfers
Dans le cas des paiements scripturaux, le transfert des fonds d'un compte sur un autre s'effectue par un jeu d'écritures. | In cashless transfers the transfer of funds from account to account is completed through book transfer.

le **jeu d'écritures** ⟨jeux⟩ | book transfer

le **transfert de fonds** | transfer of funds

l'**opération (effectuée sur un compte)** *f,* le **mouvement (sur un compte)** | account activity, account transactions
D'importants mouvements de retrait et de dépôt ont été opérés sur ces différents comptes. | Extensive payouts and deposits have been carried out in these different accounts.

le **relevé d'identité bancaire (RIB)** | bank identification form
Le RIB donne cinq informations: la domiciliation du compte ainsi que nom et adresse du titulaire, le numéro de compte, le code guichet, le code banque et la clé RIB. | The bank identification form contains five particulars: location of bank where account is and name and address of account holder, account number, branch number, bank index number, and RIB key number.

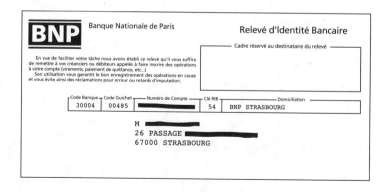

327

la **domiciliation (du compte) bancaire**

location of bank where account is

le **numéro de compte**

account number

le **code guichet**

branch number

le **code banque**

bank index number

le **relevé de compte**
J'ai reçu ce matin le relevé au 11 septembre de mon compte n° 6543210.

account statement
This morning I received the statement dated September 11 for my account no. 6543210.

l'**intitulé de compte** *m*

account description; type of account

le **crédit,** l'**avoir (en compte)** *m*
Vous avez un crédit de 1 000 F sur votre compte.
Un virement de 2 000 F a été porté au crédit de votre compte.

credit; credit balance
Your account shows a balance of 1,000 F.
A transfer of 2,000 F. has been credited to your account.

le **débit**
Votre compte présente un débit de 10 000 F.
Cette somme a été portée au débit de votre compte.

debit
Your account shows a debit of 10,000 F.
Your account has been debited for this amount.

débiter
Nous débitons votre compte de la somme correspondante.

debit
We are debiting your account for the corresponding amount.

créditer
Cette somme m'a été créditée par erreur.

Nous créditons votre compte aujourd'hui même.

credit
This amount was credited to me in error.
The credit to your account was made as of today's date.

créditeur, -trice
Le solde créditeur au 21.09.1994 s'élève à 11 500 F.

credit
The credit balance of September 21, 1994 amounts to 11,500 F.

débiteur, -trice
En cas de solde débiteur de votre compte, la banque perçoit des intérêts.

debit
In the event of a debit balance in your account, the bank receives interest.

le **relevé d'identité postal(e) (RIP)**

postal bank identification form

l'**entrée en valeur** *f*
Quand je reçois des virements d'Allemagne, l'entrée en valeur dure une semaine, quelquefois même plus.

credit voucher, valuation
If I receive a transfer from Germany, the credit voucher takes a week, sometimes even longer.

la **date de valeur**

value date

les **opérations au crédit (d'un compte)** *fpl*

credit entries

les **opérations au débit (d'un compte)** *fpl*

Parmi les opérations au débit, il y a les retraits d'espèces et les virements.

debit entries

Withdrawals and transfers are some examples of debit transactions.

la **commission (de compte)**

En principe, les banques en France ne prélèvent pas de commission sur les émissions de chèques.

bank charges; commission

In France the banks generally do not receive any charges for issuing checks.

approvisionner un compte

Depuis, notre compte a été approvisionné et ces factures seront donc réglées.

take care of balancing an account; replenishing an account

Meanwhile payments have been made to our account, and these bills can thus be settled.

au titre de qc

J'avais été informé le 3 avril d'un virement de 60 000 F au titre d'avances sur fournitures.

in the scope of something; according to; as

On April 3 I was informed that a transfer of 60,000 F was received as a deposit against delivery.

à découvert

Or, mon compte qui n'a pas été crédité de cette somme s'est trouvé à découvert pour 13 465 F.

overdrawn; in debit

Since my account was not credited with this amount, it is overdrawn by 13,465 F.

pénaliser

J'ai ainsi été pénalisé d'intérêts d'un montant de 115,55 F.

impose a (financial) penalty; penalize

Accordingly I have been penalized with interest in the amount of 155.55 F.

le **redressement**

Je vous demande donc de procéder au redressement de mon compte dans les plus brefs délais.

correction

I therefore demand that you execute a correction to my account immediately.

la **comptabilisation**

Il est bien entendu que je ne puis accepter la comptabilisation d'agios, l'erreur provenant de vos services.

deduction; entry

It is obvious that I cannot accept the deduction of a bank penalty since it was a matter of an error on your part.

les **agios** *mpl*

bank penalty; bank charge

avoir un découvert de

Au 11 août, vous aviez un découvert de 18 000 F.

be owing; be overdrawn by; show a debit of

On August 11 your account was overdrawn by 18,000 F.

Transfers

le virement
Nous effectuerons le virement de la somme à votre banque.

transfer
We will transfer the sum to your bank.

virer
La somme a été virée sur votre compte à la Banque Bravo.

transfer, remit
The amount will be transferred to your account by the Bravo Bank.

l'ordre de virement *m*
L'ordre de virement peut être donné par téléphone, télex, par opération dans un GAB, par minitel, lettre ou formulaire fourni par la banque.

transfer order
A transfer order can be authorized by telephone, telex, machine teller, by viewdata, in writing or with a form from the bank.

le donneur d'ordre, la donneuse d'ordre
Le donneur d'ordre reçoit un avis de débit de sa banque.

orderer, payer

The orderer receives a debit notice from his bank.

le, la bénéficiaire du virement

receiver of the transfer, payee

l'avis de crédit *m*

credit notice

l'avis de débit *m*

debit notice

le virement permanent

banker's order/standing order

le prélèvement automatique
Je règle mes factures de téléphone et d'électricité par prélèvement automatique.

automatic deduction
I pay the telephone and electric bills by automatic deduction.

payant, e
Les virements de banque à banque sont payants.

subject to charges
Transfers from one bank to another are subject to charges.

le virement télégraphique

telegraphic transfer

l'autorisation de prélèvement *f*
L'autorisation de prélèvement est un mandat donné par le client à son banquier de payer par débit de son compte les avis de prélèvement présentés par l'un de ses créanciers.

authorization for deduction
The authorization for automatic deduction is an order given by the customer to his bank to allow the amount owed to a creditor to be debited to his account.

la demande de prélèvement
Comme j'ai signé la demande de prélèvement que m'a envoyée le fisc, je paie maintenant mes impôts mensuellement.

request for deduction
Since I have signed the request for deduction that the tax office sent me, I now pay my taxes in monthly installments.

l'avis de prélèvement *m*

debit (in automatic deduction process); debit voucher

Checking

le **chèque**
La facture sera réglée par chèque ban-caire à votre ordre.
Je vous ai fait un chèque de 3 000 F.

check
The payment of the bill was made by bank check to your order.
I have written you a check for 3,000 F.

le **tireur (du chèque)**, l'**émetteur (du chèque)**, l'**émettrice (du chèque)**
Le tireur signe le chèque.

issuer (of a check), writer (of a check)

The writer signs the check.

le **tiré**
Le tiré est la banque qui tient le compte du tireur.

payer, drawee; paying bank
The payer is the bank which administers the account of the check issuer.

le, la **bénéficiaire (du chèque)**

receiver (of the check); payee

tirer, émettre, faire, établir, libeller
Évitez d'émettre des chèques avec de petits montants.

issue, write

Avoid issuing checks for small amounts, if possible!

bon pour francs (BPF)

corresponds to the $ on American printed check form
After the letters BPF, the amount in numbers follows.

La mention BPF est suivie du montant en chiffres.

l'**ordre de payer** *m*
Les mentions "Payez ..." ou "Veuillez payer ..." suivies du montant en lettres sont des ordres de payer.

order for payment
The words "Payez. . . " or "Veuillez payer. . . ", followed by the amount in words, are the orders for payment.

rédiger
Le chèque a été rédigé à votre nom.
Rédigez vos chèques au stylo à bille à encre noire.

write, make out
The check is written to you.
Use a black ballpoint for making out checks.

compensable
A la mention "Compensable à ...", vous trouvez le nom de la ville où le chèque sera compensé.

to be cleared; payable
Next to the words "Payable in. . . " you will find the name of the city where the check will be cleared.

le **lieu de création**
Lieu et date de création du chèque sont à porter juste au-dessus de la signature manuscrite.

issuing place
Place and date of issue of the check must be given just over the signature.

la **date de création**

date of issue

le **chèque barré**
Un chèque barré ne peut être encaissé que par un banquier ou par un centre de chèques postaux.

crossed check
A crossed check can only be cashed by one bank or one postal bank.

encaisser

cash

toucher
Vous ne pouvez toucher ce chèque qu'en ouvrant un compte chez nous.

cash
You can only cash this check if you open an account with us.

l'**encaissement** *m*
Le client remet les chèques pour encaissement à son banquier qui les présente au paiement.

cashing, collection
The customer sends the checks to his bank, which presents them for payment.

remettre

remit, send

payer
Le tiré paie le chèque à présentation.

pay, cash
The paying bank cashes the check on presentation.

rejeter
Si le compte est insuffisamment approvisionné ou s'il y a opposition sur le chèque, le tiré rejette le chèque.

return, let it bounce
If the account doesn't have sufficient funds to cover it or if the check is stopped, the paying bank returns the check.

insuffisant, e

insufficient

l'**opposition** *f*

stop payment

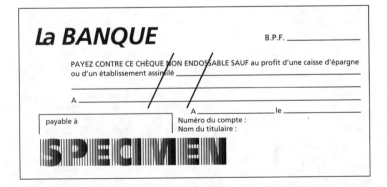

la **formule de chèque**
En France, les formules de chèque non endossable sont prébarrées.

check blank
In France, blanks for deposit-only checks are precrossed by the bank.

prébarré, e

precrossed (on the blank); crossed by the bankers *(provided with two parallel lines)*

le talon (de chèque)

coupon, talon; voucher

être libellé, e
Le montant du chèque doit être libellé en chiffres et en lettres.

be written
The amount must be written in words and numbers.

le chèque de virement

collection-only (nonnegotiable) check *(according to French law the collection-only check is treated like a crossed check)*

faire opposition (à)
En cas de perte ou de vol de chèques, vous devez faire opposition le plus rapidement possible.

have payment stopped
With loss or theft of checks you must have them stopped as soon as possible.

postdater
La loi interdit de postdater un chèque.

postdate
Postdating a check is legally prohibited.

être interdit, e de chéquier
Pour avoir fait des chèques sans provision et n'avoir pas régularisé sa situation, elle est interdite de chéquier.

be prohibited from writing checks
Because they have written checks without funds and haven't settled the matter, they are prohibited from writing checks.

le chèque sans provision

checks without funds

le chèque en bois

bad check

le chèque provisionné

covered check, good check

l'incident de paiement *m*
C'est le quatrième incident de paiement survenu sur votre compte cette année: si vous ne le régularisez pas le plus rapidement possible, nous ne pouvons plus vous délivrer de chéquier.

payment irregularity
This is the fourth payment irregularity on your account this year. If you do not get it into balance as quickly as possible, we can no longer issue you checkbooks.

endossable

assignable, transferrable; negotiable, endorsable

En France, les chèques ne sont pas endossables sauf au profit d'un établissement bancaire ou assimilé.

In France checks are not endorsable except to a banking institution or a similar institution.

le chèque de retrait
Pour retirer des espèces au guichet de votre agence, vous faites un chèque de retrait.

cashable check, negotiable check
To withdraw cash at the window of your bank branch, you make out a check for cash.

le chèque en blanc

blank check

le **chèque au porteur**
Le chèque sans indication de bénéficiaire est un chèque au porteur.

bearer check
A check that does not name the payee
is a bearer check.

le **porteur du chèque,** la **porteuse
du chèque**

bearer

le **chèque à ordre**
Seuls les chèques non barrés peuvent
être des chèques à ordre, endossables.

check to order
Only uncrossed checks can be checks
to order and be endorsed.

le **chèque non barré**

uncrossed check *(in France this check
form is only available on special request and a special charge per form
is made; they serve for issuing checks
to order)*

le **chèque de banque**
Un chèque de banque est un chèque
émis par le banquier lui-même au profit
du créancier de son client.

bank check
A bank check is a check that the bank
itself issues made out to the debtors
of its customers.

le **chèque certifié**
Dans le cas du chèque certifié, le tiré
bloque la provision au profit du porteur
pendant le délai de présentation au
paiement.

certified check
With a certified check the paying
bank holds the sum in question for
the benefit of the bearer during the
length of the time until it is presented
for payment.

le **non-résident,** la **non-résidente**
‹non-résidents›

nonresident

prescrit, e
Un chèque n'est prescrit qu'un an après
expiration du délai de présentation.

lapsed; expired; invalid
A check expires one year after the
time allowed for presentation.

■ Credit Cards and Bank Cards ■

la **carte (de paiement)**
Vous réglez par carte ou par chèque?

credit card
Are you paying with a credit card or
check?

la **carte de retrait**

Avec cette carte, vous pouvez retirer des
espèces aussi bien auprès des DAB et
GAB qu'auprès d'agences bancaires ou
de bureaux de poste: c'est une carte de
retrait interbancaire.

customer card, service card (with
magnetized strip) *(of a credit institution with personal secret number)*
With this card you can withdraw cash
from both the automatic teller machines and bank machines as well as
at the branch offices and post office,
i.e., it is a card with withdrawal privileges from all banks.

interbancaire

interbank

le **guichet automatique de banque (GAB)**

bank machine; automatic teller machine

le **distributeur automatique de billets (DAB)**

cash machine

la **carte bancaire (CB)**

combination card, smart card

le **porteur de carte,** la **porteuse de carte**

card holder

le **numéro de carte**

credit card number

le **code confidentiel (à 4 chiffres)**

four-digit secret number; personal identification number (PIN)

Pour la validation de votre paiement par carte, il faut que vous tapiez votre code confidentiel sur un clavier.

For authorization of payment with your credit card you must type in your secret number on a keyboard.

la **validation**

authorization

le **seuil d'autorisation**

credit line

Le paiement par carte est refusé par le commerçant si le TPE indique que le seuil d'autorisation sur cette carte est atteint.

Payment by credit card is refused by a business when the electronic payment (POS) terminal reports the credit line for this card is already used up.

le **terminal de paiement électronique (TPE)**

(POS) terminal

la **carte à puce**

chip card

Avec une carte à puce, la sécurité est bien plus grande qu'avec une carte à piste.

The chip card offers more security than the magnetized card.

la **carte à piste**

magnetized card

mixte

mixed; mixed-function; hybrid

En France, les cartes sont mixtes: à piste (pour le retrait d'espèces dans les distributeurs) et à mémoire (pour les paiements d'achats chez les commerçants).

In France there are hybrid cards, i.e., they have a magnetized strip (to get money from cash machines) and a chip (for payment of purchases in stores).

la **monétique**

electronic banking

La monétique est l'ensemble des techniques de paiement électronique: TPE, vidéotex, distributeurs.

Electronic banking includes all the electronic payment techniques such as POS terminals, viewdata, and cash machines.

le **télépaiement**

telepayment

Grâce à une carte à puce et à un minitel, on peut effectuer des opérations de télépaiement.

With a chip card and with viewdata a person can authorize electronic payment transactions.

la **carte de crédit (non bancaire)**	(international) credit card *(not issued by a bank but, e.g., by an internationally active credit organization)*
la **carte de commerçant**	customer card (of a business)
Les grands magasins et les hypermarchés offrent des cartes pour fidéliser leur clientèle.	Stores and consumer markets offer customers their own cards in order to build customer loyalty.

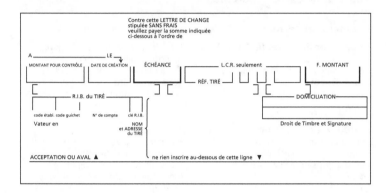

Commercial Paper

l'**effet (de commerce)** *m*	trade bill
la **lettre de change (LC),** la **traite**	bill, draft
la **lettre de change-relevé (LCR),** ⟨lettres de change-relevé⟩	electronic bill
tirer (une traite)	draw (a bill), issue
Le créancier, c.-à-d. le tireur, tire une traite sur le tiré, à savoir le débiteur, à l'ordre du bénéficiaire, c.-à-d. du tireur lui-même.	The issuer (creditor) draws a bill on the payee (debtor) to his own order.
le **tireur (de la traite)**	drawer, issuer (of a bill)
le **tiré (de la traite)**	payer (of a bill)
le, la **bénéficiaire (de l'effet)**	payee

le **tirage (d'une traite), la création (d'une lettre de change)**
Sont mentionnés sur une traite: la dénomination "Lettre de change" et l'ordre de payer, nom, adresse et signature du tireur, nom, adresse, RIB et domiciliation bancaire du tiré, nom du bénéficiaire, date et lieu de création, somme à payer indiquée deux fois en chiffres et l'échéance.

issue, drawing (of a bill)

A bill must contain: the term "bill" and the (imperative) order for payment, name, address, and signature of the issuer as well as name, address, bank connection, and payment place of the payer, the name of the payee, place and date of issue, as well as the amount of the bill indicated twice in numbers and the due date.

le **domiciliataire**
Le domiciliataire est l'agence bancaire du tiré: c'est là qu'à l'échéance la traite est payable.

place of payment, domicile (of bill)
The place of payment is the bank and location of the payer. There the bill will be payabale on the date due.

l'**acceptation (d'une traite)** *f*
Nous vous prions de nous retourner la traite après acceptation.

acceptance (of a draft)
We request that you return the bill after acceptance.

la **présentation**
La traite à vue est payable à présentation de celle-ci au tiré.

presentation
The sight bill is due on presentation to the payer.

la **traite à vue**

sight bill

la **traite à date fixe**
Si une traite est émise le 5 février et que la date d'échéance soit au 15 février, c'est une traite à date fixe.

bill payable on a fixed date
When a bill is issued on February 5 with a date due of February 15, it is a bill payable on a fixed date.

la **traite à un délai de date** -
Dans le cas d'une traite à un délai de date, l'échéance court à partir de la date de création et pour une traite à un délai de vue à partir de la date d'acceptation.

dated bill
With a dated bill the term runs from the date of issue and with an after-sight bill from the date of acceptance.

la **traite à un délai de vue**

after-sight bill

le **droit de timbre**
Le fisc perçoit pour toute création d'effet un droit de timbre matérialisé par un timbre fiscal.

bill tax
The tax office receives a tax on every issue of a bill, which is imposed with a stamp mark.

l'**aval** *m* ⟨avals⟩
Par l'aval, un tiers s'engage à payer l'effet à la place du tiré en cas de défaillance de ce dernier.

guarantee on a bill
Through the guarantee a third party obligates himself to pay the bill in case of insolvency on the part of the payer.

négociable
La traite est négociable par endossement.

negotiable
The bill can be transferred by endorsement.

l'**endossement** *m*

endorsement (of a bill)

la **circulation**
Il nous est impossible d'annuler cette
traite car elle est en circulation.

circulation, traffic
We can't cancel this bill, since it is
already in circulation.

la **négociation**
La négociation d'effets auprès d'une
banque permet d'obtenir des crédits à
court terme.

negotiation, transfer
Through the transfer of bills to a bank
one can receive short-term credit.

négocier

transfer; negotiate

endosser
Le bénéficiaire endosse l'effet à l'ordre
du créancier pour régler sa dette envers
ce dernier.

endorse
The payee endorses the bill to the
order of his creditors to pay his debt
to them.

l'**endosseur** *m*
L'endosseur signe au dos de l'effet.

endorser; former creditor (of the bill)
The endorser signs the bill on the
back.

le **dos**

back

l'**endossataire** *mf*

endorsee, transferee, new creditor (of
the bill)

l'**endossement en blanc** *m*
L'endossement en blanc ne comporte
que la signature de l'endosseur.

blank endorsement
The blank endorsement carries only
the signature of the endorser.

l'**endossement complet** *m*
Dans le cas de l'endossement complet
sont mentionnés l'ordre de payer, le
nom de l'endossataire, les lieu et date de
l'endossement et la signature de l'endosseur.

full endorsement
The full endorsement contains the
name of the endorsee, the place and
date of the endorsement, and the signature of the endorser.

l'**escompte (commercial)** *m*
Par l'escompte, une banque verse au
porteur d'un effet de commerce le montant de l'effet avant son échéance.

discounting
In discounting, the bank pays the
holder of the bill the amount of the
bill before the due date.

l'**agio (d'escompte)** *m*
L'agio se compose de l'escompte pro-
prement dit et de la commission que la
banque prend pour se rémunérer.

bill charges
The charges on a bill consist of the
actual discount and the commission
which the bank takes as remuneration.

l'**escompte** *m*

discount

escompter
Le tireur fait escompter la traite auprès de sa banque.

discount
The issuer has the bill discounted by his bank.

la **valeur nominale**
La valeur actuelle d'un effet correspond à la valeur nominale dont on a déduit l'agio.

nominal value
The present market value of a bill corresponds to the nominal value less the bill charges.

la **valeur actuelle**

present market value

escomptable
Une traite n'est escomptable auprès des banques que s'il y a acceptation du tiré.

discountable
A bill is only discountable by a bank when the acceptance of the payer has come in.

protester
En cas de non-paiement, le porteur fait protester l'effet par un huissier de justice.

protest
In a case of nonpayment, the holder has the bill protested by a court bailiff.

le **porteur d'un effet,** la **porteuse d'un effet**

holder of a bill

le **protêt (faute d'acceptation/ de paiement)**

protest (in default of acceptance/ payment)

exercer le recours, se **retourner**

have recourse to, seek redress; fall back on

la **clause (retour) sans frais**

Si une clause retour sans frais est portée sur la traite, le porteur peut exercer son recours sans la faire protester.

notation "without costs," "without protest"
If the phrase "without costs" appears on the bill, the holder can seek redress without making a protest.

le **billet à ordre**
Le souscripteur souscrit un billet à l'ordre du bénéficiaire.

promissory note
The issuer issues a promissory note to the order of the payee.

le **souscripteur (de billet à ordre),** la **souscriptrice (de billet à ordre)**

issuer (of a promissory note)

souscrire

issue; sign

Credit Transactions

l'**emprunteur,** l'**emprunteuse**

borrower

prêter

give a loan; lend

amortir, rembourser
L'emprunt peut être amorti en cinq ans.

repay, amortize, pay back
The loan can be paid back within five years.

l'**emprunt,** *m*
L'emprunt finançant ces infrastructures est garanti par l'Etat.

Quand j'ai acheté la maison, je n'avais pas assez d'argent, j'ai donc fait un emprunt.

loan; credit; borrowing
The borrowing for the financing of these infrastructures is guaranteed by the government.
When I bought the house, I hadn't enough money, so I took out a loan.

emprunter

take out a loan

le **prêt**

loan

le **prêteur,** la **prêteuse**

lender

l'**intérêt,** *m*
Il nous a fait un prêt sans intérêt.
C'est de l'argent prêté à intérêt.
La banque nous fait payer des intérêts de 13% l'an sur ce prêt.

interest
He gave us a loan without interest.
It is money lent with interest.
The bank charged us 13% annual interest on this loan.

courir
Les intérêts courent à partir de quelle date?

run, be in effect
When does the interest begin?

le **capital** ‹capitaux›

capital

le **taux d'intérêt**
A quel taux pouvez-vous nous faire ce prêt?

interest rate
What interest rate can you give us on the loan?

le **taux effectif global (TEG)**

effective annual interest; effective interest rate

le **taux de base bancaire (TBB)**
Le taux de base bancaire est le meilleur taux qu'une banque offre à ses meilleurs clients lorsqu'elle accorde un crédit.

prime rate
The prime rate is the most favorable interest rate that banks grant their preferred customers in credit transactions.

le **crédit**

loan transactions; credit

les **encours de crédit** *mpl*

Nos encours de crédit ont progressé de 5% au cours du dernier semestre.

open credit; credit transactions; credit volume
Our credit transactions have increased about 5% in the last six months.

le **financement**
Les entreprises ont besoin de financements pour leur cycle d'exploitation, pour leurs investissements et à l'exportation.

financing
The company needs financing for production processes, for its investments, and for export.

le **crédit de trésorerie**

cash advance

l'**avance en compte courant** *f*

advance on current account, overdraft

Parmi les avances en compte courant accordées par les banques aux entreprises, on distingue, en France, les facilités de caisse et les découverts.

In an advance on current account banks accord to companies, in France a distinction is made between the unsecured overdraft credit and the authorized overdraft credit.

la **facilité de caisse**

unsecured overdraft credit

l'**autorisation de découvert** *f*, le **découvert (autorisé)**

(authorized) overdraft credit; arranged credit

le **crédit aux particuliers**

individual customer credit

Pour ce qui est du crédit aux particuliers, on distingue en général les prêts immobiliers, les prêts affectés à l'achat d'un bien de consommation, les prêts personnels, les découverts et les facilités de caisse.

In the individual customer credit in general a distinction is made between the mortgage, the purchase loan (car, kitchen, etc.), the small loan, the arranged loan, and the temporary loan.

le **prêt immobilier**

real estate loan, mortgage

le **prêt (d')épargne-logement**

savings and loan association loan

le **prêt personnel**

personal consumer loan, purchase loan, small loan

la **ligne de crédit**

credit line

le **plafond**

credit limit; credit line

Il ne nous sera pas possible d'augmenter le plafond de vos découverts.

It is unfortunately not possible for us to raise your credit line.

le **préfinancement (des exportations)**

(export) financing

le **réescompte**

rediscounting

L'opération de réescompte consiste, pour une banque, à mobiliser une traite escomptée auprès d'une autre banque.

Rediscounting means that a bank resells a bill it has bought to another bank.

le **crédit par acceptation**

credit by acceptance; bank acceptance

Un banquier accepte une traite tirée sur lui par son client et ce dernier la fait escompter auprès d'une autre banque: il s'agit d'un crédit par acceptation.

A bank accepts a bill drawn on it by one of its customers, which it presents to another bank for discounting. This is a credit by acceptance.

l'**usure** *f*

usury

Le taux d'usure qui est fixé par la loi dépend des types de prêts.

At what point an interest rate is legally considered usury depends on the type of loan.

Pratiquer l'usure est un délit pénal.

Usury is a criminal transaction.

prêter à usure

lend at usurious interest

usuraire

usurious

Credit Security

la **cession de créance**
Juridiquement, les principales opérations de crédit sont: le contrat de prêt, la cession de créance, l'escompte d'un effet de commerce et la convention de compte courant.

assignment of a claim
Legally, the most important credit transactions are: the loan contract, the assignment of a claim, the discounting of a bill, and the advance on current account.

encourir (un risque)
Le prêteur encourt un risque, il va donc prendre des garanties sur l'emprunteur.

assume/incur (a risk)
The lender assumes a risk, and so he demands security from the borrower.

la **garantie,** la **sûreté**

guarantee, security

garantir
L'avance est garantie par des marchandises.
La ville et le département garantissent l'emprunt en se portant caution.

cover; secure
The advance on current account is covered by goods.
The loan is secured by the guarantee of the city and the department.

la **capacité juridique pour emprunter**

creditworthiness, good credit rating

le **crédit en blanc**
Si la solvabilité de l'emprunteur et les bonnes relations qu'il a avec son banquier suffisent pour garantir le prêt, il s'agit d'un crédit en blanc.

unsecured loan
If the creditworthiness of the borrower and his good business relationship with the bank are sufficient for securing the loan, it is an unsecured loan.

la **solvabilité**

creditworthiness, solvency

la **sûreté personnelle**
Cautionnement et aval sont des sûretés personnelles, c'est-à-dire que dans ces deux cas, il y a engagement d'une autre personne au côté du débiteur.

personal guarantee
Bonds and letters of indemnity are personal guarantees, i.e., in both cases a third party undertakes responsibility for the borrower.

le **cautionnement**

bond

la **sûreté réelle**

real security

le **nantissement**

pledge contract; contract over the creation of a pledge

le **gage**
Ces titres sont en gage.

pledge
These securities are pledged.

mettre en gage

Pour obtenir ce crédit, il va falloir mettre des marchandises en gage.

pledge; raise money on; give as a pledge
To get this loan, the goods must be pledged.

la **dépossession**
Le gage n'entraîne pas le transfert de
propriété de la chose mais la dépossession du débiteur.

assignment of ownership
Pledging does not bring about the
transfer of the possession itself but
the assignment of ownership for the
debtor.

le **créancier gagiste**, la **créancière gagiste**
Si le créancier gagiste n'est pas payé, il
peut réaliser le gage par une vente aux
enchères publiques.

holder of a pledge

If the holder of the pledge is not paid,
he can sell the pledge at public auction.

la **mise en gage**
La mise en gage d'un objet sans déposs-
session du débiteur fait l'objet d'une
publicité.

pledging
The pledging of an object without its
actually being handed over by the
debtor is advertised publicly.

saisir
En cas de non paiement de la dette, le
créancier gagiste a le droit de saisir l'objet même s'il n'est plus dans les mains
du débiteur.

seize
If the debt is not paid, the holder of
the pledge has the right to seize the
thing, even if this is no longer in the
hands of the debtor.

la **caution**
La caution s'engage pour le débiteur.

guarantee; security; guarantor
The guarantor stands surety for the
debtor.

Il s'agit d'un emprunt garantie par caution.
Le locataire de l'appartement a-t-il versé
une caution?

It is a matter of a loan secured by a
guarantee.
Has the tenant of the apartment paid
security?

le **garant**, la **garante**

guarantor

s'**engager pour qn**

vouch for someone; stand surety for

se **porter caution**
Très souvent les banques demandent aux
gérants de SARL de se porter caution
pour les emprunts consentis à la société.

guarantee; guarantee someone
Banks often require the executives of
a corporation to guarantee a loan
granted to the company.

donner en gage
Nous avons donné des valeurs en gage à
la banque comme garantie de ce crédit.

give in pledge; deposit as security
As a guarantee for this loan we have
deposited securities with this bank in
pledge.

l'**avance sur titres** *f*

collateral loan

le **prêt sur gage**

loan on security, collateral loan

l'**hypothèque** *f*
L'hypothèque est une sûreté réelle portant sur un bien immeuble, sans dessai-
sissement du propriétaire et avec
publicité foncière.

mortgage; mortgage charge
The mortgage is a real security on
real estate without giving up possession by the owner and with publication in the land register.

foncier, -ière	land
le **bureau (de conservation) des hypothèques** ‹bureaux›	land registry office
les **registres de la conservation des hypothèques** *mpl*	land register
L'hypothèque doit faire l'objet d'un acte notarié et d'une inscription dans les registres de la conservation des hypothèques.	The mortgage is created by a notary document and by entry in the land register.
l'**inscription** *f*	entry, registry
hypothéquer	encumbered by a mortgage
hypothécaire	mortgage
S'il y a plusieurs créanciers hypothécaires sur le même immeuble, ils seront payés selon leur rang dans l'ordre des inscriptions de leur hypothèque.	If there are several mortgage creditors, they will be paid according to the order of their entry in the land register.
la **société fiduciaire**	trust company
Droits et obligations sont transférés à la société fiduciaire qui a pour mission d'administrer ce patrimoine.	Rights and duties are transferred to the trust company, which is charged with the administration of this property.

Deposits and Currency

la **monnaie**	currency; money; small change; coins
Le franc suisse est une monnaie forte.	The Swiss franc is a hard currency.
Je vous ai donné un billet de 200 F et vous me rendez la monnaie sur 100 F!	I gave you a 200-franc note and you only give me back 100 francs!
Pouvez-vous me faire de la monnaie de 500 F?	Can you change 500 F for me?
la **monnaie forte**	hard currency
la **monnaie faible**	soft currency
l'**argent liquide** *m*, le **liquide,** les **espèces** *fpl*	cash
Il me faudrait du liquide pour le week-end.	I still need cash for the weekend.
Vous payez en espèces ou par carte?	Are you paying with cash or a credit card?
la **coupure**	(bank) note, bill
la **contre-valeur** ‹contre-valeurs›	value, equivalent value
Quelle est la contre-valeur en francs français de cette somme?	What's the value of this amount in French francs?

la **convertibilité**
La convertibilité de cette monnaie a été instaurée il y a deux mois.

convertability, exchange
The convertability of this money will be established in two months.

convertible
A une certaine époque, les billets de banque étaient convertibles en or.

convertable, exchangeable
It used to be that banknotes were exchangeable for gold.

l'**unité monétaire** *f*
En France, l'unité monétaire est le franc, divisé en 100 centimes.

monetary unit
The monetary unit in France is the franc, which is divided into 100 centimes.

monétaire

(cash) money; currency

la **monnaie métallique**

hard money; coins

mettre en circulation
Les pièces de monnaie sont mises en circulation par la Banque de France pour le compte du Trésor public.

put into circulation
Coins are put into circulation by the Banque de France for the account of the public treasury.

retirer de la circulation

withdraw from circulation; retire; take out of circulation

Les billets trop abîmés sont retirés de la circulation.

Worn-out bank notes are withdrawn from circulation.

avoir cours
La vendeuse m'a donné une pièce de 10 F qui n'avait plus cours.

be good, be in circulation
The saleswoman gave me a ten-franc coin that isn't in circulation anymore.

la **Banque de France (BF)**

Bank of France

l'**émission (de billets de banque)** *f*
La banque centrale a le monopole d'émission des billets de banque.

issue (of bank notes)

The central bank has the monopoly on issuing bank notes.

l'**institut d'émission** *m*

institute of issue

la **monnaie fiduciaire**
Les billets de banque sont de la monnaie fiduciaire.

paper money
Bank notes are paper money

la **monnaie scripturale**
Le chèque est un instrument servant à faire circuler la monnaie scripturale.
Les dépôts à vue dans les banques, les caisses d'épargne et les centres de chèques postaux sont de la monnaie scripturale.

deposit money, money in account
The check is an instrument serving the circulation of deposit money.
Demand deposits in banks, savings banks, and post office accounts are moneys in account.

circuler

be in circulation; circulate

la **masse monétaire**

money supply, volume of money

le **troc**
La monnaie permet d'éviter les inconvénients du troc.

barter
Money allows us to avoid the inconveniences of barter.

l'**étalon des valeurs** *m*
La monnaie est un étalon des valeurs car elle permet d'exprimer et de comparer la valeur des différents biens et services.

measure, unit of measure
Money is a unit of measure, for it allows expression and comparison of the value of different goods and services.

la **thésaurisation**

hoarding/accumulation; interest capitalization

refinancer
La banque centrale refinance les crédits consentis par les banques commerciales.

refinancing
The central bank refinances loans given by the commercial banks.

bancable
Un titre que la banque centrale est susceptible d'admettre en garantie de ses avances est un titre bancable.

bankable
A security that the central bank is willing to accept as security for its short-term loans is a bankable paper.

la **sortie de devises**
Une sortie nette de devises réduit le volume de la masse monétaire d'un pays.

foreign exchange outflow
Too large an outflow of foreign exchange diminishes a country's money supply.

l'**entrée de devises** *f*

foreign exchange influx

la **parité (des changes)**

La parité actuelle entre franc français et mark allemand doit-elle être maintenue?

currency parity; parity of foreign exchange rates
Should the exchange rate parity between the French franc and the German mark be maintained?

fluctuer
A l'intérieur du Système monétaire européen, les monnaies fluctuent autour d'un taux pivot.

fluctuate
Within the European currency system the currencies fluctuate around an average rate.

le **taux pivot**

average rate

la **fluctuation**

fluctuation

le **cours plancher**

lower intervention rate

le **cours plafond**

upper intervention rate

laisser flotter
La banque centrale a décidé de laisser flotter la monnaie.

let float; decontrol
The central bank has decided to decontrol the currency.

le **taux de change flottant**

floating exchange rate

s'**apprécier**
Le franc français s'est nettement apprécié par rapport au mark allemand.

gain in value
The French franc has clearly gained in value against the German mark.

l'**ajustement (monétaire)** *m*	adjustment of exchange rates; monetary adjustment
la **réévaluation**	reevaluation
réévaluer	reevaluate
la **dévaluation**	devaluation
dévaluer	devalue
le **contrôle des changes**	control of foreign exchange
Avec la suppression du contrôle des changes, les particuliers ont le droit de détenir des comptes bancaires à l'étranger et d'ouvrir des comptes en devises en France.	With the lifting of controls on foreign exchange, private individuals have the right to have bank accounts abroad and to open a foreign exchange account in France.

Fiscal and Monetary Policy

la **politique monétaire**
La politique monétaire n'est pas seulement une politique du crédit car elle a également pour mission d'assurer la valeur de la monnaie nationale vis-à-vis de l'extérieur.

fiscal policy
Fiscal policy isn't a credit policy alone because it also has the task of ensuring the value of the national currency abroad.

la **politique du crédit**

credit policy

le **marché interbancaire**
La Banque de France dispose actuellement de deux instruments pour sa politique monétaire: les interventions sur le marché interbancaire et les réserves obligatoires.

interbank market, bank money market
The Banque de France at present has two instruments at its command for its fiscal policy: activities in the bank money market and the minimum reserve.

le **refinancement**
Pour se procurer des billets de banque, les banques commerciales vont céder à la banque centrale une partie de leurs créances en échange de billets: c'est le principe du refinancement.

rediscounting
In order to obtain money, the central bank sells to the commercial banks a portion of its claims in return for money. This is the principle of rediscounting.

la **pension**

pension transaction

le **taux directeur**
En France, sont actuellement taux directeurs le taux des appels d'offres et le taux de prise en pension à 5-10 jours, ce dernier étant supérieur de 0,50 à 1 point.

leading interest indicators
The leading interest indicators are in France currently the discount/bank rate for tender transactions and the interest rate for five-to-ten-day pension transactions, the latter being around 0.5% to 1% higher.

347

le **taux des appels d'offres (de la Banque de France)**	discount rate for public liquidity tenders/bids (of the Banque de France); discount rate for tender transactions
le **taux de prise en pension**	interest rate for pension transactions
les **interventions sur le marché monétaire** *fpl*	activities in the bank money market
le **taux du marché monétaire (TMM)**	rate for day-to-day money, money market rate
le **taux interbancaire offert à Paris (TIOP)**	Paris Interbank Offered Rate (PIBOR) *(comparable to FIBOR or LIBOR)*
Le TIOP est une moyenne journalière des taux consentis par les principales banques de la place de Paris sur le marché monétaire.	The PIBOR is the daily average interest rate agreed to on the money market by the most important banks in the Paris banking center.
les **réserves (bancaires) obligatoires** *fpl*	minimum reserve
le **taux des réserves obligatoires**	minimum reserve rate
le **taux de l'escompte**	discount rate
Taux de l'escompte et taux Lombard sont les taux directeurs de la banque centrale allemande.	The discount rate and the bank rate for loans on securities are the leading interest indicators of the German central bank.
le **taux Lombard**	bank rate for loans on securities
aligner	adjust, adapt; correlate
Le choix de maintenir un franc fort face au mark a conduit la France à aligner ses taux d'intérêt sur ceux de la banque centrale allemande.	The decision to maintain a strong franc against the German mark has made France correlate its interest rates with those of the German central bank.
face à qc	against a thing
la **fuite des capitaux**	flight of capital
Une baisse des taux d'intérêt provoquerait une fuite des capitaux étrangers et donc une dépréciation de la monnaie française.	A sinking of the interest rates would cause a flight of foreign capital and subsequently a devaluation of the French currency.
l'**encadrement du crédit** *m*	credit restriction; control of credit
assouplir	easing
Assouplir le crédit permettrait de relancer la consommation et l'investissement.	Easing of credit restrictions can stimulate consumption and investment.
relever	lift; raise
Pour éviter un gonflement du crédit, la banque centrale a relevé les taux directeurs d'un quart de point.	To prevent an inflation of credit, the central bank has raised the leading interest rates a quarter point.

Stocks

la **valeur (mobilière)**
Les valeurs mobilières représentent des droits soit d'associés, et ce sont des actions, soit de prêteurs à long terme, et ce sont des obligations.

securities
Securities are either chartered/secured shareholders' rights, i.e., stocks, or long-term obligations, i.e., bonds.

le **titre au porteur**

negotiable instrument, bearer instrument

le **titre nominatif**

registered stock

l'**émetteur**, l'**émettrice**

issuer

émetteur, -trice
Le détenteur des titres a un compte ouvert auprès de la société émettrice.

issuing
The holder of the security has an account with the issuing company.

émettre des titres

issuing securities

l'**émission de titres** *f*

issuing of securities

l'**intermédiaire financier** *m*

financial institution (as broker)

le **détenteur de titres**,
la **détentrice de titres**

holder of the security

à revenu variable

with variable interest; with variable yield

Les actions sont des valeurs à revenu variable.

Stocks are securities with variable yields.

l'**actionnaire** *mf*
L'actionnaire a le droit de vote aux assemblées générales.

stockholder, shareholder
The stockholder has a right to vote at the general meeting of shareholders.

le **droit de vote**

right to vote

le **dividende**
L'actionnaire a droit à une part des bénéfices: il touche un dividende.

dividend
The shareholder has a claim on a portion of the profit, i.e., he receives a dividend.

toucher un dividende

receive a dividend

la **distribution de dividendes**

dividend distribution

la **fraction**

share, interest; dividend

le **droit (préférentiel) de souscription**
En cas d'augmentation du capital par voie d'apports, les actionnaires de la société ont un droit préférentiel de souscription.

subscription right
In the event of a new issue to raise capital, the stockholders in the company have a preferential right to subscription.

l'**action ancienne** *f*

old stock

l'**action nouvelle** *f* — new stock

le **droit d'attribution** — right to allotment

la **valeur boursière** — market value, quoted value; securities quoted on the exchange

Si l'action est cotée en bourse, elle aura une valeur boursière. — If the stock is traded on the exchange, it has a market value.
Combien de valeurs boursières sont-elles cotées sur cette place? — How many securities are traded on this exchange?

le **pair** — par, face value
Une action est émise au pair si son prix d'émission est égal à sa valeur nominale. — A stock is issued at par if its issuing price is equal to its nominal value.
Un titre cote au-dessus du pair si son cours est supérieur à sa valeur nominale. — A security is priced above par if its market value is higher than its nominal value.

le **prix d'émission** — issuing price

l'**action ordinaire** *f* — common stock

l'**action privilégiée** *f* — preferred stock

le **certificat d'investissement** — dividend certificate
Les certificats d'investissement représentent uniquement des droits au dividende. — Dividend certificates represent only the right to dividends.

Bonds

lever — borrowing, raising
L'autre moyen de lever des capitaux consiste à lancer un emprunt. — The other way of raising capital consists of issuing bonds.

lancer un emprunt — floating a loan; issuing bonds

l'**emprunt (obligataire)** *m* — loan; bond issue

l'**obligation** *f* — loan, obligation
A propos des obligations, on parle de valeurs à revenu fixe par opposition aux actions qui sont des placements à risque. — In lending one speaks of fixed-interest securities in contrast to shares, which are investments with risk.

à revenu fixe — with fixed interest

l'**obligataire** *mf* — bondholder
Les obligataires ont droit au remboursement du capital quand l'emprunt arrive à maturité. — The bondholders have a right to reimbursement of capital on the maturity date of the loan.

arriver à maturité

become due

obligataire

bond

le **marché obligataire**

bond market

le **coupon**
La SNCF vient de lancer un emprunt, de coupon 6%, remboursable en novembre 2006.

coupon
The SNCF (French railway company) has recently issued a bond with a coupon of 6% and a maturity date of November 2006.

le **taux de rendement actuariel**
Pour le prêteur, il est important de connaître le taux de rendement actuariel d'une obligation car ce dernier tient compte de l'éventuelle prime d'émission, du mode de remboursement, des modalités de paiement des intérêts, de la durée de l'emprunt, etc.

effective yield, effective interest
It is important for the investor to know the effective yield of a bond issue, because it affects consideration of the issue price, type and manner of return, interest payment dates, and the term of the bond.

la **prime d'émission**

issue premium

l'**emprunt d'Etat** *m*
En France, les emprunts d'Etat se font très souvent sous la forme d'émissions d'obligations assimilables du Trésor.

public loan, public bond issue
In France, public loans are very commonly issued in the form of state bonds.

la **note d'opération**
Une note d'opération, visée par la COB, est tenue à la disposition du public: elle précise le montant de l'emprunt, les taux, les coupures, la durée, la date de remboursement, la garantie accordée au remboursement de l'emprunt ou au paiement des revenus, etc.

prospectus
A prospectus is publicly offered with the permission of the supervisors of the French stock exchange (COB). It contains among other things precise information about the scope of the debt subscription, the interest rate, the payment, the term, the repayment date, the security offered for the repayment of the debenture or for the payment of interest.

l'**euro-obligation** (euro-obligations) *f*

eurobond, euro loan

l'**eurodevise** *f*

euro currency

la **rente (d'Etat)**

(government) bond

les **taux longs** *mpl*

long-term interest

les **taux courts** *mpl*

short-term interest

Investing Money

inemployé, e
Pourquoi laisser ce capital inemployé?

unused, idle
Why leave this capital idle?

improductif, -ive
Laisser autant d'argent sur votre compte-chèques est improductif, il faut le placer.

unproductive
Leaving so much money in your checking account is unproductive; you should invest it.

rémunérateur, -trice
Investir dans l'immobilier est-ce un placement rémunérateur?

remunerative, profitable; earning
Is an investment in real estate profitable?

fructifier
Comment faire fructifier l'argent qui dort sur votre compte-chèques?

be lucrative; earn interest
How can the money that is sitting in your checking account be invested profitably?

la **plus-value** ⟨plus-values⟩

increase in value; growth of value

la **moins-value** ⟨moins-values⟩

loss of value

le **rendement**
Il faut considérer deux choses quand on parle de rentabilité d'un titre: soit le rendement de l'investissement sous forme de revenus, soit la plus-value sur le cours d'un titre.

yield
Two things must be considered when speaking of the profitability of a security: the first is the investment's yield in the form of income, and the second is its growth in value through the price of the security.

être d'un bon rapport
Ces obligations sont d'un bon rapport.

bring in a good yield
These are high-yielding bonds.

le **produit financier**
Ce que vous préféreriez, si j'ai bien compris, c'est un produit financier fiscalement intéressant.

investment (form)
If I have understood you correctly, you are interested in a profitable, taxable type of investment.

l'**investisseur** *m*

investor

spéculer (en bourse)

speculate (on the stock exchange)

la **spéculation**

speculation

le **spéculateur**, la **spéculatrice**

speculator

l'**opération boursière** *f*

stock transaction, operation in the stock market

Elle a réalisé dernièrement des opérations boursières assez juteuses.

She has recently engaged in apparently profitable stock market transactions.

souscrire
Vous avez souscrit à l'émission de ces titres?

subscribe
Did you subscribe when these securities were issued?

la **souscription**
La souscription à cet emprunt a été un succès.

subscription
The subscription for this bond issue was successful.

le **souscripteur,** la **souscriptrice**

subscriber (of securities)

l'**organisme de placement collectif en valeurs mobilières (OPCVM)** *m*
Le but des OPCVM est la gestion pour le compte de leurs actionnaires d'un portefeuille de valeurs mobilières.

mutual fund

The administration of a securities portfolio for the account of its stockholders is the purpose of the mutual fund.

la **SICAV (société d'investissement à capital variable)**
Les SICAV sont en général spécialisées par type d'actif: SICAV d'actions, SICAV obligataires ou SICAV monétaires.

French mutual fund with variable capital
In general, mutual funds are specialized in one type of investment: stock funds, bond funds, or money market funds.

le **fonds commun de placement (FCP)**

investment funds

la **SICAV d'actions**

stock funds

la **SICAV obligataire**

bond funds

la **SICAV monétaire**

money market funds

l'**action de SICAV** *f*, la **sicav** *inv*
Comme j'avais quelques économies, j'ai acheté des sicav.

mutual fund share
Since I had some savings, I bought some shares in a mutual fund.

le **panier**
Le capital des SICAV est composé d'un panier de valeurs.

(fund) composition
The investment capital of the mutual fund consists of a mixture of securities.

les **petits porteurs** *mpl*
Notre actionnariat est composé à 40% de petits porteurs et pour le reste, de trois banques, d'une compagnie d'assurance et d'une grande entreprise industrielle française.

small shareholder
Of our stockholders, 40% are small shareholders, and the remainder is divided among three banks, an insurance company, and a large French industrial company.

l'**actionnariat** *m*

stockholders, shareholders

The Capital Market

le **recours**
Le financement des entreprises s'effectue par trois voies: par l'autofinancement, par des emprunts auprès des banques ou par le recours au marché.

recourse
The financing of companies is accomplished in three ways: by self-financing, by loans from banks, and by recourse to the capital market.

le **marché des capitaux** — capital market; financial market

le **marché financier** — capital market

l'**introduction (en bourse)** *f* — listing on the stock exchange
L'introduction en bourse peut se faire sur trois marchés: le hors-cote, le second marché et la cote officielle. — Listing on the stock exchange can occur through three markets: through free-market dealings, through the secondary market, and through the official market.

s'**introduire en bourse** — be listed on the stock exchange

la **cote officielle** — official [stock exchange] trading
Pour être admise à la cote officielle, une société doit offrir un minimum de 25% du capital social au public. — In order to be listed for official trading a company must publicly offer at least 25% of its capital stock.

admettre à la cote (officielle) — To be allowed to be officially traded on the stock exchange

la **transaction (boursière)** — transaction

coter — quoted (on the stock exchange), establish the price

le **marché des changes** — foreign currency market
Chaque jour, plus de 800 milliards de dollars transitent électroniquement sur le marché des changes. — Each day more than 800 million dollars circulate electronically in the foreign currency market.

les **besoins de financement** *mpl* — financial needs; capital needs
Du point de vue économique, entreprises, Etat et collectivités locales sont des agents à besoins de financement. — From the point of view of the economy, companies, the federal government, and territorial authorities are economic participants with financial needs.

la **transparence (du marché)** — transparency of the market

l'**opération d'initié(s)** *f* — insider trading

le **Conseil des bourses de valeurs (CBV)** — (French) governing committee of the stock exchange
Le Conseil des bourses de valeurs établit le règlement qui organise le fonctionnement du marché; c'est lui aussi qui décide de l'admission ou de la radiation des valeurs. — The governors of the stock exchange establish the rules that regulate the functions of market trading. They also decide about listing or revocation of listing of securities on the exchange.

l'**admission à la cote (officielle)** *f* — listing for official trading on the stock exchange

la **radiation (de la cote)** — revocation of stock exchange listing

la **Commission des opérations de bourse (COB)** — French stock exchange supervisors
La COB est chargée de contrôler l'information donnée par les sociétés qui font publiquement appel à l'épargne et de surveiller le bon fonctionnement des marchés de capitaux. — The COB is charged with monitoring the information offered by the companies publicly appealing for investment and watching over the orderly development of trading on the capital markets.

At the Exchange

la **bourse (de valeurs)** — stock exchange

la **place boursière** — market location, stock exchange
En France, il y a six places boursières régionales: Lyon, Marseille, Bordeaux, Lille, Nancy et Nantes.
France has six regional stock exchanges: Lyon, Marseille, Bordeaux, Lille, Nancy, and Nantes.

la **bourse de commerce** — commodity exchange

boursier, -ière — stock market
Quels sont les intervenants sur le marché boursier?
Who are the participants in stock trading?

l'**intervenant**, l'**intervenante** — participants

l'**opérateur**, l'**opératrice** — broker
L'opérateur est la personne pour qui la société de bourse exécute l'opération.
The broker is the one who carries out the transaction for the stock market company.

la **société de bourse** — company seated for trading on the exchange, official broker
Les sociétés de bourse sont des sociétés commerciales qui ont le monopole de la négociation des valeurs mobilières en France.
The official brokers are trading companies that, in France, have a monopoly on securities trading.

la **négociation** — securities trading

le **droit de courtage** — brokerage commission
En rémunération de leur intervention, les sociétés de bourse prélèvent un droit de courtage.
As remuneration for their brokering, the trading company receives a commission.

l'**intervention** f — brokering (by a stockbroker)

le **cours (de bourse)** — (market) price
Comment est établi le cours d'une valeur?
How is the price of a security established?

établir — establish

la **cotation** — price quotation, price determination

le **fixage** — fixing

la **place financière** — financial center

la **Société des bourses françaises (SBF)** — *(company of the French stock exchange)*
La mission de la Société des bourses françaises est de gérer et d'enregistrer les négociations effectuées par les sociétés de bourse.
The job of the Société des Bourses Françaises is the management and registration of the French stockbrokers engaged in securities trading.

le **Marché à terme international de France (MATIF)** — French futures market

le **Marché des options négocia-
bles de Paris (MONEP)**
Le MONEP est un marché dérivé car on
y traite des options sur actions, ces actions étant traitées elles-mêmes sur le
marché des valeurs mobilières.

option trading on the Paris exchange

MONEP is a market for financial de-
rivatives, since options on stocks are
traded there, while the stocks themselves are traded on the stock market.

l'**option** *f*

option

le **Bulletin de la cote**
Par le Bulletin de la cote, la SBF assure
la publicité des cours de bourse ainsi
que de la cote des changes, des cours de
l'or, etc.

French official list of stock quotations
With the official quotation list, the
SBF takes care of publishing the
prices in the stock market as well as
in the foreign currency market, gold
prices, etc.

la **cote des changes**

foreign currency prices; foreign currency quotations

opéable

Une société cotée en bourse est opéable
lorsque l'actionnariat est suffisamment
dispersé pour permettre le contrôle avec
une minorité de capital.

liable to takeover through buying up
of stock
A company traded on the exchange is
considered liable to takeover if its
stocks are so broadly distributed that
control by a minority of capital is
possible.

dispersé, e

distributed

l'**offre publique d'achat (OPA)** *f*
Dans la loi française, ceux qui détiennent plus du tiers des actions d'une société cotée sont obligés de lancer une
OPA sur les 66% qui restent.

(public) takeover offer
According to French law, anyone
who holds more than a third of the
shares of a company traded on the
stock exchange must make a takeover
offer for the remaining 66%.

lancer une OPA

make a takeover offer

prendre le contrôle
Notre objectif est de devenir le propriétaire de cette société et non pas seulement d'en prendre le contrôle: nous
voulons donc racheter tous les titres qui
sont sur le marché.

take over the majority/control
Our goal is to become owners of this
company and not only to take over
the majority. Therefore we want to
buy up all the stocks that are on the
market.

contrôler
Nous contrôlons cette société à 90%.

have the majority; control
We have a majority of 90% in this
company.

l'**obligation de pacotille** *f*

junk bond

surenchérir

outbid, bid more

l'**offre publique de vente (OPV)** *f*
Lors d'une introduction en bourse, on
utilise la procédure d'offre publique de
vente.

public offering of stock
With listing on the stock exchange,
the process of public offering for sale
is begun.

━━━━━━━━ **Tax Liability** ━━━━━━━━

fiscal, e, ‹-aux›

fiscal, tax

la fiscalité

tax system; taxation; tax legislation, tax laws; tax law; (totality of) taxes

Les ressources de l'Etat proviennent principalement de la fiscalité.
La fiscalité est du ressort du parlement, le gouvernement en déterminant l'application par voie réglementaire.

The resources of the government are primarily derived from taxes.
The tax legislation is the responsibility of the parliament, with the administration determining the application according to the laws.

l'impôt *m*, **la taxe**

tax; assessment; rate

être soumis, e, être assujetti, e
Toute personne physique ou morale est assujettie au paiement de l'impôt.
Un commerçant est assujetti à la TVA.

be subject to, be liable; be obligated
Every natural or juristic person must pay taxes.
A businessman is subject to sales tax.

l'assujettissement à l'impôt *m*, **l'obligation fiscale** *f*

tax obligation

l'assujetti, l'**assujettie**

person subject to taxes; taxpayer

le, la contribuable
Si votre famille réside en France, vous êtes contribuable ici.
En tant que contribuable, j'aimerais savoir où va mon argent.

taxpayer
If your family lives in France, you are liable for taxes here.
As a taxpayer I would like to know where my money is going.

résider

live, reside

être redevable de l'impôt
J'aimerais savoir si je suis redevable de l'impôt sur le revenu.

be liable for taxes
I would like to know if I am liable for income taxes.

le collecteur, la collectrice
Dans le cas de la TVA, c'est l'entreprise qui est le collecteur de l'impôt et c'est le consommateur qui en est le redevable définitif.

tax collector
In the case of the value-added tax the companies collect the taxes and the end-user pays them.

le redevable définitif, la **redevable définitive**

taxpayer

imposable, taxable
Ces revenus sont-ils imposables?
Les alcools, le tabac ainsi que les marchandises à l'importation sont taxables.

taxable
Are these earnings taxable?
Alcohol, tobacco, as well as imported goods are taxable.

imposer, taxer
L'Etat impose les contribuables sur leurs revenus.
L'an dernier, j'ai été imposé sur la somme de 300 000 F.

impose/levy a tax; tax; assess
The state taxes the income of the tax-payers.
Last year I was assessed at 300,000 F.

l'**imposition** *f*, la **taxation**

levy; assessment

exonérer, exempter
Les salaires versés aux apprentis sont, en France, exonérés de l'impôt sur le revenu.

tax-free; exempt
In France the pay of apprentices is exempt from income tax.

l'**exonération (d'impôt)** *f*,
l'**exemption (d'impôt)** *f*
Vous ne bénéficierez que d'une exonéra-tion partielle de ces revenus.

tax exemption; exemption from taxa-tion
You will receive only a partial tax ex-emption on this income.

détaxer

Les plus-values immobilières sur la vente de la résidence principale par une personne physique sont détaxées.
Les ventes de voitures ont été détaxées le 1er janvier 1993: en effet, le taux de TVA est passé de 22% à 18,6%.

exempt from taxes; grant duty/tax re-lief; lower taxes
If a natural person sells his principal residence, the profit from the sale is tax-free.
The taxes on the sale of cars were lowered on January 1, 1993, i.e., the value-added tax rate sank from 22% to 18.6%.

la **résidence principale**

principal residence

la **détaxation**

tax abatement, tax relief; duty/tax ex-emption; tax reduction

non imposable

Sont considérées comme non impos-ables les personnes aux revenus très modestes: elles doivent pourtant remplir une déclaration d'impôt.

tax free; exempted from taxes; non taxable
Individuals with very small income are exempted from taxes. They must still fill out a tax return, however.

les **prélèvements obligatoires** *mpl*

Le taux des prélèvements obligatoires est le rapport des prélèvements obliga-toires au PIB: en 1990, il était de 43,7% pour la France et de 37,7% pour l'Alle-magne.

compulsory deductions; taxes and assessments
The tax and assessment ratio is the ratio of compulsory deductions to gross national product; in 1990 it amounted to 43.7% in France and 37.7% in Germany.

la **pression fiscale**

tax burden

les **recettes fiscales** *fpl*

tax yield

la **ponction**
Les syndicats s'opposent à cette nouvelle ponction dans le budget des ménages.

skimming; bloodletting/bleeding
The unions are opposing this new skimming of the private household budget.

frapper
Ce nouvel impôt frapperait lourdement les revenus modestes.

hit; burden
This new tax will hit the lower incomes hard.

les **revenus modestes** *mpl*

groups with small incomes

lourdement

heavy, hard, expensive

fiscaliser
Ce type de placement est lourdement fiscalisé.

levy a tax; include in the tax system
This type of investment is heavily taxed.

la **fiscalisation**

taxation

l'**alourdissement** *m*
L'alourdissement de la fiscalité va provoquer une perte de compétitivité de nos entreprises.

increase; raising; burden
The increase in the tax burden is going to produce a loss of competitiveness in our companies.

alourdir

burden; increase; raise

alléger

unburden; relieve; lessen

l'**allègement** *m*
Quand elles embauchent des jeunes de moins de 25 ans, les entreprises bénéficient d'allègements fiscaux.

alleviation; lightening; reduction
When companies employ young people under 25, they get the benefit of tax reductions.

défiscaliser
Le parlement a décidé de défiscaliser les investissements productifs réalisés dans les départements d'outre-mer.

remove from taxation; exempt
The parliament decided to exempt productive investments in the foreign departments from taxation.

net, te d'impôts
Les intérêts sur ce compte d'épargne sont nets d'impôts.

tax-free; tax-exempt
The interest on this savings account is tax-exempt.

exempt, e

free; exempt

la **double imposition**

double taxation

le, la **fiscaliste**

tax expert; official in charge of tax questions

le **conseiller fiscal,** la **conseillère fiscale**

tax advisor; tax accountant

Direct Taxes

l'**impôt direct** *m*
Un impôt direct porte sur les revenus
d'une personne qui le paie directement
au fisc.

direct tax
Personal incomes are subject to direct
tax, which is paid directly to the treasury.

l'**impôt d'Etat** *m*

(central) government taxes *(in the
United States this corresponds to the
state and federal income taxes)*

l'**impôt local** *m*

local taxes

l'**impôt sur le revenu des personnes physiques (IRPP)** *m*

income tax

la **catégorie (de revenu)**
Comme exemple de catégorie de revenu
dans le droit fiscal français, on peut citer
les "traitements, salaires, pensions et
rentes viagères" qui sont des revenus du
travail.

type of income
Examples of types of income according to French tax law are "salaries,
stipends, pensions, and annuities,"
which are incomes from work.

la **pension**

pension

la **pension alimentaire**

welfare payment

la **rente viagère**

annuity

l'**impôt sur les salaires et traitements** *m*

tax on salaries and stipends

les **revenus du travail** *mpl*

income from work

les **revenus du capital** *mpl*

income from assets; yield on capital

les **revenus (de capitaux) mo-
biliers** *mpl*

capital income

les **revenus fonciers** *mpl*

income from rents and leases

les **plus-values (de cession)** *fpl*
La catégorie "plus-values" ne concerne
que les plus-values réalisées par des particuliers lors de cession de biens immeubles, meubles ou de valeurs
mobilières.

profits from sales
The income category "profits from
sales" concerns only the profits realized by private individuals from the
sale of real estate, movable objects,
or securities.

les **revenus mixtes** *mpl*
Dans les revenus mixtes on peut citer
trois exemples: les bénéfices industriels
et commerciaux, les bénéfices non commerciaux et les bénéfices agricoles.

mixed income
Three examples of mixed income can
be cited: income from industrial and
commercial activity, income from
nonindustrial activity, and income
from agriculture and forestry.

les **bénéfices industriels et commerciaux (BIC)** *mpl*

income from industrial and commercial activity

les **bénéfices non commerciaux (BNC)** *mpl*	income from self-employment, income from nonindustrial activity
les **bénéfices agricoles (BA)** *mpl*	income from agriculture and forestry
l'**impôt sur les sociétés (IS)** *m*, l'**impôt sur les bénéfices (des sociétés)** *m*	corporate tax

Sont soumises à l'impôt sur les sociétés les personnes morales telles que les sociétés anonymes, les sociétés en commandite par actions, les sociétés à responsabilité limitée et les sociétés coopératives.

The corporate tax is imposed on juristic persons like corporations, partnerships limited by shares, limited liability companies, and cooperatives.

la **contribution sociale généralisée (CSG)**	*general welfare charges*

La CSG est prélevée à la source sur tous les revenus: au taux de 2,4% au 1er juillet 1993, elle sert à financer la Sécurité sociale.

The general welfare charges are levied on all incomes at the source. On July 1, 1993, the rate amounted to 2.4%. It serves for the financing of social insurance.

la **taxe professionnelle**	trade tax
l'**impôt foncier** *m*	real-estate tax
l'**impôt sur le capital** *m*	property tax
l'**impôt de solidarité sur la fortune (ISF)** *m*	property tax with solidary surtax

Les personnes physiques sont soumises à l'ISF pour la partie de leur patrimoine privé net qui dépasse 4 470 000 F (au 1 er janvier 1994).

Natural persons are subject to the ISF with the portion of their net private assets that exceeds the amount of 4,470,000 F (effective date: January 1, 1994).

Indirect Taxes

l'**impôt indirect** *m*	indirect tax
l'**impôt sur la consommation** *m*	tax on consumer goods
s'**appliquer**	be applicable; be in effect; become due
la **taxe sur la valeur ajoutée (TVA)**	tax on the value added (VAT); sales tax

En France (janvier 1994), le taux réduit de la TVA est de 5,5% sauf pour les médicaments remboursés par la Sécurité sociale qui sont taxés au taux de 2,1%.

In France the reduced VAT rate (January 1994) amounted to 5.5%, except for medications reimbursed by social security, which are taxed at a rate of 2.1%.

le **taux de la TVA**

VAT rate

le **taux réduit (de la TVA)**

reduced VAT rate

le **taux normal (de la TVA)**
Le taux normal est de 18,6%.

normal VAT rate
The normal VAT rate is 18.6%.

grever
La TVA a ceci de particulier qu'elle permet de déduire de la taxe calculée sur le prix de vente la taxe qui a grevé le prix de revient.

burden
The special thing about the sales tax is that it allows the deduction of the value-added tax on the sales price from the value added tax on the cost price.

déduire, retrancher

subtract; deduct

récupérer
Si un fabricant de chemises achète pour 100 F de tissu HT et 18,60 F de TVA et qu'il vend 300 F la chemise HT, soit 55,80 F de TVA, il va reverser au fisc 55,80 F – 18,60 F = 37,20 F car il récupère la TVA déjà versée sur ses consommations intermédiaires.

recover; recoup
A shirt maker buys fabric for 100 F plus 18.60 F value-added tax. He sells the shirt at a net price of 300 F, on which the value-added tax comes to 55.80 F. He pays the tax office 55.80 F –18.60 F= 37.20 F, for he receives back the value-added tax already paid on his intermediate consumption.

la **récupération de la TVA**

sales tax reimbursement; pretax deduction

les **contributions indirectes** *fpl*,
les **droits d'accise** *mpl*
Des droits d'accise sont perçus sur les alcools et le tabac.

consumption taxes

Consumption taxes are levied on alcohol and tobacco.

la **taxe intérieure de consommation sur les produits pétroliers (TIPP)**

(domestic) tax on petroleum products

le **droit de mutation**

real estate transfer tax; corporation tax

le **droit de timbre**
Des droits de timbre sont exigés lors de la délivrance de la carte d'identité, du passeport ou du permis de conduire.

stamp tax
Stamp taxes are levied for issuing of identity cards, passports, or drivers licenses.

le **timbre fiscal**

tax stamp

la **redevance**
Le détenteur d'un poste de radio ou de télévision doit payer une redevance annuelle.

charge; assessment
The owner of a radio or television set must pay a charge every year.

le **produit (d'un impôt)**

intake; yield (of a tax)

la **taxe d'apprentissage**

apprenticeship tax

Tax Assessment

le **fisc**, l'**administration (fiscale)** *f*

treasury; tax authority; tax office

les **centre des impôts (CDI),**
les **impôts** *mpl*

tax office, internal revenue office

Elle travaille aux impôts.

She works in the tax office.

le **Trésor public**

public treasury (federal); highest fiscal authority

la **trésorerie**

tax office

La trésorerie, qui est un service du Trésor public, est chargée du recouvrement des impôts.

The tax office, a department of the treasury, is entrusted with collection of taxes.

le **recouvrement**

tax collection

recouvrer

raise

le **prélèvement (fiscal)**

tax levy; tax assessment

Pour relancer les investissements, le gouvernement va réduire les prélèvements fiscaux sur les entreprises.

In order to stimulate investment, the government is going to reduce the tax assessment on companies.

le **taux de prélèvement**

tax rate

l'**assiette (de l'impôt)** *f*

(tax) assessment

L'assiette est l'ensemble des opérations effectuées pour établir l'existence et la valeur de la matière imposable.

Tax assessment includes all procedures that are carried out to establish the existence and the value of taxable items.

asseoir

establish

La taxe professionnelle, en France, est assise sur la valeur locative des locaux professionnels et sur une fraction (18%) de la masse salariale.

The trade tax in France is established according to the rental value of the business space and on a fraction (18%) of the total of stipends and salaries.

la **masse salariale**

total of stipends and salaries

la **valeur locative**

(official) rental value; official determination of rental value

le **cadastre**

land register

la **matière imposable**

taxable items

le **forfait**

lump amount; lump-sum tax

forfaitaire

lump sum; expressed as a round amount

Le régime forfaitaire convient aux petites entreprises à la comptabilité peu évoluée.

The lump-sum tax is suitable for small businesses without expensive/lavish bookkeeping.

la **base (imposable)**, l'**assiette (d'imposition)** *f*
La valeur vénale des biens sert d'assiette pour l'impôt de solidarité sur la fortune.

tax base
The market value of the assets serve as the tax base for the property tax with the addition of the solidarity surtax.

la **valeur vénale**

market value

le **revenu brut**
Dans le revenu brut sont compris le salaire, les primes, les gratifications, les avantages en nature, etc.

gross income
Included in the gross income are the salary, bonuses, special gifts, payments in kind, etc.

la **charge (déductible)**
Pour obtenir le revenu net au sens du droit fiscal français, il faut déduire du revenu brut des charges comme les cotisations salariales ou les frais professionnels.

expenditures
The net income in the meaning of the French tax law is obtained if one deducts from the gross income expenditures such as employee contributions to social security or professional expenses.

le **revenu net**

net income

les **frais professionnels** *mpl*

professional expenses

la **déduction**

deduction

les **frais réels** *mpl*

actual incurred costs/expenditures

déductible

deductible

l'**abattement (à la base)** *m*
Pour un salarié français, il faut en outre déduire du revenu net (revenu brut - charges) un abattement de 20% pour obtenir le montant imposable.

basic exemption
For a French salaried employee it is necessary to deduct a basic exemption of 20% from the net income (gross income minus expenditures) in order to arrive at the taxable amount.

le **barème (d'imposition)**
En appliquant le barème au montant imposable, on détermine le montant de la dette fiscale du contribuable: cette opération est appelée liquidation de l'impôt.

tax table
By using the tax table to find the taxable amount, the amount of the tax owed by the taxpayer is determined. This procedure is called tax assessment.

la **dette fiscale**

tax owed; tax debt

la **liquidation (de l'impôt)**

tax assessment

progressif, -ive
Le barème de l'impôt sur le revenu est progressif.

progressive
The tax table is progressive.

la **tranche (d'imposition)**

steps in the progression; progressive brackets

la **progressivité**

progressivity

proportionnel, le
L'impôt sur les sociétés est un impôt proportionnel car on applique au montant imposable un pourcentage constant.

proportional
The corporation tax is a proportional tax, because a fixed tax rate is applied to the taxable amount.

la **réduction d'impôt**

tax abatement

la **baisse d'impôt**

tax reduction

l'**incitation fiscale** f
La loi prévoit des régimes d'incitations fiscales: par exemple, pour favoriser la création d'entreprises nouvelles, elle n'impose pas les bénéfices réalisés pendant une certaine période.

tax incentive
The law provides tax incentives, e.g., to support the founding of businesses, the profits realized within a specified frame are not taxed.

le **crédit d'impôt**

tax credit

la **retenue à la source**
En France, la retenue à la source est pratiquée pour les revenus des obligations ou des bons de caisse ainsi que pour la contribution sociale généralisée.

withholding
In France, withholding is in effect for the incomes received from bonds or savings certificates as well as for the universal social contributions.

l'**impôt (retenu) à la source** m

source tax [withholding tax]

The Tax Return

déclarer (les revenus/le résultat)
Vous avez jusqu'au 1er mars 1995 pour déclarer vos revenus de l'année 1994.

file a tax return
By March 1, 1995 you must file a tax return for your income in 1994.

déclarer qc au fisc

Ces sommes ont-elles été déclarées au fisc?

pay tax on something; report something in the tax return
Were these amounts reported on the tax return?

la **souscription (d'une déclaration)**
Si vous dépassez la date limite de souscription, le comptable du Trésor peut vous appliquer une pénalité.

submission (of a tax return)

If you miss the submission date for the tax return, the tax office may an impose a penalty on you.

la **pénalité (fiscale)**

tax penalty

la **majoration (pour paiement tardif)**
Le paiement tardif de l'impôt sur le revenu entraîne une majoration de 10% du montant à payer.

late charge

The delayed reporting of your income tax carries a late charge of 10%.

la **déclaration (d'impôt)**

tax return

la **déclaration de revenus**

income tax return

le **contrôle**
Le contribuable évalue lui-même la
matière imposable sous le contrôle de
l'administration.

checking/audit
The taxpayer establishes his tax liability himself and submits it to the tax
bureau for checking/audit.

arrondir
Le montant du crédit d'impôt doit être
arrondi au franc supérieur.

rounded off
The amount of tax credit must be
rounded off to whole francs.

la **déclaration de résultat**
Les entreprises soumises à l'impôt sur
les bénéfices souscrivent une déclaration
de résultat.

corporate tax return
Companies that are liable for corporate taxes file a corporate tax return.

le **rôle (des impôts)**
L'impôt sur le revenu et les impôts di-
rects locaux sont recouvrés par voie de
rôle.

tax roll
Income taxes and the direct local
taxes are levied by the tax roll.

l'**avis d'imposition** *m*

tax notice, tax bill

la **feuille d'impôt**

tax return, tax form; tax bill

l'**acompte provisionnel** *m*

Le versement d'acomptes provisionnels
permet d'étaler le paiement de l'impôt
sur une année.

provisional payment; partial payment
[estimated income tax]
Partial payment in advance allows the
payment of tax to be spread out over
a year.

provisionnel, le

provisional

le **tiers provisionnel**

quarterly prepaid taxes

la **mensualisation (de l'impôt)**

monthly prepaid taxes; payment at a
monthly rate

dégrever

L'administration dégrève le contribuable
qui a payé trop d'impôt.

correct a tax assessment; decrease
taxes
The tax bureau decreases the taxes
when the taxpayer has paid too much
tax.

restituer
Comme il y a eu paiement indu de droits
de mutation, l'administration les a resti-
tués.
la **restitution d'impôt**

pay back, refund
Since the real estate transfer tax was
paid unnecessarily, the tax bureau
paid them back.
tax refund

indu, e

not due; without reason

le **contentieux de l'impôt**

tax claim

la **réclamation (contentieuse)**

protest; complaint

le **dégrèvement (fiscal)**

adjusted assessment (for tax decrease); tax decrease

la **justification**
Le contrôle fiscal permet à l'administration de vérifier les déclarations: elle demandera, par exemple, au contribuable des justifications sur la situation et les charges de famille.

proof
The tax audit allows the tax bureau to audit the tax return. They can, e.g., require the taxpayer to produce proof of his family situation and living expenses.

la **vérification de comptabilité**

tax audit

non déclaré, e
Quelle est l'importance de ces revenus non déclarés?
Elle emploie des travailleurs non déclarés.

undeclared, not reported
How much does the unreported income amount to?
They are employing unreported labor.

l'**évasion fiscale** *f*

tax evasion

le **redressement fiscal**
L'administration lui a infligé un redressement fiscal de 90 000 F car il n'a pas rempli de déclaration de revenus ni reversé la TVA qu'il percevait.

subsequent assessment
The tax bureau has imposed a subsequent assessment of an additional 90,000 F on him, since he neither filed an income tax return nor passed on the value-added taxes he took in.

la **fraude fiscale**

tax fraud

frauder

defraud

frauder le fisc

evade taxes

le **fraudeur,** la **fraudeuse**

tax evasion

l'**omission** *f*

incorrect/incomplete reporting; omission on the return of a taxable item

Pour avoir fait des omissions dans ma déclaration, j'ai été pénalisé de 50 000 F.

Because of omissions in my tax return, I was penalized with a fine of 50,000 F.

23 | The National Economy

The Economy

l'**économie** *f*, l'**activité**
économique *f*

the economy, economic activity

économique
Produire, répartir, consommer, telles
sont les trois phases de la vie
économique.

economic
Production, distribution, and consumption are the three phases of economic life.

le **bien**

property

rationner

ration, control; ration

la **pénurie**

shortage, dearth; scarcity

l'**économie (politique)** *f*,
la **science économique**
Je suis diplômée en sciences
économiques.

(political) economy; economic science
I have a bachelor's degree in economics.

l'**économie générale** *f*
L'économie générale s'occupe de relations et de phénomènes économiques
aussi bien individuels que nationaux.

economics
Economics is concerned with individual and national economic relation-
ships and phenomena.

la **macroéconomie**

macroeconomy

la **microéconomie**

microeconomy

démographique

demographic; population

la **prévision (économique)**
D'après les prévisions de l'INSEE, le
PIB de la France devrait croître l'année
prochaine de 1,6%, d'après celles de
l'OCDE, seulement de 1,4%.

(economic) forecast
According to the forecast of the statis-
tical office the French gross national
product must rise 1.6% next year, according to the OCDE only 1.4%.

les **perspectives économiques** *fpl*

economic perspectives

l'**économiste** *mf*

economist

l'**expert économique** *m*

economic expert

l'**économiste d'entreprise/de
banque** *mf*

economist in a business/in a bank

le **statisticien,** la **statisticienne**

statistician

le, la **conjoncturiste**

economic cycle researcher

368

■ The Employed Population ■

la **population totale**	total population
la **population inactive**	unemployed population
la **population en âge de travailler**	capable of working; population of an employable age

Dans la population en âge de travailler, il faut compter non seulement la population active, mais aussi les lycéens, les étudiants, les femmes ou hommes au foyer.

Not only employed individuals are counted among those capable of working but also students in high schools and colleges, and housewives or househusbands.

la **population active**	employable population
le **taux d'activité**	employment rate
l'**activité** *f*	gainful employment
la **population active occupée**	number of employed; employed person

l'**emploi** *m*
Le gouvernement a-t-il une politique de l'emploi?

employment; position; job
Does the government have an employment policy?

l'**emploi total** *m*
La part de l'agriculture dans l'emploi total qui était d'approximativement 40% en 1900 n'a cessé de régresser puisqu'en 1991 elle n'était plus que de 5,5%.

total employment
The share of agriculture in total employment, which in 1900 was approximately 40%, is continually dropping, for in 1991 it only amounted to 5.5%.

approximativement	approximately; about
les **effectifs (dans un secteur économique)** *mpl*	number of employed (in a sector of the national economy)
la **tertia(i)risation**	expansion of the service sector
la **vie active**	working life, business life

l'**accélération** *f*
L'accroissement du chômage en France, depuis 1974, a résulté non d'une accélération de la croissance de la population active mais d'un ralentissement de la création d'emplois.

acceleration
The increase in unemployment in France since 1974 was not the consequence of accelerated growth of the employable population, but rather a decrease in the creation of jobs.

le **ralentissement**	decrease; slowdown; weakening; drop
se **ralentir**	slow; retreat; weaken; drop, slacken
la **création d'emplois**	creation of jobs

créateur, -trice d'emplois
La croissance économique est en France moins créatrice d'emplois que dans d'autres pays.

job-creating; employment-producing
Economic growth has created fewer jobs in France than in other countries.

résorber
Comment résorber le chômage?

reduce; obliterate
How can unemployment be reduced?

la **résorption**

reduction; obliteration

le **contrat emploi-solidarité (CES)**
Dans le cas d'un contrat emploi-solidarité, les bénéficiaires sont engagés à mi-temps par une association ou une collectivité locale qui sont exonérées des charges sociales.

contract with public benefit employment
In a contract with public benefit employment, beneficiaries are employed part time by an association or a municipality, and these in turn are exempted from the social contribution.

le **partage du travail**

division of jobs; redistribution of work

Une autre voie pour la résorption du chômage est ce qu'on appelle le partage du travail soit par la réduction du temps de travail, soit par le développement du travail à temps partiel.

Another way to decrease unemployment is the so-called redistribution of work either by shortening work hours or by development of part time work.

l'**annualisation** f

conversion to annual work period; establishment of annual work period

Pour éviter aux entreprises de licencier en cas de carnets de commandes vides, la loi a rendu possible l'annualisation du temps de travail.

In order to avoid companies with empty order books letting personnel go, the law has made possible the establishment of an annual work period.

Economic Growth

la **production (d'une entreprise/d'une branche)**
D'un point de vue comptable, la production annuelle d'une entreprise est la valeur des produits finis qu'elle a vendus ou bien stockés durant l'année.

gross production (of a company/of an industry)
From a national economic accounting point of view, the gross annual production of a company is the value of the end products that it sells or produces within the year.

les **consommations intermédiaires** fpl

supplies and services used; advance payments/previous work

contribuer à
Une entreprise ne contribue à la production d'un pays ou d'une région que si elle crée une valeur ajoutée.

la **production (d'un pays/d'une région)**

la **valeur ajoutée brute**

l'**économie (nationale/régionale)** *f*

le **produit intérieur brut (PIB)**
Dans le PIB de la France sont prises en compte toutes les opérations des agents résidant sur le territoire français indépendamment de la nationalité; les DOM-TOM, cependant, n'appartiennent pas au territoire économique de la France.

le **territoire économique**

prendre en compte

l'**agrégat** *m*
Le PIB est un agrégat résultant de la somme des valeurs ajoutées brutes, augmentée de la TVA grevant les produits et des droits de douane, c.-à-d. donc aux prix du marché.

aux prix du marché

en valeur
La croissance du PIB en valeur peut refléter une simple hausse des prix des biens et services, et non une augmentation de la quantité de biens et services produits dans l'année, ce qu'indique une croissance du PIB en volume.

refléter

la **croissance**

en volume

le **taux de croissance (du PIB)**

croître, s'**accroître**

contribute to; make a contribution to
A company only makes a contribution to the national product of a country when it creates an additional value.

national/regional product

gross value added

gross domestic product (GDP)
The French GDP includes all economic activities by economic subjects domiciled in the French territorial region, no matter what their nationality. The overseas areas, however, do not belong to the economic area of France.

economic area

enter; include; take into account

aggregate; total size
The gross domestic product is an aggregate of the sums of the gross value creation, augmented by the VAT on goods and duties, i.e., hence at market prices.

at market prices

current prices
The increase of GDP in current prices can merely reflect an increase in the price of goods and services and not an increase of the quantity of the goods and services produced in a year, which would indicate a growth of the GDP under stable prices.

reflect

growth; increase

under stable prices; noninflationary; real

growth rate (of the GDP)

increase; grow

la **parité de pouvoir d'achat (PPA)**
La parité de pouvoir d'achat est un taux de conversion basé sur le prix, dans chaque pays, d'un même panier de biens et de services représentatifs: les montants obtenus à l'aide de ce taux sont appelés standards de pouvoir d'achat.

buying power parity

Buying power parity is a conversion ratio based on the price of standard market basket of representative goods and services in the respective country. The numbers arrived at through the use of this ratio are called buying power standards.

le **standard de pouvoir d'achat (SPA)**

buying power standard

le **produit national brut (PNB)**
Le produit national brut est égal au PIB, majoré des revenus en provenance du reste du monde et diminué des revenus versés au reste du monde.

gross national product (GNP)
The gross national product corresponds to the gross domestic product plus the income from abroad and minus the expenditures abroad.

le **compte des biens et services (de la nation)**

account of goods and services (of a nation)

l'**offre globale** *f*
L'offre globale est la somme du PIB et des importations.

global offer, aggregate offer
The global offer is the sum of the gross domestic product and imports.

la **demande globale**

global demand

l'**investissement (total)** *m*

gross investment

Foreign Trade

le **commerce international**
Le commerce international a pris son essor après la seconde guerre mondiale.

international trade
There was an expansion of international trade after the second world war.

l'**essor** *m*

upswing; increase; expansion

les **échanges extérieurs** *mpl*

international trade relations

la **balance (globale) des paiements**
Une balance des paiements est, globalement, toujours nulle; par contre, les soldes intermédiaires (balances commerciale, des services, des paiements courants, des capitaux) peuvent être excédentaires ou déficitaires.

balance of payments

A balance of payments is always equal on paper. In contrast, partial balances (trade balance, services balance, supply balance, capital transactions balance) can show a surplus or a deficit.

nul, le, en équilibre

in balance

excédentaire

surplus; show a surplus

déficitaire

deficit; show a deficit

la **balance commerciale**
Dans la balance commerciale sont comptabilisés les achats et les ventes de marchandises.

trade balance
The trade balance comprises goods bought and goods sold.

l'**exportation** *f*
Les pays de l'Europe des Douze totalisaient, en 1992, 62,7% des exportations et 59,6% des importations de la France.

export
In 1992, the countries of the Community of Twelve accounted for 62.7% of the total exports and 59.6% of the total imports of France.

l'**importation** *f*

import

totaliser

total; add up

le **commerce extérieur**
L'Allemagne, suivie de l'Italie, sont les premiers clients et fournisseurs du commerce extérieur français.

foreign trade
Germany and, after it, Italy are the most important customers and suppliers in French foreign trade.

le **solde commercial**
Depuis janvier 1993, le solde commercial en données brutes est positif de 52,8 milliards de francs au lieu de 20,3 milliards pour les huit premiers mois de 1992.

trade balance
Since January 1993 the trade balance in raw figures increased to 52.8 billion francs, as opposed to 20.3 billion for the first eight months of 1992.

positif, -ive

positive; plus; increase

négatif, -ive

negative; minus; decrease

l'**excédent** *m*
Le commerce extérieur de la France a enregistré en août 1993 un excédent de 2,9 milliards de francs.

surplus; profit; balance
In foreign trade, France showed a profit of 2.9 billion francs.

le **déficit**

deficit

la **balance des services**

balance of services

la **balance des biens et services**

balance of goods and services

les **transferts unilatéraux** *mpl*
Un poste important dans la balance des paiements courants est celui des transferts unilatéraux.

unilateral transactions
An important item in the balance of services are unilateral transactions.

le **secteur officiel**

government sector

la **balance des invisibles**

balance of invisible trade

la **balance des paiements courants**
Si la balance des paiements courants est déficitaire, cela veut dire que le pays a un besoin de financement.

balance of current transactions (of goods and services)
If the balance of current transactions is in deficit, this means that the country has a need for financing.

la **compétitivité-pri** ‹compétitivités-prix›
Le solde commercial est un bon indicateur de la compétitivité des produits nationaux sur le marché mondial, aussi bien en ce qui concerne la compétitivité-prix que la compétitivité hors-prix.

price competitiveness
The balance of trade is a good indicator of the competitiveness of the national products in the world market, in respect to price as well as quality, of course.

l'**indicateur** *m*

indicator; index number

la **compétitivité hors-prix**

qualitative competitiveness

le **coût salarial unitaire (relatif)**

(relative) unit labor cost

les **termes de l'échange** *mpl*
En cas de détérioration des termes de l'échange, il faut un plus grand volume d'exportations pour un même volume d'importations.

terms of trade; actual exchange ratio
If the terms of trade worsen, you need a larger export volume for the same import volume.

le **coefficient d'ouverture sur l'extérieur**
Le coefficient d'ouverture sur l'extérieur mesure la dépendance du pays relativement aux débouchés extérieurs.

export ratio
The export ratio measures a nation's dependency on the sales possiblities abroad.

la **dépendance**

dependency

l'**autarcie** *f*

autarky; self-sufficiency

la **demande intérieure**

domestic demand

la **dette extérieure**

foreign debt

l'**investissement direct (à l'étranger) (IDE)** *m*
L'investissement direct comprend les implantations, les acquisitions, les fusions ainsi que les financements courants entre les sociétés mères et leurs filiales à l'étranger.

direct investment (abroad)
Among direct investments are establishing companies, takeovers, mergers, as well as financing of current business of foreign subsidiaries through the parent company.

Inflation

la **stabilité**
Depuis 1914, la France a connu peu de périodes de stabilité des prix.

stability
Since 1914, France has experienced only a few periods of price stability.

stable

stable

l'**inflation** *f*

inflation; increasing prices

la **hausse des prix**   rise in prices

l'**indice** *m*   index; index number
Un indice est un rapport, généralement   An index is a ratio of one observed
multiplié par 100, entre une valeur ob-   value to a base value and is generally
servée et une valeur prise comme base.   multiplied by 100.

la **base (d'un indice)**   basis (of an index)

l'**indice des prix à la production**   producer price index
m
Les indices des prix à la production sont   The indices of the producer prices are
un baromètre très sensible à la hausse   a very sensitive economic barometer
des prix.   for a rise in prices.

le **baromètre**   economic barometer; barometer of
                                                the economic cycle

le **renchérissement**   price increases
Au mois d'octobre, le renchérissement a   In October the price increases in
été de 2,2% en Suisse.   Switzerland amount to 2.2%.

le **taux d'inflation**   inflation rate

l'**indice des prix au PIB** *m*   price index of gross domestic product

l'**indice des prix à la consomma-**   consumer price index
tion *m*

le **coût de la vie**   cost of living

l'**indice du coût de la vie** *m*   cost of living price index

inflationniste   inflationary

l'**inflation latente** *f*   creeping inflation; concealed inflation
Lorsqu'il n'y a pas de véritable flambée   When there is no true upward surge
des prix mais une tendance à avoir une   of prices but a tendency to a slightly
hausse des prix un peu plus élevée que   stronger price rise than in the partner
les pays partenaires, on parle d'inflation   countries, we speak of creeping infla-
latente.   tion.

l'**inflation déclarée** *f*   open inflation
Entre 3 et 6% de hausse des prix, on   With a price rise of 3% to 6% we
parle d'inflation déclarée.   speak of open inflation.

la **stagflation**   stagflation

monétariste   monetary
Selon le point de vue monétariste l'infla-   From a monetary standpoint, inflation
tion résulte du gonflement de la masse   is a result of swelling of the money
monétaire.   supply.

se **gonfler**   swell; inflate
La masse monétaire s'est gonflée de   The money supply has grown 6.8%
6,8% au-dessus de la fourchette prévue   more than the predicted span (for
(de 3,5% à 6,5% pour 1993).   1993, 3.5%–6.5%).

la **fourchette**	span
l'**inflation par la demande** *f* L'inflation par la demande est faible si l'offre est très élastique.	demand-induced inflation Demand-induced inflation is weak when the supply is very elastic.
élastique	elastic
rigide	rigid; inelastic

Fighting Inflation

répercuter
Au lieu d'abaisser les salaires, les entreprises ont répercuté les hausses de prix des matières premières sur les consommateurs.

pass along; relay
Instead of lowering wages, the companies have passed the increase in raw materials prices along to the consumer.

le **maintien**
Les salariés revendiquent le maintien de leur pouvoir d'achat.

maintenance
The employees demand the maintenance of their purchasing power.

le **rattrapage**

Le rattrapage de l'inflation par les salaires, les anticipations inflationnistes provoquent de nouvelles augmentations des coûts de production, et donc une nouvelle hausse des prix.

catching up; making up for; following suit; adjustment
Adjusting wages to inflation and anticipation of inflation provoke new increases in the costs of production and consequently a new round of price increases.

les **anticipations inflationnistes** *fpl*

inflationary anticipation/allowance

la **spirale des salaires et des prix**

wage-price spiral

l'**érosion monétaire** *f*

monetary erosion

désinflationniste
Une politique désinflationniste a pour objectif de lutter contre la dérive des prix et des salaires engendrée par l'inflation.

anti-inflationary; disinflationary
An anti-inflation policy has the task of combatting uncontrolled price and wage increases engendered by inflation.

la **dérive**

uncontrolled movement; breakout

la **désinflation**

anti-inflation; disinflation

la **tension**
La banque centrale allemande a augmenté ses taux directeurs pour juguler les tensions inflationnistes.

tension
The German central bank has increased its index interest rates in order to weaken inflationary pressures.

juguler

bring under control; reduce; weaken

stopper
Un simple blocage des salaires permettrait-il de stopper l'inflation?

stop, halt
Can a wage freeze of itself halt inflation?

enrayer
Selon cet homme politique, un peu plus d'inflation permettrait d'enrayer la montée du chômage.

check; bring under control
According to the view of this politician, a somewhat stronger inflation would check the increase of unemployment.

la **montée**

increase

la **poussée**
Lors de la libération des prix en France à la fin des années 80, les poussées inflationnistes provenaient du secteur des services.

push; thrust
When prices were decontrolled in France at the end of the '80s, the inflationary thrusts came primarily from the service sector.

la **libération des prix**

decontrol of prices

freiner
En France, l'inflation a été progressivement freinée pour atteindre 2,4% en 1992.

brake
In France, inflation was gradually braked and in 1992 reached 2.4%.

la **baisse des prix**
La baisse des prix dans le commerce indique une détérioration de la situation.

price drop
The lowering of trade prices indicates a worsening of the situation.

la **détérioration**

worsening; deterioration

la **déflation**

deflation

l'**échelle mobile (des salaires)** *f*
L'échelle mobile, par laquelle les salaires sont indexés sur le coût de la vie, assure aux salariés un pouvoir d'achat constant.

sliding wage scale; index wage
The sliding wage scale, through which the wages are linked to the cost of living index, assures employed people of a steady purchasing power.

indexer

link/couple to an index; index

l'**indexation** *f*

indexation; index linkage

la **désindexation**
Pour lutter contre l'inflation, une désindexation des salaires est nécessaire.

suspension of indexing
In the battle against inflation, suspension of indexing is necessary.

désindexer

suspend indexing

le **contrôle des prix**
Le contrôle des prix ne ferait que contenir l'inflation sans qu'elle disparaisse.

price controls
Price controls will only restrain inflation, but they won't make it disappear.

contenir	reign in; keep in check
la **politique d'austérité**	austerity policy
l'**écart d'inflation** *m* L'écart d'inflation est la différence des taux d'inflation observés, pendant la même période, entre deux pays.	inflation difference The inflation difference is the difference observed in the inflation rates of two countries during the same period of time.

Economic Cycles

la **conjoncture**	economic state; market condition
le **rapport de conjoncture**	economic report
l'**enquête de conjoncture** *f*	market test; market survey
l'**institut de conjoncture** *m*	economic research institute
conjoncturel, le Contrairement au chômage conjoncturel, le chômage structurel est dû à une inadaptation durable du marché de l'emploi.	relating to market conditions/business activity In contrast to unemployment caused by market conditions, structural unemployment is caused by a continuing lack of adaptability of the labor market.
contrairement à	in contrast to
l'**inadaptation** *f*	lack of adaptability
structurel, le	structural
saisonnier, -ière Les ventes de jouets sont soumis à des fluctuations saisonnières.	seasonal The sale of toys is subject to seasonal fluctuations.
le **cycle économique** Dans un cycle économique, on distingue quatre phases: l'expansion, la crise, la dépression et la reprise.	economic cycle Four distinct phases are distinguished in an economic cycle: expansion, crisis, depression, and upswing.
l'**expansion (de l'activité) économique** *f*	economic expansion; economic boom
le **retournement** Au moment où il y a retournement de la tendance à l'expansion, on parlera de crise: la production stagne, les stocks s'accumulent, des entreprises et des emplois disparaissent.	change; turn If the tendency toward expansion turns, we speak of a crisis: production stagnates, stocks pile up, companies and jobs disappear.
s'**accumuler**	pile up; accumulate

la **crise (de l'activité) économique** — economic crisis

la **surproduction** — overproduction

la **dépression (de l'activité) économique** — economic depression

dépressif, -ive — weak-economy; depressed; negative
Cette augmentation des impôts va avoir des conséquences dépressives sur la consommation des ménages. — This tax increase will have a negative effect on private consumption.

la **récession (de l'activité) économique** — economic recession; economic downturn

la **reprise (de l'activité) économique** — economic recovery; economic upturn

reprendre — recover; rebound; revive
Les affaires reprennent peu à peu. — Business is gradually recovering.

le **cycle conjoncturel** — business cycle
Dans un cycle conjoncturel, on parle souvent aussi de haute conjoncture, de ralentissement, de creux de la vague et de redémarrage pour désigner les quatre phases du cycle. — In a business cycle the terms often used are boom, slump, bottoming, and rebounding, corresponding to the four phases of the economic cycle.

la **haute conjoncture** — boom; prosperity

le **ralentissement (de l'activité) économique** — slump; subsiding of business activity

le **creux de la vague** — bottoming; depression

le **redémarrage (de l'activité) économique** — rebounding of business activity

se **stabiliser** — stabilize
Le produit intérieur brut en volume s'est stabilisé au deuxième trimestre après avoir chuté au premier trimestre. — The gross domestic product has stabilized quantitatively in the second quarter, after falling severely in the first quarter.

la **stabilisation** — stabilization

excessif, -ive — excessive; too high
Les stocks continuent d'être jugés excessifs. — Stocks continue to be seen as excessive.

affecter — be affected
Les exportations françaises sont affectées par le recul de la demande allemande. — French exports continue to suffer from the slump in German demand.

fléchir
Le pouvoir d'achat du revenu disponible des ménages fléchira sensiblement au second semestre de cette année et la consommation pourrait s'affaiblir dans les prochains mois.

decline; fall; sink
The purchasing power of disposable household income has sunk noticeably in the second half of the year, and consumption can weaken in the coming months.

s'**affaiblir**

become weaker; fall off

stimuler
La baisse marquée des taux d'intérêt à court et à long terme devrait stimuler le crédit.

stimulate; enliven
The marked drop of short- and long-term interest rates must stimulate borrowing.

marqué, e

marked; pronounced

aggraver
Un facteur qui aggrave la morosité actuelle, c'est qu'on ne prévoit même pas l'amorce d'une détente des taux d'intérêt.

worsen; increase; sharpen; aggravate
The present inactivity is only aggravated by the fact that there isn't even a first step toward easing interest rates in sight.

le **facteur**

factor

la **morosité**

inactivity; listlessness; bad mood; stagnation

l'**amorce** f

beginning; first sign

le **climat économique**

economic climate

relancer
L'activité économique ne peut être relancée que s'il y a baisse du coût du crédit.

restart; enliven
Economic activity can only be restarted if the cost of borrowing drops.

la **relance (de l'activité) économique**

stimulating the economy; business revival

l'**instabilité** f

instability

l'**incidence** f, la **répercussion**

consequence; repercussion

la **décélération**

deceleration; slowdown

la **surchauffe**
L'économie étant en état de surchauffe, il faut limiter les crédits bancaires et freiner la consommation intérieure.

overheating
Since the economy is overheated, bank lending must be restricted and the brakes put on domestic consumption.

amorcer
Du nord au sud de l'Europe, la reprise est amorcée: les principaux indicateurs de la conjoncture deviennent de nouveau positifs.

start; get started; be set in motion
From northern to southern Europe, the upturn has been set in motion. The most important economic indicators have become positive again.

▬▬▬ The Economy and the Market ▬▬▬

la **comptabilité nationale**
La comptabilité nationale mesure l'évolution de la richesse d'un pays.

total national economic accounting
Total national economic accounting measures the growth of the wealth of a country.

l'**agent économique** *m*

economic subject

le **secteur institutionnel**

sector of the national economy

les **sociétés et quasi sociétés non financières (SQS)** *fpl*
Il y a les sociétés et quasi sociétés non financières qui comprennent les sociétés du secteur privé et certains établissements publics: leur fonction est de produire des biens et des services marchands non financiers.

production companies

There is the production company sector, which is composed of the private-sector companies and certain public-sector companies. Their function is the production of marketable industrial goods and services.

marchand, e

marketable; for the market; intended for the market; commercial; for profit

les **administrations publiques** *fpl*

territorial authorities

non marchand, e

not marketable; noncommercial; nonprofit

le **circuit économique**

economic circulation

le **flux de biens et de services**

flow of goods and services

le **flux monétaire**
Si les flux des biens et services sont égaux aux flux monétaires on dira que l'économie est en état d'équilibre.

monetary flow
If the flow of goods and services is equal to the monetary flow, we say that the economy is in a state of equilibrium.

l'**offre** *f*

supply

la **demande**

demand

le **marché du travail**

labor market

l'**offreur,** l'**offreuse**

supplier

le **demandeur,** la **demandeuse**

demander; consumer

induit, e
La forte croissance de l'investissement induite par l'accélération de la demande ne peut que ralentir dès que les capacités de production rejoignent la demande.

induce
The strong growth of investments induced by the acceleration of demand can only be halted when production capacity catches up to the demand.

rejoindre

catch up

le **monopole**

monopoly

24 | The State and the Economy

National and Regional Authorities

la **collectivité publique**
Etat, collectivités territoriales et établissements publics sont des collectivités publiques.

public corporation
The state, the regional authorities, and the public institutions are public corporations.

la **collectivité territoriale**

regional authorities

d'Etat, public, -ique

state; government; official; public

l'**administration** *f*

(public) administration; (public) authority/agency

la **fonction publique**

public service; civil service; public office

le **service public**

public service; public business; public institution (to accomplish public business)

Des services publics comme la distribution de l'eau et les transports en commun peuvent être gérés par la commune elle-même ou concédés à des sociétés privées.

Public business like water supply or the public transport can be carried on by the community itself or given to a private company as a concession.

les **pouvoirs publics** *mpl*

(government) agencies; public posts; public authorities

Les pouvoirs publics vont organiser une large concertation entre citoyens pour définir une politique d'aménagement du territoire à long terme.

The government agencies are going to organize a broad-based concerted action with the citizens to establish a long-term policy for area planning.

la **concertation**

coordination (process); concerted action

l'**aménagement du territoire** *m*

area planning

le **plan**
Les thèmes prioritaires retenus par le XIe Plan (1993–1997) sont: la compétitivité de la France dans l'Europe, la prévention de l'exclusion, l'évolution de l'emploi et des compétences et la politique de l'environnement.

(economic) plan
The themes with priority in the XI economic plan (1993–1997) are France's competitive strength within Europe, preventive measures against social exclusion, the development of jobs and qualifications, and environmental policy.

prioritaire

with priority

l'**exclusion (sociale)** *f*

social exclusion

le **conseil général**
L'équipement du département est financé principalement par le conseil général.

general council
The infrastructure of the department is mainly financed by the general council.

l'**équipement** *m*

infrastructure; traffic routes; civil engineering

la **zone industrielle (ZI)**

industrial zone

la **technopole**

industrial park; technology park

le **parc d'activités**
Dans un parc d'activités sont regroupées des activités de service comme les banques, les sièges sociaux d'entreprise avec toute l'infrastructure nécessaire.

office park
Service activities like those of banks, corporate headquarters, and the entire infrastructure necessary for them are collected in an office park.

The Public Sector

l'**économie publique** *f*, le **secteur public**

public sector; state sector; national economy

l'**entreprise publique** *f*
Les entreprises publiques ont une personnalité juridique distincte de celle de l'Etat ou de la collectivité territoriale.

public corporations
Public corporations are held to be separate juristic persons, which are distinguished from those of the state or those of regional authorities.

l'**entreprise nationale** *f*

national corporations

nationaliser

nationalize

la **nationalisation**
En France, il y a eu des nationalisations d'entreprises en 1936–37 (industries d'armement, SNCF), après la deuxième guerre (Renault, Société générale, Electricité de France, etc.) et en 1982 (sociétés industrielles et banques).

nationalization
There was nationalization of companies in France in 1936–37 (armaments industry, railroads), after World War II (Renault, Société générale, Electricité de France, etc.), and in 1982 (industrial companies and banks).

la **privatisation**

privatization

privatiser
La Société générale et la Banque nationale de Paris ont été, depuis, de nouveau privatisées, l'une en 1987, l'autre en 1993.

privatize
Société générale and the Banque nationale de Paris have been privatized again recently, the one in 1987, the other in 1993.

en régie directe

under its own management, under government administration not for profit

Dans notre commune, la distribution de l'eau est exploitée en régie directe.

In our community, the water company operates under its own management.

| la **distribution de l'eau** | water supply |
| la **régie personnalisée** | independent operation |

la **régie personnalisée**
Si la collectivité territoriale a créé un établissement public pour gérer les transports en commun, il s'agit d'une régie personnalisée.

When a regional authority has created a public institution for running the public transportation system, it is a case of independent operation.

la **régie intéressée**

independent public company (profit-making)

La RATP est un établissement public industriel et commercial qui fonctionne sous le régime de la régie intéressée.

The Paris transportation company (RATP) is an independent public company that is under government administration and works to make a profit.

la **Régie autonome des transports parisiens (RATP)** — *Paris transportation company*

concéder (un service public) — grant a concession (for a public service)

The National Budget

les **finances publiques** *fpl* — public financial system; public finances; state finances

le **budget** — budget

budgétaire
Les ressources budgétaires proviennent essentiellement des recettes fiscales.

budgetary
The budgetary resources essentially come from the taxes received.

consacrer
En 1993, l'Etat français consacrait un peu plus du quart de ses dépenses budgétaires à l'éducation.

spend; use; employ
In 1993, the French government used somewhat more than a quarter of its budget for education.

la **subvention,** les **subsides** *mpl*
Cette entreprise touche des subventions de l'Etat.

subsidy; subvention; state grant
This company receives government subsidies.

subventionner — subventionize; subsidize

le **crédit (budgétaire)**
Les crédits alloués au budget de la justice 1994 seront en progression par rapport à 1993.

(yearly) budget
The budget granted to the justice department in 1994 is going to be higher than for 1993.

allouer — grant; allocate

porter
Le gouvernement a décidé de porter les crédits destinés à la dotation aux jeunes agriculteurs à 578 millions de francs.

raise; increase
The government has decided to increase the amount granted as subsidy to young farmers to 578 million francs.

l'**enveloppe (budgétaire)** *f* — approve or prepare (a budget)

s'**inscrire en augmentation/en baisse** — register an increase/decrease; be raised/lowered
Le budget de l'aménagement du territoire s'inscrit en 1994 en très forte augmentation (+ 18,5%) par rapport à 1993. — The budget for area planning registers a sharp increase (+18.5%) in 1994 over 1993.

couper — cut (radically); cancel (massively)
Il est toujours difficile de couper dans les dépenses. — It is always difficult to make cuts in expenditures.

les **restrictions budgétaires** *fpl* — budgetary restrictions
Comme nous sommes en période de restrictions budgétaires et que cette ligne budgétaire n'a pas été utilisée, elle va être supprimée. — Since we find ourselves in a period of budgetary restrictions and this budget line has not been used up, it is going to be deleted.

la **ligne budgétaire** — budget line

être supprimé, e — be omitted; be deleted

geler — freeze

l'**impasse budgétaire** *f* — budget gap

la **budgétisation** — allowing in the budget
La budgétisation de ces dépenses augmenterait le déficit public. — Including these expenses in the budget will raise the public deficit.

Economic Policy

la **politique économique** — economic policy

la **politique conjoncturelle** — business policy

la **politique budgétaire** — (government) budget policy; financial policy

la **politique des revenus** — income policy

revaloriser — raise; adjust, adapt; redetermine
SMIC, RMI et minimum vieillesse seront revalorisés de 2% au 1er janvier prochain. — The minimum wage, the changeover money for job rehabilitation, and the minimum pension are to be raised 2% on January 1 of next year.

la **revalorisation,** le **relèvement** — raise; adjustment; redetermination

le **minimum vital** — subsistence level
Le SMIC a pour but de garantir le minimum vital aux salariés les plus défavorisés. — The purpose of the minimum wage is to ensure the subsistence level for the most strongly disadvantaged workers.

défavorisé, e

disadvantaged

l'**escalade** f
Un relèvement du SMIC aurait pour
effet une escalade des salaires immédiatement supérieurs.

escalation
The raising of the minimum wage
would result in an increase for the
next higher paid wage group.

transitoire
Cette mesure de contrôle des prix est
prise à titre transitoire dans le but d'enrayer l'inflation.

transitory
This measure for price control is transitory and aimed at halting inflation.

la **politique de l'emploi**

employment policy

favoriser, encourager
Pour favoriser l'embauche des jeunes,
l'Etat propose plusieurs types d'aides
aux entreprises.

promote; foster; encourage
In order to promote the employment
of young people, the state has offered
companies various kinds of support.

l'**aide** f

aid; help; support

la **révision**
L'augmentation des chiffres du chômage
devrait entraîner une révision des objectifs de la politique de l'emploi.

review
The increase in the number of unemployed must lead to a review of the
goals of the employment policy.

la **politique structurelle**

structure policy

la **politique agricole**

agricultural policy

la **politique industrielle**
Une politique d'encouragement aux
concentrations et accords entre firmes
pour bénéficier d'économies d'échelle
fait partie de la politique industrielle.

industrial policy
A policy of encouragement of concentrations and agreements between
firms to benefit from economies of
buying is part of the industrial policy.

l'**encouragement** m

stimulus; promotion

les **retombées** fpl
Une meilleure formation professionnelle
ne peut avoir que des retombées posi-
tives sur notre industrie.

effect; consequence; fallout
Better job training can only have a
positive affect on our industry.

la **politique commerciale
(extérieure)**
Primes à l'exportation, développement
de l'assurance crédit à l'exportation sont
des mesures entrant dans le cadre d'une
politique commerciale extérieure.

(foreign) trade policy

Export premiums and development of
export credit insurance are measures
that are part of an export trade policy.

la **prime**

premium

la **politique énergétique**

energy policy

la **politique de transports**

transport policy

Economic Institutions

le **ministère de l'économie (et des finances)**	ministry of business (and finance); business (and finance) ministry
Ministère de l'économie et des finances et ministère du budget se trouvent rue de Bercy à Paris.	The ministry of business and finance and the budget ministry are both located in the rue de Bercy in Paris.
le **ministère du budget**	ministry of the budget
le **ministère du travail (de l'emploi et de la formation professionnelle)**	ministry of labor (employment and professional training); labor ministry
la **chambre de commerce et d'industrie (CCI)**	chamber of industry and commerce
Les chambres de commerce représentent les intérêts des ressortissants de leur circonscription auprès des pouvoirs publics.	The chambers of commerce represent the interests of those residing in the chamber's district against those of the state.
le **ressortissant,** la **ressortissante**	residents; inhabitants
la **circonscription**	(chamber) constituency
la **chambre des métiers**	trade corporation; chamber of handi-crafts
le **syndicat patronal**	employers' association
le **syndicat de salariés**	union; employee association
le **syndicat agricole**	farmworkers union
le **groupe de pression**	lobby; interest group
les **milieux** *mpl*	circle
Les milieux patronaux sont d'avis que la compétitivité des entreprises françaises souffre du trop grand poids des charges sociales.	In entrepreneurial circles, the opinion is represented that the competitiveness of French companies suffers under too great a weight of social contribution.
le **ministère de l'industrie et du commerce extérieur**	ministry of industry and foreign trade
le **ministère du commerce et de l'artisanat**	ministry of commerce and trades
le **ministère de l'équipement et des transports**	ministry of transport
l'**ordre (professionnel)** *m*	chamber; professional group
Les avocats, les pharmaciens, les architectes, les médecins sont regroupés en ordres professionnels.	Lawyers, pharmacists, architects, and doctors are grouped in chambers.

le **syndicat professionnel**

Un syndicat professionnel a pour objet la représentation, l'étude et la défense des intérêts professionnels de ses membres.

professional society; professional association
The purpose of a professional society is to represent its members, defend their professional interests, and stand up for them.

la **fédération (syndicale)**

(umbrella) association

la **confédération (syndicale)**

federation (of trade unions); central organization

l'**union interprofessionnelle** *f*
Au niveau local ou régional, on trouve des unions interprofessionnelles qui regroupent les syndicats d'une même confédération.

amalgamated union
On a local or regional level there are amalgamated unions, in which the trade unions of the same central organization band together.

corporatiste
Lorsqu'un syndicat professionnel défend ses propres intérêts au détriment de l'intérêt général, on parlera de revendications corporatistes.

unilateral trade group
If a union or a professional organization defends its own interest at the expense of the common good, we speak of unilateral trade group demands.

au détriment de

to the detriment of; at the expense of

Environmental Problems

environnemental, e, (-aux)	concerning the environment
la **dégradation**	destruction
la **pollution atmosphérique**	atmospheric pollution
l'**énergie fossile** *f*	fossil energy
le **polluant** Parmi les polluants de l'air, il y a les émissions de gaz carbonique ou sulfureuxet les rejets de métaux en poussières.	pollutant Among the pollutants in the air are carbon dioxide and sulfur dioxide emissions and the discharge of metal particles.
l'**émission (de gaz)** *f*	gas emission
le **rejet**	discharge
le **gaz sulfureux**	sulfur dioxide
polluer	pollute
la **nuisance** Le bruit et les odeurs sont des nuisances qu'il est quelquefois difficile de mesurer objectivement.	nuisance; annoyance; irritation Noises and smells are annoyances that are sometimes difficult to measure objectively.
les **déchets ménagers** *mpl* Les déchets ménagers sont de quatre types: ordures ménagères, déchets encombrants, déchets inertes et déchets liés aux voitures.	household waste There are four kinds of household waste: garbage, solid waste, nonbiodegradable waste, and waste from cars.
encombrant, e	bulky
les **ordures ménagères** *fpl*	garbage
les **déchets inertes** *mpl*	nonbiodegradable waste
nocif, -ive	harmful
le **risque technologique majeur** Un risque technologique majeur est celui dont les conséquences pourraient être très importantes pour la santé et la sécurité des personnes ou pour l'environnement.	major technological risk A major technological risk is an accident that could have grave effects on the health and safety of human beings and the environment.
porter atteinte Une interdiction de certains gaz propulseurs a été décidée par plusieurs pays car ils porteraient atteinte à la couche d'ozone.	harm, injure; attack Some countries have adopted prohibitions against the release of certain gases that can damage the ozone layer.
l'**interdiction** *f*	prohibition; interdiction

389

l'**effluent** *m*
Comment récupérer les matières polluantes contenues dans les effluents des industries?

industrial effluent
How can we recover the pollutants contained in the industrial effluents?

le **pollueur,** la **pollueuse**

pollutant

la **déforestation**

deforestation

la **surexploitation**

overexploitation

le **développement durable**
Selon le rapport Brundtland de l'ONU, est développement durable celui qui "répond aux besoins du présent sans compromettre les capacités des générations futures à répondre aux leurs".

environmentally sound development
According to the Brundtland report of the UN, an environmentally sound development is one that "responds to the needs of the present without compromising the capacity of future generations to respond to theirs."

compromettre

endanger; put into play

Environmental Protection

polluant, e
Cette entreprise a fait d'énormes investissements pour être moins polluante.

polluting
This company has invested a great deal in environmental protection.

écologique, respectueux, -euse de l'environnement
Les agriculteurs de la région cherchent à développer des méthodes de culture respectueuses de l'environnement.

ecological; environmentally sound

The farmers of the region are trying to develop environmentally sound cultivation methods.

les **économies d'énergie** *fpl*

energy-saving

énergivore

with high energy use

sobre
La croissance des pays occidentaux est devenue plus sobre en énergie, en minerai de fer, en cuivre.

economical; thrifty
Meanwhile, growth in the western countries is generating a more economical use of energy, iron, and copper.

antipollution *inv*
Notre entreprise a installé un système antipollution qui permet de dépoussiérer les fumées d'une façon très efficace.

antipollution; purification
Our company has installed a purification system with which the smoke can be cleaned in a very effective manner.

dépoussiérer

to dust; remove particles; clean

la **teneur**
Des normes européennes ont été établies pour limiter la teneur en soufre des combustibles de chauffage.

content
European norms have been established to limit the sulfur dioxide content of heating fuels.

le **soufre**

sulfur

la **dépollution**

removal of pollutants; purification

la **station d'épuration**

purification plant (of sewage/industrial waste water)

épurer
Les eaux usées d'Ile-de-France ne sont encore épurées qu'à 40% alors qu'elles le sont à 70% en Allemagne.

purify
The waste water of the Ile-de-France is only purified to 40%, while in Germany it is 70%.

les **eaux usées** *fpl*

waste water

sonore
Pour lutter contre les nuisances sonores, des écrans acoustiques ont été installés au bord de l'autoroute.

noise
Noise barriers have been erected along the throughways in order to combat noise pollution.

l'**écran acoustique** *m*

noise barriers

l'**éco(-)label** ‹éco(-)labels› *m*
NF Environnement est l'écolabel de l'AFNOR qui certifie que le produit, tout au long de son cycle de vie, respecte l'environnement.

environmental logo
"NF Environnement" is the environmental logo of AFNOR, which indicates that the product is environmentally safe throughout its life cycle.

la **marque NF Environnement**

French environmental logo

respecter l'environnement

be environmentally safe

l'**Eco-label CE** *m*
Au niveau communautaire, il existe, depuis 1992, l'Eco-label CE similaire dans ses principes à l'écolabel français.

EU environmental label
At the level of the European Union, since 1992 there has been the EU environmental label, which corresponds to the French environmental label in its essential characteristics.

l'**éco(-)bilan (de produit)**
‹éco(-)bilans› *m*
Faire l'éco-bilan d'un produit, c'est évaluer son impact sur l'environnement tout au long de son cycle de vie.

ecological balance (of a product)
When we establish the ecological balance of a product, we evaluate its impact on the environment during its entire life cycle.

l'**éco(-)produit** ‹éco(-)produits› *m*

environmentally friendly product

la **technologie propre**

clean technology

le **principe pollueur-payeur**

polluter-payer principle

dépolluer

eliminate environmental damage/ environmental pollution

l'**Agence de l'environnement et de la maîtrise de l'énergie (ADEME)** *f*

French agency for the environment and energy conservation

hydraulique En 1992, la part de l'électricité d'origine hydraulique dans la production totale d'électricité en France était de 16% (électricité d'origine nucléaire: 73%).	waterpowered; hydraulic In 1992, the amount of water-generated electricity was 16% of the total electricity produced in France (nuclear-generated: 73%).
l'**énergie renouvelable** f	renewable energy
l'**énergie solaire** f	solar energy
l'**énergie éolienne** f	wind energy
l'**énergie géothermique** f	geothermal energy
la **biomasse** Avec les biocarburants, la biomasse peut devenir une énergie de substitution au pétrole.	biomass Thanks to renewable fuels, the biomass can become a substitute for petroleum.
le **biocarburant**	renewable fuels

■ The Waste Industry ■

le **traitement des déchets**	waste business; waste disposal
la **récupération**	recovery; reclamation; recycling
récupérer	recover; reclaim
le **recyclage** Le recyclage est une manière de valoriser des déchets.	recycling Recycling is a way of utilizing waste.
valoriser	utilize
recycler Cette entreprise n'utilise que du papier recyclé pour sa correspondance.	recycle This company uses only recycled paper for its correspondence.
recyclable	recyclable
le **réemploi** La consigne des bouteilles est un exemple de réemploi.	reuse; multiple use; recycling The deposit on bottles is an example of a reuse system.
la **consigne**	deposit; deposit system
la **réutilisation**	reutilization
la **régénération** Faire subir un traitement physique ou chimique à des huiles usées pour les utiliser comme une matière première neuve, c'est de la régénération.	reclaiming; retrieval When used oil is treated physically or chemically to make it reusable as a raw material, it is a case of retrieval.

le **compostage** — composting

les **déchets ultimes** *mpl* — (unrecyclable) residual waste
Les déchets qu'on ne peut plus valoriser, ce qu'on appelle les déchets ultimes, sont éliminés soit par incinération, soit par mise en décharge. — Waste that can no longer be recycled, called "residual waste," cannot be disposed of either by incineration or placing in dumps.

éliminer — dispose of

l'**élimination** *f* — disposal

l'**incinération** *f* — incineration

l'**usine d'incinération** *f* — incinerator

la **mise en décharge** — dumping

la **décharge** — dump
Les coûts d'enfouissement dans une décharge en France sont nettement inférieurs à ceux de l'Allemagne. — The costs for burial in a dump in France are markedly less than those in Germany.

l'**enfouissement** *m* — burial

radioactif, -ive — radioactive

biodégradable — biodegradable

suremballé, e — packaging
Trop de produits sont inutilement suremballés. — Too many products have unnecessary packaging.

faire obligation — require, obligate
Depuis le 1er janvier 1993 la loi fait obligation aux industriels ou importateurs de produits emballés de verser une cotisation basée sur le chiffre d'affaires à Eco-Emballages SA. — Since January 1, 1993, the law requires producers or importers of packaged goods to pay a tax corresponding to their sales to the Eco-Emballages SA.

Eco-Emballages SA — *French corporate entity for environmental packaging*

le **logo d'Eco-Emballages** — the logo of Eco-Emballages
Le conditionneur qui adhère par sa cotisation à Eco-Emballages SA a le droit de faire figurer sur tous ses produits le logo d'Eco-Emballages. — The packaging firm that through its contribution is a member of Eco-Emballages SA has the right to use the logo of Eco-Emballages on all its products.

adhérer à — join; become a member of

le **conditionneur,** la **conditionneuse** — packaging firm

la **déchetterie** — waste collection site

la **benne** — trash container; waste pit

Abbreviations of French Business Terms

ADEME [adɛm]   Agence de l'environnement et de la maîtrise de l'énergie
AFNOR [afnɔr]   Association française de normalisation
AG   assemblée générale (des actionnaires)
ANPE   Agence national pour l'emploi
AR   avis de réception
ASSEDIC [asedik]   Association pour l'emploi dans l'industrie et le commerce
BA   bénéfices agricoles
BALO [balo]   Bulletin des annonces légales obligatoires
BC   brevet de compagnon
BEP   brevet d'études professionnelles
BF   Banque de France
BFCE   Banque française du commerce extérieur
BIC   bénéfices industriels et commerciaux
BIT   Bureau international du travail
BM   brevet de maîtrise
BNC   bénéfices non commerciaux
BODACC [bodak]   Bulletin officiel des annonces civiles et commerciales
BP   boîte postale
BPF   bon pour francs
BTP   bâtiment et (les) travaux publics
BTS   brevet de technicien supérieur
C/C   compte courant
CA   chiffre d'affaires; conseil d'administration
CAD   changeur automatique de devises
CAF [kaf]   caisse d'allocations familiales
CAF   capacité d'autofinancement
CAO   conception assistée par ordinateur
CAP   certificat d'aptitude profesionnelle
CB   carte bancaire
CBV   Conseil des bourses de valeurs
CCI   chambre de commerce et d'industrie; Chambre de commerce
        internationale
CCP   compte-chèques postal
CDD   contrat à durée déterminée
CDI   centre des impôts
CE   comité d'entreprise; Communauté européenne
CES   contrat emploi-solidarité
CFAO   conception et fabrication assistées par ordinateur
CFE   Centre de formalités des entreprises
CFR   Coût et fret
CGV   conditions générales de vente
CHSCT   comité d'hygiène, de sécurité et des conditions de travail
CIF [sif]   coût, assurance et fret
CIP   port payé, assurance comprise, jusqu'à
cl   centilitre
CNP   Caisse nationale de prévoyance
COB [kɔb]   commission des opérations de bourse

COD	contre-remboursement
COFACE [kofas]	Compagnie française d'assurance pour le commerce extérieur
CPT	port payé jusqu'à
CSG	contribution sociale généralisée
ct	courant
CV	curriculum vitae
D/A	documents contre acceptation
D/P	documents contre paiement
DAB [dab]	distributeur automatique de billets
DAF	rendu frontière
DAU	document administratif unique
DDP	rendu droits acquittés
DDU	rendu droits non acquittés
DEB	déclaration d'echanges de biens
DEQ	rendu à quai
DES	rendu ex ship
DEUG [dœg]	diplôme d'études universitaires générales
DG	directeur général
DOC	disque optique compact
DON	disque optique numérique
DUT	diplôme universitaire de technologie
EBE	excédent brut d'exploitation
EDI [edi]	échange de données informatisé
EEE	Espace économique européen
en données CVS	en données corrigées des variations saisonnières
ESC	Ecole supérieure de commerce
EURL	entreprise unipersonnelle à responsabilité limitée
EXW	à l'usine
FAB [fab]	franco à bord
FAO	fabrication assistée par ordinateur
FAS [fas]	franco le long du navire
FCA	franco transporteur
FCL	conteneur complet
FCP	fonds commun de placement
FOB [fɔb]	franco (à) bord
GAB [gab]	guichet automatique de banque
GEIE	groupement européen d'intérêt économique
GIE	groupement d'intérêt économique
GPAO	gestion de la production assisstée par ordinateur
GSS	grande surface spécialisée
GV	en grande vitesse
HEC	Ecole des hautes études commerciales
HT	hors taxes
IAA	industries agro(-)alimentaires
IDE	investissement direct (à l'étranger)
INPI	Institut national de la propriété industrielle
INSEE [inse]	Institut national de la statistique et des études économiques
IRPP	impôt sur le revenu des personnes physiques
IS	impôt sur les sociétés
ISF	impôt de solidarité sur la fortune
IUT	institut universitaire de technologie

JAT	juste à temps
JO	Journal officiel
kF	kilofrancs
LC	lettre de change
LCL	groupage (dans un) conteneur
LCR	lettre de change-relevé
LTA	lettre de transport aérien
LVI	lettre de voiture internationale
MATIF [matif]	Marché à terme international de France
MCE	mobilisation de créance née sur l'étranger
MOCN	machine-outil à commande numérique
MONEP [mɔnɛp]	Marché des options négociables de Paris
Nos réf, N/R [nɔʀef]	Nos références
OEB	Office européen des brevets
OP	ouvrier professionnel
OPA	offre publique d'achat
OPCVM	organisme de placement collectif en valeurs mobilières
OPV	offre publique de vente
OS	ouvrier spécialisé
p/le, la	pour le, la
p/o	par ordre
PAO	publication assistée par ordinateur
PCG	plan comptable général
PDG	président-directeur général
PEL [pɛl]	plan (d')épargne-logement
permis VL	permis véhicule léger
PIB [peibe, pib]	produit intérieur brut
PJ-Ann	Pièces jointes-Annexes
PLV	publicité sur le lieu de vente
PME	petite et moyenne entreprise
PNB	produit national brut
PPA	parité de pouvoir d'achat
PS	post-scriptum
PV	en petite vitesse
RA	en régime accéléré
RATP	Régie autonome des transports parisiens
RCS	registre du commerce et des sociétés
RES	reprise d'entreprise par les salariés
RH	ressources humaines
RIB [ʀib]	relevé d'identité bancaire
RIP [ʀip]	relevé d'identité postal(e)
RMI	revenu minimum d'insertion
RO	en régime ordinaire
RUU	Règles et usances uniformes relatives aux crédits documentaires
réf	référence; référence de catalogue
SA	société anonyme
SARL	société à responsabilité limitée
SAV	service après-vente
SBF	Société des bourses françaises
SCA	société en commandite par actions

SCOP [skɔp]	société coopérative ouvrière de production
SCS	société en commandite simple
SEM	société d'economie mixte
SERNAM [sɛRnam]	Service national de messageries
service R & D	service (de la) recherche et (du) développement
SICAV [sikav]	société d'investissement à capital variable
SIREN [siRãn]	système informatique du répertoire des entreprises
SIRENE [siRɛn]	système informatisé du répertoire national des entreprises et des établissements
SIRET [siRɛt]	système informatique du répertoire des éstablissements
SLTS	salutations
SME	Système monétaire européen
SMIC [smik]	salaire minimum (interprofessionnel de croissance)
SNC	société en nom collectif
SPA	standard de pouvoir d'achat
SQS	sociétés et quasi sociétés non financières
SS	Sécurité sociale
TBB	taux de base bancaire
TEC	tarif extérieur commun
TEG	taux effectif global
TIOP [tijɔp]	taux interbancaire offert à Paris
TIPP [tip]	taxe intérieure de consommation sur les produits pétroliers
TMM	taux du marché monétaire
TPE	terminal de paiement électronique
TTC	toutes taxes comprises
TVA	taxe sur la valeur ajoutée
UE	Union européenne
ULD	unité de chargement aérienne
URSSAF [yRsaf]	Union de recouvrement de la Sécurité sociale et des allocations familiales
VAD	vente (directe) à domicile
VD	envoi en valeur déclarée
Vos réf, V/R [voRef]	Vos références
VPC	vente par correspondance
VRP	voyageurs, représentants, placiers
ZI	zone industrielle

The French Alphabet

A	comme	Anatole	I	comme	Irma	R	domme	Raoul
B	comme	Berthe	J	comme	Joseph	S	comme	Suzanne
C	comme	Célestin	K	comme	Kléber	T	comme	Thérèse
D	comme	Désiré	L	comme	Louis	U	comme	Ursule
E	comme	Eugène	M	comme	Marcel	V	comme	Victor
É	comme	Émile	N	comme	Nicolas	W	comme	William
F	comme	François	O	comme	Oscar	X	comme	Xavier
G	comme	Gaston	P	comme	Pierre	Y	comme	Yvonne
H	comme	Henri	Q	comme	Quintal	Z	comme	Zoé

Index

All the basic vocabulary words appear as **boldfaced entries**, whereas all the continuing vocabulary entries are in lightface.

assujettissement à l'impôt 357
assurance 290
assurance "accidents caractérisés" 299
assurance auto(mobile) 291
assurance (automobile) au tiers 291
assurance collective 292
assurance contre l'incendie/le vol 290
assurance (de) crédit (à l'exportation) 291
assurance (de) dommages (aux biens) 290
assurance de personnes 293
assurance de responsabilité 291
assurance (en cas de) décès 293
assurance en cas de vie 293
assurance "FAP sauf" 300
assurance obligatoire 292
assurance "pertes d'exploitation" 291
assurance prévoyance 293
assurance privée 293
assurance "responsabilité civile produits" 291
assurance tous risques 299
assurance tous risques (automobile) 292
assurance tous risques maritime 299
assurance transport (de marchandises) 298

assurances 49
assurances sociales 292
assurance(-)chômage 36
assurance(-)maladie 35
assurance(-)vie 293
assurance(-)vieillesse 36
assuré, assurée 293
assurer 282, 290
assurer 17
s'assurer 290
assurer qc (contre qc) 290
assuré social, assurée sociale 35
assureur 294
astreinte 319
atelier (de production) 103
atelier clandestin 315
atelier flexible 106
ateliers (de production) 103
atout 20
attaché commercial, attachée commerciale 178
attaché attachée de direction 79
attaché, attachée de presse 159
attaquer 141
attendre 261
attendu 319
attente 259
attention, à l' – de 257
attentivement 125
atterrir 281
atterrissage 281
attestation de l'employeur 33
attestation de prise en charge 274
attester 197
attirer l'attention de qn sur qc 260
attribuer 207

attribution 207
attributions 20
au-delà de qc 179
audience 152, 317
audioconférence 267
audiotex 267
audit 97
augmentation 84
augmentation de capital 67
augmentation de salaire 39
augmenter 39
auprès de 163
autarcie 374
authentifier 305
autocollant 158
autofinancement 92
autofinancer 92
autogestion 41
automate (programmable) 105
automatisation 105
automatiser 106
automobile 47
autonome 17
autorisation de découvert 341
autorisation de prélèvenient 330
autorisation de travail 21
autorités monétaires 320
autres charges externes 101
aval 337
aval, vers l' – 69
avance (sur salaire) 32
avance (de fonds) 326
avance à l' – 222
avance en compte courant 341
avance en devises 204
avance sur litres 343
avances clients 98
avancer 326
avantage en nature 33

C

cabinet 83
cabinet de recrute-
   ment 15
cadastre 363
cadence (de produc-
   tion) 114
cadence de livraison
   224
cadre 15
cadre, dans le – de 21
**cadre dirigeant,
   cadre dirigeante**
   81
cadre moyen 133
cadre supérieur 133
CAF 189
cageot 127
cahier des charges
   108
caisse (en bois) 126
casse (enregistreuse)
   174
caisse à claires-voies
   126
caisse complémen-
   taire de retraite 292
**caisse d'allocations
   familiales (CAF)**
   36
**caisse d'assurance
   maladie** 35
**caisse d'assurance
   vieillesse** 36
caisse de crédit mu-
   nicipal 321
**caisse de crédit
   mutuel** 320
caisse d'epargne 320
caisse mobile 284
**Caisse nationale de
   prévoyance (CNP)**
   301
caisse pleine 127
caisse (pour fret) mar-
   itime 224
caissier, caissière 174
calcul des coûts 101
**calculé, e au plus
   juste** 208

calculer 86
cale 276
calendrier 145
calendrier de diffu-
   sion d'un message
   150
camelot 176
**campagne (publici-
   taire)** 149
**canal (de distribu-
   tion)** 161
candidat, candidate
   16
candidature 19
cannibaliser 145
cap 114
**capable (de con-
   tracter)** 305
capacité 16
capacité (de jouis-
   sance) 305
**capacité (de produc-
   tion)** 103
capacité (d'exercice)
   305
capacité d'autofi-
   nancement (CAF)
   94
capacité de charge
   279
**capacité juridique
   pour emprunter**
   342
capital 54, 340
capital social 56
capitalisation 293
capital-risque 54
capitaux 88
capitaux empruntés
   92
capitaux permanents
   92
caractère 202
caractère exceptionnel
   245
**se caractériser par
   qc** 163
**caractéristiques
   techniques** 108
caravane publicitaire
   158

cargaison 276
cargo 278
carnet ATA 200
carnet de commandes
   214
carnet TIR 200
carrière 20
carte (de paiement)
   334
carte à piste 335
carte à puce 335
carte bancaire (CB)
   335
carte de commerçant
   336
carte de crédit (non
   bancaire) 336
carte de fidélité 174
carte d'entrée 148
carte de retrait 334
carte France Télécom
   266
carton 126
carton ondulé 128
cartonnage 128
cas, en – de 25
case de coffre-fort
   326
casier 247
casser les prix 132
cause, être mis, e en –
   234
catalogue 156
catalogue, sur 166
catégorie (de revenu)
   360
catégorie de produits
   172
caution 343
cautionnement 342
cédant, cédante 310
céder 57
CEDEX 262
centilitre (cl) 126
centrale d'achat 163
centrale d'achat d'es-
   paces (publici-
   taires) 152
centrale syndicale 40
centre commercial
   170

concessionnaire 164
conclure la vente 164
conclure un contrat
191
concours 160
concours (d'entrée)
13
**concours (publici-
taire)** 157
concurrence 139
concurrence, à – de
294
**concurrence
déloyale** 310
concurrence loyale
310
concurrencer 127
**concurrent, concur-
rente** 138
concurrent, e 139
concurrentiel, le 138
condition, à – que
212
conditionnement 123
conditionner 125
conditionneur, condi-
tionneuse 393
conditions de vente
208
conditions générales
de vente (CGV)
214
confection 49
confédération (syndi-
cale) 388
conférence 277
conférence 160
conférence, être en –
270
conférence maritime
277
confidentiel 257
confier qc à qn 161
confirmation 211
confirmation de com-
mande 204
confirmer 193
**conflit (collectif) du
travail** 41
conforme à qc 123
conformément à 213

se conformer à qc
129
conformité 124
confortable 182
conforter 142
confusion 234
congé (de) maladie
35
congé de maternité
36
congé (individuel de)
formation 24
congé parental d'édu-
cation 37
congé sabbatique 24
congé sans solde 24
congés payés 23
conglomérat 68
congrès 147
congressiste 147
conjoncture 378
conjoncturel, le 378
conjoncturiste 368
**connaissement (mar-
itime)** 274
**connaissement à
bord** 274
**connaissement à
ordre** 275
**connaissement au
porteur**
connaissement chef
274
connaissement de
transport combiné
275
connaissement direct
275
connaissement FIATA
275
**connaissement flu-
vial** 279
**connaissement net
(de réserves)** 275
**connaissement nomi-
natif** 275
**connaissement reçu
pour embarque-
ment** 274
**connaissement sur-
chargé** 275

connaître 50, 206
conquérir 141
consacrer 384
conseil 83
**conseil d'adminis-
tration (CA)** 61
Conseil de la concur-
rence 311
Conseil des bourses
de valeurs (CBV)
354
**conseil de(s)
prud'hommes** 29
**conseil de surveil-
lance** 63
conseil en recrute-
ment 83
conseil général 383
conseiller, conseillère
83
**conseiller commer-
cial** 216
conseiller fiscal, con-
seillère fiscale 359
conseils d'utilisation
125
consentement 58
consentir 204
conséquence, en –
213
conserver 231
consignataire 185
consignation 185
consigne 392
consigné, e 127
consister à faire qc 96
consolider 100
**consommateur, con-
sommatrice** 136
consommation 133
**consommations in-
termédiaires** 370
consommer 102
consortium 68
constat (amiable)
296
constat (d'avaries)
301
constater 228
constitué, e, être – de
73

constituer 54, 116
constitution 54
constructeur, constructrice 46
construction aéronautique 47
construction automobile 47
construction mécanique 47
construction navale 47
consulat 197
consultant, consultante 82
consultatif, -ive 29
consultation 250
consulter 216
contact, mettre en – 178
contenance 127
conteneur 128
conteneur complet (FCL) 273
conteneuriser 190
contenir 378
contentieux de l'impôt 366
contestable 305
contestation 224
continental, e 280
contingent 199
contingenter 199
continu, en – 111
contractants 219
contracter 219
contractuel, le 220
contrainte 183
contrairement à 378
contrat 305
contrat à durée déterminée (CDD) 22
contrat à durée indéterminée (CDI) 22
contrat d'apprentissage 22
contrat d'assistance 293

contrat d'assurance 290
contrat de commission de transport 287
contrat de crédit 306
contrat d'entreprise 306
contrat de prêt (à usage) 306
contrat de société 54
contrat de transport (de marchandises) 286
contrat de travail 22
contrat de travail intermittent 22
contrat de vente 219
contrat emploi-solidarité (CES) 370
contravention 313
contrebande 200
contre-expertise 297
contrefaçon 124
contrefaire 124
contremaître, contremaîtresse 80
contrepartie 204
contre-remboursement (COD) 195
contretemps 214
contre-valeur 344
contribuable 357
contribuer à 371
contribution 52
contributions indirectes 362
contribution sociale généralisée (CSG) 361
contrôle 366
contrôle de gestion 75
contrôle (de la) qualité 115
contrôle des changes 347
contrôle des prix 377
contrôler 74
contrôler 356
convenance à votre – 245

convenir 118
convenir à qn 206
convenir de qc 243
convention 287
convention collective 39
convention de compte 323
conventionnel, en (transport) – 271
convenu, e 181
conversion 325
conversiml (professionnelle) 26
convertibilité 345
convertible 345
convertir 325
convivial, e 83
convocation 61
convoquer 61
coopérative d'achat 170
coopérative de consommation 169
coopérer 65
coordonnées 235, 269
coordonner 79
copie 240
copie 155
copieur 247
corbeille 246
corbeille (à papier) 247
cordialement 257
corporatiste 388
corporel, le 91
corps de la lettre 256
correction 250
correspondance (commerciale) 254
correspondancier, correspondancière 251
correspondant, correspondante 265
corruption 314
cotation 278, 355
cote des changes 356
cote officielle 354
coter 354

cotisant, cotisante 37, 295
cotisation (d'assur-ance) 294
cotisation sociale 34
cotisations pa-tronales 35
cotisations salariales 35
cotiser 34
couche 134
coup, au – par – 204
coup de fil 269
coupé, e, être – 270
couper 385
coupon 157, 351
coupon-réponse 154
coupon-réponse inter-national 264
coupure 344
courant, e 91, 114
courant (ct) 258
courant janvier/février/mars/ . . . 209
cour d'appel 319
cour de cassation 319
courir 340
courir 241
courrier 251
courrier arrivée 251
courrier départ 251
cours, avoir – 345
cours, en – 253
cours (de bourse) 355
cours (du change) 325
cours d'exécution, en – 214
cours d'expédition, en – 214
cours plafond 346
cours plancher 346
courtage 178
courtier, courtière 177
courtier, courtière d'assurance(s) 302
courtier de fret 279
courtier maritime 276

coût, assurance et fret . . . (CIF . . .) 189
coût 97
coût d'achat 181
coût de la vie 375
coût de pénurie 118
coût de revient 107
coût de revient 181
coût de stockage 118
coût et fret . . . (CFR . . .) 189
coût moyen 102
coût salarial unitaire (relatif) 374
couverture (d'assur-ance) 290
couvrir 88, 153, 204, 222
créance 70
créances (à recouvrer) 242
créancier, creancière 70
creancier, créancière gagiste 343
créateur, -trice d'em-plois 370
créateur creatrice d'entreprise 53
création (d'une let-tre de change) 337
création d'emplois 369
crédit 95, 328, 340
crédit acheteur 204
crédit aux particuliers 341
crédit (budgétaire) 384
crédit (de) relais 94
crédit de trésorerie 340
crédit d'heures 40
crédit d'impôt 365
crédit documentaire (crédoc) 191
crédit documentaire (irrévocable et) confirmé 193

crédit documentaire révocable 195
crédit en blanc 342
crédit fournisseur 204
crédit par acceptation 341
crédit-bail 94
crédit(-)client 89
créditer 328
créditeur, -trice 328
crédit(-)fournisseur 93
créer 53, 249
créneau 138
se creuser 135
creux de la vague 379
criblé, e de dettes 71
crise (de l'activité) économique 379
critère 56
croiser 226
croissance 371
croissance externe 67
croissance interne 67
croître, accroître 371
cultures vivrières 45
cumulé, e 88
curriculum vitae (CV) 18
curseur 248
cycle 89
cycle conjoncturel 379
cycle de vie 125
cycle d'exploitation 89
cycle économique 378
cyclique 51

D

dactylo 251
dactylographié, e 18
dactylographier, écrire à la ma-chine 251

distributeur automa-
tique de billets
(DAB) 335
distributeur exclusif,
distributrice ex-
clusive 162
distribution 161
distribution de divi-
dendes 349
distribution de l'eau
384
distribution de
masse 167
distribution exclusive
163
distribution intensive
163
distribution sélective
163
divers, e 31
divers, es 98
diversification 65
se diversifier 65
dividende 349
diviser 61
diviser qc par
deux/trois/quatre
115
division 74
division du travail 111
document 95
document adminis-
tratif unique
(DAU) 197
documentation 158
documents 246
documents contre ac-
ceptation (D/A)
194
documents contre
paiement (D/P) 194
doit 235
dol 306
domaine (d'activité
économique) 44
domestique 142
domiciliataire 337
domiciliation (du
compte) bancaire
328
dommage 291, 231

dommages corporels
291
dommages et intérêts
226
dommages im-
matériels 292
dommages matériels
291
dommages-intérêts
226
donné, e 97
données 248
données brutes, en –
28
données corrigées des
variations saison-
nières, en – 28
donneur, donneuse
d'ordre 191, 330
dos 338
dossier 246
dotation 93
se doter 104
douane 196
douane, sous – 199
douanier, douanière
196
douanier, -ière 196
double imposition 359
doublement 84
douteux, -euse 215
droit 304
droit, avoir – à 36
droit à indemnité 297
droit au (renouvelle-
ment du) bail 309
droit civil 304
droit commercial
306
droit commun, de –
317
droit communau-
taire 304
droit d'attribution 350
droit de courtage
355
droit de la concur-
rence 304
droi t de mutation 362
droit de rétention 288
droit des affaires 306

droit de timbre 337
droit de timbre 362
droit de vote 349
droit fiscal 304
droit pénal 304
droit (préférentiel) de
souscription 349
droit privé 304
droit public 304
droits (de douane)
189
droits d'accise 362
droits de magasinage
288
droits d'entrée 196
dû, due 239
dû, due, être – à 85
dû, due, être – 202
dûment 212
dumping 311
duplicata 286
durée légale du
(temps de) travail
34

E

eaux usées 391
écart 134
écart d'inflation 378
échange 232
échange, en – de 57,
195
échange de données
informatisé (EDI)
236
échanger 176
échanges extérieurs
372
échantillon 157
échantillon
(représentatif de
la population de
base) 139
échéance 235
échéancier 70
échelle 135
échelle mobile (des
salaires) 377

L

label (de qualité) 129
laisser à désirer 130
laisser flotter 346
lancement 126
lancer 109, 143
lancer un appel d'offres 206
lancer un emprunt 350
lancer une OPA 356
lancer un (mot d')ordre de grève 42
leader 142
lecteur de disquettes 249
léser 317
lettre circulaire 158
lettre commerciale 254
lettre (commerciale) de crédit 195
lettre de change (LC) 336
lettre de change-relevé (LCR) 336
lettre de commande 211
lettre de motivation 19
lettre de rappel 225
lettre de rappel (de paiement) 240
lettre de réclamation 230
lettre de relance 240
lettre de réserves 301
lettre de transport aérien (LTA) 280
lettre de vente 156
lettre de voiture CIM 285
lettre de voiture CMR 282
lettre de voiture (fluviale) 279
lettre de voiture internatlonale (LVI) 285

lettre-type 253
lever 350
liaison 280
liasse 280
libellé 238
libellé, e être – 333
libeller 331
liberation des prix 377
libérer 55
libérer les prix 182
liberté du commerce 307
liberté du travail 31
libre circulation des marchandises 202
libre concurrence 310
libre pratique 201
libre(-)service 165
licence 14
licence (d'exploitation) 123
licence d'exportation 191
licence d'importation 191
licencié, e économique, être – 25
licenciement 25
licenciement collectif 25
licenciement individuel 25
licenciement pour cause économique 25
licenciement pour motif personnel 25
licenciement sec 26
licencier 25
licite 314
lien de causalité 312
lier 22, 188
lieu, avoir – 145
lieu de création 331
lieu de départ 256
ligne 270
ligne, de – 277
ligne, avoir en – 270
ligne, être en – 270

ligne aérienne 280
ligne budgétaire 385
ligne de crédit 341
ligne de production 110
ligne de produits 125
ligne maritime 277
ligne régulière 277
limitation 203
limité, e 57
limiter 199
linéaire 91, 159
liquidateur, liquidatrice 70
liquidation (de l'impôt) 364
liquidation (du stock) 175
liquidation (judiciaire) 70
liquide 344
liquider 116
liquidité 100
liste de colisage 197
litige 316
livrable 208
livraison 222
livraison (intra-communautaire) 203
livraison complémentaire 233
livraison partielle 212
livre d'inventaire 96
livrer 222
livrer à domicile 174
livres (de commerce) 96
livret d'epargne 323
livreur, livreuse 223
local 309
local, e 152
local (de stockage) 117
localité 282
locataire 309
location 146
location 276
location-gérance 309
location-vente 236
lock(-)out 42
logiciel 248

recommandé, e avec AR 263
recommandé, en – 263
reconduction 221
reconduire 295
reconnaissant, e, être – 259
reconnaître 232, 283
reconstituer 116
se reconvertir 26
recourir à 232, 242
recours 353
recours, avoir – à qc 92
recours 204
recouvrement 363
recouvrement 242
recouvrer 363
recouvrer 242
recrutement 15
recruter 15
rectification 237
rectifier 239
recto verso 247
reçu 237
recueillir 218
recul 179
reculer 137
récupération 392
récupération de la TVA 362
récupérer 362, 392
reçu pour solde de tout compte 26
recyclable 392
recyclage 392
recyclage 14
recycler 392
se recycler 14
redémarrage (de l'activité) économique 379
redevable, être – 240
redevable, être – de l'impôt 357
redevable définitif, redevable définitive 357
redevance 164, 362
rédiger 331

rédiger 221
redressement 329
redressement (d'entreprise) 71
redressement fiscal 367
redressement judiciaire 69
redresser 71
réduction 247
réduction (de prix) 180
réduction d'impôt 365
réduction du temps de travail 41
réduire 112
réembauchage 26
réemploi 392
réescompte 341
réévaluation 347
réévaluer 347
réexporter 200
référence 172
référence (réf) 17
référence en – à 258
référence (de catalogue) (réf) 208
référencement 174
référencer 174
references 17, 254
se référer à 260
refinancement 347
refinancer 346
refléter 371
refus de (prendre) livraison 226
refus de vente 313
régénération 392
Régie autonome des transports parisiens (RATP) 384
régie directe, en – 383
régie intéressée 384
régie personnalisée 384
régie publicitaire 152
régime en – accéleré (RA) 285
régime en – ordinaire (RO) 285

régime (douanier) 199
régime express (en) – 286
régional, e 78
régir 59
registre 251
registre du commerce et des sociétés (RCS) 54
registres de la conservation des hypothèques 344
règle 188
règle de droit 303
règlement 235, 303
règlement, en – de 237
règlement amiable 71
règlement du sinistre 297
règlement interieur 28
réglementaire 304
réglementation 312
règlementer 310
régler 235, 317
régler un sinistre 297
Règles et usances uniformes relatives aux crédits documentaires (RUU) 191
regret, avoir le – 260
regretter (vivement) 232
regroupement 65
regrouper 164
se regrouper 66
regrouper 105
régularisation 239
régulariser 240
régularité 245
réhabilitation 72
réimporter 200
réinvestir 92
rejet 143, 389
rejeter 332
rejoindre 381

rôle (des impôts) 366
rompre 24, 220
rossignol 175
rotation des postes 112
rotation des stocks 119
rotation du personnel 34
rouge, être dans le – 88
routier, -ière 282
rue commerçante 170
ruiner 71
rupture 24
rupture de charge 271
rupture de stock 118

S

sac 126
sachet 127
saisie 250, 319
saisir 199, 248, 343
saisir qn (de qc) 316
saisonnier, -ière 378
saisonnier, -ière 23
salaire de base 31
salaire minimum (interprofessionnel de croissance) (SMIC) 31
salarial, e 34
salarié, e 22
salarié, salariée 22
salle de réunion 253
salon 145
salutations (SLTS) 257
sanction 311
sanctionner 312
sanitaire 197
sans délal 228
sans-emploi 27
sans emploi 27
sans engagement de ma/notre part 217
sans faute 253

sans garantie 216
sans interruption 172
sans objet 241
sans préavis 26
sans réponse 242
sans ressources 134
sans tarder 241
satisfaction, avoir – 232
satisfaction, donner – 206
satisfaire 107
satisfaire 206
satisfaisant, e 213
saturé, e 137
sauf 298
sauf erreur ou omission (de notre part) 241
sauf vente 210
sauvegarder 249
sauvegarder 41
savoir-faire 112
scanneur 250
science économique 368
scission 67
scriptural, e 327
sec, être à – 90
seconder 17
secret bancaire 316
secrétaire de direction 79
secrétaire général, secrétaire générale 79
secrétariat 246
secrétariat général 74
secteur (de vente) 177
secteur (économique) 44
secteur bancaire 320
secteur de l'assurance 301
secteur institulionnel 381
secteur mutualiste 321
secteur officiel 373
secteur primaire 44
secteur public 383

secteur secondaire 46
secteur tertiaire 49
section syndicale 38
sectoriel, le 50
sécurité (des biens et des personnes) 75
Sécurité sociale (SS) 35
sédentaire 165
segment (de marché) 139
segmenter 140
sein, au – de 21
sélectif, -ive 153
sélection 172
sélectionner 140
semaine commerciale 159
semaine de 35 heures 41
semestre 86
semestriel, le 86
semi-grossiste 162
semi-ouvré, e 121
semi-remorque 284
sens 18
sens large, au – 303
sensible 86
sentence 318
sentence d'arbitrage 229
se séparer 66
série 110
série, de – 111
sérieux, -euse 143
serrer 107
service 73, 174
service à votre – 269
service, de – 82
service, de –, de fonction 33
service après-vente (SAV) 73
service comptable 74
service (d')administration des ventes 73
service de caisse 325
service (de la) recherche et (du)